M A S T E R I N G
GERMAN

HEAR IT · SPEAK IT **LEVEL TWO** WRITE IT · READ IT

Developed
by the
FOREIGN
SERVICE
INSTITUTE

BARRON'S

Cover design by Milton Glaser, Inc.

The title of the original course is *German Basic Course*

This course was developed for the Foreign Service Institute, Department of State by Dr. Samuel A. Brown under the direction of Dr. Ronald A. C. Goodison and Dr. William R. van Buskirk. Dialogs and drill materials were prepared by Maria-Luise Bissonette, Friedrich Lehmann, Margaret Plischke, and Erika Quaid.

This edition published in 1992 by Barron's Educational Series, Inc.

All inquiries should be addressed to:
Barron's Educational Series, Inc.
250 Wireless Boulevard
Hauppauge, New York 11788

Paper Edition
International Standard Book No. 0-8120-1365-4

A large part of the text of this book is recorded on the accompanying tapes as follows:

Tape 1A	Unit 13, pages 1–18
Tabe 1B	Unit 13, pages 19–30
Tape 2A	Unit 14, pages 35–46
Tape 2B	Unit 14–15, pages 46–64
Tape 3A	Unit 15, pages 64–75
Tape 3B	Unit 15, pages 75–89
Tape 4A	Unit 16, pages 95–108
Tape 4B	Unit 16, pages 108–113
Tape 5A	Unit 16–17, pages 114–132
Tape 5B	Unit 17, pages 133–146
Tape 6A	Unit 17, pages 146–156
Tape 6B	Unit 17–18, pages 157–176
Tape 7A	Unit 18, pages 169–189
Tape 7B	Unit 18–19, pages 189–213
Tape 8A	Unit 19, pages 213–225
Tape 8B	Unit 19, pages 225–233
Tape 9A	Unit 19–20, pages 233–253
Tape 9B	Unit 20, pages 253–265
Tape 10A	Unit 21, pages 269–277
Tape 10B	Unit 21, pages 278–284
Tape 11A	Unit 21–22, pages 284–296
Tape 11B	Unit 22, pages 297–309
Tape 12A	Unit 23, pages 313–320
Tape 12B	Unit 23–24, pages 321–341

On the tapes, selected statements about life and customs in German-speaking Europe are adapted from:
German at a Glance by Henry Strutz
1001 Pitfalls in German by Henry Strutz

PREFACE

This second volume of the FSI **German Basic Course,** designed to follow directly the first volume published in 1961, is dedicated to the late **SAMUEL A. BROWN.** Before his death Dr. Brown had substantially finished his work on units 13–21, which were prepared as a prepublication release early in 1965 under the direction of Dr. Ronald A. C. Goodison, Chairman of the Department of North and East European Languages. The final units and the glossary have been prepared, in the spirit of the notes left by Dr. Brown, under the direction of Dr. William R. van Buskirk.

The dialogs and drill materials were prepared by Mrs. Maria-Luise Bissonnette, Mr. Friedrich Lehmann, Mrs. Margarete Plischke and Mrs. Erika Quaid. Mrs. Quaid also typed this entire volume in its final form. The tape recordings to accompany the text were recorded in the studio of the FSI language laboratory under the supervision of Mr. Gary Alley.

The work thus completed was the principal writing project of Dr. Brown's last years and is offered, by all who shared in the work, as a monument to his memory.

Howard E. Sollenberger, Dean
School of Language and Area Studies
Foreign Service Institute

TABLE OF CONTENTS

UNITS 13 - 24

UNTERHALTUNGEN AUF UND NACH EINER GESELLSCHAFT

Basic Sentences

I

the exhibition	die Ausstellung,-en

MR. KELLER

HERR KELLER

Have you been to the Paul Klee exhibition yet?

Waren Sie schon in der Paul Klee Ausstellung?

had	hatte
up to now	bisher
to go (to some place)	hinzugehen

MR. BRUCE

HERR BRUCE

No, up to now I haven't had time to go.

Nein, ich hatte bisher noch keine Zeit hinzugehen.

on weekdays	wochentags

On weekdays I have too much to do.

Wochentags habe ich zuviel zu tun.

on Sundays	sonntags
closed	geschlossen

And on Sundays it is closed, isn't it?

Und sonntags ist sie doch geschlossen, nicht wahr?

as far as I know	soviel ich weiss
daily, every day	täglich
open	geöffnet

MR. KELLER

HERR KELLER

No, as far as I know it's open every day.

Nein, soviel ich weiss, ist sie täglich geöffnet.

twice	zweimal

My wife and I have already been there twice.

Meine Frau und ich waren schon zweimal dort.

we liked it	es gefiel uns
extraordinarily, extremely	ausgesprochen

We liked the exhibition extremely well.

Uns gefiel die Ausstellung ausgesprochen gut.

1

II

thought
you would be , you were
the leave, vacation
on leave

MR. BERGMANN

I thought you were still on leave.

came back

MR. JONES

We came back yesterday afternoon.

MR. BERGMANN

Were you in Garmisch-Partenkirchen
the whole time?

MR. JONES

Yes, and we liked it there very much.

MR. BERGMANN

Were you lucky as far as the weather
was concerned?

when
arrived
was raining
to be sure
the rest, remainder

MR. JONES

When we arrived it was raining (to
be sure), but the rest of the week
was very nice.

made, did
the tour, trip
the hike in the mountains

MR. BERGMANN

Did you go on hikes in the mountains,
too?

several

II

dachte
Sie wären
der Urlaub,-e
im Urlaub

HERR BERGMANN

Ich dachte, Sie wären noch im Urlaub.

kamen ... zurück

HERR JONES

Wir kamen gestern nachmittag
zurück.

HERR BERGMANN

Waren Sie die ganze Zeit in Garmisch-
Partenkirchen?

HERR JONES

Ja. Es gefiel uns dort sehr gut.

HERR BERGMANN

Hatten Sie Glück mit dem Wetter?

als
ankamen
regnete
zwar
der Rest

HERR JONES

Als wir ankamen, regnete es zwar,
aber der Rest der Woche war sehr
schön.

machten
die Tour,-en
die Bergtour,-en

HERR BERGMANN

Machten Sie auch Bergtouren?

mehrere

MR. JONES

Yes, we went on several as a matter
of fact.

     to spend (time)
     spent

And where did you spend your
vacation?

     went
     the treatment, cure
     to go to a spa to take the
     waters

MR. BERGMANN

We went to take the waters at Bad
Pyrmont.

     the return trip
     on the way back
     the side trip
     the industry
     the fair, exposition

On the way back we took a side trip to
Hannover, in order to visit the
industrial exposition.

III

     the economy
     the ministry
     the Ministry of Economic
     Affairs

MR. MEYER

Were you at the Ministry of Economic
Affairs for the conference yesterday?

     was able, could
     the (German) Ministry of
     Foreign Affairs

MR. KELLER

No, unfortunately I couldn't go, since
I had an urgent conference at the
Ministry of Foreign Affairs.

     interesting

HERR JONES

Ja, sogar mehrere.

     verbringen (a,a)
     verbrachten

Und wo verbrachten Sie Ihren Urlaub?

     fuhren
     die Kur,-en
     zur Kur fahren (ä,u,a) ist

HERR BERGMANN

Wir fuhren zur Kur nach Bad Pyrmont.

     die Rückreise
     auf der Rückreise
     der Abstecher,-
     die Industrie,-n
     die Messe,-n

Auf der Rückreise machten wir einen
Abstecher nach Hannover, um die
Industriemesse zu besuchen.

III

     die Wirtschaft
     das Ministerium,-ien
     das Wirtschaftsministerium

HERR MEYER

Waren Sie gestern zur Konferenz im
Wirtschaftsministerium?

     konnte
     das Auswärtige Amt

HERR KELLER

Nein, ich konnte leider nicht hingehen, da ich eine dringende Besprechung im Auswärtigen Amt hatte.

     interessant

MR. MEYER	HERR MEYER
Too bad; it was very interesting, you see.	Schade, es war nämlich sehr interessant.

gave	gab
the report	der Bericht,-e
the combine	der Konzern,-e
the formation	die Bildung,-en
the formation of a combine or combines	die Konzernbildung,-en
the cartel	das Kartell,-e
the cartel question	die Kartellfrage,-n

Mr. Schumann gave a report on new combines being formed and cartel questions.	Herr Schumann gab einen Bericht über neue Konzernbildungen und Kartellfragen.

stood, was	stand
it's in the newspaper	es steht in der Zeitung (a,a)
the other day	neulich
already	bereits

MR. KELLER	HERR KELLER
There was (already) an article about that in the "Frankfurter Allgemeine" the other day.	Darüber stand neulich bereits ein Artikel in der Frankfurter Allgemeinen.

detailed, complete	ausführlich

MR. MEYER	HERR MEYER
Yes, but it wasn't very complete.	Ja, aber der war nicht sehr ausführlich.

something arises, develops	es kommt zu etwas (a,o)
something arose, developed	es kam zu etwas
the discussion	die Diskussion,-en

MR. KELLER	HERR KELLER
Did a discussion arise afterwards?	Kam es danach zu einer Diskussion?

to be sufficient	ausreichen (w)
was sufficient	reichte ... aus

MR. MEYER	HERR MEYER
There wasn't sufficient time, unfortunately.	Die Zeit reichte leider nicht aus.

the labor union	die Gewerkschaft,-en
the union official (secretary)	der Gewerkschaftssekretär,-e
who	der
present	anwesend
the (industrial) plant	der Betrieb,-e
the plant manager	der Betriebsleiter,-

long-winded	langatmig
the explanatory statement	die Erklärung,-en
to give out (with)	abgeben (i,a,e)
gave out (with)	abgab

There was a union official there who gave out with long-winded explanations in answer to a question raised by a plant manager.

Es war ein Gewerkschaftssekretär anwesend[1], der auf die Frage eines Betriebsleiters langatmige Erklärungen abgab.

IV

after	nach (plus dative)
the social affair, party	die Gesellschaft,-en

Mr. Martin calls up Mrs. Köhler on the morning after the party.

Herr Martin ruft Frau Köhler am Morgen nach der Gesellschaft an.

to express one's thanks

sich bedanken (w)

MR. MARTIN

HERR MARTIN

Mrs. Köhler, I'd like to express my thanks [to you] again for the pleasant evening.

Gnädige Frau, ich möchte mich nochmal für den netten Abend bedanken.

to be glad

sich freuen (w)

MRS. KÖHLER

FRAU KÖHLER

My husband and I were very glad that you could come.

Mein Mann und ich haben uns sehr gefreut, dass Sie kommen konnten.

Too bad that your wife wasn't with us too.

Schade, dass Ihre Frau nicht auch dabei war.

MR. MARTIN

HERR MARTIN

Yes, but she'll be back again in a week, and then I hope we'll be seeing you here at our house very soon.

Ja, - aber in acht Tagen wird sie wieder hier sein und dann sehen wir Sie hoffentlich recht bald bei uns.

MRS. KÖHLER

FRAU KÖHLER

We'll be very glad to come.

Wir werden sehr gern kommen.

to ask for, request	bitten um (a,e)
the commendation, regards	die Empfehlung
your husband, Mr. ...	Ihr Herr Gemahl

MR. MARTIN

HERR MARTIN

Please give my regards to Mr. Köhler.

Ich bitte um eine Empfehlung an Ihren Herrn Gemahl.

MRS. KÖHLER

FRAU KÖHLER

Thank you. Good-bye, Mr. Martin.

Danke. Auf Wiedersehen, Herr Martin.

MR. MARTIN

HERR MARTIN

Good-bye, Mrs. Köhler.

Auf Wiedersehen, gnädige Frau.

5

Notes to the Basic Sentences

1

Es war ein Gewerkschaftssekretär anwesend. German sometimes uses es to
anticipate the true grammatical subject of a sentence. English uses the
word there in the same way. The equivalent German and English sentences
are: Ein Gewerkschaftssekretär war anwesend. A union official was there.

Notes on Grammar
(For Home Study)

A. VERBS. THE PAST TENSE FORMS

I. In Unit 12 we were concerned with only two of the devices for talking about
past time in German: the PERFECT PHRASE and the construction using a
PRESENT TENSE form of the verb plus an expression of time. We noted however
that both German and English have a special verb form which is also used
to talk about past time. This is the PAST TENSE form.

1. Notice the following examples from the basic sentences of this unit:

     a) Machten Sie auch Berg-   Did you go on hikes in the
        touren?   mountains too?

     b) Wir fuhren nach Bad   We went to Bad Pyrmont.
        Pyrmont.

     c) Herr Schumann gab einen   Mr. Schumann gave a report.
        Bericht.

     d) Darüber stand ein Artikel   There was an article about that
        in der Zeitung.   in the paper.

     e) Die Zeit reichte nicht   There wasn't sufficient time.
        aus.

You will see that the PAST TENSE forms in the above sentences can be
divided into two form-classes, verbs which end in -te or -ten and
those which do not have these endings:

       machten   reichte   vs.   fuhren   gab   stand

2. The verbs above whose PAST TENSE forms end in -te (er-form) and
-ten (wir-form) are WEAK VERBS. It was noted in Unit 12 that WEAK VERBS
have PAST PARTICIPLES which end in -t. If we list the INFINITIVE, PAST
TENSE ich- or er-form, and PAST PARTICIPLE of these verbs together, it
will be seen that the STEM (the INFINITIVE or wir-form of the PRESENT
minus the ending -en) in every case is the same:

```
            mach-en                 reich-en
            mach-te                 reich-te
         ge-mach-t               ge-reich-t
```

These verbs are often called REGULAR VERBS. The PAST TENSE form can
always be predicted from the PAST PARTICIPLE and vice versa, and both
forms can be derived from the PRESENT STEM by adding the endings
indicated. However, it is <u>not</u> possible to tell by looking at the
INFINITIVE or PRESENT STEM that a particular verb is a WEAK VERB. This
fact must be known.

3. The verbs above whose PAST TENSE forms do not end in -<u>te</u> or -<u>ten</u>
   are STRONG VERBS. We noted in Unit 12 that STRONG VERBS have PAST
   PARTICIPLES ending in -<u>n</u> and incorporating arbitrary changes in the
   STEM. If we list the INFINITIVE, PAST TENSE <u>ich</u>- or <u>er</u>-form, and
   PAST PARTICIPLE of these verbs together, it will be seen that in every
   case the PAST TENSE STEM (equivalent to the <u>er</u>-form of the PAST in
   STRONG VERBS) is different from the INFINITIVE or PRESENT TENSE STEM:

```
            fahr-en          geb-en          steh-en
            fuhr             gab             stand
         ge-fahr-en       ge-geb-en       ge-stand-en
```

Notice that the PAST TENSE STEM sometimes differs from the PARTICIPLE
STEM also. Because of the completely arbitrary changes in the form of
the STEM in these verbs they are often called IRREGULAR VERBS.

4. In some verbs the PRESENT STEM, the PAST TENSE STEM and the PARTICIPLE
   STEM are all different. If these verbs also happen to have two different
   forms of the PRESENT STEM we have a total of four different stem forms.
   In most cases it is only the STEM VOWEL which varies, but there may be
   other changes as well. Here are examples of strong verbs with two,
   three and four stem changes:

```
          (2)             (3)             (3)             (4)

        steh-en         fahr-en         trink-en        nehm-en
        steh-t          fähr-t          trink-t         nimm-t
        stand           fuhr            trank           nahm
        ge-stand-en     ge-fahr-en      ge-trunk-en     ge-nomm-en
```

These forms are not predictable and cannot be derived from the INFINITIVE
or PRESENT STEM. They must all be memorized.

5. The two form-classes have close parallels in English regular and irregular
   verbs:

```
        live            reach      vs. give            take
        live-d          reach-ed       gave            took
        live-d          reach-ed       given           taken
```

II. Weak Verbs

1. This group comprises the great majority of German verbs. The PAST TENSE can in most cases be derived from the PRESENT STEM simply by adding the endings: -te, -test, -ten, -tet. Note the following examples:

Infinitive, or wir-form of the present:	mach-en	hör-en	freu-en
Present Stem:	mach-	hör-	freu-

Past Tense:			
ich, er	mach-te	hör-te	freu-te
du	mach-test	hör-test	freu-test
wir, sie	mach-ten	hör-ten	freu-ten
ihr	mach-tet	hör-tet	freu-tet

2. Verbs whose PRESENT STEM ends in -d or -t or in a consonant plus -m or -n (except the combination of -l or -r plus -m or -n) require a connecting vowel between stem and ending. Note that these are the same verbs which require a connecting vowel in the du- and er-forms of the PRESENT:

Infinitive, or wir-form of the Present:	arbeit-en	meld-en	öffn-en
Present Stem:	arbeit-	meld-	öffn-

Past Tense:			
ich, er	arbeit-e-te	meld-e-te	öffn-e-te
du	arbeit-e-test	meld-e-test	öffn-e-test
wir, sie	arbeit-e-ten	meld-e-ten	öffn-e-ten
ihr	arbeit-e-tet	meld-e-tet	öffn-e-tet

3. There are a few IRREGULAR WEAK VERBS which change their stem before adding the endings of the PAST TENSE. Note that with the single exception of haben the stem of the PAST TENSE always corresponds to that of the PAST PARTICIPLE:

Infinitive:	denk-en	kenn-en	müss-en	hab-en
Past Tense:	dach-te	kann-te	muss-te	hat-te
Past Participle:	ge-dach-t	ge-kann-t	ge-muss-t	ge-hab-t

III. Strong Verbs

1. The STRONG VERBS are a little over 100 in number and include a large number of very common verbs. We noted above that the PAST TENSE of these verbs has a different STEM form from the PRESENT. The PAST TENSE endings are: --, -st, -en, -t:

ich, er	gab	fuhr	nahm
du	gab-st	fuhr-st	nahm-st
wir, sie	gab-en	fuhr-en	nahm-en
ihr	gab-t	fuhr-t	nahm-t

Note that these endings are not the same as the endings of weak verbs in the PAST TENSE.

2. In verbs whose PAST STEM ends in -<u>d</u> or -<u>t</u> the connecting vowel -<u>e</u>-
is sometimes inserted before the <u>du</u>-form ending. It is <u>always</u> inserted
before the <u>ihr</u>-form ending:

du stand-st	or stand-e-st	du bat-st	or bat-e-st
ihr	stand-e-t	ihr	bat-e-t

3. The PAST TENSE of the verb <u>werden</u> has the following forms:

ich, er wurde	wir, sie wurden
du wurdest	ihr wurdet

IV. <u>Verb List</u>

The following is a complete list of all verbs covered in Units 1 - 13.
The first half contains all WEAK VERBS and gives the INFINITIVE, the
<u>er</u>-form of the PAST TENSE, and the PAST PARTICIPLE together with the
English meaning of each verb. The second half contains all STRONG VERBS
and gives the INFINITIVE, the <u>er</u>-form of the PRESENT TENSE whenever this
has a stem vowel change, the <u>er</u>-form of the PAST TENSE, and the PAST
PARTICIPLE.

WEAK VERBS

abholen	holte ... ab	abgeholt	pick up
anmelden	meldete ... an	angemeldet	place a tele-phone call
anprobieren	probierte ... an	anprobiert	try on
anstellen	stellte ... an	angestellt	turn on
arbeiten	arbeitete	gearbeitet	work
auflegen	legte ... auf	aufgelegt	hang up
aufmachen	machte ... auf	aufgemacht	open
ausfüllen	füllte ... aus	ausgefüllt	fill out
auspacken	packte ... aus	ausgepackt	unpack
ausreichen	reichte ... aus	ausgereicht	be sufficient
ausrichten	richtete ... aus	ausgerichtet	tell, give a message
auswandern	wanderte ... aus	ist ausgewandert	emigrate
beantragen	beantragte	beantragt	apply for something
bearbeiten	bearbeitete	bearbeitet	process
bedanken sich	bedankte	bedankt	express one's thanks
beeilen sich	beeilte	beeilt	hurry
besohlen	besohlte	besohlt	sole
besorgen	besorgte	besorgt	attend to, take care off
bestellen	bestellte	bestellt	order
besuchen	besuchte	besucht	visit, attend
bezahlen	bezahlte	bezahlt	pay
brauchen	brauchte	gebraucht	need
buchstabieren	buchstabierte	buchstabiert	spell
danken	dankte	gedankt	thank
diktieren	diktierte	diktiert	dictate

einleben sich	lebte ... ein	eingelebt	get settled
einpacken	packte ... ein	eingepackt	wrap up
einrichten	richtete ... ein	eingerichtet	arrange (the furniture)
entschuldigen	entschuldigte	entschuldigt	excuse
erkundigen sich	erkundigte	erkundigt	inquire, ask
erreichen	erreichte	erreicht	reach
erwarten	erwartete	erwartet	expect
es fehlt mir	fehlte	gefehlt	I need it
fragen	fragte	gefragt	ask
freuen sich	freute	gefreut	look forward to, be glad
fühlen	fühlte	gefühlt	feel
fürchten	fürchtete	gefürchtet	fear, be afraid
gehören	gehörte	gehört	belong
gewöhnen sich	gewöhnte	gewöhnt	get used to, get accustomed
glauben	glaubte	geglaubt	believe
grüssen	grüsste	gegrüsst	greet
hängen	hängte	gehängt	hang
es handelt sich um	handelte ... um	gehandelt	it is about, the matter at hand is
hinsetzen sich	setzte ... hin	hingesetzt	sit down
hinstellen	stellte ... hin	hingestellt	put (down)
hoffen	hoffte	gehofft	hope
holen	holte	geholt	go and get
hören	hörte	gehört	hear
kämmen	kämmte	gekämmt	comb one's hair
kaufen	kaufte	gekauft	buy
kennenlernen	lernte ... kennen	kennengelernt	meet
klingeln	klingelte	geklingelt	ring
kosten	kostete	gekostet	cost
kümmern sich um	kümmerte ... um	gekümmert	bother (about something), take care
leben	lebte	gelebt	live
legen	legte	gelegt	lay, put
leisten sich etwas	leistete ... etwas	geleistet	be able to afford something
es lohnt sich	lohnte	gelohnt	it is worthwhile
lösen	löste	gelöst	solve, settle
machen	machte	gemacht	make, do
meinen	meinte	gemeint	mean
melden sich	meldete	gemeldet	answer
mieten	mietete	gemietet	rent
öffnen	öffnete	geöffnet	open
parken	parkte	geparkt	park
passen	passte	gepasst	fit, (go with), suit

10

rauchen	rauchte	geraucht	smoke
regnen	regnete	geregnet	rain
reinigen	reinigte	gereinigt	clean
sagen	sagte	gesagt	say, tell
saubermachen	machte ... sauber	saubergemacht	clean up
setzen sich	setzte	gesetzt	sit down
stellen	stellte	gestellt	put, place
stören	störte	gestört	disturb
studieren	studierte	studiert	study (at a university)
suchen	suchte	gesucht	look for
übersetzen	übersetzte	übersetzt	translate
umschalten	schaltete ... um	umgeschaltet	switch from one line to another
verheiraten sich	verheiratete	verheiratet	get married
vermieten	vermietete	vermietet	rent (to someone)
verpassen	verpasste	verpasst	miss
verzollen	verzollte	verzollt	declare
vorstellen	stellte ... vor	vorgestellt	introduce
wählen	wählte	gewählt	dial
wechseln	wechselte	gewechselt	change
wegschaffen	schaffte ... weg	weggeschafft	clear away
wiederholen	wiederholte	wiederholt	repeat
wohnen	wohnte	gewohnt	live, dwell
zahlen	zahlte	gezahlt	pay
zählen	zählte	gezählt	count
zeigen	zeigte	gezeigt	show
zumachen	machte ... zu	zugemacht	close

STRONG VERBS AND IRREGULAR WEAK VERBS

abfahren			
fährt ... ab	fuhr ... ab	ist abgefahren	leave
abgeben			
gibt ... ab	gab ... ab	abgegeben	give out with
abhängen von	hing ... ab	abgehangen	depend on
abheben	hob ... ab	abgehoben	withdraw
abnehmen			
nimmt ... ab	nahm ... ab	abgenommen	take off
anbieten	bot ... an	angeboten	offer
anfangen			
fängt ... an	fing ... an	angefangen	begin, start
anhaben			
hat ... an	hatte ... an	angehabt	have on
ankommen	kam ... an	ist angekommen	arrive
anrufen	rief ... an	angerufen	call up
ansehen			
sieht ... an	sah ... an	angesehen	look at
anstehen	stand ... an	angestanden	stand in line
anziehen	zog ... an	angezogen	put on

11

ausgeben			
gibt ... aus	gab ... aus	ausgegeben	spend
aussehen			
sieht ... aus	sah ... aus	ausgesehen	look, appear
behalten			
behält	behielt	behalten	keep
bekommen	bekam	bekommen	get
bitten	bat	gebeten	ask, request
bleiben	blieb	ist geblieben	stay
bringen	brachte	gebracht	bring, take something somewhere
da sein			
ist da	war da	ist dagewesen	be present, be there
denken	dachte	gedacht	think
dürfen			
darf	durfte	(gedurft)	be allowed
einziehen	zog ... ein	ist eingezogen	move in
empfehlen			
empfiehlt	empfahl	empfohlen	commend, remember
essen			
isst	ass	gegessen	eat
fahren			
fährt	fuhr	ist gefahren	go, ride
finden	fand	gefunden	find, think
frieren	fror	gefroren	freeze
geben			
gibt	gab	gegeben	give
gefallen			
gefällt	gefiel	gefallen	please
gehen	ging	ist gegangen	go
haben			
hat	hatte	gehabt	have
halten			
hält	hielt	gehalten	stop, get by subscription
hängen	hing	gehangen	hang
heissen	hiess	geheissen	be called, named
helfen			
hilft	half	geholfen	help
heraufbringen	brachte ... herauf	heraufgebracht	bring up, bring in
hereinkommen	kam ... herein	ist hereingekommen	come in
hingehen	ging ... hin	ist hingegangen	go (there)
hinkommen	kam ... hin	ist hingekommen	go, belong in a certain place
kennen	kannte	gekannt	know, be acquainted with

12

kommen	kam	ist gekommen	come
können			
kann	konnte	(gekonnt)	be able
lassen			
lässt	liess	(gelassen)	get, have
laufen (Ski)			
läuft	lief	ist gelaufen	run, (to ski)
leihen (sich)	lieh	geliehen	lend, borrow
lesen			
liest	las	gelesen	read
liegen	lag	gelegen	lie
mitfahren			
fährt ... mit	fuhr ... mit	ist mitgefahren	go (with some-one)
mitkommen	kam ... mit	ist mitgekommen	come along
mitnehmen			
nimmt ... mit	nahm ... mit	mitgenommen	take along
müssen			
muss	musste	(gemusst)	have to
nehmen			
nimmt	nahm	genommen	take
rufen	rief	gerufen	call
scheinen	schien	geschienen	shine
schliessen	schloss	geschlossen	close
schneiden	schnitt	geschnitten	cut
schreiben	schrieb	geschrieben	write
sehen			
sieht	sah	gesehen	see
sein			
ist	war	ist gewesen	be
sitzen	sass	gesessen	sit, fit
sollen	sollte	(gesollt)	be supposed to
sprechen			
spricht	sprach	gesprochen	speak
stattfinden	fand ... statt	stattgefunden	take place
stehen	stand	gestanden	stand
tragen			
trägt	trug	getragen	carry
treffen			
trifft	traf	getroffen	meet, encounter
treiben Sport	trieb	getrieben	engage in athletics
trinken	trank	getrunken	drink
tun	tat	getan	do
unterhalten sich			
unterhält	unterhielt	unterhalten	converse
verbinden	verband	verbunden	connect
verbringen	verbrachte	verbracht	spend (time)
vergessen			
vergisst	vergass	vergessen	forget

13

verschlafen			
verschläft	verschlief	verschlafen	oversleep
verstehen	verstand	verstanden	understand
vorbeikommen	kam ... vorbei	ist vorbeigekommen	come by
vorhaben			
hat ... vor	hatte ... vor	vorgehabt	plan to do
waschen			
wäscht	wusch	gewaschen	wash
werden			
wird	wurde	ist geworden	become (future auxiliary)
wissen			
weiss	wusste	gewusst	know
wollen			
will	wollte	(gewollt)	want, intend
ziehen	zog	ist gezogen	move
zurückkommen	kam ... zurück	ist zurückgekommen	come back

B.   PAST TENSE.   USAGE.

I. In Unit 12 we noted that the PERFECT PHRASE is the most frequent device used
    in conversation for talking about past time. The PAST TENSE is used more
    specifically in narrating an episode, when several consecutive events or
    occurences are described. It is the "story-telling" tense. It also occurs
    frequently in descriptive passages in written prose.

> ... "Endlich sah sie ein kleines Haus. Am Fenster waren drei kleine
> Männer. Sie klopfte an die Tür, denn sie fror. Die Männer öffneten,
> sie sagte "Guten Tag" zu ihnen und ging ins Zimmer. Dann setzte sie
> sich auf die Bank am Ofen und wärmte sich. So sass sie und ass ihr
> Frühstück. Die kleinen Männer waren auch hungrig und baten sie um
> etwas Brot. Sie gab es ihnen gern." ...
> - From one of Grimm's Fairy Tales -

II. However, the use of the PAST TENSE in German is not restricted to telling
    a story. We already noted in Unit 12 that it often occurs interchangeably
    with the PERFECT PHRASE in conversation. This is particularly true where
    the verbs sein and haben are concerned:

Waren Sie schon in der Paul Klee Ausstellung?	Have you been to the
Sind Sie schon in der Paul Klee Ausstellung gewesen?	Paul Klee exhibition yet?
Ich hatte bisher noch keine Zeit hinzugehen.	Up to now I haven't had
Ich habe bisher noch keine Zeit gehabt hinzugehen.	time to go.
Es gefiel uns dort sehr gut.	We liked it there
Es hat uns dort sehr gut gefallen.	very much.

The German speaker does not feel any difference at all between the PAST TENSE
and the PERFECT PHRASE in the above sentences and could use either one
without hesitation. Note that the speaker of English is considerably more
restricted in his choice of verb form in these sentences!

III. There is one situation in conversational usage where the PAST TENSE is used even more frequently than the PERFECT PHRASE in German, although the latter also occurs. This is in a SUBORDINATE CLAUSE introduced by <u>als</u>, <u>da</u>, or <u>weil</u>:

Als wir ankamen, regnete es.	When we arrived it was raining.
Ich konnte nicht hingehen, da ich eine Besprechung im Auswärtigen Amt hatte.	I couldn't go, since I had a conference at the Ministry of Foreign Affairs.
Weil das Auto nur 2000.-- DM kostete, haben wir es auf der Stelle gekauft.	

or:

Weil das Auto nur 2000.-- DM gekostet hat, kauften wir es auf der Stelle.	Because the car only cost 2000.-- DM we bought it on the spot.

C.   PAST PARTICIPLES AS ADJECTIVES AND ADVERBS.

I. We have seen that the PERFECT PHRASE, used in German to talk about past time, is made up of an AUXILIARY VERB plus a PAST PARTICIPLE. In addition to this function PAST PARTICIPLES may also be used as ADJECTIVES or ADVERBS without being part of a verb phrase. Note the following examples from the basic sentences of this and preceding units:

1. Die Ausstellung ist sonntags   The exhibition is closed on Sundays.
   <u>geschlossen</u>.

   Jetzt ist sie <u>verheiratet</u>.   Now she's married.

The above forms have been introduced in the basic sentences only as adjectives, although you will have no difficulty now in recognizing them as participles. Very often a participle occurs more frequently as an adjective than as part of a verb phrase. Many of the verbs you have encountered however have participles which also function as adjectives.

Sind die Schuhe schon <u>besohlt</u>?	Are the shoes soled yet?
Das Haus ist schon <u>vermietet</u>.	The house is already rented.

2. In the above examples the PARTICIPLES all occur as PREDICATE ADJECTIVES. They may also appear as ATTRIBUTIVE ADJECTIVES in the SPECIFIER - ADJECTIVE - NOUN sequence:

Es war eine <u>geschlossene</u> Aufführung.	It was a private (closed) performance.
Seine <u>verheiratete</u> Tochter wohnt in Berlin.	His married daughter lives in Berlin.

You will note that German closely parallels English usage here.

3. PARTICIPLES may also function as ADVERBS, as attributives to other adjectives or adverbs.

Sie gefiel uns <u>ausgesprochen</u> gut.	We liked it extremely well.

15

D.   DERIVATIVE ADJECTIVES AND ADVERBS.

In Unit 11 we called attention to a number of DERIVATIVE NOUNS, that is, nouns formed from verbs, adjectives and other nouns.

I. The use of the PAST PARTICIPLE as an adjective or adverb discussed above represents the simplest type of DERIVATIVE ADJECTIVE formation. There is no change in FORM from PARTICIPLE to ADJECTIVE or ADVERB. This is similar to the use of the infinitive as a noun noted in Unit 11.

II. Most DERIVATIVE ADJECTIVES and ADVERBS however are formed by the addition of a suffix to other parts of speech.

1. A few German adjectives and adverbs are formed from nouns by the addition of the suffix -isch, sometimes with umlaut. Compare the English suffixes: -ish, and -ic: girl-ish, diplomat-ic. The adjective and adverb following have both occurred in the basic sentences to date:

| der Franzose | Frenchman | französisch | French |
| das Telephon | telephone | telephonisch | by or on the telephone |

Following this pattern form adjectives or adverbs from these nouns:

der Diplomat   das Kind   die Stadt (umlaut)

2. Many German adjectives and adverbs are formed from nouns by the addition of the suffix -lich, sometimes with umlaut of the stem vowel. Compare the English suffix -ly: man-ly, hour-ly. The following adjectives and adverbs have occurred in the basic sentences to date:

das Gemüt	feelings	gemütlich	cozy
die Natur	nature	natürlich	naturally, of course
der Tag	day	täglich	daily, every day
der Umstand	circumstance	umständlich	involved, complicated

Notice that the derived forms do not always resemble the original noun closely in meaning. Following the pattern established above form adjectives or adverbs from the following nouns which have occurred in your basic sentences:

der Beruf   der Monat   der Zahnarzt (umlaut)
der Bruder (umlaut)   der Sommer
der Freund   der Staat

das Bild   das Haus (umlaut)
das Geschäft   das Jahr (umlaut)

die Hand   die Heimat
die Wirtschaft   die Person (umlaut)

The following derivatives are slightly irregular:

das Ende	end	endlich	finally
der Name	name	nämlich	to be specific, namely
die Stunde	hour	stündlich	hourly
die Woche	week	wöchentlich	weekly

3. A few German adjectives and adverbs are formed from other adjectives in the same way. Compare the English suffix -ly in such formations as brief-ly, recent-ly.

blau	blue	bläulich	bluish
froh	glad, happy	fröhlich	merry, merrily
kurz	short, brief	kürzlich	recently
neu	new	neulich	recently

According to this pattern form adjectives or adverbs from the following adjectives:

    bekannt   ganz (umlaut)   grün   schwer

4. A number of German adjectives and adverbs are formed from nouns by the addition of the suffix -ig, sometimes with umlaut of the stem vowel and elision of a final unstressed syllable. Compare the English suffix -y in words such as rain-y, wind-y.

der Durst	thirst	durstig	thirsty
die Farbe	color	farbig	colored, colorful
das Wasser	water	wäss(e)rig	watery
die Zeit	time	zeitig	timely, on time

According to this pattern form adjectives or adverbs from the following nouns which have occurred in your basic sentences:

      der Hunger   das Gespräch   die Milch
      der Käse   das Gebirge   die Wolke

E.   TIME EXPRESSIONS

I. Time words in -s

In Unit 10 we noted the expressions abends, mittags, morgens, nachmittags. Two similar forms have occurred in this unit:

      wochentags   on weekdays
      sonntags   on Sundays

The names of all the days of the week and the general times of the day thus have a special form ending in -s. Note that the writing system does not capitalize them. Derive these forms from the following nouns:

     der Freitag   der Mittwoch   der Vormittag   der Donnerstag

II. Time words in -mal

We have so far encountered three words ending in -mal, all referring to time. Notice their meanings and how they are formed:

ein	one	einmal	once, one time
manch-	some, many	manchmal	sometimes
zwei	two	zweimal	twice, two times

Time words of this kind can be formed from any number by adding -mal to it:

    dreimal   fünfmal   zehnmal   hundertmal   zehntausendmal

SUBSTITUTION DRILL

1. Wir sind dieses Jahr <u>einmal</u> in der Oper gewesen.

viermal - zehnmal - dreimal - fünfmal

2. <u>Sonntags</u> ist die Bibliothek geschlossen.

abends - dienstags - vormittags - freitags - morgens - sonnabends - donnerstags - nachmittags

3. Die Ausstellung ist <u>wochentags</u> geschlossen.

freitags - abends - nachmittags - montags - vormittags - sonntags - mittwochs

4. Ich <u>dachte</u>, Sie wären noch im Urlaub.

glaubte - hörte - sagte - meinte

5. Wir <u>fuhren</u> nach Frankfurt.

kamen - zogen - schrieben

6. Ich <u>sagte</u> gestern etwas darüber.

schrieb - las - hörte

7. Er schreibt ihr <u>täglich</u>.

dreimal wöchentlich - einmal jährlich - zweimal monatlich

8. Sie arbeitet für diesen <u>Konzern</u>.

Kartell - Gewerkschaft - Betrieb - Abteilung

9. Ich bitte um eine Empfehlung an <u>Ihren Herrn Gemahl</u>.

Ihre Frau Gemahlin - Ihr Fräulein Tochter - den Herrn Professor - Ihre Frau Mutter - Herrn Dr. Becker

10. Es regnete, als ich nach Hause <u>kam</u>.

ging - fuhr - lief

11. Als wir <u>ankamen</u>, schien die Sonne.

abfuhren - gingen - zurückkamen - einzogen - anstanden - assen

12. Wir <u>wussten</u>, dass er im Auswärtigen Amt arbeitet.

hörten - lasen - dachten - glaubten - sagten - wiederholten - vergassen

13. Er <u>lieh</u> ihr das Buch.

gab - brachte - zeigte - kaufte - holte - suchte - übersetzte - besorgte - bezahlte - bestellte

14. Sie <u>wollte</u> nicht in die Ausstellung gehen.

konnte - durfte - sollte

15. Herr Schumann <u>gab</u> einen Bericht.

schrieb - fand - diktierte - las - suchte - erwartete - übersetzte

CONVERSION DRILL - Part I

Change the following sentences from present to past time, as indicated, using both the Past Tense and the Perfect Phrase.

1. Kennen Sie den Konsul?

Kannten Sie den Konsul?
Haben Sie den Konsul gekannt?

2. Er bekommt ein Buch.

Er bekam ein Buch.
Er hat ein Buch bekommen.

3. Er bietet ihr eine Zigarette an.

Er bot ihr eine Zigarette an.
Er hat ihr eine Zigarette angeboten.

4. Ich bitte ihn um seine Adresse.

Ich bat ihn um seine Adresse.
Ich habe ihn um seine Adresse gebeten.

5. Warum bleiben Sie zu Hause?

Warum blieben Sie zu Hause?
Warum sind Sie zu Hause geblieben?

6. Er isst immer im "Weissen Hirsch".

Er ass immer im "Weissen Hirsch".
Er hat immer im "Weissen Hirsch" gegessen.

7. Wann fängt die Besprechung an?

Wann fing die Besprechung an?
Wann hat die Besprechung angefangen?

8. Ich finde den Artikel nicht.

Ich fand den Artikel nicht.
Ich habe den Artikel nicht gefunden.

9. Hält der Omnibus hier?

Hielt der Omnibus hier?
Hat der Omnibus hier gehalten?

10. Das Bild hängt in meinem Zimmer.

Das Bild hing in meinem Zimmer.
Das Bild hat in meinem Zimmer gehangen.

11. Leiht er Ihnen das Geld?

Lieh er Ihnen das Geld?
Hat er Ihnen das Geld geliehen?

12. Ich glaube, er sieht mich nicht.

Ich glaube, er sah mich nicht.
Ich glaube, er hat mich nicht gesehen.

13. Der Bericht liegt auf dem Schreibtisch.

Der Bericht lag auf dem Schreibtisch.
Der Bericht hat auf dem Schreibtisch gelegen.

14. Sie schreibt ihm einen Brief.

Sie schrieb ihm einen Brief.
Sie hat ihm einen Brief geschrieben.

15. Sie sitzen am dritten Tisch links.

Sie sassen am dritten Tisch links.
Sie haben am dritten Tisch links gesessen.

16. Er spricht über die neuen Konzernbildungen.

Er sprach über die neuen Konzernbildungen.
Er hat über die neuen Konzernbildungen gesprochen.

17. Sie trinkt Kaffee.   Sie trank Kaffee.
                                          Sie hat Kaffee getrunken.

18. Verstehen Sie ihn gut?   Verstanden Sie ihn gut?
                                          Haben Sie ihn gut verstanden?

19. Sie wäscht sich die Hände.   Sie wusch sich die Hände.
                                          Sie hat sich die Hände gewaschen.

20. Er zieht seinen Mantel an.   Er zog seinen Mantel an.
                                          Er hat seinen Mantel angezogen.

21. Mein Bruder treibt viel Sport.   Mein Bruder trieb viel Sport.
                                          Mein Bruder hat viel Sport getrieben.

22. Wir helfen ihnen beim Einrichten.   Wir halfen ihnen beim Einrichten.
                                          Wir haben ihnen beim Einrichten ge-
                                          holfen.

23. Er trägt zwei grosse Koffer.   Er trug zwei grosse Koffer.
                                          Er hat zwei grosse Koffer getragen.

24. Der Gewerkschaftssekretär kommt   Der Gewerkschaftssekretär kam heute.
    heute.   Der Gewerkschaftssekretär ist heute
                                          gekommen.

25. Schusters ziehen in ihre neue   Schusters zogen in ihre neue Wohnung
    Wohnung ein.   ein.
                                          Schusters sind in ihre neue Wohnung
                                          eingezogen.

26. Sie kommt heute zurück.   Sie kam heute zurück.
                                          Sie ist heute zurückgekommen.

27. Ich will mir ein neues Auto kaufen.   Ich wollte mir ein neues Auto kaufen.
                                          Ich habe mir ein neues Auto kaufen
                                          wollen.

28. Die Kinder dürfen nicht ins Kino   Die Kinder durften nicht ins Kino
    gehen.   gehen.
                                          Die Kinder haben nicht ins Kino gehen
                                          dürfen.

29. Können Sie darüber mit dem Betriebs- Konnten Sie darüber mit dem Betriebs-
    leiter sprechen?   leiter sprechen?
                                          Haben Sie darüber mit dem Betriebs-
                                          leiter sprechen können?

30. Sie muss zum Wirtschaftsministeri-   Sie musste zum Wirtschaftsministerium
    um gehen.   gehen.
                                          Sie hat zum Wirtschaftsministerium
                                          gehen müssen.

31. Ich soll um zehn Uhr in der   Ich sollte um zehn Uhr in der Konferenz
    Konferenz sein.   sein.
                                          Ich habe um zehn Uhr in der Konferenz
                                          sein sollen.

32. Er arbeitet im Auswärtigen Amt.   Er arbeitete im Auswärtigen Amt.
                                             Er hat im Auswärtigen Amt gearbeitet.

33. Fräulein Becker beantragt ein Visum.   Fräulein Becker beantragte ein Visum.
                                             Fräulein Becker hat ein Visum beantragt.

34. Das denke ich auch.   Das dachte ich auch.
                                             Das habe ich auch gedacht.

35. Ich lege den Antrag auf Ihren   Ich legte den Antrag auf Ihren Schreib-
    Schreibtisch.   tisch.
                                             Ich habe den Antrag auf Ihren Schreib-
                                             tisch gelegt.

36. Das Arbeitsamt meldet sich nicht.   Das Arbeitsamt meldete sich nicht.
                                             Das Arbeitsamt hat sich nicht gemeldet.

37. Er öffnet den Brief.   Er öffnete den Brief.
                                             Er hat den Brief geöffnet.

38. Er läuft schnell zum Omnibus.   Er lief schnell zum Omnibus.
                                             Er ist schnell zum Omnibus gelaufen.

39. Er vergisst immer den Photoapparat.   Er vergass immer den Photoapparat.
                                             Er hat immer den Photoapparat vergessen.

40. Er erwartet Sie um fünf Uhr in   Er erwartete Sie um fünf Uhr in seinem
    seinem Büro.   Büro.
                                             Er hat Sie um fünf Uhr in seinem Büro
                                             erwartet.

CONVERSION DRILL - Part II

In the following drill sentences marked (a) are to be converted from present
to past tenses and vice versa. Sentences marked (b) are to be converted from
future phrase to perfect phrase and vice versa. First cover the right-hand side
of the page and convert the forms on the left. Then cover the left-hand side of
the page and convert the forms on the right.

1. a. Er ist heute in der Stadt.   Er war heute in der Stadt.
   b. Ich werde um fünf Uhr bei Ihnen   Ich bin um fünf Uhr bei Ihnen gewesen.
      sein.

2. a. Ich habe leider keine Zigaretten   Ich hatte leider keine Zigaretten bei
      bei mir.   mir.
   b. Er wird keine Zeit haben.   Er hat keine Zeit gehabt.

3. a. Sie weiss auch nicht, wann er   Sie wusste auch nicht, wann er kommt.
      kommt.
   b. Sie wird es wissen.   Sie hat es gewusst.

4. a. Die Bilder gefallen mir gut.   Die Bilder gefielen mir gut.
   b. Der Film wird den Kindern gut   Der Film hat den Kindern gut gefallen.
      gefallen.

5. a. Wir bringen sie zum Hotel.   Wir brachten sie zum Hotel.
   b. Die Sekretärin wird Ihnen die   Die Sekretärin hat Ihnen die Unterlagen
      Unterlagen bringen.   gebracht.

6. a. Ich lese gerade einen langen   Ich las gerade einen langen Bericht.
      Bericht.
   b. Ich werde den Artikel lesen.   Ich habe den Artikel gelesen.

7. a. Ich komme kurz vor acht bei   Ich kam kurz vor acht bei dir vorbei.
      dir vorbei.
   b. Wann wird sie nach Berlin   Wann ist sie nach Berlin gekommen?
      kommen?

8. a. Er nimmt den deutschen Photo-   Er nahm den deutschen Photoapparat.
      apparat.
   b. Ich werde den grauen Anzug   Ich habe den grauen Anzug genommen.
      nehmen.

9. a. Er geht um neun Uhr ins Büro.   Er ging um neun Uhr ins Büro.
   b. Wirst du oft ins Theater gehen?   Bist du oft ins Theater gegangen?

10. a. Heute machen wir eine Bergtour.   Heute machten wir eine Bergtour.
    b. Was werden Sie denn heute in   Was haben Sie denn heute in der Stadt
       der Stadt machen?   gemacht?

11. a. Herr Schreiner fährt nach   Herr Schreiner fuhr nach Deutschland.
       Deutschland.
    b. Der Gewerkschaftssekretär wird   Der Gewerkschaftssekretär ist zur
       zur Konferenz nach Washington   Konferenz nach Washington gefahren.
       fahren.

12. a. Herr und Frau Bergmann sehen   Herr und Frau Bergmann sahen sich die
       sich die neuen Häuser an.   neuen Häuser an.
    b. Ich werde mir die Ausstellung   Ich habe mir die Ausstellung angesehen.
       ansehen.

13. a. Ich höre, dass Sie in Bad   Ich hörte, dass Sie in Bad Pyrmont
       Pyrmont waren.   waren.
    b. Wir werden heute mittag den   Wir haben heute mittag den Vortrag
       Vortrag hören.   gehört.

14. a. Die Studenten geben sich grosse   Die Studenten gaben sich grosse Mühe.
       Mühe.
    b. Die Sekretärin wird ihm die   Die Sekretärin hat ihm die Unterlagen
       Unterlagen geben.   gegeben.

15. a. In der Zeitung steht heute ein   In der Zeitung stand heute ein aus-
       ausführlicher Artikel darüber.   führlicher Artikel darüber.
    b. Wie lange wird der Wagen hier   Wie lange hat der Wagen hier gestanden?
       stehen?

16. a. Er verpasst wahrscheinlich den   Er verpasste wahrscheinlich den
       Omnibus.   Omnibus.
    b. Schade, dass ich das Konzert   Schade, dass ich das Konzert verpasst
       verpassen werde.   habe.

17. a. Sie bedankt sich für die Bücher.   Sie bedankte sich für die Bücher.
    b. Ich werde mich für den Brief   Ich habe mich für den Brief bedankt.
       bedanken.

18. a. Frau Seiffert freut sich sehr   Frau Seiffert freute sich sehr auf
       auf die Oper.   die Oper.

b. Meine Frau wird sich sehr über   Meine Frau hat sich sehr über den Brief
   den Brief freuen.   gefreut.

19. a. Frau Becker ruft ihre Bekannten   Frau Becker rief ihre Bekannten an.
       an.
    b. Ich werde Sie heute mittag   Ich habe Sie heute mittag angerufen.
       anrufen.

20. a. Diese modernen Möbel gefallen   Diese modernen Möbel gefielen uns nicht.
       uns nicht.
    b. Es wird ihm in Berlin gut   Es hat ihm in Berlin gut gefallen.
       gefallen.

21. a. Herr Walter trifft einen   Herr Walter traf einen Bekannten.
       Bekannten.
    b. Er wird sie in der Stadt treffen. Er hat sie in der Stadt getroffen.

22. a. Der Sohn meiner Bekannten   Der Sohn meiner Bekannten studierte
       studiert in Marburg.   in Marburg.
    b. Mein Bruder wird im Ausland   Mein Bruder hat im Ausland studiert.
       studieren.

23. a. Ich muss heute ins Auswärtige   Ich musste heute ins Auswärtige Amt
       Amt gehen.   gehen.
    b. Sie wird lange anstehen müssen.   Sie hat lange anstehen müssen.

24. a. Er zeigt dem Generalkonsul den   Er zeigte dem Generalkonsul den Bericht.
       Bericht.
    b. Ich werde ihm das Buch zeigen.   Ich habe ihm das Buch gezeigt.

25. a. Sagen Sie mir bitte, um was es   Sagen Sie mir bitte, um was es sich
       sich handelt.   handelte.
    b. Ich weiss nicht, um was es sich   Ich weiss nicht, um was es sich ge-
       handeln wird.   handelt hat.

26. a. Ich tue das gern für ihn.   Ich tat das gern für ihn.
    b. Ich werde das gern für Sie tun.   Ich habe das gern für Sie getan.

27. a. Herr Ullrich unterhält sich mit   Herr Ullrich unterhielt sich mit seiner
       seiner Frau über die Ausstellung. Frau über die Ausstellung.
    b. Ich werde mich mit ihm über die   Ich habe mich mit ihm über die Reise
       Reise unterhalten.   unterhalten.

VARIATION DRILL

1. Er fuhr acht Tage in die Berge.   He went to the mountains for a week.

   a. I stayed in Garmisch for two   Ich blieb zwei Wochen in Garmisch.
      weeks.
   b. We lived in a hotel for a   Wir wohnten vierzehn Tage in einem
      fortnight.   Hotel.
   c. She came to the office an hour   Sie kam eine Stunde zu spät ins Büro.
      late.
   d. He studied in Heidelberg for   Er studierte ein Jahr in Heidelberg.
      a year.
   e. She only worked at the Ministry of Sie arbeitete nur einen Monat im
      Economic Affairs for a month.   Wirtschaftsministerium.

2. Ich konnte nicht hingehen, da ich   I couldn't go, as I had a conference.
   eine Besprechung hatte.

   a. I stayed at home because it   Ich blieb zu Hause, weil es draussen
      was too cold outside.   zu kalt war.
   b. We took a side trip to Munich   Wir machten noch einen Abstecher nach
      because we wanted to take a   München, weil wir uns die Paul Klee
      look at the Paul Klee exhibi-   Ausstellung ansehen wollten.
      tion.
   c. Unfortunately a discussion did   Leider kam es nicht mehr zu einer
      not develop, as there was not   Diskussion, da die Zeit nicht
      sufficient time.   ausreichte.
   d. Mr. Martin called up Mrs. Köh-   Herr Martin rief Frau Köhler an, da
      ler, as he wanted to express his   er sich für den netten Abend nochmal
      thanks again for the nice evening.   bedanken wollte.

3. Als ich zur Haltestelle kam, fuhr   When I got to the [bus] stop the bus
   der Omnibus gerade ab.   was just leaving.

   a. When we drove to the mountains   Als wir in die Berge fuhren, regnete
      it rained the whole time.   es die ganze Zeit.
   b. When the telephone rang she   Als das Telephon klingelte, nahm sie
      lifted the receiver.   den Hörer ab.
   c. When we were in the Black   Als wir im Schwarzwald waren, machten
      Forest we took long walks.   wir lange Spaziergänge.
   d. When we were in Munich we   Als wir in München waren, besuchten
      visited the German Museum.   wir das Deutsche Museum.
   e. When I arrived in Frankfurt   Als ich in Frankfurt ankam, holte
      Mr. Becker picked me up.   mich Herr Becker ab.
   f. When we left the sun was   Als wir abfuhren, schien die Sonne.
      shining.

4. Als mein Bruder hier war, sind   When my brother was here we went to
   wir in die Ausstellung gegangen.   the exhibition.

   a. Since our apartment was too   Da unsere Wohnung zu klein war,
      small we bought a house.   haben wir uns ein Haus gekauft.
   b. Since I didn't get any theater   Da ich keine Theaterkarten bekam,
      tickets we went to the movies.   sind wir ins Kino gegangen.
   c. When we lived in Munich we   Als wir in München wohnten, sind wir
      often drove to the mountains.   oft in die Berge gefahren.
   d. When we lived in Hamburg our   Als wir in Hamburg wohnten, haben
      boys attended a German 'Real-   unsere Jungen ein deutsches Real-
      gymnasium'.   gymnasium besucht.
   e. When we were eating lunch the   Als wir zu Mittag assen, hat das
      telephone rang.   Telephon geklingelt.

5. Ich habe ihn nicht angerufen,   I didn't call him up because I didn't
   weil ich keine Zeit hatte.   have time.

   a. I didn't buy the overcoat   Ich habe den Mantel nicht gekauft,
      because it didn't fit me.   weil er mir nicht passte.
   b. We stayed home on Sunday because   Wir sind Sonntag zu Hause geblieben,
      it rained the whole day.   weil es den ganzen Tag regnete.
   c. I was not at home when he   Ich bin nicht zu Hause gewesen, als
      visited us.   er uns besuchte.
   d. We went skiing a lot when we   Wir sind viel Ski gelaufen, als wir
      were in Garmisch.   in Garmisch waren.

6. Da es den ganzen Sonntag regnete,
blieben wir zu Hause.

Since it rained all day Sunday we
stayed home.

   a. Since the weather was nice we
   went to the mountains on the
   week-end.

   Da das Wetter schön war, fuhren wir
   am Wochenende in die Berge.

   b. Since I had an urgent conference
   at the Ministry of Foreign Affairs, I couldn't call you up.

   Da ich eine dringende Besprechung
   im Auswärtigen Amt hatte, konnte ich
   Sie nicht anrufen.

   c. Since I didn't know his address,
   I couldn't write him.

   Da ich seine Adresse nicht wusste,
   konnte ich ihm nicht schreiben.

   d. Since it was raining he stayed
   home.

   Da es regnete, blieb er zu Hause.

7. Sie konnte nicht mitkommen, weil
sie schon eine Verabredung hatte.

She wasn't able to go along because
she already had an appointment.

   a. We couldn't go because the
   weather was bad.

   Wir konnten nicht fahren, weil das
   Wetter schlecht war.

   b. He had to go to New York by bus
   because his car was out of order.

   Er musste mit dem Omnibus nach New York
   fahren, weil sein Wagen kaputt war.

   c. I wanted to go and take the
   waters at Bad Pyrmont because I
   needed [a] vacation.

   Ich wollte zur Kur nach Bad Pyrmont
   fahren, weil ich Erholung brauchte.

   d. Klaus was allowed to take a side
   trip to Hannover because he
   wanted to see the industrial
   exhibition.

   Klaus durfte einen Abstecher nach
   Hannover machen, weil er die Industriemesse sehen wollte.

   e. She had to go to the Ministry
   of Economic Affairs because she
   had an important conference there.

   Sie musste ins Wirtschaftsministerium
   gehen, weil sie dort eine wichtige
   Besprechung hatte.

8. Sind die Schuhe schon besohlt?

Are the shoes already soled?

   a. The shirts aren't washed yet.
   b. Is the letter written?
   c. The rent is paid for this month.
   d. The suit is cleaned.
   e. My son is married.
   f. The crates are unpacked.
   g. The house isn't rented yet.
   h. We're all pretty much overworked.

   Die Hemden sind noch nicht gewaschen.
   Ist der Brief geschrieben?
   Die Miete ist für diesen Monat bezahlt.
   Der Anzug ist gereinigt.
   Mein Sohn ist verheiratet.
   Die Kisten sind ausgepackt.
   Das Haus ist noch nicht vermietet.
   Wir sind alle ziemlich überlastet.

9. Es war eine geschlossene Aufführung.

It was a private ('closed') performance.

   a. The filled-out forms are there
   on the table.

   Die ausgefüllten Formulare liegen dort
   auf dem Tisch.

   b. He has a son and two married
   daughters.

   Er hat einen Sohn und zwei verheiratete
   Töchter.

   c. We went in a rented car.

   Wir fuhren mit einem gemieteten Auto.

   d. Where are all the unpacked
   crates?

   Wo sind alle ausgepackten Kisten?

10. **Uns gefiel die Ausstellung aus-
    gesprochen gut.**

    We liked the exhibition extremely well.

    a. He was late repeatedly.
    b. Mr. Schumann's report was
       extremely interesting.
    c. He read German excellently.
    d. He spoke intentionally slowly
       when he dictated the letters
       to her.
    e. I'm not acquainted with the
       restaurant, but it's supposed
       to be extremely expensive.
    f. I called there repeatedly.
    g. Today you (fam sg) parked
       excellently.

    Er kam wiederholt zu spät.
    Der Bericht von Herrn Schumann war
    ausgesprochen interessant.
    Er las ausgezeichnet deutsch.
    Er sprach gewollt langsam, als er ihr
    die Briefe diktierte.

    Ich kenne das Restaurant nicht, aber
    es soll ausgesprochen teuer sein.

    Ich habe wiederholt dort angerufen.
    Heute hast du ausgezeichnet geparkt.

VOCABULARY DRILL

1. **im Urlaub sein** - "be [away] on vacation, on leave"

    a. Köhlers sind im Urlaub, sie
       werden nächste Woche erst zu-
       rückkommen.
    b. Als wir im Urlaub waren, lern-
       ten wir ein amerikanisches
       Ehepaar kennen.
    c. Wenn Sie im Urlaub sind, werde
       ich mich um Ihr Haus kümmern.
    d. Im Urlaub konnten wir jeden
       Tag Ski laufen.
    e. Wir waren gerade im Urlaub, als
       die Ausstellung stattfand.

    The Köhlers are [away] on vacation;
    they won't be coming back until next
    week.
    When we were on [our] vacation we got
    to know an American couple.

    When you are [away] on leave I'll take
    care of your house.
    On [our] vacation we were able to go
    skiing every day.
    We were on [our] vacation just when
    the exhibition took place.

2. **geöffnet / geschlossen** - "open / closed"

    a. Ist die Industriemesse das
       ganze Jahr geöffnet?
    b. Montags ist die Ausstellung
       doch geschlossen, nicht wahr?
    c. Das Auswärtige Amt ist von neun
       bis fünf geöffnet.
    d. Ist das Wirtschaftsministerium
       sonnabends geschlossen?
    e. Einige Geschäfte in der Stadt
       sind täglich bis sieben Uhr
       geöffnet.
    f. Das Schwimmbad ist heute leider
       geschlossen.

    Is the industrial exposition open
    all year?
    On Mondays the exhibition is closed,
    isn't it?
    The Ministry of Foreign Affairs is
    open from nine to five.
    Is the Ministry of Economic Affairs
    closed on Saturdays?
    Some stores in town are open daily
    until seven o'clock.

    The swimming pool is closed today,
    unfortunately.

3. <u>verbringen</u> - "to spend"

a. Wollen Sie dieses Jahr Ihren   Do you want to spend your vacation on
   Urlaub an der Ostsee verbringen?   the Baltic this year?
b. Ich weiss nicht, wie sie ihre   I don't know how they spend their
   Zeit verbringen.   time.
c. Den Sommer hat sie in Garmisch-   She spent the summer in Garmisch-
   Partenkirchen verbracht.   Partenkirchen.
d. Er hat ein ganzes Jahr in   He spent a whole year in Germany.
   Deutschland verbracht.
e. Sie verbrachte den ganzen Nach-   She spent the whole afternoon down
   mittag in der Stadt.   town.

4. <u>neulich</u> - "recently, the other day"

a. Sie war doch neulich auf dem   She was at the reception at the consul
   Empfang beim Generalkonsul,   general's recently, wasn't she?
   nicht wahr?
b. Neulich rief Herr Bauer an und   The other day Mr. Bauer called up and
   bat um Auskunft über die Ein-   asked for information about the
   fuhrbestimmungen.   import regulations.
c. Wer von Ihnen hat neulich den   Who among ('of') you read the report
   Bericht über die Gewerkschaften   about the labor unions recently?
   gelesen?
d. Wir sind neulich in der Paul   We were at the Paul Klee exhibition
   Klee Ausstellung gewesen.   the other day.
e. Waren Sie neulich auch in der   Were you at the conference in the
   Konferenz im Wirtschafts-   Ministry of Economic Affairs the other
   ministerium?   day, too?

5. <u>stehen</u> - "to be (somewhere in writing), say"

a. In welcher Zeitung stand der   In which newspaper was the report on
   Bericht über Herrn Schumanns   ('about') Mr. Schumann's lecture?
   Vortrag?
b. In seinem letzten Brief stand   In his last letter there was nothing
   nichts von seiner Reise.   about his trip.
c. Die Adresse von Herrn Meyer   Mr. Meyer's address is in the telephone
   steht im Telephonbuch.   book.
d. Auf welcher Seite hat der Arti-   On what page was the article about the
   kel über die Konzerne und Kar-   combines and cartels?
   telle gestanden?
e. Es steht heute in der Zeitung,   It says in the paper today that the
   dass das Konzert der Berliner   concert by ('of') the Berlin Phil-
   Philharmoniker am 22. statt-   harmonic is going to be on the 22nd.
   findet.

6. <u>ausführlich</u> - "detailed, complete, lengthy"

a. Wir haben einen ausführlichen   We got a detailed report on his trip.
   Bericht über seine Reise be-
   kommen.
b. Ich hatte nach der Konferenz ein   I had a lengthy conversation with
   ausführliches Gespräch mit   Mr. Bauer after the conference.
   Herrn Bauer.
c. Er gab eine ausführliche Er-   He gave out with a detailed explanation.
   klärung ab.

(This drill continued on next page.)

27

d. Sie schrieb einen ausführlichen Artikel für die Frankfurter Allgemeine.

She wrote a lengthy article for the "Frankfurter Allgemeine".

e. Sein letzter Brief war nicht sehr ausführlich.

His last letter wasn't very complete.

7. <u>ausreichen</u> - "to be enough, hold out"

a. Wenn unser Geld ausreicht, wollen wir sechs Wochen in Deutschland bleiben.

If our money holds out we want to stay in Germany for six weeks.

b. Wenn die Zeit ausreicht, können wir noch zur Ausstellung gehen.

If there's enough time we can still go to the exhibition.

c. Die Wolle für den Pullover reichte nicht aus.

There wasn't enough wool for the sweater.

d. Das Briefpapier reichte leider nicht ganz aus.

Unfortunately there wasn't quite enough stationery.

e. Für eine Kur in Bad Pyrmont reichten zwei Wochen nicht aus.

For a [course of] treatment at Bad Pyrmont two weeks were not enough.

8. <u>es</u> - "there, --"

a. Es sind ungefähr zwanzig Personen im Omnibus.

There are approximately twenty people in the bus.

b. Es waren zuviele Leute in der Bank, ich konnte nicht warten.

There were too many people in the bank; I couldn't wait.

c. Es sprachen in der Konferenz der Generalkonsul, der Landrat und der Betriebsleiter.

The consul general, the Landrat and the plant manager spoke at ('in') the conference.

d. Es stand ein Artikel über die Kartellfragen in der Zeitung.

There was an article about the cartel questions in the newspaper.

e. Es gingen noch ein paar Freunde mit.

A couple of friends went along in addition.

f. Es blieb keiner lange bei ihnen.

No one stayed long at their house.

g. Es konnte keiner an dem Abend kommen.

No one could come on that evening.

9. <u>anwesend</u> - "present, there"

a. Es waren dreizehn Personen anwesend.

There were thirteen people present.

b. Als wir gestern in der Konferenz waren, war der Betriebsleiter nicht anwesend.

When we were at the conference yesterday the plant manager was not there.

c. Wer war sonst noch anwesend?

Who else was there (too)?

d. Der Gewerkschaftssekretär war Mittwoch nicht anwesend.

The union secretary was not present Wednesday.

e. Bei dieser Besprechung müssen alle Lehrer anwesend sein.

At this conference all teachers must be present.

TRANSLATION DRILL

1. Mr. Keller and Mr. Bruce are carrying on a conversation about an exhibition.

   Herr Keller und Herr Bruce unterhalten sich über eine Ausstellung.

2. Mr. and Mrs. Keller have been to this exhibition twice already.

   Herr und Frau Keller waren schon zweimal in dieser Ausstellung.

3. They liked it extremely well.

   Sie gefiel ihnen ausgesprochen gut.

4. Mr. Bruce hasn't been there yet since he has too much to do on weekdays.

   Herr Bruce war noch nicht dort, da er wochentags zuviel zu tun hat.

5. He didn't know that the exhibition is open on Sundays.

   Er wusste nicht, dass die Ausstellung sonntags geöffnet ist.

6. Mr. and Mrs. Jones were in Garmisch-Partenkirchen.

   Herr und Frau Jones waren in Garmisch-Partenkirchen.

7. They liked it there very much.

   Es gefiel ihnen dort sehr gut.

8. They were lucky as far as the weather was concerned.

   Sie hatten Glück mit dem Wetter.

9. It rained at first to be sure, but then the rest of the week was very nice.

   Zuerst regnete es zwar, aber der Rest der Woche war dann sehr schön.

10. They were even able to take several hikes in the mountains.

   Sie konnten sogar mehrere Bergtouren machen.

11. The Bergmanns spent their vacation in Pyrmont.

   Bergmanns verbrachten ihren Urlaub in Pyrmont.

12. They went there to take the waters.

   Sie fuhren zur Kur dorthin.

13. On their way back they drove through ('over') Hannover.

   Auf ihrer Rückreise fuhren sie über Hannover.

14. They visited the industrial exposition there.

   Sie haben dort die Industriemesse besucht.

15. Mr. Meyer was at an interesting conference at the Ministry of Economic Affairs.

   Herr Meyer war auf einer interessanten Konferenz im Wirtschaftsministerium.

16. Mr. Keller had an important conference at the (German) Ministry of Foreign Affairs.

   Herr Keller hatte eine wichtige Besprechung im Auswärtigen Amt.

17. He unfortunately didn't have any time left to go to the Ministry of Economic Affairs.

   Er hatte leider keine Zeit mehr, noch ins Wirtschaftsministerium zu gehen.

18. In the newspaper the other day there was an article about new combines being formed and cartel questions.

   In der Zeitung stand neulich ein Artikel über neue Konzernbildungen und Kartellfragen.

19. Mr. Schumann talked about that at the conference yesterday, too.

   Herr Schumann sprach gestern in der Konferenz auch darüber.

20. Unfortunately a discussion did not arise afterwards as there wasn't enough time.

   Leider kam es danach zu keiner Diskussion, da die Zeit nicht ausreichte.

21. There were a few plant managers there too.

   Es waren auch einige Betriebsleiter da.

22. A union official gave out with long-winded explanations.

   Ein Gewerkschaftssekretär gab langatmige Erklärungen ab.

23. Mr. Martin called up Mrs. Köhler.

   Herr Martin rief Frau Köhler an.

24. He expressed his thanks for a pleasant evening at the Köhlers' house.

   Er bedankte sich für einen netten Abend bei Köhlers.

25. Since Mrs. Martin was still away on her vacation she wasn't able to go to the Köhlers'.

   Da Frau Martin noch im Urlaub war, konnte sie nicht zu Köhlers gehen.

(This drill continued on next page.)

29

26. She is coming back in a week however.

In acht Tagen kommt sie aber zurück.

27. The Köhlers are to visit the Martins soon too.

Köhlers sollen Martins auch bald besuchen.

RESPONSE DRILL

1. In welcher Ausstellung war Herr Keller?

Er war in der Paul Klee Ausstellung.

2. Warum war Herr Bruce nicht dort?

Er hatte bisher noch keine Zeit, hinzugehen.

3. Wann hat er zuviel zu tun?

Wochentags hat er zuviel zu tun.

4. Wann ist die Ausstellung geöffnet?

Sie ist täglich geöffnet.

5. Wie oft waren Herr und Frau Keller schon in der Ausstellung?

Sie waren schon zweimal dort.

6. Wie gefiel ihnen die Ausstellung?

Sie gefiel ihnen ausgesprochen gut.

7. Wann kamen Herr und Frau Jones aus dem Urlaub?

Sie kamen gestern zurück.

8. Wo waren sie?

Sie waren in Garmisch-Partenkirchen.

9. Wie hat es ihnen dort gefallen?

Es hat ihnen dort sehr gut gefallen.

10. Wie war das Wetter?

Als sie ankamen, regnete es, aber der Rest der Woche war sehr schön.

11. Gingen Herr und Frau Jones viel spazieren?

Ja, sie machten sogar mehrere Bergtouren.

12. Wo verbrachten Bergmanns ihren Urlaub?

Sie fuhren zur Kur nach Bad Pyrmont.

13. Warum machten sie auf der Rückreise noch einen Abstecher nach Hannover?

Sie wollten sich die Industriemesse ansehen.

14. Wo fand die Konferenz statt?

Sie fand im Wirtschaftsministerium statt.

15. Warum ging Herr Keller nicht hin?

Er hatte eine dringende Besprechung im Auswärtigen Amt.

16. Worüber gab Herr Schumann einen Bericht?

Er gab einen Bericht über neue Konzernbildungen und Kartellfragen.

17. In welcher Zeitung stand darüber neulich schon ein Bericht?

In der Frankfurter Allgemeinen.

18. Warum kam es nach der Konferenz zu keiner Diskussion?

Die Zeit reichte leider nicht aus.

19. Warum reichte die Zeit nicht aus?

Ein Gewerkschaftssekretär gab langatmige Erklärungen ab.

20. Wann rief Herr Martin Frau Köhler an?

Er rief sie am Morgen nach der Gesellschaft an.

21. Warum rief er sie an?

Er wollte sich für den netten Abend bedanken.

22. Wann kommt Frau Martin wieder zurück?

Sie kommt in acht Tagen zurück.

23. Wen sollen Köhlers bald besuchen?

Sie sollen bald Martins besuchen.

SITUATIONS

Herr Wilson ruft Herrn Becker an

Herr Wilson möchte sich gern die Paul
Klee Ausstellung ansehen, kennt die
Stadt aber nicht sehr gut, da er noch
nicht lange dort wohnt. Er fragt
Herrn Becker, ob er nicht mitkommen
möchte. Herr Becker ist schon dort
gewesen, aber er geht gern noch einmal mit; die Ausstellung hat ihm
nämlich ausgesprochen gut gefallen.
Er will mit seinem Wagen fahren und
Herrn Wilson heute nachmittag um drei
Uhr abholen. Er fragt, ob er ihm danach noch das Auswärtige Amt, das Wirtschaftsministerium, das neue Theater
und vielleicht noch ein Museum zeigen
kann. Herr Wilson möchte sich das
alles gern ansehen. Später wollen die
beiden Herren ein Glas Bier trinken. Herr Wilson muss um sechs Uhr
wieder zu Hause sein, da er mit Bekannten in die Oper gehen will.

Herr Jones trifft Herrn Bergmann

Herr Jones und Herr Bergmann haben sich
lange nicht gesehen. Herr Jones fragt
Herrn Bergmann, ob er im Urlaub gewesen ist, wohin er fuhr und ob er viel
gesehen hat. Herr Bergmann war mit
seiner Frau erst acht Tage in München
und dann acht Tage in Garmisch - Partenkirchen. Das Wetter war sehr schön,
nur zweimal regnete es. Von Garmisch -
Partenkirchen aus machten sie mehrere
Bergtouren. Leider hatten sie keine
gute Aussicht von der Zugspitze, da
das Wetter schlecht war. Auf der
Rückreise blieben sie noch einen Tag
in Heidelberg, um sich die Stadt anzusehen. Vor einer Woche kamen sie
zurück. Herr Jones war inzwischen
auch im Urlaub. Er und seine Frau
fuhren dieses Jahr nach Bad Pyrmont.
Sie blieben drei Wochen zur Kur dort.

Sie machten viele Spaziergänge und da
sie schönes Wetter hatten, konnten sie
viel draussen sitzen. Auch machten sie
einen Abstecher nach Hannover, um sich
dort die Industriemesse anzusehen.
Da Frau Jones in Hannover Verwandte
hat, konnten sie bei ihnen wohnen.

Herr Müller und Herr Neumann unter-halten sich vor der Handelskammer

Herr Müller sagt, dass er gestern morgen
Herrn Neumann angerufen hat. Er konnte
ihn aber leider nicht in seinem Büro
erreichen. Er wollte wissen, ob ihm die
Sekretärin gesagt hat, dass gestern
nachmittag eine Konferenz im Wirtschaftsministerium stattfand. Herr Neumann
konnte leider nicht zur Konferenz kommen.
Er musste zuerst zu einer wichtigen Besprechung ins Auswärtige Amt gehen.
Dann fuhr er zum Konsulat sein Visum ab-
zuholen und musste auch noch andere
Sachen besorgen. Er muss nächste Woche
eine Geschäftsreise nach Amerika machen.
Herr Müller sagt Herrn Neumann, dass die
Konferenz sehr interessant war. Herr
Schumann gab einen Bericht über die
neuen Konzernbildungen und Kartellfragen. Später kam es leider nicht mehr
zu einer Diskussion, da die Zeit nicht
mehr ausreichte.

NARRATIVE

Warum Frau Martin nicht zu der Gesellschaft bei Köhlers war, wollten Sie wissen? Sie hatte bei einem Preisausschreiben ein Rundreisebillett gewonnen und reiste zu der Zeit gerade durch die Bundesrepublik. Nach zehnjähriger Ehe verbrachte sie zum ersten Mal einen Urlaub allein. Da ihr Mann nicht mit war, durfte sie endlich einmal tun, was sie mochte, und brauchte nichts von dem zu tun, was er immer wollte. Der Autobus fuhr die Strecke vom Ausgangspunkt Stuttgart über Heidelberg nach Frankfurt sehr schnell. Die anderen Reiseteilnehmer besichtigten die historische Paulskirche, wo 1848 - 1849 die erste Deutsche Nationalversammlung tagte, und nahmen dann einen halben Tag lang andere berühmte Bauten in Augenschein. Sie machte inzwischen einen Abstecher nach Offenbach. Sie interessierte sich mehr für elegante Lederhandtaschen und modernen Schmuck, für deren Fabrikation diese Stadt berühmt ist.

Von Frankfurt ging es nach Bonn, wo sie nicht das Wirtschaftsministerium aufsuchte, wo ein entfernter Verwandter ihres Mannes im Pressearchiv arbeitet. Sie sah sich lieber Beethovens Geburtshaus an. — In Köln entdeckte sie in der Nähe des Doms ein für sie sehr wichtiges Gebäude, wo man das berühmte Kölnisch Wasser oder Eau de Cologne herstellt. In Hamburg schloss sie sich nicht denen an, die die Hafenanlagen besichtigten, sondern denen, die einen Bummel auf der Reeperbahn machten. Warum sollte sie es nicht tun? Ihr Mann hatte ihr gesagt, dass er voriges Jahr einen Reeperbahnbummel gemacht hatte, natürlich nur anlässlich einer Konferenz in Hamburg! Nun, sie tat es anlässlich einer Rundreise! Also doch mal eine Sehenswürdigkeit, die sie beide interessierte.

Von Hamburg ging es nach Hannover, wo sie der Industriemesse aus dem Weg ging. Über Kassel fuhr man dann weiter nach Nürnberg, wo die anderen das Albrecht-Dürer-Haus besichtigten, während sie die berühmten Nürnberger Lebkuchen an Ort und Stelle einkaufen konnte. Endstation war München, wo gerade eine Paul-Klee-Ausstellung stattfand, die sie ausser Acht liess, weil ihr von allen modernen Malern Paul Klee am wenigsten gefällt.

das Preisausschreiben,-	contest	entdecken (w)	discover
die Rundreise,-n	excursion	das Gebäude,-	building
das Billett,-s	ticket	herstellen (w)	produce
gewinnen (a,o)	win	sich anschliessen (o,o)	join
reisen (w)	travel	(plus dative)	
die Bundesrepublik	Federal Republic	denen ... die	those who
die Ehe,-n	marriage	die Hafenanlage,-n	harbor
allein	alone		installations
mochte	pleased	sondern	but rather
der Ausgangspunkt,-e	starting-point	der Bummel,-	stroll
über	via	die Reeperbahn (main street of Hamburg's)	
der Teilnehmer,-	participant	(night club and red-light district)	
besichtigen (w)	view	anlässlich	in connection with
die Versammlung,-en	assembly	die Sehenswürdigkeit,-en	sight
tagen (w)	meet	aus dem Weg gehen	steer clear
in Augenschein nehmen	inspect	(plus dative)	of
sich interessieren für	be interested in	während	while
die Lederhandtasche,-n	leather handbag	der Lebkuchen,-	(famous German
der Schmuck	jewelry	Christmas gingerbread cookie)	
deren	of which	einkaufen (w)	stock up on
aufsuchen (w)	look up	die Endstation,-en	last stop
entfernt	distant	ausser Acht lassen	disregard
die Geburt,-en	birth	der Maler,-	painter

FINDER LIST

Parentheses after verb entries indicate the vowel changes of strong verbs or
identify weak (w) or irregular weak (ir w) verbs.

	abgeben (i,a,e)	give out (with)
der	Abstecher,-	side trip
	als	when
	anwesend	present
	ausführlich	detailed, complete
	ausgesprochen	extraordinarily, extremely
	ausreichen (w)	be sufficient
die	Ausstellung,-en	exhibition
das	Auswärtige Amt	Ministry of Foreign Affairs
sich	bedanken (w)	express one's thanks
	bereits	already
die	Bergtour,-en	hike in the mountains
der	Bericht,-e	report
der	Betrieb,-e	(industrial) plant
der	Betriebsleiter,-	plant manager
die	Bildung,-en	formation
	bisher	up to now
	bitten um (a,e)	ask for, request
	der	who
die	Diskussion,-en	discussion
die	Empfehlung	commendation, regards
die	Erklärung,-en	explanatory statement
sich	freuen (w)	be glad
	geöffnet	open
	geschlossen	closed
die	Gesellschaft,-en	social affair, party
die	Gewerkschaft,-en	labor union
der	Gewerkschaftssekretär,-e	union official (secretary)
Ihr	Herr Gemahl	your husband, Mr. ...
die	Industrie,-n	fair, exposition
	interessant	interesting
das	Kartell,-e	cartel
die	Kartellfrage,-n	cartel question
es	kommt zu etwas (a,o)	something arises, develops
der	Konzern,-e	combine
die	Konzernbildung,-en	formation of a combine or combines
die	Kur,-en	treatment, cure
zur	Kur fahren (ä,u,a)	to go to a spa to take the waters
	langatmig	long-winded
	mehrere	several
die	Messe,-n	fair, exposition
das	Ministerium,-ien	ministry
	nach (plus dat)	after
	neulich	the other day
der	Rest	rest, remainder
die	Rückreise	return trip
es	steht in der Zeitung (a,a)	it's in the newspaper
	sonntags	on Sundays
	soviel ich weiss	as far as I know
	täglich	daily, every day
die	Tour,-en	tour, trip
der	Urlaub,-e	leave, vacation
im	Urlaub	on leave
	verbringen (ir w)	spend (time)
Sie	wären	you would be, you were
die	Wirtschaft	economy
das	Wirtschaftsministerium	Ministry of Economic Affairs
	wochentags	on weekdays
	zwar	be sure
	zweimal	twice

(4. Fortsetzung)   10   Dortmund – Ruhrgebiet Wuppertal – Frankfurt (M) und Mannheim-Heidelberg

(dense railway timetable grid with station names in left column and train times across)

Station							
Dortmund Hbf		16.45	17.00		17.32		
Bochum-Langendreer							
Bochum Hbf						19.13	19.31 20.23 20.46
Herne		17.08 17.18		17.54		19.05	19.75
Wanne-Eickel Hbf		17.16 17.27		17.35	18.01	19.23 19.33	20.10
Gelsenkirchen Hbf		17.25 17.36		17.44	18.09		19.45 19.59 20.07 20.20
Essen Hbf	227					19.20 19.38	19.53 20.20.25 20.06 20.51 21.00
Mülheim (Ruhr)							20.17 21.01 21.11
Essen-Altenessen		17.33 17.44		17.52	18.17		20.16 20.46
Oberhausen Hbf		17.53 18.00		18.07	18.40	19.31 19.56	20.27 21.10 21.18 21.22
Duisburg Hbf		18.06 18.13		18.21	18.48	19.47 20.20	20.20 09.20 20.36 21.09 21.30 21.43
Düsseldorf Hbf		18.27 21.35		18.45 18.55	19.09	19.58 20.29 20.50	21.09 21.30 21.37 21.43
Hilden Hbf				17.50			
Wuppertal-Oberbarmen		18.06		18.36		19.30	20.10
Wuppertal-Elberfeld		18.16		19.14 19.24		19.40	20.35
Solingen-Ohligs		18.37		19.33			20.47
Köln-Deutz		18.59	19.13		19.39 19.42		21.13
Köln Hbf		19.03 19.07 19.24 19.27		19.54		21.04 21.31 33	21.53 21.47

Kursbuchschlüssel

EINE REISE MIT DEM ZUG

Basic Sentences

I

yesterday evening
the train
to accompany

MR. SCHMIDT

You went to the train with Mr. Allen
yesterday evening ('You accompanied
Mr. Allen ... ').

to work out

Did everything work out all right?

some things
crooked, awry
to go awry, go wrong

MR. MÜLLER

Yes, pretty much so, but some things
went wrong.

why, how so

MR. SCHMIDT

How was that?

after
the ticket
to buy (a ticket
the baggage checkroom

MR. MÜLLER

He came to my house yesterday afternoon,
after he had bought his ticket and taken
his four suitcases to the baggage checkroom.

therewith, by doing that
to take care of

MR. SCHMIDT

Well, when he'd done that most everything was taken care of.

I

gestern abend
der Zug, ⸚e
begleiten (begleitete,
begleitet)

HERR SCHMIDT

Sie habeu doch gestern abend Herrn
Allen zum Zug begleitet.

klappen (klappte, geklappt)

Hat alles gut geklappt?

einiges
schief
schief gehen (i,a)

HERR MÜLLER

Ja, so ziemlich, aber einiges ging
doch schief.

wieso

HERR SCHMIDT

Wieso denn?

nachdem
die Fahrkarte,-n
lösen (löste, gelöst
die Gepäckaufgabe

HERR MÜLLER

Er kam gestern nachmittag zu mir,[1]
nachdem er seine Fahrkarte gelöst und
seine vier Koffer zur Gepäckaufgabe
gebracht hatte.

damit
erledigen (erledigte, erledigt)

HERR SCHMIDT

Na, damit war doch schon das meiste
erledigt.

MR. MÜLLER

That's what you think!

to occur to

When he was at my house it occurred
to him that of those four suitcases
one had been extra ('too many').

the compartment

He had forgotten that he had intended
to take it with him to the compartment.

before (in time)
the departure
before train time
to get out

MR. SCHMIDT

Did he get the suitcase out in time
before the train left?

MR. MÜLLER

He did.

luckily
the porter

Luckily a porter just happened to be
standing there too, who took it right
to the compartment.

to arrive, come in

MR. SCHMIDT

The train had come in in the meantime
then?

correct, right
the reading matter

MR. MÜLLER

Right. But now poor Allen couldn't
buy anything to read on the trip.

before

MR. SCHMIDT

Well, couldn't you still hurry and
get him a couple of newspapers before
the train left?

HERR MÜLLER

Denken Sie!

einfallen (fällt ein, fiel ein,
ist eingefallen)

Als er bei mir war, fiel ihm ein, dass
bei diesen vier Koffern einer zuviel
gewesen war.

das Abteil,-e

Er hatte vergessen, dass er ihn mit
ins Abteil hatte nehmen wollen.

vor (plus dative)
die Abfahrt,-en
vor Abfahrt des Zuges
herausbekommen (bekam heraus,
herausbekommen)

HERR SCHMIDT

Hat er diesen Koffer noch vor Abfahrt
des Zuges herausbekommen?

HERR MÜLLER

Das schon.

zum Glück
der Gepäckträger,-

Zum Glück stand auch gerade ein Gepäckträger da, der ihn gleich ins
Abteil brachte.

einlaufen (läuft ein, lief ein,
ist eingelaufen)

HERR SCHMIDT

Also war der Zug inzwischen schon
eingelaufen?

richtig
die Lektüre

HERR MÜLLER

Richtig. Aber nun konnte der arme
Allen keine Reiselektüre mehr kaufen.

ehe

HERR SCHMIDT

Na, konnten Sie ihm nicht noch schnell
ein paar Zeitungen holen, ehe der Zug
abfuhr?

MR. MÜLLER	HERR MÜLLER

That's what I did.

Das tat ich.

to run	rennen (rannte, ist gerannt)
the newsstand	der Kiosk, -e
but	doch

I ran to the newsstand, but when I came back the train had already left.

Ich rannte zum Kiosk, doch als ich zurückkam, war der Zug schon abgefahren.

II

II

Im Hotel

by telegram	telegraphisch
the single room	das Einzelzimmer, -
the bath	das Bad, ⁼er

MR. ALLEN

HERR ALLEN

I wired my reservation for a single room with bath. ('I ordered by telegram a single room with bath.')

Ich habe telegraphisch ein Einzelzimmer mit Bad bestellt.

DESK CLERK

EMPFANGSCHEF

May I have your name, please? ('May I ask for your name?')

Darf ich um Ihren Namen bitten?

MR. ALLEN

HERR ALLEN

Allen.

Allen.

the reservation	die Bestellung, -en
to be here, be on hand	vorliegen (lag vor, vorgelegen)

DESK CLERK

EMPFANGSCHEF

Yes, Mr. Allen, your reservation is here.

Ja, Herr Allen, Ihre Bestellung liegt vor.

to reserve	reservieren (reservierte, reserviert)

37

We have reserved Room 252 on the third floor for you.	Wir haben für Sie Zimmer 252 im zweiten Stock reserviert.

to come (after)	nachkommen (kam nach, ist nachgekommen)
she's coming (later)	sie kommt ... nach

MR. ALLEN   **HERR ALLEN**

My wife is coming in three days.	Meine Frau kommt in drei Tagen nach.

the double room	das Doppelzimmer,-
to reserve (for oneself)	sich reservieren lassen(ä,ie,a)
possibly, if possible	möglichst
facing the street	nach der Strasse zu

I'd like to reserve a double room right now, if possible not facing the street.	Ich möchte mir gleich jetzt ein Doppelzimmer reservieren lassen, möglichst nicht nach der Strasse zu.

to look, check	nachsehen (sieht nach, sah nach, hat nachgesehen)

DESK CLERK   **EMPFANGSCHEF**

Just a moment, I'll check right away.	Einen Moment, ich werde gleich mal nachsehen.

free, available	frei

We have a nice, quiet room with bath available on the fifth floor.	Wir haben ein schönes, ruhiges Zimmer mit Bad im vierten Stock frei.

MR. ALLEN   **HERR ALLEN**

How much does it cost?	Was kostet es?

in addition, plus	zuzüglich
the per cent	das Prozent,-e
the service	die Bedienung

DESK CLERK   **EMPFANGSCHEF**

Forty marks, plus fifteen per cent service charge.	Vierzig Mark, zuzüglich fünfzehn Prozent für Bedienung.

MR. ALLEN   **HERR ALLEN**

Fine. Please reserve the room for us.	Gut. Bitte reservieren Sie das Zimmer für uns.

would	würden
the registration blank	der Meldeschein,-e

DESK CLERK	EMPFANGSCHEF
Would you please fill out this registration blank?	Würden Sie bitte diesen Meldeschein ausfüllen?
the passport	der Reisepass,⁻e
And may I see your passport please?	Und darf ich auch um Ihren Reisepass bitten?
to intend	beabsichtigen (beabsichtigte, beabsichtigt)
How long do you intend to stay?	Wie lange beabsichtigen Sie zu bleiben?
altogether up to, until	insgesamt bis zu

MR. ALLEN	HERR ALLEN
Two weeks altogether, until the twenty-first, that is.	Insgesamt vierzehn Tage, also bis zum einundzwanzigsten.
to wish (to have)	wünschen (wünschte, ge-wünscht)

DESK CLERK	EMPFANGSCHEF
Then you wish to have the double room from the tenth to the twenty-first?	Sie wünschen dann das Doppelzimmer vom zehnten bis zum einundzwanzigsten?
yes, that's right the check the traveler's check	jawohl der Scheck,-s der Reisescheck,-s

MR. ALLEN	HERR ALLEN
Yes that's right. Can I pay with traveler's checks?	Jawohl. Kann ich mit Reiseschecks bezahlen?
of course	selbstverständlich

DESK CLERK	EMPFANGSCHEF
Of course.	Selbstverständlich.
That's your baggage, isn't it?	Das ist Ihr Gepäck, nicht wahr?

MR. ALLEN	HERR ALLEN
Yes.	Ja.
the bellhop up to the room	der Page,-n,-n auf das Zimmer

DESK CLERK	EMPFANGSCHEF
The bellhop will bring it up to your room right away.	Der Page wird es gleich auf Ihr Zimmer bringen.

III

the maid
to ring for someone

Mr. Allen rings for the maid.

to press (with a hand iron)

MR. ALLEN

Would you please have these two suits
pressed?

to polish

And where does one get shoes polished
[around] here?

MAID

Put them outside the door of your
room tonight, please.

MR. ALLEN

Can you tell me by the way if it's
possible to get theater tickets
through the hotel?

the desk clerk
the connection, contact
to get in touch with someone

MAID

Get in touch with the desk clerk,
please.

He'll certainly be able to give you
[the] information.

IV

Mr. Allen picks up the receiver.

the (switchboard) operator

The operator answers.

III

das Zimmermädchen,-
nach jemandem klingeln (w)

Herr Allen klingelt nach dem Zimmermädchen.

aufbügeln (bügelte auf,
aufgebügelt)

HERR ALLEN

Würden Sie bitte diese beiden Anzüge
aufbügeln lassen?

putzen (putzte, geputzt)

Und wo bekommt man hier die Schuhe
geputzt?

ZIMMERMÄDCHEN

Stellen Sie sie bitte heute abend
vor Ihre Zimmertür.

HERR ALLEN

Können Sie mir übrigens sagen, ob
man durch das Hotel Theaterkarten
bekommen kann?

der Empfangschef,-s
die Verbindung,-en
sich mit jemandem in Ver-
bindung setzen (w)

ZIMMERMÄDCHEN

Setzen Sie sich bitte mit dem Empfangschef in Verbindung.

Er wird Ihnen sicher Auskunft geben
können.

IV

Herr Allen nimmt den Hörer ab.

die Zentrale

Die Zentrale meldet sich.

MR. ALLEN

Please connect me with the desk clerk.

the desk (in a hotel)

to be helpful

DESK CLERK

Desk. Can I help you?

MR. ALLEN

This is Mr. Allen in Room 252.

the opera (house)
to play
it is playing

Do you know by any chance what's playing at the opera this evening?

the magic
the flute

DESK CLERK

"The Magic Flute" is at the German Opera House.

to try

the parquet (or orchestra)

MR. ALLEN

Good. Please try to get [me] a ticket, if possible in the parquet.

immediately
the information, answer
to have information

DESK CLERK

Yes, I'll be glad to; I'll call you immediately when I have an answer.

HERR ALLEN

Verbinden Sie mich bitte mit dem Empfangschef.

die Anmeldung (in einem Hotel)
behilflich sein

EMPFANGSCHEF

Anmeldung. Kann ich Ihnen behilflich sein?

HERR ALLEN

Hier Allen, Zimmer 252.

das Opernhaus,"er
spielen (spielte, gespielt)
es wird gespielt

Wissen Sie zufällig, was heute abend im Opernhaus gespielt wird?

der Zauber
die Flöte,-n

EMPFANGSCHEF

Im Deutschen Opernhaus gibt es "Die Zauberflöte".

versuchen (versuchte, versucht)
das Parkett

HERR ALLEN

Gut, versuchen Sie doch bitte, eine Karte zu bekommen, möglichst im Parkett.

sofort
der Bescheid
Bescheid haben

EMPFANGSCHEF

Ja, gern, ich rufe Sie sofort an, wenn ich Bescheid habe.

Notes to the Basic Sentences

[1] <u>zu mir</u>. Place of residence or business is frequently indicated by the noun or pronoun referring to a person after the prepositions <u>zu</u> and <u>bei</u> (cf. pp. 104, 109).

Notes on Grammar

(For Home Study)

A.   VERBS. THE PLUPERFECT PHRASE.

I. In Unit 12 we mentioned several devices for talking about past time in
German. One of them was the PERFECT PHRASE, consisting of the PRESENT TENSE
of the AUXILIARY VERB plus a PAST PARTICIPLE.
When we want to refer to an action or state <u>previous</u> to a past time under
discussion, the PAST TENSE of <u>haben</u> or <u>sein</u> plus the PAST PARTICIPLE is
used. This is called the PLUPERFECT PHRASE.

1. Note the following examples:

a) Er kam gestern abend zu mir,   He came to my house yesterday evening
    nachdem er seine Fahrkarte   after he <u>had bought</u> his ticket.
    <u>gelöst hatte</u>.

b) Als ich vom Kiosk zurückkam,   When I came back from the newsstand
    <u>war</u> der Zug schon <u>abgefahren</u>.   the train <u>had</u> already <u>left</u>.

c) Sie <u>hatte</u> ihre Koffer schon   She <u>had</u> already <u>given</u> her suitcases
    einem Gepäckträger <u>gegeben</u>,   to a porter before I came to the
    ehe ich ins Abteil kam.   compartment.

2. The previous action or state may only be implied or may have been
   indicated in other sentences in context:

Also <u>war</u> der Zug inzwischen schon   The train <u>had come</u> in the meantime
<u>eingelaufen</u>?   then?

II. The PLUPERFECT PHRASE with the verbs <u>dürfen</u>, <u>können</u>, <u>mögen</u>, <u>müssen</u>, <u>sollen</u>,
    <u>wollen</u> and <u>lassen</u>.

1. Instead of the PAST PARTICIPLE the INFINITIVE form is used when these
   verbs are themselves functioning as auxiliaries in a PLUPERFECT PHRASE.
   See Unit 12, where the PERFECT PHRASE is described, and the following
   examples:

a) Diesen Koffer <u>hatte</u> er mit   He had intended to take this suitcase
    ins Abteil <u>nehmen wollen</u>.   with him to the compartment.

b) Er <u>hatte</u> seine Frau erst   He had had to telephone his wife first.
    anrufen <u>müssen</u>.

2. When a PERFECT or PLUPERFECT PHRASE with one of the above verbs
   functioning as an auxiliary occurs in a subordinate clause, the finite
   verb does <u>not</u> come last in the clause. Note the following examples:

a) Da er den Koffer ins Abteil   Since he had intended to take the
    <u>hatte</u> mitnehmen wollen,   suitcase along with him to the
    musste er nochmal zurück-   compartment he had to go back again.
    gehen.

b) Ich wusste nicht, dass du   I didn't know that you had already
schon den Anzug <u>hattest</u>   had the suit pressed.
aufbügeln lassen.

B.   VERBS.   THE INFINITIVE AND THE INFINITIVE PHRASE.

I. The INFINITIVE in verb phrases was discussed in Units 2, 9 and 11. Here
we noted that the auxiliary verbs <u>dürfen</u>, <u>können</u>, <u>möchte(n)</u>, <u>müssen</u>,
<u>sollen</u>, <u>wollen</u> and <u>lassen</u> occur with an infinitive in much the same way
as English <u>can</u>, <u>may</u>, <u>must</u>, <u>let</u>, etc., and that the auxiliary verb <u>werden</u>
is used with the infinitive to form the future phrase just as English <u>will</u>.
The following examples are given as a review of this construction:

a) Er <u>konnte</u> keine Reiselektüre   He <u>couldn't</u> <u>buy</u> anything to read on the
<u>kaufen</u>.   trip.

b) Ich <u>muss</u> einige Briefe <u>schreiben</u>. I <u>have to write</u> some letters.

c) <u>Lassen</u> Sie diesen Artikel doch   <u>Have</u> this article <u>translated</u> please.
bitte <u>übersetzen</u>.

d) Der Page <u>wird</u> es auf Ihr   The bellhop <u>will</u> bring it up
Zimmer <u>bringen</u>.   to your room.

Note that the INFINITIVE always occurs at the end of the sentence and that
its form remains invariable, no matter what form the auxiliary verb has.

II. The construction in which the INFINITIVE is preceded by or combined with
<u>zu</u> is called the INFINITIVE PHRASE.

1. Note the following examples:

a) Wie lange beabsichtigen Sie   How long do you intend <u>to stay</u>?
<u>zu bleiben</u>?

b) Versuchen Sie doch bitte,   Please try <u>to get</u> a ticket for the
eine Karte für die Staats-   State Opera.
oper <u>zu bekommen</u>.

c) Wir machten einen Abstecher   We took a side trip to Hannover in
nach Hannover, um uns die   order <u>to look</u> around the industrial
Industriemesse <u>anzusehen</u>.   exposition.

d) Sie brauchen heute nicht   You don't need <u>to stay</u> longer today.
länger <u>zu bleiben</u>.

e) Unser Plan, nach Hamburg   Our plan <u>to go</u> to Hamburg didn't
<u>zu fahren</u>, hat nicht ge-   work out.
klappt.

An INFINITIVE PHRASE may consist only of the INFINITIVE with <u>zu</u> as in
example a) above, or it may consist of a number of other sentence elements
(nouns, adjectives, adverbs, prepositions, etc.) in addition to the
INFINITIVE with <u>zu</u> as in examples b), c), d), and e) Notice that these
other elements always <u>precede</u> the INFINITIVE with <u>zu</u>. In the English
translations you will notice that they <u>follow</u> the English INFINITIVE. The
INFINITIVE with <u>zu</u> however, unlike the INFINITIVE in verb phrases, is <u>not</u>

always the last element in the sentence.

2. The INFINITIVE PHRASE may be introduced by a preposition, as seen in 1. c)
   above. The preposition <u>um</u> occurs most commonly in this construction.
   It is frequently, although not exclusively, used to express purpose or
   intent.

   a) Ich gehe zur Bank, <u>um</u> Geld   I'm going to the bank (<u>in order</u>)
      <u>abzuheben</u>.   <u>to get</u> some money.

   b) Er setzte sich mit dem Kon-   He got in touch with the consulate
      sulat in Verbindung, <u>um</u> die   <u>in order to get</u> the information.
      Auskunft <u>zu bekommen</u>.

   c) Er ging in das Konzert, <u>um</u>   He went to the concert <u>to hear</u> the
      die Philharmoniker <u>zu hören</u>.   Philharmonic.

   d) Das Kind ist noch zu klein,   The child is still too small <u>to go</u>
      <u>um</u> allein mit der Strassen-   on the streetcar alone.
      bahn <u>zu fahren</u>.

3. In a number of cases the preposition <u>um</u> may occur optionally.

   a) Da haben wir noch Zeit, uns
      den Ort <u>anzusehen</u>.   Then we still have time <u>to take a look</u>
               or   around the place.
      Da haben wir noch Zeit, <u>um</u>
      uns den Ort <u>anzusehen</u>.

   b) Er hat sich Mühe geben müs-
      sen, den Koffer vor Abfahrt
      des Zuges noch <u>herauszube-</u>
      <u>kommen</u>.   He had to make an effort <u>to get</u> the
               or   suitcase out in time before the train
      Er hat sich Mühe geben müs-   left.
      sen, <u>um</u> den Koffer vor Ab-
      fahrt des Zuges noch <u>heraus-</u>
      <u>zubekommen</u>.

III. The INFINITIVE has come to be accepted as the citation form of the verb. It
     is the form cited in most dictionaries and vocabulary lists and is the form
     presented in the build-ups of our basic sentences when a new verb is intro-
     duced. When the verb has an accented adverb however we also cite the <u>ich</u>-
     or <u>er</u>-form of the present or past in order to indicate this fact.

     It should be noted that when a verb with an accented adverb occurs in the
     INFINITIVE form with <u>zu</u> the accented adverb precedes <u>zu</u> and the whole thing
     is written as one word. In paragraph II above, sentences 1.c), 2.a) and
     3.a) and b) contain such forms. The following are additional examples:

   anzurufen   einzurichten   mitzukommen   vorzustellen

C.   TIME EXPRESSIONS: <u>wann</u>, <u>wenn</u> and <u>als</u>

     <u>Wann</u>, <u>wenn</u> and <u>als</u> have all occurred in the basic sentences with the English
     translation "when". They are however not interchangeable, but are quite

distinct in meaning.

<u>Wann</u> macht die Post eigentlich zu? (5)	When does the post office close actually?
Ich rufe Sie sofort an, <u>wenn</u> ich Bescheid habe. (14)	I'll call you immediately when I have an answer.
<u>Als</u> wir ankamen, regnete es. (13)	When we arrived it was raining.

1. <u>Wann</u> occurs in questions or in sentences that imply a question (indirect questions). It may occur with present, past or future time.

Wann werden Sie nach Deutschland fahren?	When will you be going to Germany?
Ich konnte ihm nicht sagen, wann die Konferenz statt-gefunden hatte.	I couldn't tell him when (at what time) the conference had taken place.

2. <u>Wenn</u> occurs in statements referring to a recurrent action or situation in the present or past ("whenever") and in statements referring to a specific action or situation in the present or future. Note that in this latter situation Germans don't really differentiate between "when" and "if".

Wenn er französisch sprach, konnte ich ihn nie ver-stehen.	When (whenever) he spoke French I could never under-stand him.
Später, wenn es nicht mehr regnet, könnten wir viel-leicht noch einen Spazier-gang machen.	Later, when (if) it's no longer raining perhaps we could take a walk.

3. <u>Als</u> refers to a specific action or situation in the past.

Ich rannte zum Kiosk, doch als ich zurückkam, war der Zug schon abgefahren.	I ran to the newsstand, but when I came back the train had already left.

SUBSTITUTION DRILL

1. Sie hat ihm <u>die Fahrkarte</u> gebracht.

Reiselektüre - Meldeschein - Reisepass - Scheck - Theaterkarten - Bericht - Einfuhrbestimmungen - Zeitung - Artikel	die Reiselektüre - den Meldeschein - den Reisepass - den Scheck - die Theaterkarten - den Bericht - die Einfuhrbestimmungen - die Zeitung - den Artikel

2. Nach <u>der Konferenz</u> setzte er sich mit dem Betriebsleiter in Verbindung.

Besprechung - Ferngespräch - Reise - Diskussion - Anruf - Vortrag	der Besprechung - dem Ferngespräcn - der Reise - der Diskussion - dem Anruf - dem Vortrag

45

3. Vor <u>der Geschäftsreise</u> hat er Herrn
   Meyer angerufen.

   Aufführung - Besprechung - Vortrag -   der Aufführung - der Besprechung - dem
   Rückreise - Konzert - Abfahrt   Vortrag - der Rückreise - dem Konzert -
                                               der Abfahrt

4. Hat er <u>heute morgen</u> vergessen, die   heute abend - heute vormittag - heute
   Zeitung zu kaufen?   früh - heute nachmittag - gestern früh -
                                               gestern abend - gestern mittag

5. Wir beabsichtigen <u>eine Reise zu</u>   zum Wirtschaftsministerium zu fahren -
   <u>machen</u>.   zur Ausstellung zu gehen - Herrn Becker
                                               zum Bahnhof zu begleiten - am Kiosk
                                               Zeitungen zu kaufen - ein Theater-Abonne-
                                               ment zu nehmen - in Bremen ein Haus zu
                                               mieten

6. Haben Sie schon angefangen, <u>den</u>   das Buch zu lesen - den Koffer zu
   <u>Artikel zu schreiben</u>?   packen - den Bericht zu übersetzen -
                                               Ihre Wohnung einzurichten - die Kisten
                                               auszupacken - den Brief zu diktieren

7. Er hat vergessen, <u>seine Aktenmappe</u>   sich ein Hotelzimmer reservieren zu
   <u>mitzunehmen</u>.   lassen - Theaterkarten zu besorgen
                                               - eine Fahrkarte zu lösen - seine Koffer
                                               zur Gepäckaufgabe zu bringen - sich
                                               Reiselektüre zu kaufen - die Anrufe
                                               zu erledigen

8. Ich bat ihn, <u>das Gepäck zur Gepäck-</u>   mich zum Zug zu begleiten - die Fahr-
   <u>aufgabe zu bringen</u>.   karten für uns zu lösen - uns ein
                                               Doppelzimmer zu reservieren - mich vom
                                               Wirtschaftsministerium abzuholen - den
                                               Koffer ins Abteil zu bringen - die Be-
                                               sorgungen für mich zu erledigen

9. Versuchen Sie doch <u>Theaterkarten zu</u>   mit dem späteren Zug zu fahren -
   <u>bekommen</u>.   Herrn Meyer zum Bahnhof zu bringen -
                                               sich mit dem Gewerkschaftssekretär in
                                               Verbindung zu setzen - das Wirtschafts-
                                               ministerium anzurufen - die Ausstellung
                                               zu besuchen - einen Abstecher nach
                                               Hannover zu machen

10. Er hatte nicht vor, <u>soviel Geld</u>   so lange zu bleiben - zu der Gesell-
    <u>auszugeben</u>.   schaft zu gehen - eine Bergtour zu ma-
                                               chen - eine lange Erklärung abzugeben -
                                               einen ausführlichen Artikel zu schrei-
                                               ben - ein Zweifamilienhaus zu kaufen

VARIATION DRILL

1. <u>Nachdem er seine Fahrkarte gelöst hatte, kam er zu mir.</u>

<u>After he had bought his ticket he came to my house.</u>

  a. After he had filled out the registration blank he spoke with the desk clerk.

Nachdem er den Meldeschein ausgefüllt hatte, sprach er mit dem Empfangschef.

  b. After he had given the report on the combine being formed a discussion took place.

Nachdem er den Bericht über die Konzernbildung gegeben hatte, fand eine Diskussion statt.

  c. After I had taken my suitcases to the baggage checkroom I bought (myself) something to read on the trip.

Nachdem ich meine Koffer zur Gepäckaufgabe gebracht hatte, kaufte ich mir Reiselektüre.

  d. After he had arrived in Bonn he got in touch with the embassy.

Nachdem er in Bonn angekommen war, setzte er sich mit der Botschaft in Verbindung.

2. <u>Sie kam heute zu spät, weil sie den Autobus verpasst hatte.</u>

<u>She was late today because she had missed the bus.</u>

  a. Mr. Allen had to hurry because he had overslept.

Herr Allen musste sich beeilen, weil er verschlafen hatte.

  b. She wasn't able to go along to the theater because she hadn't gotten a ticket.

Sie konnte nicht mit ins Theater gehen, weil sie keine Karte bekommen hatte.

  c. I stayed home yesterday because I hadn't yet written the letters.

Ich blieb gestern zu Hause, weil ich die Briefe noch nicht geschrieben hatte.

  d. He bought (himself) the novel because he had heard a lot about it.

Er kaufte sich den Roman, weil er viel davon gehört hatte.

3. <u>Als ich zurückkam, war der Zug schon abgefahren.</u>

<u>When I came back the train had already left.</u>

  a. When he came back to the hotel the maid had already had the two suits pressed for him.

Als er ins Hotel zurückkam, hatte ihm das Zimmermädchen die beiden Anzüge schon aufbügeln lassen.

  b. When I went to his house yesterday he had already unpacked his suitcases.

Als ich gestern zu ihm ging, hatte er seine Koffer bereits ausgepackt.

  c. When I called he had just gone down town.

Als ich anrief, war er gerade in die Stadt gegangen.

  d. When we called him up he had already rented the house.

Als wir ihn anriefen, hatte er das Haus bereits vermietet.

4. <u>War der Zug inzwischen schon eingelaufen?</u>

<u>Had the train come in in the meantime?</u>

  a. Had you ordered a single or a double room?

Hatten Sie ein Einzel- oder ein Doppelzimmer bestellt?

  b. She had already taken her baggage to the baggage checkroom.

Sie hatte ihr Gepäck schon zur Gepäckaufgabe gebracht.

  c. He had already taken care of most everything.

Er hatte das meiste schon erledigt.

  d. Unfortunately a few things had gone wrong.

Leider war einiges schiefgegangen.

5. <u>Ich wusste nicht, dass Sie die Koffer</u>   I didn't know that you had taken the
   <u>mit ins Abteil genommen hatten.</u>   suitcases with you to the compartment.

   a. It was a good thing that I had   Es war doch gut, dass ich telegraphisch
      wired my reservation for a room   ein Zimmer bestellt hatte.
      ('ordered a room by telegram').
   b. We were glad that we had gone to   Wir waren froh, dass wir vorher noch
      the industrial exposition first.   zur Industriemesse gefahren waren.
   c. She was glad that he had (gone   Sie freute sich, dass er ihr eine
      and) gotten her a ticket to the   Theaterkarte besorgt hatte.
      theater.
   d. I forgot that you had already   Ich vergass, dass Sie den Brief schon
      translated the letter.   übersetzt hatten.

6. <u>Ich hatte noch einige Briefe ge-</u>   I had (stayed on and) written a few
   <u>schrieben, bevor (ehe) ich ins</u>   letters before I went to the movies.
   <u>Kino ging.</u>

   a. Mr. Allen had had his suit   Herr Allen hatte seinen Anzug auf-
      pressed before he went to the   bügeln lassen, bevor (ehe) er in die
      opera.   Oper ging.
   b. We had looked at a few other   Wir hatten uns erst einige andere
      apartments first before we   Wohnungen angesehen, bevor (ehe) wir
      rented this one.   diese mieteten.
   c. I had translated the article   Ich hatte den Artikel übersetzt, ehe
      before I went home.   (bevor) ich nach Hause ging.
   d. He had wired his reservation   Er hatte telegraphisch ein Zimmer be-
      for a room before he got the   stellt, bevor (ehe) er den Brief vom
      letter from the Ministry of   Wirtschaftsministerium bekam.
      Economic Affairs.

7. <u>Haben Sie gesehen, ob er seinen</u>   Did you see whether he got his suit-
   <u>Koffer herausbekommen hat?</u>   case out?

   a. Did you hear that a conference   Haben Sie gehört, dass gestern im
      took place at ('in') the German   Auswärtigen Amt eine Konferenz statt-
      Ministry of Foreign Affairs   gefunden hat?
      yesterday?
   b. Did you (fam sg) check whether   Hast du nachgesehen, ob die Zeitung
      the paper has come yet?   schon gekommen ist?
   c. Did you read what Mr. Meyer   Haben Sie gelesen, was Herr Meyer
      wrote?   geschrieben hat?
   d. Did you (fam pl) see where the   Habt ihr gesehen, wo der Gepäckträger
      porter went?   hingegangen ist?
   e. Did you hear what Mr. Müller   Haben Sie gehört, was Herr Müller
      said?   gesagt hat?

8. <u>Nach der Aufführung hat er mit</u>   After the performance he had a glass
   <u>seinen Bekannten ein Glas Wein</u>   of wine with his friends.
   <u>getrunken.</u>

   a. After the long-distance call he   Nach dem Ferngespräch hat er eine
      had a conference with the union   Besprechung mit dem Gewerkschafts-
      secretary.   sekretär gehabt.
   b. They went home right after the   Sie sind gleich nach dem Vortrag nach
      lecture.   Hause gegangen.
   c. After (the) school Peter picked   Nach der Schule hat Peter seine Schuhe
      up his shoes at the shoemaker's.   beim Schuster abgeholt.
   d. He went back to the office after   Er ist nach der Konferenz ins Büro
      the conference.   zurückgegangen.

48

9. Vor der Abfahrt des Zuges besorgten   Before the departure of the train we went
   wir uns auch noch Reiselektüre.   and got something to read on the trip too.

a. Before the conference I spoke   Vor der Konferenz sprach ich mit dem
   with the Consul General.   Generalkonsul.
b. Before the concert we ate together Vor dem Konzert assen wir zusammen im
   at the "Bayrischen Hof" hotel.   Bayrischen Hof.
c. Before his ('the') departure he   Vor der Abfahrt rief er seine Sekretärin
   called his secretary once more.   nochmal an.
d. Before the discussion I read a   Vor der Diskussion las ich einen ausführ-
   detailed article about the cartel   lichen Artikel über die Kartellfrage.
   question.

10. Nach der Besprechung im Auswärtigen After the conference in the Ministry of
   Amt schrieb er einen ausführlichen   Foreign Affairs he wrote a detailed
   Bericht.   report.

a. After the lecture he had a   Nach dem Vortrag hatte er eine Besprechung
   conference with the consul.   mit dem Konsul.
b. After the weather report we heard   Nach dem Wetterbericht hörten wir die
   the news.   Nachrichten.
c. After the opera we went on to a   Nach der Oper gingen wir noch in ein
   restaurant.   Restaurant.
d. After the school outing Klaus got   Nach dem Schulausflug liess sich Klaus
   his hair cut.   die Haare schneiden.

11. Ehe (bevor) der Zug abfuhr, konnte   Before the train left I was able to get
   ich ihm noch ein paar Zeitungen holen. him a few newspapers.

a. Before he took his suitcase to the Ehe (bevor) er seinen Koffer zur Gepäck-
   baggage checkroom he went to the   aufgabe brachte, ging er zum Kiosk.
   newsstand.
b. Before I accompanied Mr. Allen to   Ehe (bevor) ich Herrn Allen zum Zug be-
   the train I got my hair cut.   gleitete, liess ich mir die Haare schnei-
                                den.
c. Before the bellhop took the   Bevor (ehe) der Page das Gepäck auf ihr
   baggage up to her room she filled   Zimmer brachte, füllte sie den Meldeschein
   out the registration blank.   aus.
d. Before we drove home we visited   Ehe (bevor) wir nach Hause fuhren, besuch-
   the industrial exposition.   ten wir die Industriemesse.

12. Als ich im Hotel ankam, musste ich   When I arrived at ('in') the hotel I first
   zuerst einen Meldeschein ausfüllen.   had to fill out a registration blank.

a. When he was buying a ticket (for   Als er sich eine Fahrkarte löste, traf er
   the train) he met Mr. Meyer.   Herrn Meyer.
b. When they were in Hannover they   Als sie in Hannover waren, besuchten sie
   visited the industrial exposition. die Industriemesse.
c. When I was in Garmisch it rained   Als ich in Garmisch war, regnete es die
   all the time.   ganze Zeit.
d. When he lifted up the receiver the Als er den Hörer abnahm, meldete sich die
   (switchboard) operator answered.   Zentrale.

13. **Ich rufe Sie an, wenn ich Bescheid habe.**   **I'll call you up when I have an answer.**

    a. When I come back I'll dictate a few letters to you.
    Wenn ich zurückkomme, diktiere ich Ihnen einige Briefe.

    b. When you (fam sg) call the hotel order a room for me too at the same time.
    Wenn du das Hotel anrufst, bestell' bitte für mich auch gleich ein Zimmer.

    c. Are you (fam sg) going to visit the German Museum when you go to Munich?
    Besuchst du auch das Deutsche Museum, wenn du nach München fährst?

    d. Give Mr. Allen my regards when you see him this afternoon.
    Grüssen Sie Herrn Allen von mir, wenn Sie ihn heute nachmittag sehen.

14. **Wir gaben uns Mühe, nicht zu spät zu kommen.**   **We made an effort not to be late.**

    a. You were lucky to get a theater ticket still!
    Sie hatten Glück, noch eine Theaterkarte zu bekommen!

    b. It was time for us to go home.
    Es war Zeit für uns nach Hause zu gehen.

    c. It was no problem to find an apartment there.
    Es war kein Problem, dort eine Wohnung zu finden.

    d. I didn't have an opportunity to buy (myself) anything to read on the trip before train time.
    Ich hatte keine Gelegenheit, mir vor Abfahrt des Zuges Reiselektüre zu kaufen.

15. **Er setzte sich mit dem Empfangschef in Verbindung, um eine Auskunft zu bekommen.**   **He got in touch with the desk clerk in order to get information.**

    a. He put the shoes outside the door of his room in order to get them polished.
    Er stellte die Schuhe vor seine Zimmertür, um sie geputzt zu bekommen.

    b. She went to the station to buy a ticket.
    Sie ging zum Bahnhof, um eine Fahrkarte zu lösen.

    c. I went to the baggage checkroom to pick up my suitcase.
    Ich ging zur Gepäckaufgabe, um meinen Koffer abzuholen.

    d. He ran to the newsstand to buy a newspaper.
    Er rannte zum Kiosk, um eine Zeitung zu kaufen.

16. **Wir versuchten, Karten für das Deutsche Opernhaus zu bekommen.**   **We tried to get tickets for the German Opera House.**

    a. He didn't need to go to the conference.
    Er brauchte nicht zur Konferenz zu gehen.

    b. We actually intended to go to the Ministry of Economic Affairs tomorrow morning.
    Wir beabsichtigten eigentlich morgen früh ins Wirtschaftsministerium zu gehen.

    c. He was planning to take his suitcases along with him to the compartment.
    Er hatte vor, seine Koffer mit ins Abteil zu nehmen.

    d. Unfortunately it didn't occur to him before train time to buy anything to read on the trip.
    Leider fiel ihm nicht ein, vor Abfahrt des Zuges Reiselektüre zu kaufen.

VOCABULARY DRILL

1. <u>jemandem helfen etwas zu tun</u> - "to help someone (to) do something"

    a. Er half ihr, die Koffer zum　　　　　He helped her to take the suitcases
       Bahnhof zu bringen.　　　　　　　　to the station.
    b. Können Sie mir helfen, den Brief　　Can you help me translate the letter?
       zu übersetzen?
    c. Er half ihr den Fragebogen aus-　　He helped her to fill out the question-
       zufüllen.　　　　　　　　　　　　naire.
    d. Wer hat ihm geholfen, den Bericht　Who helped him to write the report?
       zu schreiben?
    e. Der Empfangschef wird Ihnen hel-　The desk clerk will help you to fill
       fen, den Meldeschein auszufüllen.　out the registration blank.

2. <u>jemanden bitten etwas zu tun</u> - "to ask someone to do something"

    a. Wir baten sie, am Sonntag zu uns　We asked them to come to our house
       zu kommen.　　　　　　　　　　　on Sunday.
    b. Sie baten den Empfangschef ein　　They asked the desk clerk to reserve
       Doppelzimmer zu reservieren.　　　a double room.
    c. Wir hatten den Gepäckträger　　　We had asked the porter to take the
       gebeten, die Koffer gleich ins　　　suitcases right to the compartment.
       Abteil zu bringen.
    d. Ich habe die Handwerker gebeten,　I've asked the workmen to check the
       die Heizung nachzusehen.　　　　　heating plant.
    e. Herr Schmidt bat das Zimmer-　　　Mr. Schmidt asked the maid to have
       mädchen, ihm den Anzug aufbügeln　the suit pressed for him.
       zu lassen.

3. <u>versuchen etwas zu tun</u> - "to try to do something"

    a. Er hat versucht kurz vor Abfahrt　He tried to buy a paper shortly
       des Zuges eine Zeitung zu kaufen.　before train time.
    b. Herr Müller versucht eine Karte　　Mr. Müller is trying to get a ticket
       für die Oper zu bekommen.　　　　for the opera.
    c. Ich versuchte heute morgen die　　I was trying to call up the Economic
       Wirtschaftsabteilung anzurufen.　　Section this morning.
    d. Versuchen Sie doch bitte, mir　　　Try to get me a taxi please.
       eine Taxe zu besorgen.
    e. Haben Sie versucht, sich mit dem　Did you try to get in touch with the
       Betriebsleiter in Verbindung zu　　plant manager?
       setzen?

4. <u>anfangen etwas zu tun</u> - "to begin to do something, to start to do something"

    a. Sie hat schon angefangen den　　　She has already begun to translate
       Artikel zu übersetzen.　　　　　　the article.
    b. Ich habe gerade angefangen　　　　I've just started to unpack my suit-
       meinen Koffer auszupacken.　　　　case.
    c. Wir haben gestern angefangen　　　We started arranging [the furniture in]
       unsere Wohnung einzurichten.　　　our apartment yesterday.
    d. Er hat jetzt angefangen Pfeife　　　He has started smoking a pipe now.
       zu rauchen.
    e. Haben Sie schon angefangen, den　Have you started writing the letter
       Brief an die Qualitz G.m.b.H.　　　to the Qualitz Company yet?
       zu schreiben?

5. hoffen etwas zu tun - "to hope to do something"

    a. Er hofft, noch Theaterkarten   He still hopes to be able to get
       bekommen zu können.   theater tickets.
    b. Wir hoffen mit Meyers in die   We hope to be able to drive to the
       Berge fahren zu können.   mountains with the Meyers.
    c. Ich hoffte diese Woche von ihm   I was hoping to hear from him this
       zu hören.   week.
    d. Sie hofft, bald zu ihm fahren   She hopes to be able to drive to
       zu können.   his place soon.
    e. Ich hoffte Sie gestern bei der   I was hoping to see you at the
       Konferenz zu sehen.   conference yesterday.

6. einfallen + Dative - "to occur to someone; someone thinks of,
                    remembers something"

    a. Es fiel mir gestern ein, dass   It occurred to me yesterday that I
       ich Herrn Keller den Bericht   hadn't given Mr. Keller the report
       noch nicht gegeben hatte.   yet.
    b. Mir fällt jetzt nichts ein.   I can't think of anything now.
    c. Ist Ihnen inzwischen eingefallen,   Did you remember in the meantime
       was Sie in der Stadt besorgen   what [it was] you wanted to get
       wollten?   down town?
    d. Mir fällt sein Name nicht ein.   I can't think of his name.
    e. Mir ist gerade seine Telephon-   His telephone number just came
       nummer wieder eingefallen.   back to me.

7. vorliegen - "to be here, on hand"

    a. Ihr Antrag liegt seit gestern   Your application has been here since
       vor.   yesterday.
    b. Der Bescheid vom Auswärtigen   The answer from the Ministry of
       Amt liegt bereits vor.   Foreign Affairs is already here.
    c. Liegt der Bericht über die   Is the report on the conference
       Konferenz schon vor?   here yet?
    d. Die neuesten Nachrichten liegen   The latest news hasn't come in yet.
       noch nicht vor.
    e. Ihre Bestellung für ein Doppel-   Your reservation for a double room
       zimmer liegt vor.   is here.

8. nachsehen - "to look (up), check"

    a. Er sieht gerade die Nummer im   He's just looking up the number in
       Telephonbuch nach.   the telephone book.
    b. Bitte sehen Sie nach, wann der   Please check when the train to Munich
       Zug nach München abfährt.   leaves.
    c. Er musste sein Auto nachsehen   He had to have his car checked.
       lassen.
    d. Sehen Sie bitte nach, wo die   See where the papers are please.
       Unterlagen sind.
    e. Herr Allen sah nach, was er   Mr. Allen checked [as to] what he had
       seiner Sekretärin diktiert hatte.   dictated to his secretary.

9. <u>bitten um</u> + Accusative - "to ask for"

a. Haben Sie sie um ihre Adresse gebeten?	Did you ask her for her address?
b. Er bittet sie um eine Briefmarke.	He asks her for a stamp.
c. Sie hat mich gerade um ein Glas Wasser gebeten.	She just asked me for a glass of water.
d. Er bat mich um den Bericht.	He asked me for the report.
e. Sie hatte mich um eine Auskunft gebeten.	She had asked me for [an item of] information.

10. <u>sich mit jemandem in Verbindung setzen</u> - "to get in touch with someone, contact someone"

a. Setzen Sie sich mit der Wirtschaftsabteilung in Verbindung.	Get in touch with the Economic Section.
b. Ich muss mich unbedingt mit dem Gewerkschaftssekretär in Verbindung setzen.	I definitely have to get in touch with the union secretary.
c. Haben Sie sich schon mit dem Wirtschaftsministerium in Verbindung gesetzt?	Have you contacted the Ministry of Economic affairs yet?
d. Hat sich der Betriebsleiter mit Ihnen in Verbindung gesetzt?	Did the plant manager get in touch with you?
e. Ich werde mich gleich mit dem Deutschen Opernhaus in Verbindung setzen.	I'll contact the German Opera House right away.

11. <u>bringen</u> - "to (make a special trip in order to) take someone or something somewhere"

a. Haben Sie schon die Bücher zur Bibliothek gebracht?	Have you taken the books to the library yet?
b. Wir brachten Frau von Rothenburg nach dem Vortrag zum Bahnhof.	We took Frau von Rothenburg to the station after the lecture.
c. Bitte bringen Sie diesen Brief ins Auswärtige Amt.	Please take this letter to the Ministry of Foreign Affairs.
d. Der Page hat das Gepäck schon auf unser Zimmer gebracht.	The bellhop has already taken the baggage up to our room.
e. Ich bringe meine Kinder jeden Tag zur Schule.	I take my children to school every day.

12. <u>nehmen</u> ... <u>mit</u> - "to take someone or something along with one (somewhere one is going anyway)"

a. Welchen Koffer wollen Sie mit ins Abteil nehmen?	Which suitcase do you want to take with you to the compartment?
b. Nehmen Sie bitte die Briefe mit zur Post.	Take the letters along with you to the post office.
c. Können Sie mich mit in die Stadt nehmen?	Can you give me a lift down town?
d. Wir wollen die Kinder mit ins Theater nehmen.	We want to take the children with us to the theater.
e. Hat der Betriebsleiter Sie mit zur Industriemesse genommen?	Did the plant manager take you with him to the industrial exposition?

13. <u>zu</u> - "to someone's house, place, office, section, etc."

    a. Kommen Beckers heute abend auch
       zu Ihnen?
    b. Wir wollen morgen zu ihm fahren.

    c. Wann wollen Sie zu mir kommen?
    d. Heute kommen die Handwerker zu
       uns.
    e. Er kam gestern morgen zu uns.

Are the Beckers also coming to your
house tonight?
We're planning to drive to his place
tomorrow.
When do you want to come to my office?
The workmen are coming to our house
today.
He came to our section yesterday
morning.

TRANSLATION DRILL

1. Mr. Schmidt and Mr. Müller were
   speaking of their friend, Mr. Allen.
2. Mr. Müller had accompanied Mr. Allen
   to the train in the evening.
3. Unfortunately not everything had
   worked out all right.
4. Mr. Allen had come to his house in
   the afternoon after he had bought
   his ticket.
5. He had also taken his four suitcases to the baggage checkroom.
6. Not until he was at his friend's
   house did it occur to him that he
   had intended to take one of the
   suitcases with him to the compartment.
7. He just got this suitcase out in
   time before the train left.
8. He was lucky; there was a porter
   standing there, and he took the
   suitcase right to the compartment.
9. Because the train had already come
   in, Mr. Allen no longer had time
   to buy any newspapers.
10. Mr. Müller tried to get him a few,
    but when he came back from the
    newsstand the train had already
    left.
11. Mr. Allen came into the hotel.
12. He had reserved a single room with
    bath by telegram.
13. The reservation was there; they
    had reserved Room 252 on the third
    floor for him.
14. Since he was expecting his wife in
    three days, he ordered a double
    room at the same time (right away).
15. He was able to get a nice, quiet
    room on the fifth floor.
16. It was to cost forty marks, plus
    15 per cent service charge.

Herr Schmidt und Herr Müller sprachen
von ihrem Bekannten, Herrn Allen.
Herr Müller hatte Herrn Allen am Abend
zum Zug begleitet.
Leider hatte nicht alles geklappt.

Herr Allen war am Nachmittag zu ihm
gekommen, nachdem er seine Fahrkarte
gelöst hatte.
Er hatte auch seine vier Koffer zur
Gepäckaufgabe gebracht.
Erst als er bei seinem Bekannten war,
fiel ihm ein, dass er einen der Koffer
mit ins Abteil hatte nehmen wollen.

Diesen Koffer hat er gerade noch vor
Abfahrt des Zuges herausbekommen.
Er hatte Glück, es stand ein Gepäckträger da, und der hat den Koffer
gleich ins Abteil gebracht.
Weil der Zug schon eingelaufen war,
hatte Herr Allen keine Zeit mehr sich
Zeitungen zu kaufen.
Herr Müller versuchte ihm einige zu
besorgen, aber als er vom Kiosk zurückkam, war der Zug schon abgefahren.

Herr Allen kam ins Hotel.
Er hatte sich telegraphisch ein Einzel-
zimmer mit Bad reservieren lassen.
Die Bestellung lag vor, man hatte ihm
Zimmer 252 im zweiten Stock reserviert.

Da er seine Frau in drei Tagen erwartete,
bestellte er gleich ein Doppelzimmer.

Er konnte ein schönes, ruhiges Zimmer
im vierten Stock bekommen.
Es sollte vierzig Mark kosten, zuzüglich 15 Prozent für Bedienung.

17. Mr. Allen reserved this room.

Herr Allen liess sich dieses Zimmer reservieren.

18. Then he had to show his passport and fill out a registration blank.

Dann musste er seinen Reisepass zeigen und einen Meldeschein ausfüllen.

19. He intended to stay for two weeks altogether.

Er wollte insgesamt vierzehn Tage bleiben.

20. He was planning to pay with traveler's checks.

Er hatte vor, mit Reiseschecks zu bezahlen.

21. The bellhop took the baggage to Room 252.

Der Page brachte das Gepäck auf Zimmer 252.

22. Mr. Allen rang for the maid.

Herr Allen klingelte nach dem Zimmermädchen.

23. He asked her to have his suits pressed.

Er bat sie, seine Anzüge aufbügeln zu lassen.

24. Mr. Allen put his shoes outside the door of his room in the evening in order to get them polished.

Herr Allen stellte abends seine Schuhe vor die Zimmertür, um sie geputzt zu bekommen.

25. Unfortunately the maid could give him no information about theater tickets.

Leider konnte ihm das Zimmermädchen keine Auskunft über Theaterkarten geben.

26. He had to get in touch with the desk clerk.

Er musste sich mit dem Empfangschef in Verbindung setzen.

27. He called up and asked the desk clerk for information.

Er rief an und bat den Empfangschef um Auskunft.

28. The desk clerk knew that the "Magic Flute" was at the German Opera House.

Der Empfangschef wusste, dass es im Deutschen Opernhaus "Die Zauberflöte" gab.

29. Mr. Allen wanted to have a ticket in the orchestra.

Herr Allen wollte eine Karte im Parkett haben.

RESPONSE DRILL

1. Wer hat Herrn Allen zum Zug begleitet?

Herr Müller begleitete ihn zum Zug.

2. Wann gingen sie zum Bahnhof?

Sie gingen abends zum Bahnhof.

3. Hat alles geklappt?

Nein, es ging einiges schief.

4. Wann ist Herr Allen zu Herrn Müller gegangen?

Er ist am Nachmittag zu ihm gegangen, nachdem er seine Fahrkarte gelöst hatte.

5. Was hatte er mit seinem Gepäck getan?

Er hatte seine vier Koffer zur Gepäckaufgabe gebracht.

6. Was fiel ihm ein, als er bei Herrn Müller war?

Es fiel ihm ein, dass er einen von diesen Koffern mit ins Abteil hatte nehmen wollen.

7. Was tat er vor Abfahrt des Zuges?

Er versuchte, den Koffer herauszubekommen.

8. Wer brachte den Koffer dann in sein Abteil?

Ein Gepäckträger brachte ihn ins Abteil.

9. Wofür reichte die Zeit nicht mehr aus?

Die Zeit reichte nicht aus, um Reiselektüre zu besorgn.

10. Was machte Herr Müller, ehe der Zug abfuhr?

Er rannte zum Kiosk um Zeitungen zu kaufen.

11. Was sah er, als er zurückkam?

Er sah, dass der Zug schon abgefahren war.

12. Was für ein Zimmer hatte sich Herr Allen reservieren lassen?

Er hatte sich ein Einzelzimmer mit Bad reservieren lassen.

13. Welches Zimmer hatte der Empfangschef für ihn reserviert?

Er hatte Zimmer 252 für ihn reserviert.

(This Drill continued on next page.)

14. In welchem Stock war das Zimmer?   Es war im zweiten Stock.
15. Warum liess er sich gleich ein   Seine Frau wollte in drei Tagen
    Doppelzimmer reservieren?   nachkommen.
16. Wo war noch ein ruhiges Zimmer   Im vierten Stock war noch ein schönes,
    frei?   ruhiges Zimmer frei.
17. Wie teuer war das Zimmer?   Es kostete vierzig Mark, zuzüglich
                                              fünfzehn Prozent für Bedienung.
18. Was musste Herr Allen dem Empfangs-   Er musste ihm seinen Reisepass zeigen.
    chef zeigen?
19. Was musste er ausfüllen?   Er musste einen Meldeschein ausfüllen.
20. Wie lange hatte er vor zu bleiben?   Er wollte insgesamt zwei Wochen blei-
                                              ben.
21. Womit wollte Herr Allen bezahlen?   Er wollte mit Reiseschecks bezahlen.
22. Wer kümmerte sich um sein Gepäck?   Der Page, er brachte es gleich auf
                                              sein Zimmer.
23. Warum klingelte Herr Allen nach   Er wollte seine Anzüge aufbügeln
    dem Zimmermädchen?   lassen.
24. Warum setzte er sich dann mit dem   Er wollte wissen, ob man durch das
    Empfangschef in Verbindung?   Hotel Theaterkarten bekommen kann.
25. Was gab es im Deutschen Opernhaus?   Es gab "Die Zauberflöte".

26. Was machen Sie mit Ihrem Gepäck, wenn Sie nicht
    alles mit ins Abteil nehmen können?
27. Wer kann Ihnen die Koffer ins Abteil bringen?
28. Wo kann man Zeitungen kaufen?
29. Wo gehen Sie hin, um sich die Fahrkarte zu lösen?
30. Um wieviel Uhr läuft der Zug aus München ein?
31. Wann fährt der Zug nach Hannover ab? (Bremen, Düsseldorf)
32. Wann ist Ihr Zug angekommen?
33. Wann fährt der nächste Zug nach Paris ab?
34. Wie kann man sich ein Hotelzimmer reservieren lassen?
35. Was tut man in einem deutschen Hotel, um die Schuhe
    geputzt zu bekommen?

SITUATIONS

1

Herr Schmidt ruft in einem Hotel in
Bad Pyrmont an. Er spricht mit dem
Empfangschef, sagt seinen Namen und
fragt, ob er vom 5. - 12. August ein
Doppelzimmer mit Bad und zwei Einzelzimmer haben kann. Der Empfangschef
wird ihm diese Zimmer reservieren.
Herr Schmidt sagt, dass er und seine
Familie mit dem Zug um zwölf Uhr fünfzehn ankommen. Er möchte wissen, ob
am Bahnhof Taxen stehen oder wie er
sonst zum Hotel kommen kann.

2

Herr Allen sagt Herrn Müller, dass er
eine Geschäftsreise nach Berlin machen
muss. Er ist in Deutschland noch nicht
mit dem Zug gefahren und bittet Herrn
Müller, ihn zum Bahnhof zu begleiten.
Herr Müller will das gern tun und fragt,
wann Herr Allen fahren will. Herr
Allen hat vor, abends um zweiundzwanzig
Uhr fünfunddreissig zu fahren. Herr
Müller will wissen, ob er viel Gepäck
hat. Herr Allen hat zwei grosse Koffer
und möchte sie zur Gepäckaufgabe bringen. Herr Müller sagt, Herr Allen
möchte zum Abendbrot zu ihm kommen.
Um halb zehn will er ihn mit seinem
Wagen zum Bahnhof fahren.

3

Sie sind auf dem Bahnhof in Bremen.
Sie wollen nach München fahren. Da
Sie drei grosse Koffer haben, rufen Sie
einen Gepäckträger. Dieser fragt Sie,
mit welchem Zug Sie fahren wollen. Sie
sagen es ihm und fragen ihn dann, wo
man sich Reiselektüre kaufen kann. Er
zeigt Ihnen den Kiosk. Sie gehen dorthin und kaufen sich zwei Zeitungen.
Dann sagt der Gepäckträger, dass Ihr
Zug bereits eingelaufen ist und Sie
sich beeilen müssen. Er bringt Ihre
Koffer ins Abteil. Sie sagen ihm, dass
Sie gern am Fenster sitzen möchten.
Dann fragen Sie ihn, wieviel er bekommt.

4

Sie erzählen Ihrem Kollegen von Ihrer
Reise nach Berlin. Eine ganze Menge
ist schiefgegangen. Sie hatten verschlafen und fast den Zug verpasst,
weil Sie noch keine Fahrkarte gelöst
hatten. Ihr Gepäck war sehr schwer
und Sie konnten keinen Gepäckträger
finden. Nachdem Sie endlich im Zug
sassen, fiel Ihnen ein, dass Sie Ihre
Aktenmappe im Büro gelassen hatten.
Glücklicherweise hatte Ihre Sekretärin
sie gefunden und sie schnell noch zum
Zug gebracht. Nachdem der Zug abgefahren war, sahen Sie, dass Sie vergessen hatten, sich Reiselektüre zu
besorgen. Als Sie in Berlin ankamen,
fuhren Sie mit einer Taxe zum Hotel.
Sie hatten sich dort telegraphisch
ein Zimmer reservieren lassen. Leider
hatte der Empfangschef vergessen, es
zu reservieren. Er hatte aber noch
ein Zimmer - ohne Bad - im achten
Stock frei. Am nächsten Tag gingen
Sie zu einer Konferenz. Leider hörten Sie, dass diese schon vor acht
Tagen stattgefunden hatte. - Jetzt
sind Sie froh, dass Sie wieder zu
Hause sind.

5

Sie sind in Ihrem Zimmer im Hotel.
Sie rufen den Empfangschef an und
bitten ihn, Ihnen für heute abend
noch eine Karte für "Die Zauberflöte"
zu besorgen. Der Empfangschef will
es versuchen. Er ruft zurück und
sagt Ihnen, dass er noch eine Karte
im Parkett für Sie bekommen konnte.
Sie können die Karte heute abend an
der Kasse der Staatsoper abholen.
Sie danken ihm und dann fragen Sie
ihn, ob in der Nähe der Oper ein
gutes Restaurant ist, wo Sie vorher
essen können. Der Empfangschef sagt
Ihnen, dass neben der Oper ein nettes,
kleines Restaurant ist.

NARRATIVE

Gestern bekam Herr Müller einen Brief von Herrn Allen. Sie werden es kaum glauben, was dem Unglücksraben Allen alles zugestossen ist. Es war aber auch alles schiefgegangen. Nachdem er die Sache mit dem Koffer und der Reiselektüre gerade hinter sich hatte, fand er heraus, dass jemand auf seinem reservierten Platz sass. Nach langem Suchen fand der andere seine Platzkarte, sie verglichen die Nummern und - Herr Allen war natürlich im Recht. Erschöpft sank er auf seinen Platz nieder und rauchte seine letzte Zigarette. Nicht lange danach blieb der Zug auf einmal stehen. Die Leute im Abteil warteten erst geduldig, wurden langsam unruhig, begannen ihre Zeitungen und Bücher wegzulegen und sich Zigaretten anzustecken. Endlich kam der Schaffner vorbei und sie erkundigten sich nach dem Grund der Verzögerung. Wegen eines leichten Zugunglücks bekam der Zug das Freifahrtsignal nicht und erst nach zwei Stunden konnte er endlich wieder weiterfahren. Mit einer zweistündigen Verspätung kam Herr Allen dann in Berlin an, nahm sofort eine Taxe und bereitete sich darauf vor, nun auch noch in eine Verkehrsstockung zu kommen. Es kam nicht so; er wurde nach kürzester Zeit vor dem Hotel abgesetzt. Nun musste aber der Ausgleich für diese reibungslose Taxifahrt kommen. Eine Zimmerbestellung auf den Namen Allen lag nicht vor und das Hotel war wegen einer Tagung völlig belegt. Herr Allen war verzweifelt, versuchte sich an den Wortlaut seines Telegramms zu erinnern und bestand darauf, dass er als Antwort eine Zusage des Hotels bekommen hatte. Nach langem Hin und Her löste sich das Missverständnis dann: das Zimmer war unter einem falschen Namen, nämlich unter seinem Vornamen gebucht worden.

der Unglücksrabe,-n	the unlucky person	wurde abgesetzt	was dropped
zustossen (ö,ie,o)	to happen to	der Ausgleich	the compensation
die Platzkarte,-n	the seat ticket	reibungslos	smooth
vergleichen (i,i)	to compare	die Tagung,-en	the meeting,
erschöpft	exhausted		conference
nieder	down	völlig	completely
auf einmal	all of a sudden	belegt	filled up,
geduldig	patiently		occupied
werden (i,u,o)	to become	verzweifelt	desperate
anstecken (w)	to light	der Wortlaut	the wording
der Schaffner,-	the conductor	sich erinnern an (w)	to remember
der Grund,⸚e	the reason, cause	bestehen darauf (a,a)	to insist
die Verzögerung,-en	the delay	die Zusage,-n	the acceptance
wegen	on account of	Hin und Her	(discussion)
das Zugunglück,-e	the train wreck		back and forth
das Freifahrtsignal	the right of way	das Missver-	the missunder-
mit Verspätung	late	ständnis,-se	standing
vorbereiten (w)	to prepare	buchen (w)	to book
die Verkehrs-	the traffic jam		
stockung,-en			

FINDER LIST

die	Abfahrt,-en	departure
das	Abteil,-̈e	compartment
die	Anmeldung (in einem Hotel)	desk
	aufbügeln (w)	press
	ausfüllen (w)	fill out
die	Auskunft,-̈e	information
das	Bad,-̈er	bath
	beabsichtigen (w)	intend
die	Bedienung	service
	begleiten (w)	accompany
	behilflich sein	be helpful
der	Bescheid	information, answer
	Bescheid haben	have information
die	Bestellung,-en	reservation
	damit	therewith, be doing that
	doch	but
das	Doppelzimmer,-	double room
	ehe	before
	einfallen (ä, ie, a)	occur to
	einiges	some things
	einlaufen (äu, ia, au)	arrive
das	Einzelzimmer,-	single room
der	Empfangschef,-s	desk clerk
	erledigen (w)	take care of
die	Fahrkarte,-n	ticket
die	Flöte,-n	flute
	frei	free, available
die	Gepäckaufgabe	baggage checkroom
der	Gepäckträger,-	porter
	gestern abend	yesterday evening
zum	Glück	luckily
	herausbekommen (a,o)	get out
	insgesamt	all together, altogether
	inzwischen	in the meantime
	jawohl	yes, that's right
der	Kiosk,-e	(news)stand
	klappen (w)	work out
	klingeln (nach jemandem) (w)	ring (for someone)
die	Lektüre	reading matter
	lösen (w)	buy a ticket
der	Meldeschein,-e	registration blank
	nachdem	after
	nachkommen (a,o)	come after
	sie kommt ... nach	she's coming (later)
	nachsehen (ie, a, e)	look, check
das	Opernhaus,-̈er	opera (house)
der	Page,-n	bellhop
das	Parkett	parquet (or orchestra)
das	Prozent,-e	per cent
	putzen (w)	polish
	rennen (ir w)	run
der	Reisepass,-̈e	passport
der	Reisescheck,-s	traveler's check
	reservieren (w)	reserve
sich	reservieren lassen (ä, ie, a)	reserve
	richtig	correct, right

	der	Scheck,-s	check
		schief	crooked, awry
		schief gehen (i,a)	go awry, go wrong
		selbstverständlich	of course
		sofort	immediately
		spielen (w)	play
		es wird gespielt	it is playing
nach	der	Strasse zu	facing the street
		telegraphisch	by telegram
	die	Verbindung,-en	connection, contact
sich in		Verbindung (mit jemandem) setzen (w)	get in touch (with someone)
		versuchen (w)	try
		vor	before (in time)
		vorliegen (a, e)	be here, be on hand
		wünschen (w)	wish
		würden	would
	der	Zauber	magic
	die	Zentrale	(switchboard) operator
auf	das	Zimmer	up to the room
	das	Zimmermädchen,-	maid
		zufällig	by any chance
	der	Zug,-̈e	train
		zuzüglich	in addition

BESUCH IN BERLIN

Basic Sentences

to meet (one another)	sich treffen (trifft, traf, getroffen)
the (paved) embankment, roadway	der Damm, ∺e
the drive	die Autofahrt,-en

Mr. Bauer and Mr. Allen meet (each other) on the 'Kurfürstendamm' [to go] for a little drive.

Herr Bauer und Herr Allen treffen sich am Kurfürstendamm zu einer kleinen Autofahrt.

I

to see again	wiedersehen (ie,a,e)
he sees ... again	er sieht ... wieder

MR. BAUER

Mr. Allen, I'm glad to see you (again) here in Berlin.

HERR BAUER

Herr Allen, ich freue mich, Sie hier in Berlin wiederzusehen.

How was your trip?

Wie war Ihre Reise?

MR. ALLEN

Everything worked out fine.

HERR ALLEN

Es hat alles gut geklappt.

the difficulty	die Schwierigkeit,-en

I didn't have any trouble.

Ich hatte keine Schwierigkeiten.

to look around	sich umsehen (ie,a,e)

MR. BAUER

Have you been able to look around town a bit yet?

HERR BAUER

Haben Sie sich in der Stadt schon etwas umsehen können?

the impression	der Eindruck, ∺e

MR. ALLEN

Yes, last night I ('already') got a first impression of the 'Kurfürstendamm'.

HERR ALLEN

Ja, gestern abend habe ich schon einen ersten Eindruck vom Kurfürstendamm bekommen.

fascinating	faszinierend

It's a fascinating street.

Es ist ja eine faszinierende Strasse.

to imagine	sich vorstellen (w)
I imagine	ich stelle mir vor
the beginning	der Anfang, "e
the century	das Jahrhundert, -e
the bridle path	der Reitweg, -e

MR. BAUER

HERR BAUER

Can you imagine that from the 16th to the beginning of the 20th century there was a bridle path here?

Können Sie sich vorstellen, dass hier vom 1°. bis Anfang des 20. Jahrhunderts ein Reitweg gewesen ist?

MR. ALLEN

HERR ALLEN

Too bad that it's no longer in existence.

Schade, dass es den nicht mehr gibt.

| to long for something | sich sehnen (sehnte, gesehnt) nach etwas |
| the activity, comings and goings, hustle and bustle | der Betrieb |

You sometimes long for the old days when you see the hustle and bustle today.

Man sehnt sich manchmal nach den alten Zeiten, wenn man den Betrieb heute sieht.

the elector	der Kurfürst, -en
to ride	reiten (ritt, ist geritten)
the hunt, hunting	die Jagd, -en
the hunting lodge	das Jagdschloss, "er
the 'Grunewald' (forest on the outskirts of Berlin)	der Grunewald
the beloved, ladylove	die Geliebte, -n

MR. BAUER

HERR BAUER

Here Elector Joachim the Second of Brandenburg even used to ride to his hunting lodge in the 'Grunewald' to visit his ladylove.

Hier ritt schon Kurfürst Joachim II.[1] von Brandenburg zu seinem Jagdschloss im Grunewald, um seine Geliebte zu besuchen.

the adventure	das Abenteuer, -
the desire	die Lust
the undertaking, enterprise	die Unternehmung, -en
the spirit	der Geist
Berlin (as adjective)	Berliner
the air	die Luft

MR. ALLEN

HERR ALLEN

The love of adventure and the spirit of enterprise no doubt were always present in the Berlin air.

Abenteuerlust und Unternehmungsgeist lagen wohl schon immer in der Berliner Luft.

II

the end	das Ende,-n
the memory, memorial	das Gedächtnis
the church	die Kirche,-n

MR. BAUER

At the end of the street you see the Memorial Church.

the war	der Krieg,-e
during the war	im Kriege
strong, violent, severe	stark
to damage	beschädigen (beschädigte, beschädigt)
was damaged	ist ... beschädigt worden

MR. ALLEN

Was it damaged this ('so') badly during the war?

the ruin(s)	die Ruine,-n
now	nun
the solemn reminder	das Mahnmal,-e
to remain standing, to stop	stehen bleiben[3] (ie,ie)

MR. BAUER

Yes, and the ruins are now to be left standing as a solemn reminder.

the sign	das Schild,-er
the zoo	der Zoo,-s

MR. ALLEN

I just saw a sign "To the Zoo".

the animal	das Tier,-e

Is the 'Tiergarten' near here then?

to suspect	vermuten (vermutete, vermutet)
to confuse, mix up	verwechseln (verwechselte, verwechselt)
zoological	zoologisch

MR. BAUER

I suspect you are confusing the 'Tiergarten' with the Zoological Gardens.

This is the zoo here.

II

	das Ende,-n
	das Gedächtnis
	die Kirche,-n

HERR BAUER

Am Ende der Strasse sehen Sie die Gedächtniskirche.

	der Krieg,-e
	im Kriege
	stark
	beschädigen (beschädigte, beschädigt)
	ist ... beschädigt worden

HERR ALLEN

Ist sie im Krieg[2] so stark beschädigt worden?

	die Ruine,-n
	nun
	das Mahnmal,-e
	stehen bleiben[3] (ie,ie)

HERR BAUER

Ja, und die Ruine soll nun als Mahnmal stehen bleiben.

	das Schild,-er
	der Zoo,-s

HERR ALLEN

Eben habe ich ein Schild "Zum Zoo" gesehen.

	das Tier,-e

Ist denn der Tiergarten hier in der Nähe?

	vermuten (vermutete, vermutet)
	verwechseln (verwechselte, verwechselt)
	zoologisch

HERR BAUER

Ich vermute, Sie verwechseln den Tiergarten mit dem Zoologischen Garten.

Das hier ist der Zoo.

which, that
to border on something

der
grenzen (grenzte, ge-
grenzt) an etwas (acc)

The 'Tiergarten' is a park that
borders on the zoo.

Der Tiergarten ist ein Park, der an
den Zoo grenzt.

to call, name
is called, named

nennen (nannte, genannt)
wird ... genannt

MR. ALLEN

HERR ALLEN

Why is it called "animal garden" then?

Warum wird er dann "Tiergarten" genannt?

the forest, woods
the area
in which
the game

der Wald, ⁻er
das Gebiet, -e
in dem
das Wild

MR. BAUER

HERR BAUER

It was formerly a wooded area in which
there was game ('also').

Das war früher ein Waldgebiet, in dem
es auch Wild gab.

to become, grow

werden (wurde, ist geworden)

MR. ALLEN

HERR ALLEN

And when did it become a park?
('when did a park grow out of it').

Und wann wurde ein Park daraus?

Frederick the Great

Friedrich der Grosse

MR. BAUER

HERR BAUER

That was in Frederick the Great's
time. -

Zur Zeit Friedrichs des Grossen. -

to look, glance
the victory
the column

blicken (blickte, geblickt)
der Sieg, -e
die Säule, -n

Here we are in the 'Tiergarten' now,
looking toward the Victory Column.

Hier sind wir nun im Tiergarten und
blicken auf die Siegessäule.

the platform

die Plattform, -en

MR. ALLEN

HERR ALLEN

I see some people up on the platform.

Oben auf der Plattform sehe ich Leute.

the view

die Sicht

There's certainly a good view from
there today.

Von dort hat man heute bestimmt eine
gute Sicht.

to have the desire, to feel like	Lust haben
to climb up	'raufsteigen (stieg ... rauf, ist raufgestiegen)
the gate	das Tor,-e
Brandenburg (as adjective)	Brandenburger
to continue, drive on	weiterfahren (ä,u,a)

MR. BAUER

Do you feel like climbing up, or shall we drive on to the Brandenburg Gate first?

HERR BAUER

Haben Sie Lust raufzusteigen, oder wollen wir erst zum Brandenburger Tor weiterfahren?

III

III

MR. ALLEN

Let's drive on first.

Everyone has to see the Brandenburg Gate. ('One has to have seen the Brandenburg Gate').

HERR ALLEN

Fahren wir erst weiter.

Das Brandenburger Tor muss man ja gesehen haben.

on the far side, beyond	jenseits
to begin	beginnen (begann, begonnen)
the linden tree	die Linde,-n

MR. BAUER

On the far side of it the street 'Unter den Linden' begins.

HERR BAUER

Jenseits davon beginnt die Strasse Unter den Linden.

to tell	erzählen (erzählte, erzählt)
it was, used to be	es sei ... gewesen
the center of town	die Innenstadt

MR. ALLEN

I've been told that was at one time one of the most beautiful streets in the center of town.

HERR ALLEN

Man hat mir erzählt, das sei einmal eine der schönsten Strassen der Innenstadt gewesen.

to change	sich ändern (änderte, geändert)

MR. BAUER

Yes, but a lot of things have changed since then.

HERR BAUER

Ja, aber inzwischen hat sich vieles geändert.

the victim, sacrifice	das Opfer,-
the building	der Bau,-ten

Many of the old buildings were destroyed during the war. ('... became a victim of the war').

Viele der alten Bauten wurden ein Opfer des Krieges.

65

the tree
which, that
to be seen

der Baum, ̈e
die
zu sehen

MR. ALLEN

HERR ALLEN

The big linden trees, too, that still can be seen in old pictures?

Auch die grossen Lindenbäume, die noch auf alten Bildern zu sehen sind?

to remove
it was removed

entfernen (entfernte, entfernt)
es wurde ... entfernt

MR. BAUER

HERR BAUER

The trees were removed even before the war.

Man hat die Bäume schon vor dem Kriege[2] entfernt.

the (old German national) parliament
the building
on this side of

der Reichstag

das Gebäude, -
diesseits (plus genitive)

MR. ALLEN

HERR ALLEN

The parliament building ('Reichstag') is on this side of the Brandenburg Gate, isn't it?

Das Reichstagsgebäude ist doch diesseits des Brandenburger Tores, nicht wahr?

not until
to rebuild

he rebuilds

erst
wieder aufbauen (baute, gebaut)
er baut ... wieder auf

MR. BAUER

HERR BAUER

Yes. They didn't begin to rebuild it until after the war.

Ja. Erst nach dem Kriege[2] hat man angefangen, es wieder aufzubauen.

to destroy

it was destroyed

zerstören (zerstörte, zerstört)
es wurde ... zerstört

MR. ALLEN

HERR ALLEN

Was it destroyed during the war?

Wurde es im Krieg zerstört?

by, as a result of
infamous, notorious
the fire

durch
berüchtigt
der Brand, ̈e

MR. BAUER

HERR BAUER

No, back in 1933, by the notorious Reichstag fire.

Nein, schon 1933 durch den berüchtigten Reichstagsbrand.

IV

I would like	ich würde gern
the hall	die Halle,-n
the Congress	der Kongress,-e

MR. ALLEN

Now I'd like to see the Congress Hall too.

the contribution	der Beitrag,-̈e
international	international
the architectural exposition	die Bauausstellung,-en

That was America's contribution to the International Architectural Exposition in 1957.

bold, daring

MR. BAUER

It's a very boldly conceived structure.

the meeting	die Tagung,-en
the room	der Raum,-̈e
to inspect, go through	besichtigen (besichtigte, besichtigt)

Do you want to go through the meeting rooms?

MR. ALLEN

Be glad to.

afterwards	hinterher
the section (of town)	das Viertel,-
to drive back	zurückfahren (ä,u,a)

MR. BAUER

Afterwards we can drive back through the Hansa Section.

the apartment house	das Wohnhaus,-̈er
by	von
well-known, famous	bekannt
the architect	der Architekt,-en
various, different	verschieden
the country	das Land,-̈er
to design	entwerfen (i,a,o)

IV

HERR ALLEN

Jetzt würde ich noch gern die Kongresshalle sehen.

Das war doch Amerikas Beitrag zur Internationalen Bauausstellung 1957.

kühn

HERR BAUER

Es ist ein sehr kühner Bau.

Wollen Sie die Tagungsräume besichtigen?

HERR ALLEN

Sehr gern.

HERR BAUER

Hinterher können wir durch das Hansaviertel zurückfahren.

MR. ALLEN | HERR ALLEN

The apartment houses in this section
were designed by famous architects
from different countries, weren't they?

Die Wohnhäuser in diesem Viertel sind
von bekannten Architekten verschiedener
Länder entworfen worden, nicht wahr?

the project	das Projekt,-e
in addition to	neben (plus dative)
numerous	zahlreich
foreign	ausländisch
to participate in something	beteiligt sein an etwas (dat)
Brazil	Brasilien
Finland	Finnland
Austria	Österreich
Switzerland	die Schweiz

MR. BAUER | HERR BAUER

Yes. In addition to many German
[architects] numerous foreign architects
also participated in the project, from
Brazil, Finland, Austria, Switzerland
and other countries.

Ja. An dem Projekt waren neben vielen
deutschen auch zahlreiche ausländische
Architekten beteiligt, aus Brasilien,
Finnland, Österreich, der Schweiz und
anderen Ländern.

Denmark	Dänemark	Brazilian	brasilianisch
France	Frankreich	British	britisch
Great Britain	Grossbritannien	Danish	dänisch
Israel	Israël	Finnish	finnisch
Italy	Italien	Israeli	israëlisch
the Netherlands	die Niederlande	Italian	italienisch
Sweden	Schweden	Netherlands (Dutch)	niederländisch
the United States	die Vereinigten Staaten		(holländisch)
		Austrian	österreichisch
		Swedish	schwedisch

1

Notes to the Basic Sentences

Joachim II. This is the usual representation in the German writing system for
Joachim der Zweite. The ordinal number is indicated by the Roman numeral followed
by a period. Notice that the form of the ordinal (nominative, genitive, etc.) is
the same as the name it follows and depends on the function the name has in the
sentence.

2

Kriege. Some German der- and das-words have an alternate dative singular form
ending in -e. Hence you will hear both im Krieg and im Kriege, nach dem Kriege
and nach dem Krieg, etc.

3

stehen bleiben. In addition to the auxiliary verbs already noted a few other
German verbs occasionally occur in verb phrases with the infinitive, cf.
essen gehen, Unit two, p. 25.

Notes on Grammar
(For Home Study)

A. VERBS. THE PASSIVE PHRASE.

   I. In Units 12 and 14 we noted the occurrence of past participles in verb phrases
   with the auxiliary verbs haben and sein. In this unit we have encountered
   a number of sentences in which past participles occur with various forms of the
   auxiliary verb werden:

        Warum wird er dann "Tiergarten"   Why is it called "animal garden"
        genannt?   then?

        Wurde es im Krieg zerstört?   Was it destroyed during the war?

   The phrase consisting of a form of the auxiliary verb werden and a past participle is called the PASSIVE PHRASE.

II. The PASSIVE PHRASE is not restricted to a particular <u>time</u> of action as
    are the perfect and pluperfect phrases, which always refer to past time.
    Passive phrases may refer to <u>present</u>, <u>past</u> or <u>future</u> time. They differ from
    the actor-action-goal, or subject-verb-object pattern familiar to us in that
    the subject itself is in most cases the goal of action, the person or thing
    <u>acted upon</u>.

> Die Koffer werden morgen zur   The suitcases will be taken to the
> Gepäckaufgabe gebracht werden.   baggage checkroom tomorrow.
>
> Das Reichstagsgebäude wurde   The parliament building was destroyed
> vor dem Kriege zerstört.   before the war.
>
> Der Bericht wird gerade   The report is just being written.
> geschrieben.

III. In a PASSIVE PHRASE the AGENT or INSTRUMENT responsible for the action may
     or may not be indicated. In the sentences above it is not. We read only
     that the action <u>occurred</u>, <u>is occurring</u> or <u>will occur</u>. The AGENT or
     INSTRUMENT may however be expressed:

> Der Bericht wird gerade <u>von</u>   The report is just being written by
> <u>dem Betriebsleiter</u> geschrie-   the plant manager.
> ben.
>
> Das Reichstagsgebäude wurde   The parliament building was destroyed
> <u>durch den berüchtigten Reichs-</u>   by the notorious Reichstag fire before
> <u>tagsbrand</u> vor dem Kriege zer-   the war.
> stört.
>
> Die Koffer werden morgen <u>von</u>   The suitcases will be taken to the
> <u>den Männern</u> zur Gepäckaufgabe   baggage checkroom by the men tomorrow.
> gebracht werden.

Note that German usually introduces the AGENT, or <u>person</u> responsible for the
action by the preposition <u>von</u>, always followed by a dative form. The
INSTRUMENT, the <u>non-personal</u> cause or instigator of the action, is introduced
by the preposition <u>durch</u>, which is always followed by an accusative form.

IV. Reference to present, past or future time is indicated by the form of the
    PASSIVE AUXILIARY <u>werden</u>. Since <u>werden</u> is also the <u>future auxiliary</u> it is
    necessary to distinguish carefully between the two. Whenever a form of
    <u>werden</u> occurs with a past participle the implication is first of all <u>passive</u>.
    Remember, however, that Germans often use the present to talk about the
    future, and a passive phrase with a present tense form of <u>werden</u> may refer
    either to present or future time, depending on the context. A phrase in
    which a form of <u>werden</u> occurs twice refers of course only to future time.

> Das Gepäck <u>wird</u> gerade <u>abge-</u>   The baggage is just being picked up.
> <u>holt</u>.
>
> Das Gepäck <u>wird</u> nächste Woche   The baggage is going to be picked up
> <u>abgeholt</u>.   next week.
>
> Das Gepäck <u>wird</u> sicher <u>abge-</u>   The baggage will certainly be picked
> <u>holt werden</u>.   up.

Reference to past time may be indicated either by the simple past form <u>wurde</u>,
as we have seen above, or by a perfect (or pluperfect) phrase.

69

<u>Ist</u> die Kirche im Kriege so stark <u>beschädigt worden</u>?	Was the church damaged this badly during the war?
Die Wohnhäuser in diesem Viertel <u>sind</u> von bekannten Architekten <u>entworfen worden</u>.	The apartment houses in this section were designed by famous architects.

Notice the special past participle form of the passive auxiliary, <u>worden</u>. When the verb <u>werden</u> is not functioning as the passive auxiliary, its past participle is <u>geworden</u>.

Jetzt <u>ist</u> es wieder kühler <u>geworden.</u>	Now it has become cooler.
Seine Frau <u>ist</u> Amerikanerin <u>geworden</u>.	His wife has become an American [citizen].

A perfect phrase with <u>werden</u> ALWAYS has the auxiliary verb <u>sein</u>, however.

V. A number of German verbs occur with a dative indirect object or complement. <u>The dative form remains</u> when these verbs occur in PASSIVE PHRASES. In many cases no nominative subject form occurs at all.

Mir wurde gesagt, dass er ein guter Tennisspieler ist.	I was told that he's a good tennis player.
Ihm konnte nicht geholfen werden.	He could not be helped.
Den Kindern ist nicht ge- glaubt worden.	The children were not believed.

VI. The PASSIVE PHRASE is often introduced by <u>es</u> in German. Sometimes it is followed by a true grammatical subject, sometimes not, and in some cases no subject at all appears in the sentence. The PASSIVE PHRASE then merely indicates that some action is going on.

Es wird "Die Zauberflöte" von Mozart gespielt.	Mozart's "Magic Flute" is playing.
Es wurde viel geredet.	There was a lot of talking.
Es wird dort schwer gear- beitet.	People work hard there.
Da wurde gegessen und ge- trunken bis spät in die Nacht.	There was eating and drinking far into the night.
Dann wurde ausgepackt und eingerichtet und saubergema- cht.	Then things were unpacked and furniture was arranged and the cleaning up was done.

B.   THE INFINITIVE PHRASE WITH   sein

   I. The INFINITIVE PHRASE after the verb sein follows the pattern outlined and
      described in Unit 14. It has a special implication however.

Die Lindenbäume sind noch auf alten Bildern zu sehen.	The linden trees still can be seen in old pictures. ('... are still to be seen ...')
Danach ist ein Bericht zu schreiben.	After that a report is to be written. ('... must be written ...')
Heute abend ist im Geschäft noch viel zu tun.	There's still a lot to be done in the store tonight.

      The infinitive with zu occurs after the verb sein in German where a passive
      phrase is used in English. This construction often implies possibility,
      necessity or obligation, i.e., something "can, must or ought to" be done.

C.   THE INDEFINITE PRONOUN man

   I. We have encountered a number of sentences in which the word man "one, you"
      occurs.

Wie sagt man "good bye" auf deutsch?	How do you say "good bye" in German?
Von diesem Tisch aus hat man eine schöne Aussicht.	There's a beautiful view from this table.('You have a beautiful view...').

      The construction with man occurs frequently in German, although American
      English only rarely uses the indefinite pronoun "one". We generally prefer
      to say "we", "you" or "they".

  II. Other forms of the indefinite pronoun also occur in German:

Dann fällt es einem ein, dass man noch zur Bank muss.	Then one remembers that one still has to go to the bank.
Die Beamten fragen einen immer, ob man Kaffee oder Zigaretten bei sich hat.	The officials always ask you if you have coffee or cigarettes with you.
Man kann seine Hemden dort aufbügeln lassen.	You can get your shirts pressed there. ('One can get one's ... ')

      The dative and accusative forms of the indefinite pronoun are einem and
      einen; the possessive word is sein.

 III. Note that Germans consistently use a form of the indefinite pronoun to refer
      back to an indefinite pronoun antecedent.

Man wird oft von den Beamten gefragt, ob man Zigaretten bei sich hat.	One is often asked by the officials if he has cigarettes with him.

                                                                              71

IV. The German construction with <u>man</u> is often equivalent to and interchangeable with the PASSIVE PHRASE, when no specific agent or instrument is indicated.

Die hat man vor dem Kriege entfernt.	Die sind vor dem Kriege entfernt worden.
Warum nennt man diesen Park "Tiergarten"?	Warum wird dieser Park "Tiergarten" genannt?
Man sagt, dass Kurfürst Joachim II. hier zu seiner Geliebten ritt.	Es wird gesagt, dass Kurfürst Joachim II. hier zu seiner Geliebten ritt.

D.   PLACE NAMES AS MODIFIERS

I. Place names in English can be used to modify following nouns in such phrases as "the New York telephone directory", "The Washington Post", "his Connecticut home", etc. The proper name does not change its form or spelling when used in this way.

II. Some German place names have a special form when they occur in a phrase modifying a noun:

> Das <u>Brandenburger</u> Tor muss man ja gesehen haben.
>
> Abenteuerlust und Unternehmungsgeist lagen schon immer in der <u>Berliner</u> Luft.
>
> Ich halte die "<u>Frankfurter</u> Allgemeine".
>
> Ich trinke lieber <u>Würzburger</u> (Bier).
>
> Mir gefallen die <u>Schwarzwälder</u> Häuser.
>
> Ich halte eine <u>Münchner</u> Zeitung.
>
> Er hat in einem <u>Bremer</u> Geschäft gearbeitet.

Notice that the above place names used as modifiers all have a suffix <u>-er</u> and sometimes umlaut of the stem vowel but have <u>no endings</u>. A few are irregular in formation (<u>Münchner</u>, <u>Bremer</u>). Notice also that most of them are city names, although some names of larger districts (<u>Schwarzwald</u>) are also used as modifiers in this way. They are capitalized in the writing system. This special modifier form is not to be confused with the <u>adjectives</u> deutsch, französisch, bayrisch, englisch, amerikanisch, etc., which are <u>not</u> capitalized in the writing system and which may all occur with <u>adjective</u> endings. The following place names which have occurred in our text can be used as modifiers with the suffix <u>-er</u>.

> Berlin   Bremerhaven   Garmisch   Schwabing   Schweiz   Tölz   Wiesbaden

E.   PREPOSITIONS: <u>diesseits</u>, <u>jenseits</u>

I. In this unit two new prepositions have occurred, <u>diesseits</u> and <u>jenseits</u>. They are normally followed by GENITIVE forms.

Das Reichstagsgebäude ist doch diesseits des Brandenburger Tores, nicht wahr?	The parliament building is on this side of the Brandenburg Gate, isn't it?

Jenseits der Alpen ist es wärmer als hier.	On the other side of the Alps it's warmer than it is here.

II. <u>Diesseits</u> and <u>jenseits</u> may also be followed by the preposition <u>von</u> and a dative phrase or the form <u>davon</u>.

Jenseits davon beginnt die Strasse Unter den Linden.	On the other side of it the street 'Unter den Linden' begins.
Das Hansaviertel ist diesseits vom Tiergarten.	The 'Hansaviertel' is this side of the 'Tiergarten'.

Note that these forms occur principally with geographic names.

SUBSTITUTION DRILL - PART I

The following is a drill on verb forms as they occur in verb phrases, principally the passive phrase. Most of the cues are given in the normal citation form (infinitive), and you are to make the substitution using the appropriate <u>past participle</u> or other form called for in the sentence.

1. Das wird oft <u>gemacht</u>.

sagen - vermuten - erzählen - verwechseln - ändern	gesagt - vermutet - erzählt - verwechselt - geändert

2. Das ist <u>gemacht</u> worden.

einpacken - beschädigen - anfangen - reinigen	eingepackt - beschädigt - angefangen - gereinigt

3. Das wird bald <u>gemacht</u> werden.

erledigen - abholen - wegschaffen - saubermachen	erledigt - abgeholt - weggeschafft - saubergemacht

4. Das wurde <u>gemacht</u>.

auspacken - wiederaufbauen - zerstören - entfernen - besichtigen	ausgepackt - wiederaufgebaut - zerstört - entfernt - besichtigt

5. Das wird Anfang der Woche <u>gemacht</u>.

wiederholen - übersetzen- bezahlen - tun - bestellen	wiederholt - übersetzt - bezahlt - getan - bestellt

6. Das muss man <u>gesehen</u> haben.

lesen - trinken - versuchen - essen - hören	gelesen - getrunken - versucht - gegessen - gehört

7. Er ist gerade <u>angekommen</u>.

abfahren - einziehen - 'raufsteigen - weiterfahren	abgefahren - eingezogen - 'raufgestiegen - weitergefahren

8. Das haben wir nicht <u>herausbekommen</u>.

   reservieren - erledigen - beabsichti-   reserviert - erledigt - beabsichtigt -
   gen - ausfüllen - entwerfen   ausgefüllt - entworfen

9. Wie hat man das <u>getan</u>?

   herausbekommen - nennen - erzählen -   herausbekommen - genannt - erzählt -
   entfernen   entfernt

10. Wir sind oft dorthin <u>gegangen</u>.

   fahren - laufen - reiten -   gefahren - gelaufen - geritten -
   rennen   gerannt

11. Man hat das schon <u>versucht</u>.

   anbieten - beantragen - sagen -   angeboten - beantragt - gesagt -
   schreiben - zeigen - vergessen -   geschrieben - gezeigt - vergessen -
   übersetzen - beabsichtigen -   übersetzt - beabsichtigt -
   beginnen - spielen - verwechseln   begonnen - gespielt - verwechselt

PART II

   The following is a drill on the new nouns and adjectives that have occurred
in the last three units. The cues are given without specifiers or without endings,
and you are to substitute in every case the forms appropriate to the sentence in
question.

1. Haben wir Zeit für <u>eine kurze Dis-
   kussion</u>?

   Abstecher - Bericht -   einen kurzen Abstecher - einen kurzen
   Spaziergang -   Bericht - einen kurzen Spaziergang -
   Autofahrt   eine kurze Autofahrt

2. Das ist ja <u>eine interessante Strasse</u>.

   Bericht -   ein interessanter Bericht -
   Diskussion -   eine interessante Diskussion -
   Frau -   eine interessante Frau -
   Kirche -   eine interessante Kirche -
   Bau -   ein interessanter Bau -
   Viertel -   ein interessantes Viertel -
   Projekt   ein interessantes Projekt

3. Gestern habe ich einen ersten Eindruck
   <u>vom Kurfürstendamm</u> bekommen.

   Innenstadt - Hansaviertel -   von der Innenstadt - vom Hansaviertel -
   Industriemesse -   von der Industriemesse -
   Bauausstellung -   von der Bauausstellung -
   Tiergarten - Kongresshalle   vom Tiergarten - von der Kongresshalle

4. Ich bekam <u>einen ausführlichen Bericht</u>
von ihm.

Auskunft –	eine ausführliche Auskunft –
Erklärung –	eine ausführliche Erklärung –
Artikel –	einen ausführlichen Artikel –
Brief	einen ausführlichen Brief

5. Das war <u>eine faszinierende Ausstellung</u>.

Tour –	eine faszinierende Tour –
Abenteuer –	ein faszinierendes Abenteuer –
Projekt –	ein faszinierendes Projekt –
Aufführung –	eine faszinierende Aufführung
Frau	eine faszinierende Frau

6. Er sprach von <u>einer interessanten
Ausstellung</u>.

Bericht –	einem interessanten Bericht –
Diskussion –	einer interessanten Diskussion –
Lektüre –	einer interessanten Lektüre –
Projekt –	einem interessanten Projekt –
Tagung –	einer interessanten Tagung –
Abenteuer	einem interessanten Abenteuer

7. Ich habe mehrere bekannte <u>Bäder</u> besucht.

Kirche – Kurort – Betrieb – Stadt	Kirchen – Kurorte – Betriebe – Städte

8. Er erzählte mir, dass es dort viele
<u>Kirchen</u> gibt.

Reitweg – Jagd – Ruine – Schild –	Reitwege – Jagden – Ruinen – Schilder –
Tier – Wald – Lindenbaum –	Tiere – Wälder – Lindenbäume –
Raum – Ausstellung – Ministerium –	Räume – Ausstellungen – Ministerien –
Kiosk – Bad	Kioske – Bäder

9. Ich vermute, Sie verwechseln dieses
Gebäude mit <u>dem Reichstagsgebäude</u>.

Kongresshalle – Wirtschaftsmi-	– der Kongresshalle – dem Wirtschaftsmi-
nisterium – Auswärtige Amt –	nisterium – dem Auswärtigen Amt –
Botschaft – Opernhaus	der Botschaft – dem Opernhaus –

10. <u>Diese Kirche</u> ist von einem bekannten
Architekten entworfen worden.

Gebäude – Projekt –	dieses Gebäude – dieses Projekt –
Halle – Wohnhaus –	diese Halle – dieses Wohnhaus –
Viertel – Neubau	dieses Viertel – dieser Neubau

11. **Er sprach von verschiedenen <u>Berichten</u>.**

Betrieb - Beitrag - Projekt - Bestellung - Diskussion - Konferenz -
Gewerkschaft

Betrieben - Beiträgen - Projekten -
Bestellungen - Diskussionen - Konferenzen - Gewerkschaften

12. **Ich habe mir mehrere <u>Ausstellungen</u> angesehen.**

Ministerium - Kirche - Ruine -
Raum - Projekt - Betrieb

Ministerien - Kirchen - Ruinen -
Räume - Projekte - Betriebe

VARIATION DRILL

1. <u>Wurde das Zimmer reserviert?</u>   <u>Was the room reserved?</u>

   a. Was the hunting lodge damaged?   Wurde das Jagdschloss beschädigt?
   b. Was the building destroyed?   Wurde das Gebäude zerstört?
   c. Was the center of town rebuilt? Wurde die Innenstadt wiederaufgebaut?
   d. Was the work begun?   Wurde die Arbeit begonnen?
   e. Was the form filled out?   Wurde das Formular ausgefüllt?

2. <u>Der Anzug ist aufgebügelt worden.</u>   <u>The suit has been pressed.</u>

   a. The sign has been removed.   Das Schild ist entfernt worden.
   b. The crate has been unpacked.   Die Kiste ist ausgepackt worden.
   c. The application has been
      processed.   Der Antrag ist bearbeitet worden.
   d. The book has been ordered.   Das Buch ist bestellt worden.
   e. The letter has been written.   Der Brief ist geschrieben worden.

3. <u>Hat sie den Brief schon geschrie-</u>
   <u>ben?</u>   <u>Has she written the letter yet?</u>

   a. Has he processed the application
      yet?   Hat er den Antrag schon bearbeitet?
   b. Have you (fam sg) polished the
      shoes yet?   Hast du die Schuhe schon geputzt?
   c. Have you translated the article
      yet?   Haben Sie den Artikel schon übersetzt?
   d. Has he opened the suitcases yet? Hat er die Koffer schon geöffnet?
   e. Has she withdrawn the money yet? Hat sie das Geld schon abgehoben?

4. <u>Der Brief ist von seiner Sekretärin</u>   <u>The letter was written by his secretary.</u>
   <u>geschrieben worden.</u>

   a. The application was processed
      by our vice consul.   Der Antrag ist von unserem Vizekonsul
                                bearbeitet worden.
   b. The shoes were polished by my
      son.   Die Schuhe sind von meinem Sohn ge-
                                putzt worden.
   c. The article was translated by
      your husband.   Der Artikel ist von Ihrem Mann über-
                                setzt worden.
   d. The suitcases were opened by the
      customs officer.   Die Koffer sind von dem Zollbeamten
                                geöffnet worden.
   e. The money was withdrawn by my
      secretary.   Das Geld ist von meiner Sekretärin
                                abgehoben worden.

5. Der Brief an die Handelskammer wird   The letter to the Chamber of Commerce
   gerade diktiert.   is just being dictated.

   a. The new buildings are just being   Die neuen Gebäude werden gerade be-
      inspected.   sichtigt.
   b. The museum is just being closed.   Das Museum wird gerade geschlossen.
   c. Your application is just being   Ihr Antrag wird gerade bearbeitet.
      processed.
   d. The work is only just being   Die Arbeit wird gerade erst begonnen.
      started.
   e. In the American colony a new   In der amerikanischen Siedlung wird
      school is just being built.   gerade eine neue Schule gebaut.

6. Dieser Bericht ist von dem dänischen   This report was written by the
   Konsul geschrieben worden.   Danish consul.

   a. The project was designed by   Das Projekt ist von bekannten Architekten
      famous architects.   entworfen worden.
   b. The theater tickets were ordered   Die Theaterkarten sind von dem Empfangs-
      by the desk clerk.   chef bestellt worden.
   c. Who was this article written by?   Von wem ist dieser Artikel geschrieben
                                              worden?
   d. He was accompanied to the train   Er ist von Herrn Becker zum Zug be-
      by Mr. Becker.   gleitet worden.
   e. This letter was dictated by my   Dieser Brief ist von meinem Kollegen
      colleague.   diktiert worden.

7. Das Reichstagsgebäude wurde durch   The Reichstag building was destroyed
   den berüchtigten Reichstagsbrand   by the notorious Reichstag fire.
   zerstört.

   a. The theater tickets for Mr. Allen   Die Theaterkarten für Herrn Allen
      were procured by the hotel.   wurden durch das Hotel besorgt.
   b. The library was destroyed by a   Die Bibliothek wurde durch einen
      severe fire.   schweren Brand zerstört.
   c. He was helped by the Red Cross.   Ihm ist durch das Rote Kreuz geholfen
                                              worden.
   d. He was often disturbed at his   Er wurde oft durch das Telephon in
      work by the telephone.   seiner Arbeit gestört.
   e. My books were badly damaged by   Meine Bücher sind durch die Luft-
      the humidity.   feuchtigkeit stark beschädigt worden.

8. Die Wäsche ist noch nicht ge-   The laundry isn't washed yet.
   waschen.

   a. Is the suit pressed yet?   Ist der Anzug schon gebügelt?
   b. His application is already   Sein Antrag ist schon bearbeitet.
      processed.
   c. Is your car badly damaged?   Ist Ihr Wagen stark beschädigt?
   d. The tickets for the opera are   Die Karten für die Oper sind schon
      already reserved.   reserviert.
   e. The report is already written.   Der Bericht ist schon geschrieben.

9. In diesem Zimmer wird zuviel
geraucht.

   a. Work often goes on here until
   late in the evening.
   b. There's a lot of wine drunk in
   this part of the country.
   c. There's a lot of athletics in
   our schools.
   d. Supper is usually a cold meal
   at our house.

There's too much smoking (being done)
in this room.

Hier wird oft bis spät abends gearbeitet.
In dieser Gegend wird viel Wein ge-
trunken.
In unseren Schulen wird viel Sport
getrieben.
Bei uns wird abends gewöhnlich kalt
gegessen.

10. Mir wurde gesagt, dass er seinen
Urlaub in den Bergen verbringt.

   a. I was told that the Victory
   Column previously was located
   ('stood') in the vicinity of
   the Reichstag building.
   b. Someone wrote to her that she
   is expected in Bonn in June.
   c. Was he told that the meeting
   is going to be at the Congress
   Hall?
   d. The message was given him that
   he is to pick up the tickets at
   the (hotel) desk.

I was told that he's spending his
vacation in the mountains.

Dass die Siegessäule früher in der
Nähe des Reichstagsgebäudes stand,
wurde mir schon erzählt.

Ihr wurde geschrieben, dass sie im
Juni in Bonn erwartet wird.
Wurde ihm gesagt, dass die Tagung in
der Kongresshalle stattfindet?

Ihm wurde ausgerichtet, dass er die
Theaterkarten bei der Anmeldung abholen soll.

11. Wollen wir zum Brandenburger Tor
weiterfahren?

   a. I like the Berlin Zoo.
   b. Have you seen the famous Bremen
   Town Hall yet?
   c. Swiss cheese is well known in
   many countries.
   d. He wanted very much to have
   some information about the Bonn
   university.

Shall we drive on to the Brandenburg
Gate?

Der Berliner Zoo gefällt mir.
Haben Sie das berühmte Bremer Rathaus
schon gesehen?
Der Schweizer Käse ist in vielen
Ländern bekannt.
Er wollte gern eine Auskunft über die
Bonner Universität haben.

12. Erst nach dem Krieg hat man angefangen es wieder aufzubauen.

   a. Not until shortly before the
   conference did it occur to him
   that he had forgotten the
   important documents.
   b. We won't be going to Germany until
   the beginning of the [new] year.
   c. Not until 1963 did we have [a]
   chance to go to the industrial
   exposition.
   d. We won't see him again until
   August.
   e. Not until the weekend will we be
   able to look around town.

They didn't begin to rebuild it until
after the war.

Erst kurz vor der Konferenz fiel ihm
ein, dass er die wichtigen Unterlagen
vergessen hatte.
Wir werden erst Anfang des Jahres nach
Deutschland fahren.
Erst 1963 hatten wir Gelegenheit, zur
Industriemesse zu fahren.

Wir werden ihn erst im August wiedersehen.
Erst am Wochenende werden wir uns in
der Stadt umsehen können.

13. Man muss die Studenten auch deutsch
    buchstabieren lassen.

The students have to be made to spell
in German too.

a. He'll be heard from again.

Man wird noch einmal von ihm hören.

b. That is much too quickly
   forgotten unfortunately.

Man vergisst das leider viel zu schnell.

c. This exhibition has to be
   seen.

Diese Ausstellung muss man sehen.

d. A lot can be read about this
   performance.

Man kann viel über diese Aufführung
lesen.

e. There was a lot of talk about
   this article.

Man hat viel über diesen Artikel gesprochen.

14. Zollbeamte können einem viele
    Schwierigkeiten machen.

Customs officials can make a lot of
trouble for a person.

a. This book can give a person
   lots of new ideas.

Dieses Buch kann einem viele neue
Ideen geben.

b. A person isn't helped much by
   ('with') that.

Damit ist einem nicht viel geholfen.

c. .The hustle and bustle here can
   get to be too much for a person.

Der Betrieb hier kann einem leicht
zuviel werden.

d. In the summer it often gets too
   warm for a person here.

Im Sommer wird es einem hier oft zu
warm.

15. Das Klingeln des Telephons kann
    einen oft bei der Arbeit stören.

The ringing of the telephone often can
disturb you at work.

a. In a small town most people
   know you.

In einer kleinen Stadt kennen einen
die meisten Leute.

b. A life like that can make you
   famous or infamous.

So ein Leben kann einen berühmt oder
berüchtigt machen.

c. Children often ask you too much.

Kinder fragen einen oft zu viel.

d. In this bad weather no one
   expects you.

Bei diesem schlechten Wetter erwartet
einen keiner.

16. Darf man seine Arbeit über seine
    Familie stellen?

Can one place his work above his family?

a. In this weather one has to put
   on his warmest sweater.

Bei diesem Wetter muss man seinen
wärmsten Pullover anziehen.

b. One must pay his rent generally
   at the beginning of the month.

Man muss seine Miete meistens Anfang
des Monats bezahlen.

c. It's cheaper if one makes his
   long distance calls after seven
   o'clock in the evening.

Es ist billiger wenn man seine Fern-
gespräche nach sieben Uhr abends macht.

d. One can get his money changed
   here.

Hier kann man sein Geld wechseln lassen.

17. Der Betriebsleiter ist nicht mehr
    zu erreichen.

The plant manager can no longer be
reached.

a. There are still three business
   letters to be dictated.

Drei Geschäftsbriefe sind noch zu
diktieren.

b. Now the crates still have to be
   fetched from the cellar.

Jetzt sind noch die Kisten aus dem
Keller zu holen.

(This drill is continued on the next page.)

c. The visa should be applied for   Das Visum ist im Konsulat zu beantra-
   at the consulate.   gen.
d. The application is to be   Der Antrag ist sofort zu bearbeiten.
   processed immediately.

                        CONVERSION DRILL - Part I

    The following sentences, referring to present, past and future time, are to
be converted to sentences using the _passive phrase_ but also referring to present,
past and future time respectively. Make all other changes in word order, noun
and adjective forms, etc., which are required by the use of the passive phrase.

1. Er schreibt den Brief.   Der Brief wird von ihm geschrieben.
   Er hat den Brief geschrieben.   Der Brief ist von ihm geschrieben
                                        worden.
   Er schrieb den Brief.   Der Brief wurde von ihm geschrieben.
   Er wird den Brief schreiben.   Der Brief wird von ihm geschrieben
                                        werden.

2. Er putzt die Schuhe.   Die Schuhe werden von ihm geputzt.
   Er hat die Schuhe geputzt.   Die Schuhe sind von ihm geputzt
                                        worden.
   Er putzte die Schuhe.   Die Schuhe wurden von ihm geputzt.
   Er wird die Schuhe putzen.   Die Schuhe werden von ihm geputzt
                                        werden.

3. Sie schreibt den Brief.   Der Brief wird von ihr geschrieben.
   Sie hat den Brief geschrieben.   Der Brief ist von ihr geschrieben
                                        worden.
   Sie schrieb den Brief.   Der Brief wurde von ihr geschrieben.
   Sie wird den Brief schreiben.   Der Brief wird von ihr geschrieben
                                        werden.

4. Herr Schmidt füllt den Meldeschein   Der Meldeschein wird von Herrn Schmidt
   aus.   ausgefüllt.
   Herr Schmidt hat den Meldeschein   Der Meldeschein ist von Herrn Schmidt
   ausgefüllt.   ausgefüllt worden.
   Herr Schmidt füllte den Meldeschein Der Meldeschein wurde von Herrn
   aus.   Schmidt ausgefüllt.
   Herr Schmidt wird den Meldeschein   Der Meldeschein wird von Herrn Schmidt
   ausfüllen.   ausgefüllt werden.

5. Sie besichtigen die Tagungsräume.   Die Tagungsräume werden von ihnen
                                        besichtigt.
   Sie haben die Tagungsräume be-   Die Tagungsräume sind von ihnen be-
   sichtigt.   sichtigt worden.
   Sie besichtigten die Tagungsräume.   Die Tagungsräume wurden von ihnen
                                        besichtigt.
   Sie werden die Tagungsräume be-   Die Tagungsräume werden von ihnen
   sichtigen.   besichtigt werden.

6. Das Arbeitsamt bearbeitet den   Der Antrag wird vom Arbeitsamt be-
   Antrag.   arbeitet.
   Das Arbeitsamt hat den Antrag   Der Antrag ist vom Arbeitsamt be-
   bearbeitet.   arbeitet worden.
   Das Arbeitsamt bearbeitete den   Der Antrag wurde vom Arbeitsamt
   Antrag.   bearbeitet.

Das Arbeitsamt wird den Antrag be- arbeiten.	Der Antrag wird vom Arbeitsamt bearbeitet werden.

7. Unsere Architekten entwerfen die   Die neuen Bauten werden von unseren
   neuen Bauten.   Architekten entworfen.
   Unsere Architekten haben die neuen   Die neuen Bauten sind von unseren
   Bauten entworfen.   Architekten entworfen worden.
   Unsere Architekten entwarfen die   Die neuen Bauten wurden von unseren
   neuen Bauten.   Architekten entworfen.
   Unsere Architekten werden die neuen Die neuen Bauten werden von unseren
   Bauten entwerfen.   Architekten entworfen werden.

Part II

Replace the verb or verb phrase in each of the following sentences with the appropriate form of the passive phrase, making all other necessary changes

1. Der Betriebsleiter hat mich in- zwischen angerufen.	Ich bin von dem Betriebsleiter in- zwischen angerufen worden.
2. Die Sekretärin hat den Brief ge- schrieben.	Der Brief ist von der Sekretärin ge- schrieben worden.
3. Herr Meyer hat den Artikel über- setzt.	Der Artikel ist von Herrn Meyer übersetzt worden.
4. Professor Albers hat gestern den Vortrag gehalten.	Der Vortrag ist gestern von Professor Albers gehalten worden.
5. Hat Herr Müller die Arbeit erledigt?	Ist die Arbeit von Herrn Müller er- ledigt worden?
6. Das Hotel hat für Herrn Allen ein Zimmer reserviert.	Für Herrn Allen ist vom Hotel ein Zimmer reserviert worden.
7. Meine Sekretärin hat die Fahrkarte gestern gelöst.	Die Fahrkarte ist von meiner Sekretärin gestern gelöst worden.
8. Herr Meyer begleitete Herrn Allen zum Zug.	Herr Allen wurde von Herrn Meyer zum Zug begleitet.
9. Die Männer holten das beschädigte Auto ab.	Das beschädigte Auto wurde von den Männern abgeholt.
10. Herr Schneider brachte die Koffer zur Gepäckaufgabe.	Die Koffer wurden von Herrn Schneider zur Gepäckaufgabe gebracht.
11. Frau Meyer bügelte den Anzug auf.	Der Anzug wurde von Frau Meyer auf- gebügelt.
12. Herr Schumann gab einen Bericht über neue Konzernbildungen und Kartellfragen.	Von Herrn Schumann wurde ein Bericht über neue Konzernbildungen und Kartell- fragen gegeben.
13. Der Gewerkschaftssekretär gab lang- atmige Erklärungen ab.	Von dem Gewerkschaftssekretär wurden langatmige Erklärungen abgegeben.
14. Herr Martin rief Frau Köhler an.	Frau Köhler wurde von Herrn Martin angerufen.
15. Sie verbindet mich mit dem Aus- wärtigen Amt.	Ich werde von ihr mit dem Auswärtigen Amt verbunden.
16. Er probiert gerade den braunen Anzug an.	Der braune Anzug wird gerade von ihm anprobiert.
17. Der Konsul diktiert der Sekretärin einen Brief.	Der Sekretärin wird von dem Konsul ein Brief diktiert.
18. Herr und Frau Meyer packen gerade die Kisten aus.	Die Kisten werden gerade von Herrn und Frau Meyer ausgepackt.
19. Sie stellt das Radio an.	Das Radio wird von ihr angestellt.
20. Der Gepäckträger trug den grossen Koffer ins Abteil.	Der grosse Koffer wurde von dem Gepäck- träger ins Abteil getragen.
21. Wer hat den Anfang geschrieben?	Von wem ist der Anfang geschrieben worden?

22. Ich begleite sie in die Stadt.

Sie wird von mir in die Stadt begleitet

23. Der Page hat Ihr Gepäck auf Ihr
    Zimmer gebracht.

Ihr Gepäck ist von dem Pagen auf Ihr
Zimmer gebracht worden.

24. Die ausländischen Architekten be-
    sichtigen heute das Reichstagsge-
    bäude.

Heute wird das Reichstagsgebäude von
den ausländischen Architekten besichtigt.

25. Im Hotel hat Herr Meyer die Schuhe
    vor die Zimmertür gestellt.

Die Schuhe sind von Herrn Meyer im Hotel
vor die Zimmertür gestellt worden.

Part III

The following sentences using the _passive phrase_ are to be replaced by
sentences using the substitute construction with _man_.

1. Die zerstörten Gebäude werden
   wieder aufgebaut.

Man baut die zerstörten Gebäude
wieder auf.

2. Die zerstörten Gebäude sind wieder
   aufgebaut worden.

Man hat die zerstörten Gebäude wieder
aufgebaut.

3. Die zerstörten Gebäude wurden
   wieder aufgebaut.

Man baute die zerstörten Gebäude
wieder auf.

4. Die zerstörten Gebäude werden
   wieder aufgebaut werden.

Man wird die zerstörten Gebäude
wieder aufbauen.

5. Die Bauausstellung ist schon am Anfang des Monats geschlossen worden.

Man hat die Bauausstellung schon am Anfang des Monats geschlossen.

6. Die Lindenbäume wurden schon
   vor dem Kriege entfernt.

Man entfernte die Lindenbäume schon
vor dem Kriege.

7. Viele Architekten wurden zur
   Bauausstellung erwartet.

Man erwartete viele Architekten zur
Bauausstellung.

8. Der Antrag wird bald bearbeitet
   werden.

Man wird den Antrag bald bearbeiten.

9. Die grossen Koffer sind zum
   Bahnhof gebracht worden.

Man hat die grossen Koffer zum Bahnhof gebracht.

10. Der Bericht ist in der Botschaft
    übersetzt worden.

Man hat den Bericht in der Botschaft
übersetzt.

11. Die neuen Wohnungen werden jetzt
    vermietet.

Man vermietet jetzt die neuen
Wohnungen.

12. Der Tisch am Fenster wurde für uns
    reserviert.

Man reservierte den Tisch am Fenster
für uns.

13. Die Koffer sind in der Gepäckauf-
    gabe verwechselt worden.

Man hat die Koffer in der Gepäckaufgabe
verwechselt.

14. Die Ausstellung wird bald ge-
    schlossen werden.

Man wird die Ausstellung bald schliessen.

15. Der Brand ist zu spät gesehen
    worden.

Man hat den Brand zu spät gesehen.

VOCABULARY DRILL

1. <u>werden</u> - "become, get (to be), be"

   a. Der Bericht ist viel zu lang   The report has gotten to be much too
      geworden.   long.
   b. Nach dem Gewitter wurde das   After the thunderstorm the weather
      Wetter wieder schön.   turned nice again.
   c. Die alten Häuser am Rande der   The old houses on the outskirts of the
      Stadt wurden ein Opfer des   town were victims of the fire.
      Brandes.
   d. Sein neuer Roman wurde in vielen His new novel became famous in many
      Ländern bekannt.   countries.
   e. Der Verkehr auf der Autobahn   The traffic on the 'Autobahn' got very
      wurde abends sehr stark.   heavy in the evening.

2. <u>werden aus</u> - "become of, come of, grow out of"; <u>aus --- wird</u> - "--- turns into---"

   a. Aus dem kleinen Ort ist ein   The little place has turned into a
      bekannter Kurort geworden.   well-known resort.
   b. Was ist aus Ihrem Bruder ge-   What became of your brother?
      worden?
   c. Aus dem Reitweg wurde eine grosse The bridle path turned into a big
      Strasse.   street.
   d. Aus der Reise wurde ein Aben-   The trip turned into an adventure.
      teuer.
   e. Aus meiner Reise nach Brasilien   Nothing will come of my trip to Brazil
      wird in diesem Jahr nichts.   this year.
   f. Aus dem Jagdschloss wurde ein   The hunting lodge was turned into a
      Museum.   museum.

3. <u>erzählen</u> - "tell"

   a. Er erzählte uns, warum die Ruine He told us why the ruins of the
      der Gedächtniskirche als Mahn-   Memorial Church are to be left standing
      mal stehen bleiben soll.   as a solemn reminder.
   b. Man hat mir erzählt, dass die   They told me that the Victory
      Siegessäule früher in der Nähe   Column formerly was located in the
      des Reichstagsgebäudes gestan-   vicinity of the Reichstag building.
      den hat.
   c. Sie erzählte uns viel von einer   She told us a lot about a meeting in
      Tagung in der Kongresshalle.   the Congress Hall.
   d. Sie wollten mir noch erzählen,   You were going to tell me why the park
      warum der Park "Tiergarten"   is called "Tiergarten".
      genannt wird.
   e. Ich muss Ihnen noch von der Ge- I still have to tell you about the
      sellschaft bei Beckers erzählen. party at the Beckers'.

4. <u>Eindruck (auf)</u> - "impression (on)"

   a. Was für einen Eindruck haben Sie What (kind of an) impression did you
      von der Ausstellung bekommen?   get of the exhibition?
   b. Hat Herr Becker einen guten Ein- Did Mr. Becker make a good impression
      druck auf Sie gemacht?   on you?

(Drill No. 4 is continued on the next page.)

c. Auf die Berliner hat das keinen
grossen Eindruck gemacht.

That didn't make much of an impression
on the Berliners.

d. Ich hatte den Eindruck, dass er
erst nächste Woche kommen wollte.

It was my impression that he wasn't
planning to come until next week.

e. Haben Sie nicht auch den Eindruck,
dass Berlin eine faszinierende
Stadt ist?

Don't you also have the impression
that Berlin is a fascinating city?

5. besichtigen - "go through (on an inspection tour)"

a. Haben Sie die Ruine des alten
Schlosses besichtigt?

Did you go through the ruins of the
old palace?

b. Wollen wir heute den Neubau
besichtigen?

Shall we go through the new building
today?

c. Lohnt es sich, das Jagdschloss
im Grunewald zu besichtigen?

Is it worthwhile going through the
hunting lodge in the Grunewald?

d. Kann man den Dom jeden Tag besichtigen?

Can you go through the cathedral
any day?

e. Wir wollen noch das Deutsche
Museum in München besichtigen.

We still want to go through the German
Museum [of science and industry] in
Munich.

6. verwechseln - "confuse, mix up, mistake for"

a. Als er vom "Tiergarten" sprach,
wusste ich, dass er den Park mit
dem Zoologischen Garten verwechselte.

When he spoke of the "Tiergarten" I
knew that he was confusing the park
with the Zoological Gardens.

b. Der Gepäckträger hat mich mit
einem anderen Herrn verwechselt.

The porter mistook me for another
gentleman.

c. In der Schule bin ich oft mit
meinem Bruder verwechselt worden.

In school I was often mistaken for
my brother.

d. Auf der letzten Besprechung ist
der Betriebsleiter mit dem Gewerkschaftssekretär verwechselt
worden.

At the last conference the plant
manager was mistaken for the union
secretary.

7. vermuten - "suspect"

a. Der Zollbeamte vermutete Kaffee
in meinem Koffer.

The customs official suspected [there
was] coffee in my suitcase.

b. Ich vermute, er ist Amerikaner.

I suspect he's an American.

c. Als er nicht gleich kam, ver-
muteten wir Schwierigkeiten bei
der Passkontrolle.

When he didn't come right away we
suspected trouble at the passport
checkpoint.

d. Ich vermute, die Kirche ist erst
nach dem Krieg gebaut worden.

I suspect the church was not built
until after the war.

e. Das habe ich nicht vermutet.

I didn't suspect that.

8. sich freuen - "be glad"

a. Wir haben uns gefreut, Euren
   Kindern endlich den Berliner
   Zoo zeigen zu können.

   We were glad to be able to show your
   (fam pl) children the Berlin Zoo at
   last.

b. Hat sich Herr Allen gefreut, dass
   du ihm eine Karte im Parkett besorgt hast?

   Was Mr. Allen glad that you (fam sg)
   got him a ticket in the parquet?

c. Sie freut sich, dass ihre Eltern
   soviel Unternehmungsgeist haben,
   eine weite Reise zu machen.

   She's glad her parents have so much
   spirit of enterprise [as] to take a
   long trip.

d. Sie freuen sich, dass sie ihren
   Urlaub schon im Juni nehmen
   können.

   They are glad that they can take their
   vacation as early as June.

9. sich ändern - "change, be changed"

a. Ich glaube, das Wetter wird sich
   bald ändern.

   I believe the weather's going to
   change soon.

b. Hier hat sich nichts geändert.

   Nothing has changed here.

c. Hat sich in Ihrer Abteilung viel
   geändert?

   Has there been much change in your
   department?

d. Herr Meyer wird sich ändern
   müssen.

   Mr. Meyer will have to change his
   ways.

e. Nein, ich ändere mich nicht!

   No, I'm not going to change!

f. Der Geist von Bayreuth hat sich
   nicht geändert.

   The spirit of Bayreuth hasn't changed.

10. sich vorstellen - "imagine"

a. Haben Sie sich das Hansaviertel
   so modern vorgestellt?

   Did you imagine the Hansa Section
   [to be] so modern?

b. Ich kann mir nicht vorstellen,
   dass die Strasse 'Unter den
   Linden' mal eine der schönsten
   Strassen Berlins gewesen ist.

   I can't imagine that the street
   'Unter den Linden' was once one of
   the most beautiful streets in Berlin.

c. So haben wir uns den Betrieb
   hier nicht vorgestellt.

   We didn't imagine the activity here
   [was] like that.

d. Stellen Sie sich vor, mein Sohn
   kann als Austauschstudent nach
   Amerika fahren.

   Just imagine! My son can go to America
   as an exchange student.

e. Ich habe mir die Tagungsräume
   grösser vorgestellt.

   I pictured the meeting rooms [as being]
   larger [than this].

11. sich treffen (mit) - "meet (by appointment), come together"

a. Sie haben sich vor dem Hotel zu
   einer kleinen Autofahrt getroffen.

   They met in front of the hotel
   [to go] for a little drive.

b. Wo wollen wir uns nach der Oper
   treffen?

   Where shall we meet after the opera?

c. Ich traf mich mit Herrn Becker
   an der Gedächtniskirche, um mit
   ihm in die Ausstellung zu gehen.

   I met Mr. Becker at the Memorial Church
   to go to the exhibition with him.

d. Er trifft sich um drei Uhr mit
   ihr vor der Kongresshalle.

   He's going to meet her in front of
   the Congress Hall at three o'clock.

12. <u>schon</u> - "back (in), as early as"

    a. Er hat sein erstes Buch schon   He wrote his first book back in 1920.
       1920 geschrieben.

    b. Hier ritt man schon vor 400   People were riding to the Grunewald
       Jahren zum Grunewald.   here as much as 400 years ago.

    c. Schon 1881 gab es in Berlin   As early as 1881 there were telephones
       Telephone.   in Berlin.

    d. Er wollte schon 1939 nach Amerika   He wanted to emigrate to America back
       auswandern.   in 1939.

    e. Die Konferenz sollte schon im   The conference was supposed to take
       August stattfinden.   place back in August.

13. <u>Lust haben</u> - "feel like, want, have desire"

    a. Haben Sie Lust, heute auf dem   Do you feel like doing some shopping
       Kurfürstendamm mit mir Besor-   with me today on the 'Kurfürstendamm'?
       gungen zu machen?

    b. Dieses Jahr hatten meine Eltern   This year my parents didn't feel like
       keine Lust, mit uns an die Ost-   going to the Baltic with us.
       see zu fahren.

    c. Ich habe heute grosse Lust, in   I really feel like going to the
       den Grunewald zu fahren.   'Grunewald' today.

    d. Bei dem schlechten Wetter hatten   In that inclement ('bad') weather we
       wir keine Lust in den Zoo zu   had no desire to go to the zoo.
       gehen.

    e. Hat einer von Euch Lust morgen   Does one of you (fam pl) feel like
       mit mir das alte Schloss zu be-   looking over the old palace with me
       sichtigen?   tomorrow?

14. <u>grenzen an</u> + Accusative - "border on"

    a. Unsere Schule grenzt an einen   Our school borders on a large park.
       grossen Park.

    b. Das Hansaviertel grenzt an den   The Hansa Section borders on the
       Tiergarten.   'Tiergarten'.

    c. Die Siedlung am Rande der Stadt   The apartment project ('colony') on
       grenzt an ein Waldgebiet.   the outskirts of town borders on a
                              wooded area.

    d. Deutschland grenzt im Süden an   Germany borders in the south on
       die Schweiz und an Österreich   Switzerland and Austria and in the
       und im Norden an Dänemark.   north on Denmark.

15. <u>beteiligt sein an</u> + Dative - "participate, have a part,
                            be included (as a participant) in"

    a. Wissen Sie, welche Länder an der   Do you know which countries were in-
       Industriemesse beteiligt waren?   cluded in the industrial exposition?

    b. Wir waren an dem Projekt nicht   We had no part in the project.
       beteiligt.

    c. War die Vechta G.m.b.H. an der   Was the Vechta Company included in the
       Konzernbildung beteiligt?   formation of the combine?

    d. Die Schweiz war nicht am Krieg   Switzerland did not participate in
       beteiligt.   the war.

TRANSLATION DRILL

1. Mr. Allen had come to Berlin by train to spend his leave there.

Herr Allen war mit dem Zug nach Berlin gekommen, um dort seinen Urlaub zu verbringen.

2. Mr. Bauer lives in Berlin and is a good friend ('acquaintance') of his.

Herr Bauer wohnt in Berlin und ist ein guter Bekannter von ihm.

3. Mr. Allen met him [to go] for a little drive.

Herr Allen traf sich mit ihm zu einer kleinen Autofahrt.

4. He was very glad that Mr. Bauer wanted to show him the city.

Er freute sich sehr, dass Herr Bauer ihm die Stadt zeigen wollte.

5. Mr. Bauer inquired how his trip was, and he heard that Mr. Allen had not had any trouble.

Herr Bauer erkundigte sich, wie seine Reise gewesen ist, und er hörte, dass Herr Allen keine Schwierigkeiten gehabt hatte.

6. He had arrived in the morning and [had] gone right to the hotel in a taxi.

Er war morgens angekommen und gleich mit der Taxe zum Hotel gefahren.

7. On the way there he had already gotten his ('a') first impression of the 'Kurfürstendamm'.

Auf der Fahrt dorthin hatte er schon einen ersten Eindruck vom Kurfürstendamm bekommen.

8. Mr. Bauer told him that there was a bridle path here formerly.

Herr Bauer erzählte ihm, dass hier früher ein Reitweg war.

9. Elector Joachim the Second of Brandenburg used to have a hunting lodge in the 'Grunewald'.

Kurfürst Joachim II. von Brandenburg hatte ein Jagdschloss im Grunewald.

10. He used to ride there often to visit his beloved.

Er ritt oft dorthin, um seine Geliebte zu besuchen.

11. First Mr. Bauer showed Mr. Allen the Memorial Church.

Zuerst zeigte Herr Bauer Herrn Allen die Gedächtniskirche.

12. It was badly damaged in the war.

Sie ist im Krieg stark beschädigt worden.

13. The ruins are to be left standing as a solemn reminder.

Die Ruine soll als Mahnmal stehen bleiben.

14. During the drive Mr. Allen saw a sign "To the Zoo".

Während der Autofahrt sah Herr Allen ein Schild "Zum Zoo".

15. He asked his friend:" Is that the 'Tiergarten'?"

Er fragte seinen Bekannten:" Ist das der Tiergarten?"

16. Perhaps he was confusing the 'Tiergarten' with the zoo.

Vielleicht verwechselte er den Tiergarten mit dem Zoo.

17. Mr. Bauer told Mr. Allen that the 'Tiergarten' had once been a wooded area.

Herr Bauer erzählte Herrn Allen, dass der Tiergarten einmal ein Waldgebiet war.

18. At the time of Frederick the Great it was made into a park.

Zur Zeit Friedrichs des Grossen ist ein Park daraus geworden.

19. Today this park is called "Tiergarten".

Heute nennt man diesen Park "Tiergarten".

20. It borders on the zoo by the way.

Er grenzt übrigens an den Zoo.

21. From the 'Tiergarten' they saw the Victory Column.

Vom Tiergarten aus sahen sie die Siegessäule.

22. On the platform people were standing.

Auf der Plattform standen Leute.

23. Since the weather was good they undoubtedly ('certainly') had a good view.

Da das Wetter gut war, hatten sie bestimmt eine gute Sicht.

(This Drill is continued on the next page.)

24. Mr. Allen didn't feel like climbing up, as he first wanted to go to the Brandenburg Gate.

Herr Allen hatte keine Lust 'raufzusteigen, da er erst zum Brandenburger Tor fahren wollte.

25. On the far side of the Brandenburg Gate the street 'Unter den Linden' begins.

Jenseits des Brandenburger Tores beginnt die Strasse Unter den Linden.

26. Once that was one of the most beautiful streets in ('of') the center of town.

Das war einmal eine der schönsten Strassen der Innenstadt.

27. Unfortunately much has changed in the meantime.

Leider hat sich inzwischen vieles geändert.

28. The big old linden trees were removed back before the war.

Die grossen alten Lindenbäume sind schon vor dem Kriege entfernt worden.

29. Many of the old buildings became victims ('a victim') of the war.

Viele der alten Bauten wurden ein Opfer des Krieges.

30. Later Mr. Bauer showed Mr. Allen the [old German national] parliament building too.

Später zeigte Herr Bauer Herrn Allen auch das Reichstagsgebäude.

31. In 1933 it was destroyed by the notorious Reichstag fire.

1933 wurde es durch den berüchtigten Reichstagsbrand zerstört.

32. Not until after the war did they begin to rebuild it.

Man hat erst nach dem Krieg angefangen, es wieder aufzubauen.

33. Then the two ('both') gentlemen took a look at the Congress Hall.

Dann sahen sich die beiden Herren die Kongresshalle an.

34. The Congress Hall was America's contribution to the International Architectural Exposition in 1957.

Die Kongresshalle war Amerikas Beitrag zur Internationalen Bauausstellung 1957.

35. After they had inspected the meeting rooms they drove back through the Hansa Section.

Nachdem sie die Tagungsräume besichtigt hatten, fuhren sie durchs Hansaviertel zurück.

36. Mr. Allen thought the modern buildings and apartment houses [were] very fine.

Herr Allen fand die modernen Bauten und Wohnhäuser sehr schön.

37. He had heard that they had been designed by famous German and foreign architects.

Er hatte gehört, dass sie von bekannten deutschen und ausländischen Architekten entworfen worden waren.

RESPONSE DRILL

1. Wo trafen sich Herr Bauer und Herr Allen?

Sie trafen sich am Kurfürstendamm.

2. Was wollten sie tun?

Sie wollten eine kleine Autofahrt machen, um sich Berlin anzusehen.

3. Was sagte Herr Allen über seine Reise?

Es hat alles gut geklappt und er hatte keine Schwierigkeiten.

4. Welche Strasse hat einen besonderen Eindruck auf Herrn Allen gemacht?

Der Kurfürstendamm hat einen besonderen Eindruck auf ihn gemacht.

5. Und warum?

Weil der Kurfürstendamm eine faszinierende Strasse ist.

6. Von wann bis wann war dort ein Reitweg?

Vom 16. bis zum Anfang des 20. Jahrhunderts war dort ein Reitweg.

7. Wer ritt dort zu seinem Jagdschloss?

Kurfürst Joachim der Zweite ritt dort zu seinem Jagdschloss.

8. Ritt er nur zur Jagd dorthin?

Nein, er besuchte dort auch seine Geliebte.

9. Was sehen die Herren am Ende der Strasse?

Sie sehen die Gedächtniskirche, die dort steht.

10. Wann ist sie so stark beschädigt worden?   Im Krieg ist sie so stark beschädigt worden.

11. Warum steht die Ruine noch?   Sie soll als Mahnmal stehen bleiben.

12. Warum vermutet Herr Bauer, dass Herr Allen den Tiergarten mit dem Zoo verwechselt?   Weil Herr Allen ein Schild "Zum Zoo" gesehen hat, und fragt:" Ist denn der Tiergarten hier in der Nähe?"

13. Warum wird der Park, der an den Zoo grenzt, "Tiergarten" genannt?   Das war früher ein Waldgebiet, in dem es auch Wild gab.

14. Wann wurde aus diesem Waldgebiet ein Park?   Das war zur Zeit Friedrichs des Grossen.

15. Worauf blicken die Herren, als sie im Tiergarten sind?   Sie blicken auf die Siegessäule.

16. Was sehen sie oben auf der Plattform?   Sie sehen dort Leute.

17. Was vermutet Herr Allen, als er die Leute dort sieht?   Er vermutet, dass man dort bei schönem Wetter sicher eine gute Sicht hat.

18. Was sagt Herr Allen über das Brandenburger Tor?   Man muss es gesehen haben.

19. Welche Strasse beginnt jenseits des Brandenburger Tores?   Jenseits des Brandenburger Tores beginnt die Strasse Unter den Linden.

20. Was hat Herr Allen über diese Strasse gehört?   Es ist einmal eine der schönsten Strassen der Innenstadt gewesen.

21. Warum sieht die Strasse heute anders aus, als auf alten Bildern?   Es hat sich inzwischen vieles geändert.

22. Was hat man mit den alten Lindenbäumen gemacht?   Man hat sie schon vor dem Krieg entfernt.

23. Ist das Reichstagsgebäude auch jenseits des Brandenburger Tores?   Nein, es steht diesseits des Brandenburger Tores.

24. Wodurch wurde es zerstört und wann?   Es wurde 1933 durch den berüchtigten Reichstagsbrand zerstört.

25. Wann hat man angefangen, es wieder aufzubauen?   Erst nach dem Krieg hat man angefangen, es wieder aufzubauen.

26. Was wollte Herr Allen noch sehen?   Er wollte noch die Kongresshalle sehen.

27. Wann wurde die Kongresshalle gebaut?   Als Beitrag zur Internationalen Bauausstellung 1957.

28. Was wollten die Herren in der Kongresshalle besichtigen?   Sie wollten die Tagungsräume besichtigen.

29. Durch welche Gegend wollten sie auf dem Nachhauseweg fahren?   Auf dem Nachhauseweg wollten sie durch das Hansaviertel fahren.

30. Von wem sind die Bauten im Hansaviertel entworfen worden?   Sie sind von bekannten Architekten verschiedener Länder entworfen worden.

31. Welche Länder waren an diesem Projekt beteiligt?   An diesem Projekt waren neben Deutschland auch andere Länder beteiligt, z.B. Finnland, Oesterreich, Spanien, Dänemark, Schweden u.s.w.

32. Wie heisst Ihre Heimatstadt?

33. Was gibt es dort Besonderes zu sehen?

34. Welche Stadt gefällt Ihnen am besten?

35. Gibt es dort besonders interessante oder bekannte Gebäude?

36. Waren Sie schon im Ausland?

37. Wenn ja, welche Städte haben Sie dort besucht?

SITUATIONS

1

Herr Jones muss zu einer Konferenz
nach München fahren. Er war noch nie
dort und ruft seinen Bekannten, Herrn
Becker, im Münchner Generalkonsulat an.
Er erzählt ihm, dass er am 15. Mai kommen will und fragt, ob er Zeit hat, ihm
die Stadt zu zeigen. Herr Becker freut
sich darauf und möchte wissen, ob er
Lust hat, am 16. mit ihm ins Theater zu
gehen. Er will versuchen, noch eine
Theaterkarte zu bekommen. Herr Jones
will vom Hotel aus anrufen, wenn er angekommen ist.

2

Die beiden Herren treffen sich im Hotel
und Herr Becker fragt, ob Herr Jones
eine gute Reise hatte. Leider hatte er
unterwegs eine Reifenpanne, aber glücklicherweise war eine Tankstelle in der
Nähe und er konnte gleich den Reifen
wechseln lassen. Nun wollen sich die
Herren die Stadt ansehen. Zuerst fahren sie zur Frauenkirche und Herr Becker
erzählt Herrn Jones, dass diese Kirche
aus dem 15. Jahrhundert ist. Sie wurde
im Krieg leider zerstört, ist aber bald
nach dem Kriege wiederaufgebaut worden.
In der Nähe ist das Rathaus; Herr Jones
hatte das schon oft auf Bildern gesehen.
Dann fahren sie zum Schloss Nymphenburg
und gehen im Park spazieren. Sie unterhalten sich über die Konferenz und über
eine interessante Ausstellung in der
Stadt. Da das Wetter so schön ist und
sie auch noch genug Zeit haben, wollen
sie sich noch den Tierpark Hellabrunn
ansehen. Sie trinken im Gartenrestau-
rant des Tierparks ein Glas Bier und
fahren später zum Hotel zurück.

3

Herr Allen wird von Herrn Bauer im
Hotel abgeholt. Herr Bauer freut sich,
Herrn Allen wiederzusehen und möchte
wissen, wie es seiner Familie geht.
Frau Allen und den Kindern geht es gut.
Auf seiner Reise hat alles gut geklappt.
Herr Bauer fragt, wann Herr Allen aus
Amerika abgefahren ist und welche Län-
der er inzwischen besucht hat. Herr
Allen ist schon einen Monat unterwegs.
Zuerst besuchte er Finnland, wo bei
seinen Freunden gerade eine Jagd war.
Finnland hat ja sehr viel Wild. Dann
besichtigte er einige Betriebe der
Papierindustrie. Das war sehr inter-
essant für ihn. Herr Bauer will wissen,
ob er von dort nach Norwegen gefahren
ist. Herr Allen verbrachte einige
Tage dort und fuhr dann weiter nach
Schweden. Es hat ihm dort gut gefallen.
Die Leute waren sehr nett, die Städte
sind sauber und modern. Schön sind auch
die grossen Waldgebiete. Sie sind sehr
wichtig für die Industrie in Schweden.
Herr Bauer möchte wissen, ob Herr Allen
von Schweden direkt nach Berlin kam.
Herr Allen hatte erst noch einen Abstecher nach Dänemark gemacht. Dieses
Land machte auch einen sehr sauberen
und ordentlichen Eindruck. Besonders
gut gefiel ihm eine Autofahrt an die
Ostsee.-- Herr Bauer fragt, ob Herr
Allen auch in dem bekannten Tivoli Park
in Kopenhagen war. Dazu hatte Herr
Allen keine Zeit mehr, er musste zu
einer Tagung nach Hamburg fahren.

NARRATIVE

Kurfürst Joachim II. von Brandenburg wurde am 13. Januar 1505 geboren;
er starb am 3. Januar 1571.

     Von seinen Zeitgenossen wurde er sehr unterschiedlich beurteilt. Von einigen
ist er als frommer, gottesfürchtiger Mann gerühmt worden, von anderen wurde ihm
vorgeworfen, dass durch seine unsinnige Verschwendungssucht die Finanzen des Landes
zerrüttet worden sind. Einer seiner Bewunderer schrieb: Der Herr Kurfürst ist be-
liebt als ein sehr lustiger Kumpan, er liebt zu scherzen und Schalkstreiche auszu-
üben, sorgt und kümmert sich aber auch um Volk und Religion. Oft werden bei ihm
Bankette abgehalten und gejagt wird von ihm auf Hirsche, Rehe, Bären, Wildschweine,
Wegelagerer und hübsche Frauen.

     Die gefürchtetsten Wegelagerer jener Zeit waren die Raubritter, adlige Herren,
von denen die Reisenden ausgeplündert wurden. Von ihnen wurde dem Kurfürsten einmal ein Schreiben an die Schlafzimmertür geheftet, auf dem geschrieben stand:

Joachimken, Joachimken, hüte dich,

Kriegen wir dich, dann hängen wir dich!

     In der ersten Zeit seiner Regierung, als das Jagdschloss im Grunewald noch
nicht gebaut war, weilte er oft auf seinem Jagdschloss zu Köpenick. Damals ver-
liebte er sich in die Witwe eines Glockengiessers namens Sydow. Sie wurde die
schöne Sydowin oder auch die schöne Giesserin genannt. Um dem Volk, seiner Frau
und seinen Kindern kein Ärgernis zu geben, wurde die schöne Buhlerin von ihm in
einem kleinen Haus in der Klosterstrasse untergebracht, das in einem grossen Garten
versteckt lag.

     Zwiespältig war die Haltung des Kurfürsten zur Reformation. Am 1. November
1539 trat er zur Reformation über, aber als 1546 der Schmalkaldische Krieg ausge-
brochen war, unterstützte er den Kaiser gegen die Protestanten.

wurde ... geboren	born	jener,es,-e	that, yon
sterben (i,a,o - ist)	die	der Raubritter,-	robber baron
der Zeitgenosse,-n,-n	contemporary	adlig	noble
unterschiedlich	differently	von denen	by whom
beurteilen (w)	judge, appraise	der Reisende,-n,-n	traveler
fromm	pious	ausplündern (w)	plunder, rob
gottesfürchtig	god-fearing	heften (w)	affix
rühmen (w)	extol	auf dem	on which
vorwerfen (i,a,o) + dat	lay to someone's	sich hüten (w)	have a care
	account	Kriegen wir ...	If we get ...
unsinnig	nonsensical	die Regierung	government, rule
die Verschwendungssucht	extravagance	weilen (w)	abide
zerrütten (w)	ruin	Köpenick	(village and park
			east of Berlin)
der Bewunderer,-	admirer	sich verlieben in (w)	fall in love
			with
beliebt	beloved	die Witwe,-n	widow
lustig	jolly	der Glockengiesser,-	bell caster
der Kumpan,-e	fellow	namens	by the name of
scherzen (w)	joke	das Ärgernis,-ses,-se	trouble,
der Schalkstreich,-e	trick, practical		annoyance
	joke	die Buhlerin,-nen	courtesan
ausüben (w)	play, carry out	unterbringen (ir w)	lodge
sich sorgen (w) um	worry about	versteckt	hidden
das Volk,¨er	people, nation	zwiespaltig	conflicting,
abhalten (ä,ie,a)	hold		inconsistent
jagen (w)	hunt	die Haltung	position
das Reh,-e	deer	übertreten (i,a,e)	go over
der Bär,-en,-en	bear	der Schmalkalische	Schmalkalden
der Wegelagerer,-	highwayman	Krieg	war (1546/47)
hübsch	pretty	unterstützen (w)	support

FINDER LIST

das	Abenteuer,-	adventure
sich	ändern (w)	change
der	Anfang,⸚e	beginning
der	Architekt,-en	architect
	ausländisch	foreign
die	Autofahrt,-en	drive
die	Bauausstellung,-en	architectural exposition
der	Baum,⸚e	tree
	beginnen (a,o)	begin
der	Beitrag,⸚e	contribution
	bekannt	well-known
	Berliner	Berliner (as adjective)
	berüchtigt	infamous, notorious
	beschädigen (w)	damage
	besichtigen (w)	inspect, go through
	beteiligt sein an etwas	participate in something
der	Betrieb	activity, comings and goings
	blicken (w)	look, glance
der	Brand,⸚e	fire
	Brandenburger	Brandenburg (as adjective)
	brasilianisch	Brazilian
	Brasilien	Brazil
	britisch	British
der	Damm	roadway
	Dänemark	Denmark
	dänisch	Danish
	der	which, that
	die	which, that
	diesseits (plus genitive)	on this side of
	durch	by, as a result of
der	Eindruck,⸚e	impression
das	Ende,-n	end
	entfernen (w)	remove
es wurde	entfernt	it was removed
	entwerfen (i,a,o)	design
	erst	not until
	erzählen (w)	tell
	faszinierend	fascinating
	Finnland	Finland
	finnisch	Finish
	Frankreich	France
	Friedrich der Grosse	Frederick the Great
das	Gebäude,-	building
das	Gebiet,-e	area
das	Gedächtnis	memorial
der	Geist	spirit
die	Geliebte	beloved, ladylove
	grenzen an etwas (w) (acc)	border on something
	Grossbritannien	Great Britain
der	Grunewald	'Grunewald'
die	Halle,-n	hall
	hinterher	afterward
	in dem	in which

die	Innenstadt	center of town
	Israel	Israel
	israelisch	Israeli
	Italien	Italy
	italienisch	Italian
die	Jagd,-en	hunt, hunting
das	Jagdschloss,̈er	hunting lodge
das	Jahrhundert,-e	century
	jenseits	on the far side, beyond
die	Kirche,-n	church
der	Kongress,-e	Congress
der	Krieg,-e	war
	kühn	bold, daring
der	Kurfürst,-en	elector
das	Land,̈er	country
die	Linde,-n	linden tree
die	Luft	air
die	Lust	desire
	Lust haben	have the desire, feel like
das	Mahnmal,-e	solemn reminder
	manchmal	sometimes
	neben (plus dative)	in addition to
	nennen (ir w)	call, name
die	Niederlande	the Netherlands
	niederländisch	Netherlands, Dutch
	nun	now
das	Opfer,-	victim, sacrifice
	Österreich	Austria
	österreichisch	Austrian
die	Plattform,-en	platform
das	Projekt,-e	project
	'raufsteigen (ie,ie)	climb up
der	Raum,̈e	room
der	Reichstag	(old German national) parliament
	reiten (i,i)	ride
der	Reitweg,-e	bridle path
die	Ruine,-n	ruin(s)
die	Säule,-n	column
das	Schild,-er	sign
	Schweden	Sweden
	schwedisch	Swedish
die	Schweiz	Switzerland
die	Schwierigkeit,-en	difficulty
zu	sehen	be seen
sich	sehnen nach etwas (w)	long for something
es	sei gewesen	it was, used to be
die	Sicht	view
der	Sieg,-e	victory
	stark	strong, violent, severe
	stehen bleiben (ie,ie)	remain standing, stop
die	Tagung,-en	meeting
das	Tier,-e	animal
das	Tor,-e	gate
sich	treffen (i,a,o)	meet

sich	umsehen (ie,a,e)	look around
die	Unternehmung,-en	undertaking, enterprise
die	Vereinigten Staaten	the United States
	vermuten (w)	suspect
	verschieden	various, different
	verwechseln (w)	confuse, mix up
das	Viertel	section (of town)
	von	by
sich	vorstellen (w)	imagine
	ich stelle mir vor	I imagine
der	Wald,⁼er	forest, woods
	weiterfahren (ä,u,a)	continue, drive on
	werden (i,u,o)	become, grow
	wiederaufbauen (w)	rebuild
	wiedersehen (ie,a,e)	see again
das	Wild	game
das	Wohnhaus,⁼er	apartment house
ich	würde gern	I would like
	zahlreich	numerous
	zerstören (w)	destroy
es wurde	zerstört	it was destroyed
der	Zoo,-s	zoo
	zoologisch	zoological

REISEPLÄNE

Basic Sentences

I   I

I'm glad   es freut mich
to welcome, say hello to   begrüssen (w)

MR. BECKER   #### HERR BECKER

I'm glad to be able to have ('welcome')   Es freut mich, dass ich Sie vor Ihrer
you [here] at my house before you leave. Abfahrt noch bei mir begrüssen kann.

the invitation   die Einladung,-en

MR. DAWSON   #### HERR DAWSON

Many thanks for your invitation.   Vielen Dank für Ihre Einladung.

the departure   die Abreise,-n
which   die
for   auf
to set, fix   festlegen (w)
to put off, delay   aufschieben (schob, geschoben)

I was able to put off my departure   Ich habe meine Abreise, die zuerst auf
which was originally set for tomorrow.   morgen festgelegt war, noch aufschieben
                                         können.

the result, outcome·   das Ergebnis,-se
the negotiation(s),   die Verhandlung,-en
talks
which   denen

MR. BECKER   #### HERR BECKER

Are you satisfied with the outcome of   Sind Sie mit dem Ergebnis der Verhand-
the negotiations (which) you were talk-   lungen, von denen Sie neulich sprachen,
ing about recently?   zufrieden?

general   allgemein
in general   im allgemeinen
certain   gewiss
to reckon with, count on   rechnen mit (w)
to occur, arise   eintreten (i,a,e) ist

MR. DAWSON   #### HERR DAWSON

In general, yes; certain difficulties   Im allgemeinen ja; gewisse Schwierig-
I had anticipated didn't arise at all.   keiten, mit denen ich gerechnet hatte,
                                         sind garnicht eingetreten.

with, in view of   bei
business   geschäftlich
the commission, order,   der Auftrag,-̈e
obligation

to execute, carry out
personal, non-business
the interest

ausführen (w)
privat
das Interesse, -n

MR. BECKER

HERR BECKER

Did you have any time left for [your own] private interests in view of the business obligations you had to carry out?

Blieb Ihnen bei den geschäftlichen Aufträgen, die Sie ausführen mussten, auch Zeit für private Interessen?

the time
the disposition, disposal
I have at my disposal

das Mal, -e
die Verfügung, -en
mir steht zur Verfügung (a,a)

MR. DAWSON

HERR DAWSON

Yes, this time I even had several days at my disposal.

Ja, dieses Mal standen mir sogar mehrere Tage zur Verfügung.

MR. BECKER

HERR BECKER

And how did you spend them?

Und wie haben Sie die verbracht?

two weeks ago
the sail
the regatta
Kiel

vor zwei Wochen
das Segel, -
die Regatta, -en
Kiel

MR. DAWSON

HERR DAWSON

Two weeks ago I went to the sailing regatta that takes place in Kiel every year.

Ich fuhr vor zwei Wochen zur Segel-regatta, die jedes Jahr in Kiel statt-findet.

the ship, boat
the shipyard
on the same occasion, at the same time

das Schiff, -e
die Werft, -en
bei der Gelegenheit

At the same time I visited two of the big shipyards too.

Bei der Gelegenheit habe ich mir auch zwei der grossen Schiffswerften ange-sehen.

the sea
the North Sea

die See
die Nordsee

MR. BECKER

HERR BECKER

Did you go to one of the North Sea bathing beaches also?

Besuchten Sie auch eins der Nordsee-bäder?

Norderney
the steamer
the excursion
Helgoland

Norderney
der Dampfer, -
der Ausflug, ̈-e
Helgoland

MR. DAWSON

HERR DAWSON

Yes, and from Norderney I made an excursion to Helgoland by steamer.

Ja, und von Norderney aus machte ich mit dem Dampfer einen Ausflug nach Helgoland.

to mention	erwähnen (w)
the encounter, meeting	die Begegnung,-en
young	jung
(most) recent(ly)	jüngst
the history, story	die Geschichte,-n
the island	die Insel,-n

MR. BECKER

You mentioned ('already') the last time we got together your interest in the most recent history of the island.

HERR BECKER

Sie erwähnten bereits bei unserer letzten Begegnung Ihr Interesse an der jüngsten Geschichte der Insel.

therefore, that's why	deshalb
to interest	interessieren (w)
it interests me, I am	es interessiert mich
interested in it	
the reconstruction	der Wiederaufbau

MR. DAWSON

That's why the reconstruction interested me.

HERR DAWSON

Deshalb interessierte mich der Wiederaufbau.

besides (that)	ausserdem
the fishery, fishing industry	die Fischerei,-en
last but not least	nicht zuletzt
the purchase	der Einkauf,-̈e
duty-free	zollfrei
the alcoholic beverages , liquor	die Spirituosen (pl)

And ('but') besides that the fishing industry [did] too, and last but not least the purchase of duty-free liquor.

Ausserdem aber auch die Fischerei und nicht zuletzt der Einkauf zollfreier Spirituosen.

to escape, elude	entgehen (entging, ist entgangen)
I miss something, fail to do something	ich lasse mir etwas entgehen
the oyster	die Auster,-n
the lobster	der Hummer,-n
to try	probieren (w)

MR. BECKER

And you surely didn't fail to try the oysters and lobsters there!

HERR BECKER

Und Sie haben sich sicher nicht entgehen lassen, die Austern und Hummern dort zu probieren!

like that	so
fresh	frisch
to taste	schmecken (w)

MR. DAWSON

Of course not. Fresh like that they taste best of all!

HERR DAWSON

Natürlich nicht. So frisch schmecken sie doch am besten.

97

II

II

MR. BECKER

HERR BECKER

Where will you go from here?

Wohin werden Sie von hier aus fahren?

 the part
 which, that
 probably
 attractive

 der Teil,-e
 der
 wohl
 reizvoll

MR. DAWSON

HERR DAWSON

Now I have ahead of me the part of
the trip that will probably be less
attractive.

Jetzt habe ich den Teil der Reise
vor mir, der wohl weniger reizvoll
sein wird.

 the Ruhr (river)
 the Ruhr (area)
 to be situated

 die Ruhr
 das Ruhrgebiet
 liegen (a,e)

The cities that I now have to visit
are (situated) in the Ruhr area.

Die Städte, die ich jetzt besuchen
muss, liegen im Ruhrgebiet.

 the drive, trip

 die Fahrt,-en

MR. BECKER

HERR BECKER

The trip there can be very beautiful.

Die Fahrt dorthin kann sehr schön sein.

 the suggestion, proposal
 the route

 der Vorschlag,-̈e
 die Strecke,-n

MR. DAWSON

HERR DAWSON

Could you perhaps make (me) a
suggestion [as to] which route
I should take?

Könnten Sie mir vielleicht einen
Vorschlag machen, welche Strecke
ich fahren soll?

 the heath, moor
 the 'Lüneburger Heide'
 to bloom, be in bloom

 die Heide,-n
 die Lüneburger Heide
 blühen (w)

MR. BECKER

HERR BECKER

Why don't you first drive through the
'Lüneburger Heide' which is in full
bloom now?

Warum fahren Sie nicht zuerst durch
die Lüneburger Heide, die jetzt gerade blüht?

 the Weser River
 the 'Weserbergland' (a region
 of mountains and hills)

 die Weser
 das Weserbergland

And then through the 'Weserbergland'.

Und dann durchs Weserbergland.

 the plan
 to reconcile, make
 compatible

 der Plan,-̈e
 vereinbaren (w)

MR. DAWSON	HERR DAWSON

Yes, I could fit that into my plans.

Ja, das könnte ich mit meinen Plänen vereinbaren.

How do I continue [from there] then?

Wie fahre ich dann weiter?

the Teutoburger Wald	der Teutoburger Wald
whose, of which	dessen
historic(al)	historisch
the meaning, significance	die Bedeutung,-en
the battle	die Schlacht,-en
A.D.	n.Chr. (nach Christus)
to go back to, be traced back to	auf etwas zurückgehen (i,a)

MR. BECKER	HERR BECKER

Through the 'Teutoburger Wald', the historical significance of which goes back to the battle in 9 A.D.

Durch den Teutoburger Wald, dessen historische Bedeutung auf die Schlacht im Jahre 9 n.Chr. zurückgeht.

MR. DAWSON	HERR DAWSON

I like your suggestion.

Ihr Vorschlag gefällt mir.

And how far is it from there to the Ruhr?

Und wie weit ist es von dort bis zum Ruhrgebiet?

the road map

die Autokarte,-n

MR. BECKER	HERR BECKER

I'll be glad to show you on the road map.

Ich zeige es Ihnen gern auf der Autokarte.

| since | seitdem |
| frequently, often | öfter |

Since I have had a car, I've been traveling this route frequently.

Seitdem ich einen Wagen habe, fahre ich diese Strecke öfter.

with regard to time	zeitlich
to manage, make	schaffen (w)
the Rhine	der Rhein
Heidelberg	Heidelberg
the lake	der See,-n
Lake Constance	der Bodensee

MR. DAWSON	HERR DAWSON

If I make it in time I'm going to drive to the Rhine, to Heidelberg and via the Black Forest to Lake Constance also.

Wenn ich es zeitlich schaffe, fahre ich auch noch an den Rhein, nach Heidelberg und durch den Schwarzwald zum Bodensee.

previously, formerly, before

früher

I never had time enough for that before.

Früher reichte mir die Zeit nie dazu aus.

Notes on Grammar
(For Home Study)

A. RELATIVE CLAUSES AND RELATIVE PRONOUNS

I. Clauses and clause word order were discussed in Unit 10. Some common
CLAUSE INTRODUCERS were noted there, and additional ones have been added
in the intervening units. From Unit 12 on some sentences have occurred
containing clauses introduced by the words der, das, die, etc. Note the
following examples:

a) Kennen Sie den Herrn, mit   Do you know the gentleman she's
   dem sie sich unterhält? (12)   talking to?

b) Zum Glück stand gerade ein   Luckily a porter just happened to be
   Gepäckträger da, der den   standing there who took the suitcases
   Koffer gleich ins Abteil   right to the compartment.
   brachte. (14)

c) Ich fuhr vor zwei Wochen   Two weeks ago I went to the sailing
   zur Segelregatta, die   regatta that takes place in Kiel
   jedes Jahr in Kiel statt-   every year.
   findet. (16)

d) Gewisse Schwierigkeiten,   Certain difficulties I had anticipated
   mit denen ich gerechnet   didn't arise at all.
   hatte, sind garnicht ein-
   getreten. (16)

Notice that in these sentences the clauses all refer back or 'relate'
to a specific preceding noun. They are called RELATIVE CLAUSES and the
words which introduce them are called RELATIVE PRONOUNS. Note that
RELATIVE CLAUSES are always introduced by RELATIVE PRONOUNS in German.
A RELATIVE PRONOUN does not always appear in English, however.

II. Relative pronoun forms

1. Most RELATIVE PRONOUNS are identical in form with the specifiers der,
   das, die, etc. There are a few special forms however. Here is a complete
   table:

Referring to:	der-words	das-words	die-words	plural words
Nominative forms	der	das	die	die
Accusative forms	den	das	die	die
Dative forms	dem	dem	der	denen
Genitive forms	dessen	dessen	deren	deren

The five places in the table where the RELATIVE PRONOUNS have special
forms have been underlined.

2. The form of the RELATIVE PRONOUN depends on two factors: the kind of
   noun it refers back to, or replaces, and its function in the clause it
   introduces. Thus in paragraph I. example a) above dem refers back to,
   or replaces a der-word (Herr); it has the dative form following the
   preposition mit. In example b) der also replaces a der-word (Gepäckträger); it has the nominative form as subject of the clause it introduces.

In example c) <u>die</u> replaces a <u>die</u>-word (<u>Segelregatta</u>) and has the nominative form as subject of the clause. In example d) <u>denen</u> replaces the plural word <u>Schwierigkeiten</u> and has the dative form following the preposition <u>mit</u>.

3. In the additional examples below note how the RELATIVE PRONOUNS relate to the words they replace and how they function in the clauses they introduce. To give a clearer picture of these relationships each clause has been written as a separate sentence on the right.

a) Fahren Sie dann durch den Teutoburger <u>Wald</u>, <u>dessen</u> historische Bedeutung auf die Schlacht im Jahre 9 n.Chr. zurückgeht.

    Die historische Bedeutung <u>des Teutoburger Waldes</u> geht auf die Schlacht im Jahre 9 n. Chr. zurück.

b) Im <u>Ruhrgebiet</u>, durch <u>das</u> wir später reisen, wollten wir einige Industriestädte besuchen.

    Wir reisten später <u>durch das Ruhrgebiet</u>.

c) Die <u>Konferenz</u>, <u>deren</u> Ergebnis heute abend in der Zeitung stehen wird, fand in der Kongresshalle statt.

    Das Ergebnis <u>der Konferenz</u> wird heute abend in der Zeitung stehen.

d) Die <u>Zeitung</u>, in <u>der</u> der Artikel über die Verhandlungen mit Bonn stand, kann ich nicht mehr finden.

    Der Artikel über die Verhandlungen mit Bonn stand <u>in der Zeitung</u>.

e) Die ausländischen <u>Architekten</u>, <u>deren</u> Arbeit ein wichtiger Beitrag zur Internationalen Bauausstellung ist, werden morgen auf einem Empfang im Rathaus vorgestellt.

    Die Arbeit <u>der ausländischen Architekten</u> ist ein wichtiger Beitrag zur Internationalen Bauausstellung.

f) <u>Neumanns</u>, von <u>deren</u> jüngster Tochter ich heute einen Brief bekam, sind noch in Amerika.

    Ich bekam heute einen Brief von <u>Neumanns</u> jüngster Tochter.

In a) above <u>dessen</u> refers to <u>Wald</u>, a <u>der</u>-word; it has the genitive form indicating a possessive relationship to the noun following it. In b) <u>das</u> refers to <u>Ruhrgebiet</u>, a <u>das</u>-word; it has the accusative form following the preposition <u>durch</u>. In c) <u>deren</u> refers to <u>Konferenz</u>, a <u>die</u>-word and is also genitive indicating a possessive relationship to the following noun. In d) <u>der</u> refers to <u>Zeitung</u>, a <u>die</u>-word, and has the dative form indicating "place where" after the preposition <u>in</u>. In e) <u>deren</u> refers to <u>Architekten</u>, a plural word, and is genitive indicating possession. In f) the genitive plural relative pronoun <u>deren</u> likewise indicates possession and replaces the plural form <u>Neumanns</u> in the relative clause. Genitive relative pronouns indicating a possessive relationship may be followed either by a noun (c and e) or by an adjective-noun sequence (a and f) whose form is determined by its function in the clause. They may also occur, just as in English, <u>between</u> a preposition and its object (f).

B. DEMONSTRATIVE PRONOUNS

I. In Unit 3 we noted that _der_, _das_ and _die_ when stressed serve to point out things or people. We have had several examples of this use:

a) Wissen Sie, in welcher
   Gegend das amerikanische
   Konsulat ist? _Das_ ist
   hier ganz in der Nähe. (3)

   Do you know what part of town the
   American Consulate is in? _It_'s right
   near here.

b) Ich muss einige Geschäftsbriefe schreiben. _Die_
   schreibe ich nicht gern
   mit der Hand. (5)

   I have to write some business letters.
   I don't like to write _them_ in long-
   hand.

c) Gut, fangen wir mit dem
   Teppich an. _Den_ legen
   wir in die Mitte des
   Zimmers. (7)

   Good, let's begin with the rug. We'll
   lay _it_ in the middle of the room.

d) Darüber stand neulich
   bereits ein Artikel in
   der "Frankfurter All-
   gemeinen". Ja, aber _der_
   war nicht sehr ausführlich. (13)

   There was an article about that in
   the "Frankfurter Allgemeine" recently.
   Yes, but _it_ wasn't very complete.

These stressed pointing words are called DEMONSTRATIVE PRONOUNS. Note that their form, as with the RELATIVE PRONOUNS, depends on the kind of noun they refer back to, whether a _der_-, _das_-, _die_- or plural word, and on their function in the sentence in which they occur.

II. The forms of the DEMONSTRATIVE PRONOUNS are exactly the same as the forms of the RELATIVE PRONOUNS. Here are some more examples illustrating the forms that are new to you:

a) Kennen Sie die Geschäfte
   in der Ludwigstrasse?
   Ja, in _denen_ habe ich
   schon öfter gekauft.

   Are you familiar with the stores in
   the 'Ludwigstrasse'? Yes, I've
   often shopped in _those stores_.

b) Der Page brachte das Gepäck
   von Herrn Schmidt auf _des-
   sen_ Zimmer.

   The bellhop brought Mr. Schmidt's
   luggage up to _the latter's_ room.

c) Das sind Herr und Frau
   Schumann. Arbeitet _de-
   ren_ Sohn nicht im Wirtschaftsministerium?

   That's Mr. and Mrs. Schumann. _Isn't
   their son the one that_ works at the
   Ministry of Economic Affairs?

d) Sie kennen doch Frau
   Schulze, nicht wahr?
   Deren Tochter hat zwei
   Jahre in Amerika studiert.

   You know Mrs. Schulze, don't you?
   It was her daughter who studied at an
   American university for two years.

Notice that English does not always use a DEMONSTRATIVE PRONOUN where one occurs in German. We often use an unstressed personal pronoun or, with some additional emphasis, repeat the noun. If there is danger of confusion we some-times say "the latter" or, with very strong stress, use a phrase such as those illustrated in examples c) and d).

III. Remember that RELATIVE PRONOUNS are <u>always</u> followed by CLAUSE WORD ORDER,
     whereas DEMONSTRATIVE PRONOUNS as such do <u>not</u> affect word order.

C.   TIME EXPRESSIONS

   I. Further compounds in -<u>mal</u> and the noun <u>das Mal</u>

   1. In Unit 13 we noted several time words ending in -<u>mal</u>, most of them
      compounds with the numerals. A number of time expressions occur with
      the word <u>Mal</u> as a separate element, not compounded. We have had one
      example in this Unit:

         <u>Dieses Mal</u> standen mir   This time I even had several days
         sogar mehrere Tage zur   at my disposal.
         Verfügung.

      Here are a few other examples:

         Das war <u>das letzte Mal</u>!   That was the last time!
         <u>Nächstes Mal</u> werde ich   Next time I'll come earlier.
         früher kommen.
         Ich bin schon <u>mehrere Male</u>   I've driven through the Lüneburger
         durch die Lüneburger Heide   Heide several times already.
         gefahren.

   2. The following, frequently occurring compounds in -<u>mal</u> have not been en-
      countered in the basic sentences: <u>diesmal</u>, <u>ein paarmal</u>, <u>jedesmal</u>.

         <u>Diesmal</u> hatten wir keine   This time we didn't have any trouble.
         Schwierigkeiten.
         Er kommt <u>jedesmal</u> fünfzehn   He comes fifteen minutes late every
         Minuten zu spät.   time.
         Diese Strecke bin ich schon   I've already traveled this route
         <u>ein paarmal</u> gefahren.   a couple of times.

   3. Time expressions with <u>Mal</u> or -<u>mal</u> also occur with clauses introduced by
      <u>dass</u>, <u>wenn</u> or <u>als</u>.

         Das letzte Mal, <u>als</u> wir in   The last time we were in Munich
         München waren, konnten wir   we could only stay two days.
         nur zwei Tage bleiben.
         Das ist <u>das erste Mal</u>, <u>dass</u>   This is the first time I've seen
         ich ihn ohne seine Frau sehe   him without his wife.
         <u>Jedesmal</u>, <u>wenn</u> wir nach Ham-   Every time we take a trip to Hamburg
         burg fahren, regnet es.   it rains.
         Das nächste Mal, <u>wenn</u> wir   The next time we take a trip to Berlin
         nach Berlin fahren, wollen   we definitely want to go to the opera.
         wir unbedingt in die Oper
         gehen.
         <u>Als</u> ich <u>das letzte Mal</u> eine   The last time I had a flat tire there
         Reifenpanne hatte, war keine   was no gas station nearby.
         Tankstelle in der Nähe.

      Note that the clause introducer <u>always</u> occurs in German, although it is
      usually omitted in English. The time expression sometimes precedes the
      clause, sometimes occurs within it.

II. The preposition <u>vor</u> "ago"

    1. We have already encountered the preposition <u>vor</u> meaning "before". In this unit it occurs with a new meaning:

        Ich fuhr <u>vor zwei Wochen</u>   Two weeks ago I went to the sailing
        zur Segelregatta.   regatta.

<u>Vor</u> plus a dative phrase referring to extent of time has the meaning "ago". Note these additional examples:

        <u>Vor zehn Jahren</u> war der Ver-   Ten years ago the traffic in the streets
        kehr auf den Strassen nicht   was not as heavy (severe) as [it is] now.
        so stark wie jetzt.
        <u>Vor einer Stunde</u> sass er bei   An hour ago he was sitting with me in
        mir im Büro.   my office.
        Ich habe sie <u>vor einigen Ta-</u>   I saw her a few days ago.
        <u>gen</u> gesehen.

III. The words <u>seit</u> and <u>seitdem</u> "since"

    1. In Unit 12 we noted that past time continuing in the present can be indicated by a present tense form of the verb together with the word <u>seit</u> and an adverb or dative phrase. In this unit we have encountered the word <u>seitdem</u> as a clause introducer, or subordinating conjunction:

        <u>Seitdem</u> ich einen Wagen   Since I have had a car, I have been
        <u>habe, fahre</u> ich diese Strecke traveling this route frequently.
        öfter.

<u>Seitdem</u>, like <u>seit</u>, together with present tense forms of the verb signals past time continuing in the present, both in the clause it introduces and in the main clause. Here is another example:

        <u>Seitdem</u> wir in München   Since we've been living in Munich
        <u>wohnen, gehen</u> wir jeden   we've been going to the theater
        Monat ins Theater.   every month.

    2. Both <u>seit</u> and <u>seitdem</u> may occur in sentences with forms of the past tense or perfect phrase, however:

        <u>Seit</u> ihrem letzten Besuch   She hasn't called us since her last
        <u>hat</u> sie uns nicht mehr   visit.
        <u>angerufen</u>.
        Ich <u>war seit</u> 1936 nicht mehr I haven't (once) been in the
        in der Lüneburger Heide.   'Lüneburger Heide' since 1936.
        <u>Seit</u> vorigem Monat <u>hat</u> er   Since last month he has only called
        uns erst zweimal <u>angerufen</u>. us twice.
        <u>Seitdem</u> man <u>angefangen hat</u>,   Since they began to rebuild the
        die Gebäude wiederaufzubauen, buildings many difficulties have
        <u>sind</u> viele Schwierigkeiten   arisen.
        <u>eingetreten</u>.

Notice that in these examples reference is to a specific event, or events, which did or did not occur within a period of time beginning in the past and continuing up to the present. In this case it is the period of time, whose beginning point is established by the phrase with <u>seit</u> or the clause with <u>seitdem</u>, which has continuing relevance in the present, not necessarily the action or event.

3. In a few cases <u>seit</u> or <u>seitdem</u> may occur either with a present tense or
a perfect phrase:

	<u>Seit</u> letztem Sonnabend <u>ruft</u> er mich jeden Tag an.	He's been calling me up every day since last Saturday.
or:	<u>Seit</u> letztem Sonnabend <u>hat</u> er mich jeden Tag <u>angerufen</u>.	

Without further qualification by other elements of the sentence or by
a following statement, both verb forms may imply exactly the same thing,
the continuation of past time in the present with the expectation of
continuation beyond the present. To this extent they are interchangeable.
Where other sentence elements or following statements imply a <u>cut-off
point</u>, however, <u>only the perfect phrase</u> is used:

	Hier <u>hat</u> es seit Tagen <u>geregnet</u>, und heute regnet es immer noch.	It'<u>s been raining</u> here for days, and it's still raining today.
or:	Hier <u>regnet</u> es seit Tagen, und heute regnet es immer noch.	
but:	Hier <u>hat</u> es seit Tagen <u>geregnet</u>, aber heute scheint die Sonne wieder.	It'<u>s been raining</u> here for days, but today the sun is shining again.

4. Very frequently both present and past tense or perfect phrase forms of
the verb occur in sentences with <u>seitdem</u>.

Wir <u>sind</u> erst einmal im Museum <u>gewesen</u>, <u>seitdem</u> wir hier <u>wohnen</u>.	We've only been in the museum once since we've been living here.
<u>Seitdem</u> er einen Artikel über zollfreie Spirituosen <u>las</u>, <u>will</u> er nach Helgoland fahren.	Ever since he read an article on duty-free alcoholic beverages he has been wanting to go to Helgoland.
<u>Seitdem</u> ich diese Aufträge <u>bekommen habe</u>, habe ich keine Zeit mehr für private Interessen.	Since I received these orders I haven't had any time for my own private interests.

D. PREPOSITIONS - SPECIAL USES OF <u>an</u>, <u>auf</u>, <u>zu</u>

The use of prepositions is often complicated by the fact that there are many situations in which German and English prepositions do not correspond exactly. In English we often say "for" when Germans say "to"; we often say "in" or "at" when Germans say "on". In this and the next several units we will examine some of these situations.

I. Note the following special uses of the preposition <u>an</u>

1. In referring to a location or destination on or by a body of water:

Letzten Sommer waren wir <u>an</u> der Ostsee.	Last summer we were <u>on</u> the Baltic.
Wenn ich es zeitlich schaffe, fahre ich noch <u>an</u> den Rhein.	If I make it in time I'm going to drive <u>to</u> the Rhine.
Bremen liegt <u>an</u> der Weser.	Bremen is situated <u>on</u> the Weser.
Fahren Sie dieses Jahr <u>an</u> die Nordsee?	Are you going <u>to</u> the North Sea this year?

2. To indicate the addressee or specific destination of a written communication:

Zuerst einen (Brief) <u>an</u> das Arbeitsamt und dann einen <u>an</u> die Handelskammer.	First a (letter) <u>to</u> the Employment Office and then one <u>to</u> the Chamber of Commerce.
Schreiben Sie <u>an</u> die Botschaft.	Write <u>to</u> the Embassy.
Er schrieb einen langen Brief <u>an</u> den Generalkonsul.	He wrote a long letter <u>to</u> the Consul General.
Wo ist der Bericht <u>an</u> die Qualitz G.m.b.H.?	Where is the report <u>to</u> the Qualitz Company?

3. In conjunction with particular adjective, verb or noun forms:

Meine Frau kann <u>sich</u> nicht <u>an</u> das Klima <u>gewöhnen</u>.	My wife can't <u>get used to</u> the climate.
<u>An</u> dem Projekt waren zahlreiche ausländische Architekten <u>beteiligt</u>.	Numerous foreign architects <u>participated in</u> the project.
Der Tiergarten ist ein Park, der <u>an</u> den Zoo <u>grenzt</u>.	The 'Tiergarten' is a park that <u>borders on</u> the zoo.
Sie erwähnten Ihr <u>Interesse</u> <u>an</u> der Geschichte der Insel.	You mentioned your <u>interest in</u> the history of the island.

II. Here are some special uses of the preposition <u>auf</u>

1. To refer to a location on the surface of a map or picture:

Ich kann die Universität <u>auf</u> dem Stadtplan nicht finden.	I can't find the university <u>on</u> the map of the city.
Die Bäume sind noch <u>auf</u> alten Bildern zu sehen.	The trees still can be seen <u>in</u> old pictures.
Ich zeige es Ihnen <u>auf</u> der Autokarte.	I'll show you <u>on</u> the road map.

2. To refer to certain meetings and social gatherings:

Das war <u>auf</u> einer Gesellschaft.	That was <u>at</u> a party.

Ich habe sie <u>auf</u> einem
Empfang beim Generalkonsul
kennengelernt.

I met her <u>at</u> a reception at the Consul
General's.

<u>Auf</u> der Konferenz sprach
der Gewerkschaftssekretär
über seine Pläne, verschiedene Industriestädte im
Ruhrgebiet zu besuchen.

<u>At</u> the conference the union secretary
spoke about his plans to visit various
industrial cities in the Ruhr.

3. In conjunction with particular adjective, verb or noun forms:

Ich <u>freue mich</u> schon <u>auf</u>
die Alpen.

I'm <u>looking forward</u> to the Alps.

Jetzt <u>habe</u> ich noch <u>Appetit</u>
<u>auf</u> ein Stück Kuchen.

Now I still <u>have room</u> for a piece of
cake.

Meine Abreise war zuerst
<u>auf</u> morgen <u>festgelegt</u>.

My departure was originally <u>set for</u>
tomorrow.

Die historische Bedeutung
des Teutoburger Waldes <u>geht</u>
<u>auf</u> die Schlacht im Jahre
9 n. Chr. <u>zurück</u>.

The historical significance of the
'Teutoburger Wald' <u>goes back to</u>
the battle in 9 A.D.

III. Note the following special uses of the preposition <u>zu</u>

1. To denote the accompaniment of food and drink:

Und da<u>zu</u> trinken wir Tee.

And we have tea <u>with</u> it.

Trinken Sie Bier <u>zum</u> Essen?

Are you going to have beer with the
meal?

Ich möchte ein Stück Kuchen
<u>zum</u> Kaffee.

I'd like a piece of cake <u>with</u> my coffee.

Ich esse auch Röstkartoffeln
<u>zum</u> Rumpsteak.

I'm going to have fried potatoes <u>with</u>
the steak too.

2. To refer to a planned or impending meeting or other undertaking

Er erwartet Sie um fünf Uhr
<u>zu</u> einer Besprechung.

He's expecting you at five o'clock
<u>for</u> a conference.

Waren Sie im Wirtschafts-
ministerium <u>zur</u> Konferenz?

Were you at the Ministry of Economic
Affairs <u>for</u> the conference?

Sie treffen sich <u>zu</u> einer
kleinen Autofahrt.

They meet <u>for</u> (the purpose of) a little
drive.

3. In conjunction with particular adjective, noun or verb forms

Da<u>zu</u> haben wir nachher
während des Konzerts die
beste <u>Gelegenheit</u>.

We'll have the best <u>opportunity for</u>
that afterward during the concert.

Ich hatte keine <u>Gelegenheit</u>
<u>zu</u> einem Gespräch mit ihm.

I had no <u>opportunity for</u> a conversation
with him.

Früher reichte mir die <u>Zeit</u>
nie da<u>zu</u> aus.

I never had <u>time</u> enough <u>for</u> that before.

Haben Sie <u>Zeit zu</u> einer
Tasse Kaffee?

Do you have <u>time for</u> a cup of coffee?

Das war Amerikas <u>Beitrag zur</u>
Internationalen Bauaus-
stellung.

That was America's <u>contribution to</u>
the International Architectural
Exhibition.

Haben Sie <u>Lust zu</u> einem Spaziergang durch den Wald?

Do you feel like ('have the <u>desire for</u>'
a walk through the forest?

SUBSTITUTION DRILL

1. Das sind die Bilder, die Kellers
   so gut gefielen.

   Bücher - Wolldecken -   die Bücher, die - die Wolldecken, die -
   Ansichtskarten - Häuser -   die Ansichtskarten, die - die Häuser, die -
   Gläser - Lieder   die Gläser, die - die Lieder, die

2. Das ist das Restaurant, das Herrn
   Meyer gehört.

   Geschäft - Wäscherei -   das Geschäft, das - die Wäscherei, die -
   Betrieb - Gasthof -   der Betrieb, der - der Gasthof, der -
   Reparaturwerkstatt -   die Reparaturwerkstatt, die -
   Café   das Café, das

3. Ist das der Stoff, den du dir
   kauftest?

   Teppich - Möbel -   der Teppich, den - die Möbel, die -
   Sessel - Tisch -   der Sessel, den - der Tisch, den -
   Lampe - Bilder -   die Lampe, die - die Bilder, die -
   Steppdecken - Wein -   die Steppdecken, die - der Wein, den -
   Herd - Kühlschrank   der Herd, den - der Kühlschrank, den

4. Die Zeitung, um die Sie mich baten,
   liegt auf Ihrem Schreibtisch.

   Bericht - Artikel -   der Bericht, um den - der Artikel, um den -
   Buch - Unterlagen -   das Buch, um das - die Unterlagen, um die -
   Autokarte - Lektüre -   die Autokarte, um die - die Lektüre, um die-
   Zigaretten -   die Zigaretten, um die -
   Briefpapier   das Briefpapier, um das

5. Der Herr, dem dieses Haus gehört,
   ist zur Zeit in Berlin.

   Ehepaar - Familie -   das Ehepaar, dem - die Familie, der -
   Dame - Beckers -   die Dame, der - Beckers, denen -
   Architekt - Lehrerin -   der Architekt, dem - die Lehrerin, der -
   Redakteur - Professor   der Redakteur, dem - der Professor, dem

6. Der Zahnarzt, dem meine Eltern das
   Haus verkauft haben, wohnt in der
   Gartenstrasse.

   Ehepaar - Damen -   das Ehepaar, dem - die Damen, denen -
   Frau Keller - Herr -   Frau Keller, der - der Herr, dem -
   Uhrmacher - Familie   der Uhrmacher, dem - die Familie, der

7. Das Geschäft, in dem er arbeitet,
   ist in der Goethestrasse.

   Gebäude - Betrieb -   das Gebäude, in dem - der Betrieb, in dem -
   Wäscherei - Apotheke -   die Wäscherei, in der - die Apotheke,
                                       in der —
   Gasthof - Bank   der Gasthof, in dem - die Bank, in der

8. Das ist <u>der Herr</u>, <u>dessen</u> Sohn in
   Amerika studiert.

   Dame - Ehepaar -   die Dame, deren - das Ehepaar, dessen -
   Zahnarzt - Architekt -   der Zahnarzt, dessen - der Architekt,
                                       dessen -
   Diplomat - Lehrerin   der Diplomat, dessen - die Lehrerin,
                                       deren

9. Ich habe <u>die Abreise</u>, <u>die</u> auf
   morgen festgelegt war, aufschieben
   können.

   Vortrag - Verhandlung -   den Vortrag, der - die Verhandlung, die -
   Ausflug - Autofahrt -   den Ausflug, der - die Autofahrt, die -
   Tagung - Konzert -   die Tagung, die - das Konzert, das -
   Bergtour - Rückreise   die Bergtour, die - die Rückreise, die

10. Herr Schmidt sprach über <u>den Film</u>,
    <u>der</u> ihm so gut gefallen hat.

    Ausstellung - Aufführung -   die Ausstellung, die - die Aufführung, die
    Artikel - Insel -   den Artikel, der - die Insel, die -
    Ausflug - Vortrag -   den Ausflug, der - den Vortrag, der -
    Bergtour - Nordseebad   die Bergtour, die - das Nordseebad, das

11. Haben Sie schon <u>den Geschäftsbrief</u>
    gelesen, <u>der</u> auf Ihrem Schreibtisch
    liegt?

    Artikel - Bericht -   den Artikel, der - den Bericht, der -
    Zollbestimmungen -   die Zollbestimmungen, die -
    Zeitung - Buch -   die Zeitung, die - das Buch, das -
    Roman   den Roman, der

12. Ich traf <u>den Professor</u>, <u>an den</u> wir
    neulich geschrieben haben, in der
    Kunstausstellung.

    Dame - Architekt -   die Dame, an die - den Architekten, an den
    Ehepaar - Familie -   das Ehepaar, an das - die Familie, an die -
    Beamte - Konsul -   den Beamten, an den - den Konsul, an den -
    Betriebsleiter -   den Betriebsleiter, an den -
    Zahnarzt   den Zahnarzt, an den

13. Vorgestern traf ich <u>den</u>
    <u>Generalkonsul</u>, <u>dem</u> Sie mich auf dem
    Empfang vorge- stellt haben.

    Dame - Ehepaar -   die Dame, der - das Ehepaar, dem -
    Familie - Professor -   die Familie, der - den Professor, dem -
    Sportlehrerin - Landrat -   die Sportlehrerin, der - den Landrat, dem -
    Redakteur   den Redakteur, dem

14. Er begrüsst gerade das Ehepaar,
    dem wir unser Haus verkauft haben.

    Zahnarzt - Herr -   den Zahnarzt, dem - den Herrn, dem -
    Familie - Professor -   die Familie, der - den Professor, dem -
    Lehrerin - Konsul -   die Lehrerin, der - den Konsul, dem -
    Dame   die Dame, der

15. Die Aufträge, mit denen ich gerechnet
    hatte, habe ich nicht bekommen.

    Projekte - Formulare -   Projekte, mit denen - Formulare, mit
                                         denen -
    Briefe - Berichte -   Briefe, mit denen - Berichte, mit denen -
    Bücher   Bücher, mit denen

16. Gestern sah ich die Kongresshalle,
    deren Bedeutung den meisten Berlinern
    bekannt ist.

    Reichstagsgebäude -   das Reichstagsgebäude, dessen -
    Jagdschloss -   das Jagdschloss, dessen -
    Gedächtniskirche -   die Gedächtniskirche, deren -
    Siegessäule   die Siegessäule, deren

17. Ich fuhr vor zwei Wochen zu der
    Segelregatta, die dort jedes Jahr
    stattfindet.

    Messe - Tagung -   der Messe, die - der Tagung, die -
    Bauausstellung -   der Bauausstellung, die -
    Konferenz -   der Konferenz, die -
    Besprechung -   der Besprechung, die -
    Aufführung   der Aufführung, die

18. Setzen Sie sich mit dem Empfangschef
    in Verbindung, der Ihnen das Formular
    gegeben hat.

    Beamte - Frau   dem Beamten, der - der Frau, die -
    Vizekonsul -   dem Vizekonsul, der -
    Lehrer oder Lehrerin -   dem Lehrer oder der Lehrerin, die -
    Herr Keller - Sekretärin -   Herrn Keller, der - der Sekretärin, die -
    Betriebsleiter   dem Betriebsleiter, der

19. Was stand in dem Bericht, den Sie
    erwähnten?

    Artikel - Buch -   dem Artikel, den - dem Buch, das -
    Brief - Bestimmungen   dem Brief, den - den Bestimmungen, die

20. Dieses Haus gehört <u>einer Dame</u>, <u>die</u>
    ich kenne.

    Herr - Zahnarzt -   einem Herrn, den - einem Zahnarzt, den -
    Familie - Ehepaar -   einer Familie, die - einem Ehepaar, das -
    Architekt - Konsul -   einem Architekten, den - einem Konsul, den -
    Beamte - Redakteur -   einem Beamten, den - einem Redakteur, den -
    Lehrerin   einer Lehrerin, die

21. Ich habe <u>dem Herrn</u>, <u>für den</u> ich den
    Artikel übersetzte, ein paarmal ge-
    schrieben.

    Konsul - Dame -   dem Konsul, für den - der Dame, für die -
    Amerikaner - Professor -   dem Amerikaner, für den - dem Professor,
                                  für den
    Lehrerin -   der Lehrerin, für die -
    Gewerkschaftssekretär   dem Gewerkschaftssekretär, für den

22. Sind Sie mit <u>den Verhandlungen</u>,
    <u>von denen</u> Sie neulich sprachen,
    zufrieden?

    Aufträge - Einkäufe -   den Aufträgen, von denen - den Ein-
                                  käufen, von denen -
    Aufnahmen -   den Aufnahmen, von denen -
    Handwerker (pl) -   den Handwerkern, von denen -
    Berichte -   den Berichten, von denen -
    Bestimmungen   den Bestimmungen, von denen

23. Zeige das Bild <u>dem Herrn</u>, <u>dem</u> wir
    die anderen Bilder verkauften.

    Amerikanerin - Ehepaar -   der Amerikanerin, der - dem Ehepaar, dem -
    Dame - Konsul -   der Dame, der - dem Konsul, dem -
    Frau Becker -   Frau Becker, der -
    Herr und Frau König -   Herrn und Frau König, denen -
    Professor   dem Professor, dem

24. Das Buch gehört <u>meinem Freund</u>,
    <u>mit dem</u> ich gestern im
    Theater war.

    sein Bruder -   seinem Bruder, mit dem -
    eine Familie -   einer Familie, mit der -
    ein Ehepaar -   einem Ehepaar, mit dem -
    Herr und Frau Becker -   Herrn und Frau Becker, mit denen -
    unser Architekt -   unserem Architekten, mit dem -
    ein Diplomat -   einem Diplomaten, mit dem -
    ein Redakteur   einem Redakteur, mit dem

25. Er stellte mich <u>dem Herrn</u> vor,
    <u>dessen</u> Vortrag wir gehört hatten.

Betriebsleiter -	dem Betriebsleiter, dessen -
Landrat -	dem Landrat, dessen -
Professor -	dem Professor, dessen -
Generalkonsul -	dem Generalkonsul, dessen -
Architekt -	dem Architekten, dessen -
Lehrerin -	der Lehrerin, deren -
Redakteur -	dem Redakteur, dessen -
Dame	der Dame, deren

26. Das Auto gehört <u>Herrn Schmidt</u>,
    <u>in dessen</u> Geschäft mein Sohn
    arbeitet.

ein Uhrmacher -	einem Uhrmacher, in dessen -
eine Dame -	einer Dame, in deren -
meine Schwester -	meiner Schwester, in deren -
ein Bekannter -	einem Bekannten, in dessen -
Herr und Frau Müller -	Herrn und Frau Müller, in deren -
eine Bekannte	einer Bekannten, in deren

27. Er ist ein guter Freund <u>meines</u>
    <u>Bruders</u>, <u>der</u> in Washington wohnt.

meine Schwester - unsere Kinder -	meiner Schwester, die - unserer Kinder, die -
mein Professor - ihr Vater -	meines Professors, der - ihres Vaters, der -
unsere Lehrerin	unserer Lehrerin, die

28. Wissen Sie die Adresse <u>der Dame</u>,
    <u>die</u> wir am Sonntag in der Stadt
    getroffen haben?

Herr - Familie -	des Herrn, den - der Familie, die -
Student - Professor -	des Studenten, den - des Professors, den -
Ehepaar - Architekt	des Ehepaares, das - des Architekten, den -

29. Hier ist der Koffer <u>der Dame</u>, <u>der</u>
    wir das Zimmer reserviert haben.

Diplomat - Amerikanerin -	des Diplomaten, dem - der Amerikanerin, der -
Sekretärin - Konsul -	der Sekretärin, der - des Konsuls, dem -
Herr - Redakteur -	des Herrn, dem - des Redakteurs, dem -
Betriebsleiter	des Betriebsleiters, dem

30. Hier ist ein Brief <u>des Konsuls</u>, <u>mit</u>
    <u>dem</u> wir voriges Jahr in Deutschland
    waren.

Redakteur -	des Redakteurs, mit dem -
Landrat -	des Landrats, mit dem -
mein Freund -	meines Freundes, mit dem -
Familie -	der Familie, mit der -
Ehepaar -	des Ehepaares, mit dem -
Architekt -	des Architekten, mit dem -
Betriebsleiter	des Betriebsleiters, mit dem

31. Ist das ein Bericht <u>des Professors</u>,
    <u>dessen</u> Vortrag wir neulich hörten?

    Zahnarzt -   des Zahnarztes, dessen -
    Lehrerin -   der Lehrerin, deren -
    Diplomat -   des Diplomaten, dessen -
    Schriftsteller   des Schriftstellers, dessen

32. Wo ist der Brief <u>des Amerikaners</u>,
    <u>über dessen</u> Vorschlag wir gerade
    sprachen?

    Schriftsteller -   des Schriftstellers, über dessen -
    Amerikanerin -   der Amerikanerin, über deren -
    Lehrer -   des Lehrers, über dessen
    Architekt   des Architekten, über dessen -

33. Gefällt Ihnen <u>der Anzug</u>? <u>Den</u> habe
    ich mir gestern gekauft.

    Fotoapparat - Füller -   der Fotoapparat? Den - der Füller? Den
    Bild - Schuhe -   das Bild? Das - die Schuhe? Die -
    Ansichtskarten -   die Ansichtskarten? Die -
    Krawatte - Hemd -   die Krawatte? Die - das Hemd? Das -
    Geschirr   das Geschirr? Das

34. Siehst Du <u>das Gebäude</u> dort drüben?
    Von <u>dem</u> sprach ich neulich.

    Theater -   das Theater? Von dem -
    Bibliothek -   die Bibliothek? Von der -
    Park -   den Park? Von dem -
    Kongresshalle -   die Kongresshalle? Von der -
    Werft -   die Werft? Von der -
    Jagdschloss -   das Jagdschloss? Von dem -
    Gedächtniskirche -   die Gedächtniskirche? Von der -
    Insel   die Insel? Von der

VARIATION DRILL

1. <u>Er hat seine Abreise, die zuerst</u>   <u>He was able to put off his departure</u>
   <u>auf morgen festgelegt war, auf-</u>   <u>which was originally set for tomorrow.</u>
   <u>schieben können.</u>

   a. We missed the boat that goes   Wir verpassten das Schiff, das nach
      to Helgoland.   Helgoland fährt.
   b. The official who gave me the   Der Beamte, der mir die Auskunft ge-
      information is not in his office   geben hat, ist heute nicht in seinem
      today.   Büro.
   c. The theater tickets which were   Die Theaterkarten, die für die Stu-
      reserved for the students were   denten reserviert waren, wurden nicht
      not picked up.   abgeholt.
   d. This time we're planning to go   Diesmal wollen wir ins Weserbergland
      to the 'Weserbergland', which   fahren, das im Herbst besonders schön
      in the fall is supposed to be   sein soll.
      especially beautiful.
   e. Have you heard about the out-   Haben Sie von dem Ergebnis der Ver-
      come of the talks which took   handlung gehört, die letzte Woche im
      place at the Ministry of   Wirtschaftsministerium stattfand?
      Economic Affairs last week?

2. <u>Blieb Ihnen bei den geschäftlichen</u>   <u>Did you have any time left for [your</u>
   <u>Aufträgen, die Sie ausführen mussten,</u>   <u>own] private interests in view of the</u>
   <u>auch Zeit für private Interessen?</u>   <u>business obligations you had to carry out?</u>

   a. We went to the performance   Wir gingen gestern in die Aufführung, die
      yesterday that you saw last week.   Sie vorige Woche gesehen haben.
   b. He also wanted to look over the   Er wollte auch das Reichstagsgebäude, das
      Reichstag (building), which he   er schon auf Bildern gesehen hatte, be-
      had already seen in pictures.   sichtigen.
   c. Do you (fam sg) have the road   Hast du die Autokarte bei dir, die du
      map with you that you bought   neulich gekauft hast?
      recently?
   d. I like the camera he bought in   Mir gefällt der Photoapparat, den er in
      Germany.   Deutschland kaufte.
   e. The book I'm reading now is not   Das Buch, das ich gerade lese, ist nicht
      bad.   schlecht.
   f. The lecture we missed is supposed   Der Vortrag, den wir uns entgehen
      to have been very interesting.   liessen, soll sehr interessant gewesen
                                     sein.

3. <u>Wissen Sie die Telephonnummer der</u>   <u>Do you know the telephone number of the</u>
   <u>Lehrerin, der ich eine Theaterkarte</u>   <u>(woman) teacher I was supposed to get</u>
   <u>besorgen sollte?</u>   <u>a theater ticket for?</u>

   a. The couple to whom I gave ('made')   Das Ehepaar, dem ich Vorschläge für die
      suggestions for the trip expressed   Reise machte, bedankte sich bei mir.
      their thanks to me.
   b. We got a call yesterday from the   Wir bekamen gestern einen Anruf von dem
      student we lent the book to.   Studenten, dem wir das Buch geliehen
                                     haben.
   c. What project are the architects   An welchem Projekt sind die Architekten,
      you just introduced me to partici-   denen Sie mich gerade vorstellten, be-
      pating in?   teiligt?

d. When are you meeting the gentleman we gave the orders to?

Wann treffen Sie sich mit dem Herrn,
dem wir die Aufträge gaben?

e. We just ('now') got an invitation from the gentleman we
showed the shipyards to.

Wir bekamen jetzt eine Einladung von
dem Herrn, dem wir die Schiffswerften
gezeigt haben.

4. Wir fuhren durch den <u>Teutoburger
Wald, dessen historische Bedeutung
auf die Schlacht im Jahre 9 n.Chr.
zurückgeht.</u>

We drove through the 'Teutoburger
<u>Wald', the historical significance
of which goes back to the battle
in 9 A.D.</u>

a. Did the student whose departure
had to be delayed call?

Hat der Student angerufen, dessen Abreise aufgeschoben werden musste?

b. Today I met Mrs. Bauer, whose
daughter has just come from
Brazil.

Heute traf ich Frau Bauer, deren Tochter gerade aus Brasilien gekommen ist.

c. Where's the room of your friend
whose road map I borrowed?

Wo ist das Zimmer Ihres Bekannten,
dessen Autokarte ich mir geliehen habe?

d. We'd just like to say hello to
the Beckers whose children we
met (got to know) on the North
Sea [coast].

Wir möchten noch Beckers begrüssen,
deren Kinder wir an der Nordsee kennen-
lernten.

e. Is the gentleman whose suitcase
I'm supposed to pick up still
up in his room?

Ist der Herr, dessen Koffer ich abholen
soll, noch auf seinem Zimmer?

5. <u>Ist der Herr, für den Sie den Artikel übersetzen, Amerikaner?</u>

<u>Is the gentleman you're translating the
article for an American?</u>

a. The novel we were talking about
recently is now being translated.

Der Roman, über den wir neulich sprachen,
wird jetzt übersetzt.

b. He can pick up the forms he had
asked for next week.

Die Formulare, um die er gebeten hatte,
kann er nächste Woche abholen.

c. We went to a regatta, for which
my friend had gotten tickets.

Wir fuhren zu einer Regatta, für die
mein Freund Karten besorgt hatte.

d. While you are at it you can fill
out the questionnaire too, without which you cannot apply for
the visa.

Sie können gleich noch den Fragebogen
ausfüllen, ohne den Sie das Visum nicht
beantragen können.

e. We took a look at the house the
Beckers are planning to move
into.

Wir haben uns das Haus angesehen, in
das Beckers ziehen wollen.

6. <u>Auf dem Ausflug, von dem ich heute
sprach, waren auch Ausländer.</u>

<u>There were foreigners too on the excur-
sion I spoke of today.</u>

a. At the reception I was able to
say hello to a friend I went to
[the University of] Heidelberg
with.

Auf dem Empfang konnte ich einen Freund,
mit dem ich in Heidelberg studiert habe,
begrüssen.

b. Are you satisfied with the outcome of the negotiations you
spoke of recently?

Sind Sie mit dem Ergebnis der Verhandlungen, von denen Sie neulich sprachen,
zufrieden?

c. My brother (to) whom I'm going
[to visit] in the summer, has
a house on the North Sea.

Mein Bruder, zu dem ich im Sommer fahre,
hat ein Haus an der Nordsee.

d. I work in a building behind
which there's a big park.

Ich arbeite in einem Gebäude, hinter
dem ein grosser Park ist.

7. Sie haben sich sicher nicht entgehen   You surely didn't fail to try the
   lassen, die Austern und Hummern zu   oysters and lobsters.
   probieren.

   a. You surely were glad to hear the   Es hat Sie sicher gefreut, das Ergebnis
      outcome of the negotiations.   der Verhandlungen zu hören.
   b. I was able to fit it into my plans   Ich konnte es mit meinen Plänen verein-
      to go to the 'Weserbergland' still.   baren, noch ins Weserbergland zu fahren.
   c. He suggested ('made the suggestion')   Er hat mir den Vorschlag gemacht, eine
      traveling ('to travel') another   andere Strecke zu fahren.
      route to me.
   d. I unfortunately didn't manage to   Ich habe es leider nicht geschafft, die
      visit the cities in the Ruhr.   Städte im Ruhrgebiet zu besuchen.
   e. I was interested in reading ('to   Es interessierte mich, über die jüngste
      read') about the most recent   Geschichte der Insel zu lesen.
      history of the island.

8. Wir fahren öfter in die Lüneburger   We've been driving to the 'Lüneburger
   Heide, seitdem wir einen Wagen haben.   Heide' quite often since we've had a car.

   a. We're not going to the regatta   Wir fahren heute nicht zur Regatta, weil
      today because it's raining.   es regnet.
   b. I can't take the trip to Lake   Ich kann die Fahrt an den Bodensee nicht
      Constance since I don't have   machen, da mir nicht genug Zeit zur
      enough time at my disposal.   Verfügung steht.
   c. She's translating the article   Sie übersetzt den Artikel heute, weil
      today because the plant manager   der Betriebsleiter ihn morgen für die
      needs it for the conference   Konferenz braucht.
      tomorrow.
   d. Mr. Becker has been interested in   Helgoland interessiert Herrn Becker,
      Helgoland [ever] since he read   seitdem er die Geschichte der Insel
      the history of the island.   gelesen hat.

9. Da er seine geschäftlichen Aufträge   Since he was not able to put off his
   nicht aufschieben konnte, hat er   business obligations he had no time
   keine Zeit mehr für die Fahrt nach   left for the trip to Helgoland.
   Helgoland gehabt.

   a. Since we've been living in   Seitdem wir in England wohnen, haben
      England we haven't heard anything   wir nichts mehr von ihm gehört.
      more from him.
   b. Soon after the talks had begun   Bald nachdem die Verhandlungen begonnen
      certain difficulties arose.   hatten, sind gewisse Schwierigkeiten
                                             eingetreten.
   c. Because the oysters were too   Weil uns die Austern zu teuer waren,
      expensive for us we took the   haben wir das Tagesgericht genommen.
      special for the day.
   d. Since the trip to Lake Constance   Da mir die Fahrt zum Bodensee zu weit
      was too far for me I drove only   war, bin ich nur bis Heidelberg ge-
      as far as Heidelberg.   fahren.

10. __Das letzte Mal, als sie uns anrief,__   __The last time she called us up she__
    __wollte sie Geld haben.__   __wanted money.__

    a. The last time I ran into ('met')   Das letzte Mal, als ich ihn traf,
       him he had just bought (himself)   hatte er sich gerade den neuen Wagen
       the new car.   gekauft.
    b. The last time we traveled to   Das letzte Mal, als wir nach Deutschland
       Germany our daughter did not get   fuhren, ist unsere Tochter nicht seekrank
       seasick.   geworden.
    c. The last time I saw her she was   Das letzte Mal, als ich sie sah, war
       already eighty.   sie schon achtzig Jahre.
    d. That was really the last time   Das war wirklich das letzte Mal, dass
       I ate at that restaurant.   ich in diesem Restaurant gegessen
                                                 habe.

11. __Als ich das letzte Mal diese Medi-__   __The last time I went for this medicine__
    __zin holte, musste ich eine halbe__   __I had to wait at the pharmacy for half__
    __Stunde in der Apotheke warten.__   __an hour.__

    a. The first time we went to Den-   Als wir das erste Mal nach Dänemark
       mark we couldn't speak a word   fuhren, konnten wir kein Wort dänisch
       of Danish.   sprechen.
    b. The next time you (fam pl) come   Wenn ihr das nächste Mal zu uns kommt,
       to [see] us you must bring the   müsst ihr die Kinder mitbringen.
       children along.
    c. You (fam sg) could visit my   Du könntest meine Eltern in New York
       parents in New York the next   besuchen, wenn du das nächste Mal nach
       time you go to America.   Amerika fährst.
    d. The last time I saw her she wasn't   Als ich sie das letzte Mal sah, war
       married yet.   sie noch nicht verheiratet.

12. __Wenn ich es zeitlich schaffe, fahre__   __If I make it in time I'm going to drive__
    __ich auch noch an den Rhein.__   __to the Rhine also.__

    a. I'll call you if the exhibition   Ich rufe Sie an, wenn die Ausstellung
       is closed.   geschlossen ist.
    b. If the museum is open every day   Wenn das Museum täglich geöffnet ist,
       we'll go on Monday.   gehen wir am Montag hin.
    c. We're going to Stuttgart if the   Wir fahren nach Stuttgart, wenn das
       weather is nice.   Wetter schön ist.
    d. If we go to Kiel again we're   Wenn wir wieder nach Kiel fahren,
       going at the time of the sailing   fahren wir zur Zeit der Segelregatta.
       regatta.

VOCABULARY DRILL

1. aufschieben - "put off; delay"

   a. Es freut mich, dass die Tagung
     nicht wieder aufgeschoben wird.
   b. Er schiebt die Besprechung schon
     seit Tagen auf.
   c. Wir müssen die Reise leider auf-
     schieben, da Schwierigkeiten ein-
     getreten sind, mit denen wir
     nicht gerechnet hatten.
   d. Wenn ich meinen Plan, zur Segel-
     regatta zu fahren, ausführen
     kann, schiebe ich meine Rück-
     reise noch etwas auf.

a. I'm glad the meeting is not going to
be put off again.
b. He's been putting off the conference
for days now.
c. We'll have to delay the trip unfortunately since difficulties have arisen
which we hadn't reckoned with.
d. If I can carry out my plan to drive to
the sailing regatta I'll put off my
return [home] for a while yet.

2. rechnen mit - "reckon with, count on, plan on"

   a. Mit einer Einladung zu diesem
     Empfang hatte ich nicht gerechnet.
   b. Ich rechne mit Ihrem Besuch, wenn
     Sie nach Deutschland kommen.
   c. Mit diesem Ergebnis der Verhand-
     lungen hatte ich wirklich nicht
     gerechnet.
   d. Wir rechnen mit seiner Abreise
     im Herbst.

a. I had not been counting on an invitation to this reception.
b. I'm counting on a visit from you
('your visit') when you come to Germany.
c. This outcome of the talks [is one] I
hadn't really anticipated.
d. We're planning on his leaving in the
fall.

3. interessieren - "interest, be interesting (of interest) to"

   a. Auf Helgoland interessierte mich
     besonders der Wiederaufbau der
     Insel.
   b. Der Vortrag, den Sie morgen hal-
     ten werden, interessiert mich
     sehr.
   c. Ich habe vor, nach Kiel zu fahren,
     da mich die Schiffswerften dort
     interessieren.
   d. Die Geschichte Deutschlands hat
     ihn immer sehr interessiert.

a. On [the island of] Helgoland the reconstruction of the island interested
me particularly.
b. I am very much interested in the
lecture you're going to give tomorrow.
c. I am planning to go to Kiel since I'm
interested in the shipyards there.
d. He has always been very much interested
in the history of Germany.

4. sich (etwas) entgehen lassen - "miss, forego (something), fail (to do something)"

   a. Ich will mir diese Gelegenheit
     nicht entgehen lassen.
   b. Leider musste er sich die Segel-
     regatta diesmal entgehen lassen.
   c. Lass' dir nicht entgehen, auf
     Helgoland Hummern und Austern zu
     probieren.
   d. Ich möchte mir den Ausflug in den
     Teutoburger Wald nicht entgehen
     lassen.

a. I don't want to miss this opportunity.
b. Unfortunately he had to forego the
sailing regatta this time.
c. Don't fail (fam sg) to try lobster(s)
and oysters on [the island of] Helgoland.
d. I wouldn't like to miss the excursion
to the 'Teutoburger Wald'.

5. <u>probieren</u> - "try"

    a. Haben Sie auf Helgoland die   Did you try the fresh lobster(s) on
        frischen Hummern probiert?   [the island of] Helgoland?

    b. Probieren Sie doch mal diesen   Do just try this wine; it tastes
        Wein, er schmeckt ausgezeichnet.   superb ('excellent').

    c. Ich muss auch mal das Bier pro-   I'll have to try the beer you like so
        bieren, das Ihnen so gut schmeckt.   well too sometime.

    d. Wir wollen den dänischen Käse   We want to try the Danish cheese you
        probieren, den Sie mir im Geschäft   showed me at the store.
        gezeigt haben.

6. <u>schaffen</u> - "manage to, make it"

    a. Hoffentlich schaffe ich es, in   I hope I'll [be able to] manage to
        dieser Woche noch nach Kiel zu   drive to Kiel before the week is over.
        fahren.

    b. Leider habe ich es nicht mehr   Unfortunately I didn't manage to visit
        geschafft, Helgoland zu besuchen.   Helgoland.

    c. Wir haben die Besorgung in der   Unfortunately we didn't manage [to do]
        Apotheke leider nicht mehr ge-   the errand at the pharmacy.
        schafft.

    d. Herr Becker hat es gerade noch   Mr. Becker just managed to get to the
        geschafft, zur Bauausstellung   architectural exposition.
        zu gehen.

7. <u>schmecken</u> - "taste (good)"
   <u>mir schmeckt es</u> - "I like it"

    a. Das Essen hat ausgezeichnet ge-   The meal was excellent.
        schmeckt.

    b. An der See schmecken die Austern   Oysters and lobster(s) taste best at
        und Hummern am besten.   the seashore.

    c. Schmeckt Ihnen der Wein?   Do you like the wine?

    d. Ohne zerlassene Butter schmeckt   I don't like trout without melted
        mir Forelle nicht.   butter.

8. <u>vor</u> - "ago"

    a. Vor drei Jahren habe ich mir   Three years ago I took a look at a few
        einige der grossen Schiffswerften   of the large shipyards.
        angesehen.

    b. Er ist vor einem Jahr ins Ruhr-   He moved to the Ruhr a year ago.
        gebiet gezogen.

    c. Das Ergebnis der Verhandlung   The outcome of the talks was in the
        stand schon vor einigen Tagen in   paper some days ago already.
        der Zeitung.

    d. Er wollte mir das Geld schon vor   He was going to give me the money
        drei Tagen geben!   three days ago now!

9. bei - "in view of, in the face of, (what) with"

   a. Bei den Schwierigkeiten, die jetzt
      eingetreten sind, werde ich sicher
      meine Reise aufschieben müssen.

     In view of the difficulties which have
     now arisen I'll certainly have to delay
     my trip.

   b. Bei meiner vielen Arbeit kann ich
      das nicht auch noch tun.

     In view of all the work I have I can't
     do that too.

   c. Bei den vielen Anrufen, die er
      täglich bekommt, hat er wenig Zeit,
      seine Arbeit zu erledigen.

     In the face of all the telephone calls
     he gets every day he has little time
     to take care of his work.

   d. Bei den vielen Plänen, die Sie
      schon haben, werden Sie hoffent-
      lich nicht vergessen, sich auch
      die Gegend etwas anzusehen.

     What with all the plans you already
     have I hope you won't forget to take
     a brief look at the countryside
     ('region') too.

10. an - "at, to the edge or brink of; on"

   a. Die Kinder gehen jeden Nachmittag
      an den See.

     The children go down to the lake every
     afternoon.

   b. Wir waren im vorigen Jahr an der
      Ostsee.

     We were on the Baltic [seacoast] last
     year.

   c. Freunde von uns fahren jeden
      Sommer an die Nordsee.

     Friends of ours go to the North Sea
     [coast] every summer.

   d. Wollen Sie in diesem Jahr wieder
      an den Rhein fahren?

     Do you plan to go to the Rhine again
     this year?

11. an - "(addressed) to"

   a. Haben Sie schon an die Botschaft
      in Bonn geschrieben?

     Have you written to the embassy in
     Bonn yet?

   b. Wo ist der Brief an Beckers?

     Where is the letter to the Beckers?

   c. Den Bescheid an den Konsul habe
      ich telephonisch ausgerichtet.

     I passed on the answer to the consul
     by telephone.

   d. Haben Sie den Brief an die Han-
      delskammer schon geschrieben?

     Have you written the letter to the
     Chamber of Commerce yet?

12. auf - "on; in"

   a. Ich kann die Werft auf dem Stadt-
      plan nicht finden.

     I can't find the shipyard on the map
     of the city.

   b. Es ist noch keine Briefmarke auf
      diesem Brief.

     There's no stamp on this letter yet.

   c. Auf der Einladung stand ja noch
      seine alte Adresse.

     He still had his old address on the
     invitation.

   d. Auf den Bildern sieht er immer
      sehr viel älter aus.

     He always looks very much older in (the)
     pictures.

13. auf - "at"

   a. Der Generalkonsul ist heute auf
      einer Konferenz im Auswärtigen
      Amt.

     The Consul General is at a conference
     at the Ministry of Foreign Affairs
     today.

   b. Sie war auf dem Empfang beim
      Landrat.

     She was at the reception at the Land-
     rat's.

   c. Auf der Werft sind neue Schwierig-
      keiten eingetreten.

     At the shipyard new difficulties have
     arisen.

   d. Er wird morgen auf der Gesellschaft
      bei Frau Köhler sein.

     He'll be at the party at Mrs. Köhler's
     tomorrow.

14. <u>zu</u> - "with"

    a. Abends trinken wir zum Essen meistens Tee.

In the evening we mostly have tea with dinner.

    b. Möchten Sie Kartoffelpüree oder Röstkartoffeln zur Kalbsleber?

Would you like mashed or fried potatoes with the calves' liver?

    c. Bringen Sie uns bitte zerlassene Butter zur Forelle.

Bring us melted butter with the trout, please.

    d. Möchtest du Bier oder Wein zum Rumpsteak trinken?

Would you (fam sg) like to have beer or wine to drink with the steak?

15. <u>zu</u> - "for, to"

    a. Ich hatte leider keine Gelegenheit zu einem Besuch bei Schneiders.

Unfortunately I had no opportunity for a visit with the Schneiders.

    b. Haben Sie Zeit zu einer kurzen Besprechung ?

Do you have time for a brief conference?

    c. Hatten Sie in Ihrem Urlaub Gelegenheit zum Reiten?

Did you have an opportunity to ride ('for riding') on your vacation?

    d. Er gab mir das Geld zum Einkauf der Spirituosen.

He gave me the money to purchase ('for the purchase of') the liquor.

TRANSLATION DRILL

1. Mr. Becker was glad to be able to have Mr. Dawson over to his house before the latter's departure (still).

Herrn Becker freute es, Herrn Dawson noch vor dessen Abfahrt bei sich begrüssen zu können.

2. Mr. Dawson expressed his thanks for the invitation.

Herr Dawson bedankte sich für die Einladung.

3. He said that he was able to put off his departure which was actually set for the next day.

Er sagte, dass er seine Abreise, die eigentlich auf den nächsten Tag festgelegt war, aufschieben konnte.

4. In general he was satisfied with the outcome of the negotiations he had spoken of recently to Mr. Becker.

Im allgemeinen ist er mit dem Ergebnis der Verhandlungen, von denen er neulich mit Herrn Becker gesprochen hatte, zufrieden gewesen.

5. Certain difficulties he had anticipated had not arisen.

Gewisse Schwierigkeiten, mit denen er gerechnet hatte, waren nicht eingetreten.

6. With all the business obligations he had to carry out he still had time for personal interests too.

Bei den geschäftlichen Aufträgen, die er ausführen musste, blieb ihm auch noch Zeit für private Interessen.

7. He even had several free days at his disposal.

Es standen ihm sogar mehrere freie Tage zur Verfügung.

8. Becker wanted to know how Dawson had spent his ('the') free days.

Becker wollte wissen, wie Dawson die freien Tage verbracht hatte.

9. Dawson had gone to Kiel.

Dawson war nach Kiel gefahren.

10. He was very glad to be able to see the sailing regatta which takes place there every year.

Es hat ihn sehr gefreut, die Segelregatta sehen zu können, die jedes Jahr dort stattfindet.

11. Also he looked at two of the large shipyards that are in Kiel.

Auch zwei der grossen Schiffswerften, die in Kiel sind, hat er sich angesehen.

12. After that he had visited a few North Sea bathing places.

Danach hat er einige Nordseebäder besucht.

13. From the island [of] Norderney, which he also visited, he made an excursion to Helgoland by steamer.

Von der Insel Norderney aus, die er auch besuchte, machte er mit dem Dampfer einen Ausflug nach Helgoland.

14. The last time they got together Dawson had (already) mentioned his interest in the most recent history of Helgoland.

Bereits bei ihrer vorigen Begegnung hatte Dawson sein Interesse an der jüngsten Geschichte Helgolands erwähnt.

15. The rebuilding of this famous island had interested him particularly for that reason.

Der Wiederaufbau dieser bekannten Insel hatte ihn deshalb besonders interessiert.

16. Besides the fishing industry there interested him.

Ihn interessierte ausserdem die Fischerei dort.

17. And last but not least the purchase of many things [did] too that are duty-free in ('on') Helgoland.

Nicht zuletzt aber auch der Einkauf vieler Sachen, die auf Helgoland zoll-frei sind.

18. Now he has ahead of him the part of the trip which will be less attractive.

Jetzt hat er den Teil der Reise vor sich, der weniger reizvoll sein wird.

19. He has to visit some cities which are located in the Ruhr.

Er muss einige Städte besuchen, die im Ruhrgebiet liegen.

20. Becker tells him that the trip to the Ruhr can be very beautiful.

Becker sagt ihm, dass die Fahrt zum Ruhrgebiet sehr schön sein kann.

21. Dawson asks if Becker could make him a suggestion as to ('for') the route he is to take.

Dawson fragt, ob Becker ihm einen Vorschlag für die Strecke machen könnte, die er fahren soll.

22. Becker's suggestion is a trip through the 'Lüneburger Heide' and the 'Weserbergland'.

Beckers Vorschlag ist eine Fahrt durch die Lüneburger Heide und das Weserberg-land.

23. This is a tour that Dawson could fit into his plans.

Das ist eine Tour, die Dawson mit sei-nen Plänen vereinbaren könnte.

24. He is also interested, however, in how he is to continue from there.

Ihn interessiert aber auch, wie er von dort weiterfahren soll.

25. He could drive through the 'Teuto-burger Wald' says Becker.

Er könnte durch den Teutoburger Wald fahren, sagt Becker.

26. That is an area which has historical significance for the Germans as a result of the battle in 9 A.D.

Das ist ein Gebiet, das für die Deutschen durch die Schlacht im Jahre 9 n. Chr. historische Bedeutung hat.

27. Dawson is pleased with Becker's suggestion.

Beckers Vorschlag gefällt Dawson.

28. He's now interested further, however [in] how far it is from there to the Ruhr.

Nun interessiert ihn aber noch, wie weit es von dort bis zum Ruhrgebiet ist.

29. Becker shows him on the road map which he (just) has with him.

Becker zeigt es ihm auf der Autokarte, die er gerade bei sich hat.

30. Since he has had a car himself he has been traveling this route frequently.

Seitdem er selbst einen Wagen hat, fährt er diese Strecke öfter.

31. Dawson also wants to drive to the Rhine, to Heidelberg, and through the Black Forest to Lake Constance if he can make it in time.

Dawson will auch noch an den Rhein, nach Heidelberg und durch den Schwarz-wald zum Bodensee fahren, wenn er es zeitlich schaffen kann.

32. For unfortunately he never had time for that previously.

Denn dazu hat ihm früher leider die Zeit nie ausgereicht.

RESPONSE DRILL

1. Warum freute sich Herr Becker?

Er freute sich, weil er Herrn Dawson
bei sich begrüssen konnte.

2. Wofür bedankte sich Herr Dawson?

Er bedankte sich für die Einladung
von Herrn Becker.

3. Für wann war Herr Dawsons Abreise
festgelegt?

Sie war auf den nächsten Tag festgelegt.

4. Und warum wird er am nächsten Tag
nicht abfahren?

Weil er seine Abreise aufschieben
konnte.

5. Mit welchem Ergebnis war Herr
Dawson zufrieden?

Mit dem Ergebnis der Verhandlungen,
von denen er neulich mit Herrn Becker
sprach.

6. Gab es Schwierigkeiten bei diesen
Verhandlungen?

Im allgemeinen nein; gewisse Schwierigkeiten, mit denen er gerechnet hatte,
sind nicht eingetreten.

7. Was wollte Herr Becker dann wissen?

Ob Herrn Dawson bei all den geschäftlichen Aufträgen, die er ausführen musste,
auch Zeit für private Interessen blieb.

8. Was antwortete Dawson?

Dass ihm dieses Mal sogar mehrere Tage
zur Verfügung gestanden haben.

9. Wie hat er diese Tage verbracht?

Er fuhr vor zwei Wochen zur Segelregatta,
die jedes Jahr in Kiel stattfindet.

10. Was hat er in Kiel noch besichtigt?

Er hat zwei der grossen Schiffswerften
besichtigt.

11. Welche Inseln besuchte er?

Er war auf der Insel Norderney und
machte von dort aus einen Dampferausflug
nach Helgoland.

12. Wann hatten die beiden Herren bereits einmal über Helgoland gesprochen?

Bei ihrer letzten Begegnung.

13. Was hatte Herr Dawson damals erwähnt?

Sein Interesse an der jüngsten
Geschichte der Insel.

14. Was interessierte ihn auf der Insel,
als er dort war?

Ihn interessierte der Wiederaufbau, die
Fischerei und der Einkauf zollfreier
Spirituosen.

15. Was liess er sich sicher nicht
entgehen?

Er liess sich sicher nicht entgehen,
die Austern und Hummern zu probieren.

16. Warum nicht?

Weil sie so frisch am besten schmecken.

17. Welchen Teil der Reise hat Herr
Dawson jetzt vor sich?

Jetzt hat er den Teil der Reise vor
sich, der wohl weniger reizvoll sein
wird.

18. Warum? Wohin muss er fahren?

Er muss noch verschiedene Städte, die
im Ruhrgebiet liegen, besuchen.

19. Was sagt Herr Becker über die Fahrt
dorthin?

Er sagt, dass sie sehr schön sein kann.

20. Was will Herr Dawson für diese Fahrt
von Herrn Becker wissen?

Er will wissen, ob ihm Herr Becker einen
Vorschlag machen kann, welche Strecke
er fahren soll.

21. Welchen Vorschlag macht ihm Herr
Becker?

Herr Dawson soll zuerst durch die Lüneburger Heide fahren, die gerade blüht,
und dann durchs Weserbergland.

22. Wie kann Herr Dawson das mit seinen
Plänen vereinbaren?

Es stehen ihm diesmal mehrere Tage zur
Verfügung.

23. Wohin soll er vom Weserbergland aus
zuerst fahren?

Er soll zum Teutoburger Wald fahren.

24. Wann war dort eine Schlacht?

Im Jahre 9 nach Christus.

25. Was geht auf diese Schlacht zurück?

Die historische Bedeutung des
Teutoburger Waldes.

26. Wie gefällt Herrn Beckers Vorschlag Herrn Dawson?

Er gefällt ihm gut.

27. Was will Herr Dawson dann noch von Herrn Becker wissen?

Er will wissen, wie weit es vom Teutoburger Wald bis zum Ruhrgebiet ist.

28. Sagt es ihm Herr Becker?

Nein, er zeigt es ihm auf der Autokarte.

29. Woher kennt Herr Becker diese Strecke so gut?

Seitdem er einen Wagen hat, fährt er sie öfters.

30. Was will Herr Dawson tun?

Wenn er es zeitlich noch schafft, will er noch an den Rhein, nach Heidelberg und durch den Schwarzwald zum Bodensee fahren.

31. Warum hat er das früher nie getan?

Früher reichte ihm die Zeit nie dazu aus.

32. Was sind Ihre privaten Interessen?

33. Wo sind die grössten Schiffswerften in Amerika und wie heissen sie?

34. Machen Sie gern Dampferausflüge oder werden Sie seekrank?

35. Was wissen Sie über die jüngste Geschichte Helgolands?

36. Was essen Sie lieber, Austern oder Hummern?

37. Wohin machen Sie Ihre nächste Urlaubsreise?

38. Erzählen Sie etwas von Ihrem letzten Urlaub.

SITUATIONS

1

Ein Mann, der erst kürzlich aus Deutschland ausgewandert ist, sitzt in einem Restaurant in Washington an Ihrem Tisch. Er fragt Sie, wie die englischen Worte "Lobster" und "Oyster" auf deutsch heissen. Sie sagen es ihm und übersetzen ihm auch die Namen anderer Gerichte, die auf der Speisekarte stehen. Er fragt Sie dann, wie die Fischerei in Amerika ist und Sie sagen ihm, wo hier die Austern am frischsten und die Hummern am grössten sind.

2

Sie fragen einen Deutschen, welche Autobahnstrecken besonders schön sind. Er zeigt Ihnen deutsche Autokarten, auf denen Sie diese Strecken leicht finden können. Sie möchten von Norddeutschland nach Österreich fahren und dann an die Schweizer Seite des Bodensees. Der Deutsche macht Ihnen einen Vorschlag, wie Sie am besten fahren können.

3

Sie machen einen Ausflug mit einem Dampfer von Norderney nach Helgoland. Sie unterhalten sich mit einem Herrn, der neben Ihnen sitzt. Sie sagen ihm, dass die Fischerei Sie interessiert und dass Sie schon viel über Helgoland gelesen haben. Der Herr stellt sich Ihnen vor und erzählt Ihnen, dass er vor kurzem in Amerika gewesen ist. Er war auch in Washington und hat dort eine Segelregatta auf dem Potomac gesehen. Sie fragen ihn, wo man in Deutschland eine Regatta sehen kann und er erzählt Ihnen, dass man dazu am besten an die Nord- oder Ostsee fährt. Dann fragt Sie der Herr, ob Sie wissen, dass man in Helgoland alles zollfrei bekommen kann. Davon haben Sie schon gehört und Sie haben auch vor, sich dort einige Sachen zu besorgen.

4

Sie sprechen mit einem Diplomaten einer Botschaft über den Einkauf von Spirituosen. Er fragt Sie nach den Einfuhrbestimmungen für Spirituosen nach Amerika. Sie fragen ihn, warum ihn das interessiert, da er diese doch bei seiner Botschaft zollfrei kaufen kann.

NARRATIVE

Herr Keller war mit ein paar Bekannten, mit denen er während der letzten Woche geschäftlich zu tun hatte, am Sonntagmorgen verabredet. Sie hatten vor, von Hannover auf der Autobahn nach Kassel zu fahren, um sich die "Dokumenta" anzusehen. Herr Keller holte erst das amerikanische Ehepaar Bruce und dann seinen Freund Bergmann, der etwas ausserhalb von Hannover wohnt, ab. Sie waren sich alle darüber einig, dass sie sich diesen Ausflug nach der langwierigen Verhandlung redlich verdient hatten. Als sie an die Autobahneinfahrt kamen, sahen sie ein paar junge Leute stehen, die mitgenommen werden wollten. Frau Bruce zeigte sich erstaunt, dass in Deutschland auch Mädchen per Anhalter fahren, aber Herr Bergmann erklärte ihr: "Das können Sie öfters sehen. Ich nehme ab und zu mal jemanden mit, wenn ich weite Strecken zu fahren habe." Auch Herr Keller sagte, er hätte vor kurzem erst eine Studentin, die nach Frankfurt wollte, mitgenommen. "Im Falle eines Unfalls sind Sie doch wohl für die Mitfahrenden verantwortlich?" fragte Herr Bruce. "Ja, man müsste sich eigentlich eine Bestätigung schreiben lassen, die besagt, dass der Mitfahrer für sich selbst die volle Verantwortung trägt. Ich selbst habe eine Versicherung, die für alle Arten von Unglücksfällen aufkommt." -

Damit war das Thema Versicherung angeschnitten und für eine Weile unterhielten sich das amerikanische Ehepaar und die beiden Deutschen über die Unterschiede im amerikanischen und deutschen Versicherungswesen. In Göttingen hielten sie vor dem Ratskeller an, assen dort etwas und machten dann eine kurze Rundfahrt durch die Stadt, auf der sie die Universität mit den dazugehörigen Gebäuden, das neue Fridtjof-Nansen-Studentenheim, die Hauptgeschäftsstrasse, den Markt und einige alte Kirchen sahen. Dann fuhren sie auf der Autobahn weiter nach Kassel.

verabredet sein =	eine Verabredung haben	müsste	ought to, should
Dokumenta	(an exhibition of contemporary art)	die Bestätigung,-en	confirmation, acknowledgement
ausserhalb	outside	besagen (w)	state, attest
einig	in agreement	die Versicherung,-en	insurance policy
langwierig	lengthy, tedious		
redlich	honestly	der Unglücksfall,⸗e	accident, disaster
verdienen (w)	deserve		
die Einfahrt,-en	entrance, approach	aufkommen für (a,o)	cover
mitnehmen (i,a,o)	give a ride to	anschneiden (i,i)	broach
erstaunt	amazed, surprised	eine Weile	a while
per Anhalter fahren (u,a)	hitchhike	der Unterschied,-e	difference
ab und zu	from time to time	das Versicherungswesen	insurance (business)
der Fall,⸗e	case	dazugehörige	belonging to it
der Unfall,⸗e	accident, collision	das Heim,-e	house, hostel, home
verantwortlich	responsible		

FINDER LIST

die	Abreise,-n	departure
	allgemein	general
	im allgemeinen	in general
	auf	for
	aufschieben (o,o)	put off, delay
der	Auftrag,-̈e	comission, order, obligation
der	Ausflug,-̈e	excursion
	ausführen (w)	execute, carry out
	ausserdem	besides that
die	Auster,-n	oyster
die	Autokarte,-n	road map
die	Bedeutung,-en	meaning, significance
die	Begegnung,-en	encounter, meeting
	begrüssen (w)	welcome, say hello
	bei	with, in view of
	blühen (w)	bloom, be in bloom
der	Bodensee	Lake Constance
der	Dampfer,-	steamer
	denen	which
	der	which, that
	deshalb	therefore, that's why
	dessen	whose, of which
	die	which
der	Einkauf,-̈e	purchase
die	Einladung,-en	invitation
	eintreten (i,a,e)	occur, arise
	entgehen (i,a)	escape, elude
	ich lasse mir etwas entgehen	I miss something, fail to do something
das	Ergebnis,-se	result, outcome
	erwähnen (w)	mention
die	Fahrt,-en	drive, trip
	festlegen (w)	set, fix
die	Fischerei,-en	fishing industry
es	freut mich	I'm glad
	frisch	fresh
	früher	previously, formerly, before
	geschäftlich	business
die	Geschichte,-n	history, story
	gewiss	certain
die	Heide,-n	heath, moor
	Heidelberg	Heidelberg
	Helgoland	Helgoland
	historisch	historic(al)
der	Hummer,-n	lobster
die	Insel,-n	island
das	Interesse,-n	interest
	interessieren (w)	interest
	es interessiert mich	it interests me, I am interested in it
	jung	young
	jüngst	most recent(ly)
	Kiel	Kiel
	liegen (a,e)	be situated
die	Lüneburger Heide	the 'Lüneburger Heide'
das	Mal,-e	time
	n. Chr. (nach Christus)	A.D.

	Norderney	Norderney
die	Nordsee	the North Sea
	öfter	frequentlý, often
der	Plan,⁼e	plan
	privat	personal, non-business
	probieren (w)	try
	rechnen (w)	reckon with, count on
die	Regatta,-en	regatta
	reizvoll	attractive
der	Rhein	the Rhine
die	Ruhr	the Ruhr (river)
das	Ruhrgebiet	the Ruhr (area)
	schaffen (w)	manage, make
das	Schiff,-e	ship, boat
die	Schiffswerft,-en	shipyard
die	Schlacht,-en	battle
	schmecken (w)	taste
der	See,-n	lake
das	Segel,-	sail
	seitdem	since
	so	like that
die	Spirituosen (pl)	alcoholic beverages
die	Strecke,-n	route
der	Teil,-e	part
der	Teutoburger Wald	the Teutoburger Wald
	vereinbaren (w)	reconcile, make compatible
die	Verfügung,-en	disposition, disposal
	einem zur Verfügung stehen	be at one's disposal
	mir steht zur Verfügung	I have at my disposal
die	Verhandlung,-en	negotiations, talks
der	Vorschlag,⁼e	suggestion, proposal
	vor zwei Wochen	two weeks ago
die	Werft,-en	shipyard
die	Weser	the Weser River
das	Weserbergland	the Weserbergland (a region of mountains and hills)
der	Wiederaufbau	reconstruction, rebuilding
	wohl	probably
	zeitlich	with regard to time
	zollfrei	duty-free
nicht	zuletzt	last but not least
	zurückgehen (auf etwas) (i,a)	go back to, be traced back to

EINKAUFSPLÄNE

Basic Sentences

I

I

the street where the stores
are located

die Geschäftsstrasse,-n

MR. ALEXANDER

HERR ALEXANDER

Do you feel like taking a walk with
me now down where the stores are?

Haben Sie Lust, jetzt mit mir durch
die Geschäftsstrassen zu gehen?

to swim

schwimmen (schwamm,
geschwommen)

the swim, swimming
to go out

das Schwimmen
fortgehen (i,a)

MR. WEGNER

HERR WEGNER

Yes, but I've just come from a swim
and don't like to go out without
having eaten something.

Ja, aber ich komme gerade vom Schwimmen
und gehe nicht gern fort, ohne etwas
gegessen zu haben.

against
to object, make objections to

gegen (plus acc)
einwenden (wandte,
gewandt) gegen

Otherwise I have no objection (to it).

Sonst habe ich nichts dagegen einzuwenden.

the snack
the room
the snack bar

der Imbiss,-e
die Stube,-n
die Imbisstube,-n[1]

MR. ALEXANDER

HERR ALEXANDER

Isn't there a snack bar here in the
vicinity?

Ist nicht hier in der Nähe eine Imbiss-
stube?

just, only
the thought, idea

bloss
der Gedanke,-ns,-n

MR. WEGNER

HERR WEGNER

Good idea. We only need to go across
the street.

Guter Gedanke. Wir brauchen bloss über
die Strasse zu gehen.

to leave

lassen (ä,ie,a)

MR. ALEXANDER

HERR ALEXANDER

Can I leave my car (standing) behind
the house here in the meantime
('during this time')?

Kann ich meinen Wagen während dieser
Zeit hinter dem Haus hier stehen
lassen?

no problem, without more
ado, certainly
nobody
the parking

MR. WEGNER

No problem; nobody bothers about
parking here.

ohne weiteres

niemand
das Parken

HERR WEGNER

Ohne weiteres, hier kümmert sich
niemand um's Parken.

II

the camera store

MR. WEGNER

Perhaps we could go to the camera store
first.

the film
to develop, process

I have to get a film developed.

the negative
the print
the birthday

MR. ALEXANDER

Suits me fine. I've been carrying
two negatives around with me for
several days [that] I wanted to get
prints of for my mother's birthday.

but (rather)
the enlargement
ought to, should
ready, done, finished

MR. WEGNER

I just remember that getting the film
developed wasn't the only thing, (but)
my enlargements ought to be ready too.

the catalogue
the camera
the 35 mm camera
the black and white film
the color film

II

das Photogeschäft,-e (Foto-)²

HERR WEGNER

Vielleicht könnten wir zuerst ins
Photogeschäft gehen.

der Film,-e
entwickeln (w)

Ich muss einen Film entwickeln lassen.

das Negativ,-e
der Abzug,-̈e
der Geburtstag,-e

HERR ALEXANDER

Passt mir gut. Ich habe seit mehreren
Tagen zwei Negative bei mir, von denen
ich Abzüge haben wollte. Zum Geburtstag meiner Mutter.

sondern
die Vergrösserung,-en
müssten
fertig

HERR WEGNER

Mir fällt ein, es war nicht nur der
Film zu entwickeln, sondern meine
Vergrösserungen müssten auch fertig
sein.

der Katalog,-e
die Kamera,-s (Camera)²
die Kleinbildkamera,-s
der Schwarzweissfilm,-e
der Farbfilm,-e

MR. ALEXANDER

Recently a friend of mine asked me for
a 35 mm camera catalogue, and I can
get two black and white films and a
color film at the same time, too.

the bookstore

MR. WEGNER

Didn't you want to go to Müller's
Bookstore also?

to consider, reflect on
I think (it) over
the dictionary
should, ought to

MR. ALEXANDER

Yes. I was standing in front of the
show window not long ago (and) wondering
what dictionary I ought to buy.

the question, problem
to turn, apply, go to

don't hesitate to, go ahead
and
the bookseller, dealer
to advise

MR. WEGNER

If you have any questions don't
hesitate to go to the dealer; he'll
be glad to advise you.

III

the apparatus, set
the television set

MR. ALEXANDER

Then I wanted to take a look at some
television sets too.

the suspicion, idea
the price

Do you have any idea how the prices
run?

HERR ALEXANDER

Neulich bat mich ein Bekannter um einen
Katalog über Kleinbildkameras, und zwei
Schwarzweissfilme und einen Farbfilm
kann ich bei der Gelegenheit auch gleich
besorgen.

die Buchhandlung,-en[3]

HERR WEGNER

Wollten Sie nicht auch in die Buchhandlung Müller?

überlegen (w)
ich überlege (es) mir
das Wörterbuch,-̈er
sollte

HERR ALEXANDER

Ja. Ich habe neulich schon vor dem
Schaufenster gestanden und mir überlegt, welches Wörterbuch ich kaufen
sollte.

die Frage,-n
sich wenden (wandte, gewandt)
an (plus acc)
ruhig

der Buchhändler,-
beraten (ä, ie, a)

HERR WEGNER

Wenn Sie Fragen haben, wenden Sie sich
ruhig an den Buchhändler, er wird Sie
gern beraten.

III

der Apparat,-e
der Fernsehapparat,-e

HERR ALEXANDER

Dann wollte ich mir noch Fernsehapparate
ansehen.

die Ahnung,-en
der Preis,-e

Haben Sie eine Ahnung wie die Preise
sind?

to depend on
the important thing is,
that depends (on)
the type, style, finish, model

auf etwas (acc) ankommen
es kommt darauf an

die Ausführung,-en

MR. WEGNER

HERR WEGNER

That depends on the model and size.

Das kommt auf Ausführung und Grösse an.

the appliance, set, tool
the table model
the centimeter
the screen, picture

das Gerät,-e
das Tischgerät,-e
der/das Zentimeter,-; cm[4]
der Bildschirm,-e

I have a table model with a 17" screen
and paid 695 marks for it.

Ich habe ein Tischgerät mit einem
43 cm Bildschirm und habe 695 Mark
dafür bezahlt.

to think of
the combination
the disc, record
the tone, sound
the ribbon, tape
the tape recorder

halten von (ä,ie,a)
die Kombination,-en
die Platte,-n
der Ton,-̈e
das Band,-̈er
das Tonbandgerät,-e

MR. ALEXANDER

HERR ALEXANDER

What do you think of a combination,
including ('with') radio, record
player and tape recorder?

Was halten Sie von einer Kombination
mit Radio, Plattenspieler und Tonbandgerät?

to demonstrate

vorführen (w)

MR. WEGNER

HERR WEGNER

Doesn't sound bad; we can have them
demonstrate various sets to us.

Finde ich nicht schlecht, wir können
uns ja verschiedene Apparate vorführen
lassen.

all right, O.K.
(the) iron
(the) hardware
to come by or past something
the hammer
the pair of pliers
the screw
the screwdriver

gut!
das Eisen
die Eisenwaren (pl)
vorbeikommen an (plus dat) (a,o)
der Hammer,-̈ or -
die Zange,-n
die Schraube,-n
der Schraubenzieher,-

MR. ALEXANDER

HERR ALEXANDER

O.K., and if we pass by a hardware
store I wanted to get a hammer and
a pair of pliers and a screwdriver.

Gut, und wenn wir an einer Eisenwarenhandlung[3] vorbeikommen, wollte ich mir
Hammer und Zange und einen Schraubenzieher kaufen.

IV

something
to repair, fix

MR. WEGNER

Do you have to repair something?

to go on the blink, get
out of order
the carpenter, cabinet maker
plumbing + heating +
appliance man
or, as the case may be
the plumber
to call (in)

MR. ALEXANDER

Up to now when anything in the house
went on the blink the carpenter or
the appliance man or plumber was
always called in.

in the process of, while
(doing)
to ascertain, determine,
find out
nowadays
to wait for
to keep a person waiting

MR. WEGNER

And when you did that you of course
found out that workmen nowadays keep
you waiting a long time.

the bathroom
the faucet
to drip
(for) days

MR. ALEXANDER

Yes. When the faucet was dripping in
the bathroom recently I couldn't get
a plumber for days.

necessary
the tool(s)
the monkey wrench

MR. WEGNER

One of the most necessary tools in
that case is a monkey wrench.

a while
to last, take (time)

MR. ALEXANDER

Oh, that's right. As you see my errands
will take a while.

IV

was (= etwas)
reparieren (w)

HERR WEGNER

Müssen Sie was reparieren?

kaputt gehen (i,a)

der Tischler,-
der Installateur,-e[5]

beziehungsweise, bzw.
der Klempner,-[5]
rufen (ie,u)

HERR ALEXANDER

Wenn bisher etwas im Haus kaputt ging,
wurde immer der Tischler oder der
Installateur, bzw. der Klempner
gerufen.

bei

feststellen (w)

heutzutage
warten auf (plus acc) (w)
auf sich warten lassen (ä,ie,a)

HERR WEGNER

Und dabei haben Sie sicher festgestellt,
dass heutzutage die Handwerker lange
auf sich warten lassen.

das Badezimmer,-
der Hahn,-̈e
tropfen (w)
tagelang

HERR ALEXANDER

Ja. Als neulich im Badezimmer der
Wasserhahn tropfte, konnte ich tagelang keinen Klempner bekommen.

nötig
das Werkzeug,-e
der Engländer

HERR WEGNER

Zu dem nötigsten Werkzeug gehört dann
aber auch ein Engländer.

eine Weile
dauern (w)

HERR ALEXANDER

Ja richtig. Wie Sie sehen werden meine Besorgungen eine Weile dauern.

the claim	der Anspruch, "e
to claim, lay claim to, take up	in Anspruch nehmen (i,a,o)

MR. ALEXANDER

HERR ALEXANDER

I hope I'm not taking up too much of your time.

Hoffentlich nehme ich nicht zuviel von Ihrer Zeit in Anspruch.

on my account, as far as I'm concerned	meinetwegen
for this length of time	solange
until	bis
up until	solange ... bis
to close	schliessen (o,o)

MR. WEGNER

HERR WEGNER

Not at all. As far as I'm concerned we can stay down town up until the stores close.

Durchaus nicht. Meinetwegen können wir solange in der Stadt bleiben, bis die Geschäfte schliessen.

Notes to the Basic Sentences

1 When words are compounded in German the writing system does not allow more
than two of any given letter to stand in juxtaposition. Hence the combination
of _Imbiss_ and _Stube_ results in _Imbisstube_.

2 Many loan words in German are written in two ways, with the spelling of the
original language from which the item was borrowed and with a Germanicized
spelling. Hence the spellings _Fotogeschäft_ and _Photogeschäft_, _Camera_ and
Kamera, _Telefon_ and _Telephon_, etc., are both acceptable in current writing
practice.

3 The names of many stores in German end in _-handlung_ and are _die_-words.

4 The word _Zentimeter_ may be either a _der_-word or a _das_-word. It is one of
a small group of words, many of them referring to measure, with this dual
classification. Note that the abbreviation is exactly like the English
abbreviation. One inch equals 2.54 cm.

5 The categories of work in general are highly specialized in German. They
do not always correspond exactly to American crafts and trades, however.
A German _Klempner_, traditionally translated as "plumber", also does sheet
metal work and heating insulation. A German _Installationsgeschäft_, depending
on the size of the business, may very well handle plumbing and heating and
also appliance sales and service. Its owner and employees could all be
called _Installateure_, although each would retain his area of specialization
as a plumber or electrician or heating engineer, etc.

Notes on Grammar
(For Home Study)

A. PREPOSITIONS - SUMMARY AND REVIEW

I. In this unit we are reviewing the prepositions encountered up to this point.
This now includes almost all of the prepositions in common use. They are
listed here according to the noun forms they occur with: accusative, dative,
dative or accusative, and genitive.

1. Prepositions with the _accusative_:

bis   durch   für   gegen   ohne   um

These six are the most common prepositions with the accusative. A few
others occur but are much less frequently encountered in speech.

2. Prepositions with the _dative_:

aus   bei   gegenüber   mit   nach   seit   von   zu

These eight prepositions occur very commonly in speech. Remember that
gegenüber may appear either before or after the noun it is associated
with. Other prepositions with the dative which you may encounter later
on are of generally less common occurrence.

3. Prepositions with the <u>dative</u> or <u>accusative</u>:

an   auf   hinter   in   neben   über   unter   vor   zwischen

These nine prepositions are the only ones in the language which may occur either with the dative or the accusative. There are no others. Remember that <u>in referring to locations</u> these are <u>two-way prepositions</u>, their occurrence with the dative signifying a state of rest and their occurrence with the accusative signifying the goal or end-point of motion. In other uses however they occur <u>either</u> with the dative <u>or</u> with the accusative, but the choice is not related at all to the choice of dative or accusative in locations.

4. Prepositions with the <u>genitive</u>:

diesseits   jenseits   während

Of these <u>während</u> is the most common. There are a few other prepositions with the genitive which occur fairly frequently in speech. We will encounter them in following units.

II. Location "at" a place, particularly at a place of business or professional activity, can be indicated by four different prepositions in German: <u>an</u>, <u>auf</u>, <u>bei</u> and <u>in</u>. Which one is used depends on the particular place or building in question and sometimes on the activity.

Someone is at the door.	Jemand ist an der Tür.
He's a professor at the university.	Er ist Professor an der Universität.
She's a secretary at the union.	Sie ist Sekretärin bei der Gewerkschaft.
I was at the shoemaker's this morning.	Ich war heute vormittag beim Schuster.
We were at the station at ten o'clock.	Wir waren um zehn Uhr auf dem Bahnhof.
I met her at a party.	Ich habe sie auf einer Gesellschaft kennengelernt.
I was at the town hall and was able to have my application processed right away.	Ich war auf dem Rathaus und konnte meinen Antrag gleich bearbeiten lassen.
We saw the old meeting rooms at the town hall.	Wir haben die alten Tagungsräume im Rathaus gesehen.
Have you eaten at this restaurant yet?	Haben Sie schon in diesem Restaurant gegessen?

Likewise going "to" a particular place can be indicated by four different prepositions: <u>an</u>, <u>auf</u>, <u>in</u> and <u>zu</u>.

Mr. Schmidt came to the door.	Herr Schmidt ist an die Tür gekommen.
I went to the shoemaker's this morning.	Ich ging heute vormittag zum Schuster.
We went (in)to the station at ten o'clock.	Wir gingen um zehn Uhr auf den Bahnhof.
We drove to the station.	Wir sind zum Bahnhof gefahren.
We can go to the 'Hofbräuhaus'.	Wir können ins Hofbräuhaus gehen.
Or shall we drive to the 'Ratskeller'?	Oder wollen wir zum Ratskeller fahren?

In a few cases two or more prepositions can be used interchangeably. Sometimes the use of a different preposition implies a slightly different situation. For the most part however certain prepositions are associated by preference with certain specific locations. The most common of these associations will be summarized in the drills of this unit.

III. The prepositions <u>an</u>, <u>in</u>, <u>seit</u>, <u>nach</u>, <u>vor</u> and <u>um</u> have all occurred in <u>time expressions</u>. Note that only <u>um</u> is followed by an accusative form. In this use <u>an</u>, <u>in</u>, <u>seit</u>, <u>nach</u> and <u>vor</u> all occur with the dative.

Die Aufführung fing um acht Uhr an.	The performance began at eight o'clock.
Um diese Zeit gibt es sehr wenig Verkehr.	At this time there is very little traffic.
Wir fahren in einer Woche.	We're going in a week.
An dem Tag habe ich schon eine Verabredung.	I already have an engagement for ('on') that day.
Wir kenne ihn seit Jahren.	We've known him for years.
Er kam nach dem Essen zu uns.	He came to see us after supper.
Ich habe ihn vor einer Stunde gesehen.	I saw him an hour ago.

IV. The prepositions <u>bis</u> and <u>gegenüber</u> are sometimes combined with other prepositions. The most frequent combinations are <u>bis zu</u> and <u>gegenüber von</u>, although <u>bis</u> may occur in combination with several other prepositions. The form of the noun following depends on the preposition immediately preceding it. <u>Bis zu</u> and <u>gegenüber von</u> are thus both followed by a dative form:

Wir bleiben bis zum Zwanzig-sten in Berlin.	We're staying in Berlin until the twentieth.
Gegenüber von der Kirche ist eine kleine Apotheke.	Opposite the church there's a little pharmacy.

V. Verbs are frequently accompanied by prepositions in both German and English. Often this use corresponds exactly in the two languages:

Wann <u>ziehen</u> Sie <u>in</u> Ihr neues Haus ein?	When are you <u>moving into</u> your new house?
<u>Verbinden</u> Sie mich bitte <u>mit</u> Herrn Bauer.	Please <u>connect</u> me <u>with</u> Mr. Bauer.
Sie <u>arbeitet für</u> das Rote Kreuz.	She <u>works for</u> the Red Cross.
<u>Fangen</u> wir <u>mit</u> dem Teppich an.	Let's <u>begin with</u> the rug.

Frequently, however, a German verb is accompanied by a preposition which does <u>not</u> correspond to an English preposition, or the combination has a different meaning from that of the verb and preposition separately. This association of a particular preposition and a particular verb is an arbitrary one, and the VERB-PREPOSITION COMPLEX must be learned as a unit. We noted some of these in Unit 16:

schreiben an (acc)	to write to (someone)
sich gewöhnen an (acc)	to get used to
grenzen an (acc)	to border on
sich freuen auf (acc)	to look forward to
zurückgehen auf (acc)	to have (its) origin in, be traced back to

137

Almost all German prepositions occur in VERB-PREPOSITION COMPLEXES.
In addition to the above we have encountered these other combinations:

an	vorbeikommen an (dat)	to come by, pass
	sich wenden an (acc)	to turn to, apply to, go to
auf	ankommen auf (acc)	to depend on
	blicken auf (acc)	to look toward
	warten auf (acc)	to wait for
aus	kommen aus	to come from
gegen	einwenden gegen	to make objections to
mit	fahren mit	to go by, take (a vehicle)
	rechnen mit	to count on
	sprechen mit	to talk to
nach	klingeln nach	to ring for
	sich sehnen nach	to long for
um	bitten um	to ask for, request
	sich kümmern um	to bother about, take care of
	es handelt sich um	it is about, the matter at hand is
von	abhängen von	to depend on
	halten von	to think of
zu	passen zu	to go with, match
	ausreichen zu	to be sufficient for

The form of the noun following such verb-preposition complexes depends
upon the preposition. Where two possibilities occur, as with an and auf
above, the noun form (i.e., accusative or dative) is indicated as part of
the combination, and this information must be memorized along with the
complex itself and its meaning.

B.   CONJUNCTIONS - SUMMARY AND REVIEW

   I. Conjunctions were discussed in Unit 10 where we noted that German has two
       types - co-ordinating and subordinating conjunctions.

    1. Co-ordinating conjunctions join two or more words, phrases or sentences.
       These are the ones we have had:

           aber   oder   sondern   und

    We have also referred to co-ordinating conjunctions as sentence connectors.
    Remember that when they join sentences together word order is not affected.
    They are followed by normal word order.

           Es war nicht nur der Film zu entwickeln, sondern meine Vergrösserungen
           müssten auch fertig sein.

    2. Subordinating conjunctions introduce a subordinate or dependent clause,
       a part of the sentence which could not stand by itself. Here are all the
       subordinating conjunctions we have encountered to this point:

als	ehe
bevor	nachdem
bis	ob
da	seitdem
dass	wenn

We have referred to these words as <u>clause introducers</u>. Remember that, as such, they are always followed by <u>clause word order</u>.

> Wenn wir an einer Eisenwarenhandlung vorbeikommen, wollte ich mir Hammer und Zange und einen Schraubenzieher kaufen.

In addition to the subordinating conjunctions, clause introducers also include the relative pronouns and the question words.

C. INFINITIVES - SUMMARY AND REVIEW

I. The form of the infinitive was first noted in Unit 2, and subsequent discussion has referred only to the basic, simple infinitive form, also called the <u>present infinitive</u>. Both the perfect phrase and the passive phrase have infinitive forms, however, which can be referred to as <u>perfect infinitives</u> and <u>passive infinitives</u>. They consist of a past participle plus the infinitive form of the auxiliaries <u>haben</u>, <u>sein</u> or <u>werden</u>. Here is a summary of infinitive forms:

Present infinitive		(zu) kaufen	(to) buy
Perfect infinitive	gekauft	(zu) haben	(to) have bought
Passive infinitive	gekauft	(zu) werden	(to) be bought

Present infinitive		(zu) gehen	(to) go
Perfect infinitive	gegangen	(zu) sein	(to) have gone

II. Infinitives occur with <u>zu</u> in <u>infinitive phrases</u>, and without <u>zu</u> in certain <u>verb phrases</u>.

1. Infinitive phrases with <u>zu</u> are introduced by prepositions, such as <u>ohne</u> and <u>um</u>:

> Ich gehe nicht gern fort, <u>ohne</u> etwas gegessen <u>zu</u> haben.

They also occur after a great number of verbs in German.

> Ich habe dagegen nichts einzuwenden.
> Wir brauchen bloss über die Strasse zu gehen.

Some of the most common verbs we have encountered, which may be followed by infinitive phrases, are:

anfangen	bitten	helfen	vergessen
beabsichtigen	brauchen	hoffen	versuchen
beginnen	haben	sein	vorhaben

2. Infinitives without zu occur in verb phrases with the auxiliary verbs dürfen, können, möchte(n), müssen, sollen, wollen, werden and lassen.

> Der Buchhändler wird Sie gern beraten.
> Ich habe mir überlegt, welches Wörterbuch ich kaufen sollte.
> Wir können uns verschiedene Apparate vorführen lassen.

They may also occur in phrases with the verbs bleiben, hören, lernen and sehen.

Die Ruine soll als Mahnmal stehen bleiben.	The ruins are to be left standing ('remain standing') as a solemn reminder.
Das Auto blieb an der Ecke stehen.	The car stopped ('remained standing') at the corner.
Ich höre ihn im Badezimmer singen.	I hear him singing in the bathroom.
Wir lernten Herrn und Frau Schulze in Deutschland kennen.	We met ('learned to know') Mr. and Mrs. Schulze in Germany.
Sehen Sie den Handwerker dort vor dem Haus stehen?	Do you see the workman standing in front of the house there?

You will note that this use of the infinitive in German often corresponds to the use of a verb form in -ing in English.

3. The verb lassen occurs with two different meanings in phrases with an infinitive.

1) Ich muss einen Film entwickeln lassen.	I have to get a film developed.
2) Kann ich meinen Wagen hinter dem Haus hier stehen lassen?	Can I leave my car (standing) behind the house here?

The first example shows the use of lassen in a causative sense, meaning, that is, to have or get something done or to get or cause someone to do something. The infinitive with lassen in this construction is often equivalent to a past participle in English. The meaning of lassen in the second example is simply leave. Here the infinitive with lassen corresponds to an English verb form in -ing. Note too that in both languages this form may be omitted. Lassen is then the complete verb, not an auxiliary.

Lass' das Bild an der Wand (hängen).	Leave the picture (hanging) on the wall.
Er lässt seine Bücher immer auf dem Tisch (liegen).	He always leaves his books (lying) on the table.

	Er hat seine Bücher auf dem Tisch liegen lassen.	He left his books lying on the table.
but	Er hat seine Bücher auf dem Tisch gelassen.	He left his books on the table.

III.   In Unit 11 we pointed out how the infinitive may be used as a <u>das</u>-noun
       in German, often equivalent to an English verb or noun form in -ing.
       The infinitive as a <u>das</u>-noun occurs frequently after prepositions.

Ich komme gerade <u>vom Schwimmen</u>.	I've just come from a swim ('from swimming').

The use of the infinitive as a noun in this construction in German is
equivalent sometimes to an English verb or noun form in -<u>ing</u>, sometimes
to a different noun, sometimes to an infinitive and sometimes to a clause
in English.   Note the following examples:

Ich möchte <u>beim Lesen</u> nicht gestört werden.	I don't wish to be disturbed <u>while I'm reading</u>.
Sie ist <u>beim Essen</u>.	She's <u>(in the process of)</u> eating.
Hast du <u>zum Reparieren</u> des Wasserhahns das richtige Werkzeug da?	Do you have the right tools there <u>to fix</u> the water faucet?
<u>Mit dem Entwickeln</u> des Filmes hatte ich kein Glück.	I had no luck <u>in developing</u> the film.
<u>Nach dem Lösen</u> der Fahr- karte brachte ich meinen Koffer zur Gepäckaufgabe.	<u>After getting my ticket</u> I took my suitcase to the baggage room.
<u>Während des Auspackens</u> brachte der Page einen Brief.	<u>While we (they, etc.) were unpacking</u> the bellhop brought a letter.
<u>Durch das viele Waschen</u> gingen die Hemden kaputt.	<u>As a result of all the washing</u> the shirts wore out.

SUBSTITUTION DRILL

1. Ich war <u>am Bodensee</u>.

   Kiosk - Ostsee - Rhein -   am Kiosk - an der Ostsee - am Rhein -
   Telephon - Kasse   am Telephon - an der Kasse

2. Wir waren <u>auf dem Bahnhof</u>.

   Post - Bank -   auf der Post - auf der Bank -
   Rathaus - Arbeitsamt -   auf dem Rathaus - auf dem Arbeitsamt -
   Boden - Gesellschaft -   auf dem Boden - auf der Gesellschaft -
   Schiffswerft   auf der Schiffswerft

3. Er war <u>beim Frisör</u>.

   Klempner - Buchhändler -   beim Klempner - beim Buchhändler -
   Architekt - Empfangschef -   beim Architekten - beim Empfangschef -
   Tischler - Herr Keller -   beim Tischler - bei Herrn Keller -
   Professor Albers   bei Professor Albers

4. Waren Sie im <u>Restaurant</u>?

   Photogeschäft - Kirche -   im Photogeschäft - in der Kirche -
   Konzert - Bibliothek -   im Konzert - in der Bibliothek -
   Buchhandlung - Eisenwarenhandlung - in der Buchhandlung - in der Eisenwaren-
                                      handlung
   Keller - Küche -   im Keller - in der Küche -
   Auswärtiges Amt - Ausstellung   im Auswärtigen Amt - in der Ausstellung

5. Waren Sie <u>an der Nordsee</u>?

   Frisör - Ostsee -   beim Frisör - an der Ostsee -
   Buchhandlung - Buchhändler -   in der Buchhandlung - beim Buchhändler -
   Keller - Küche -   im Keller - in der Küche -
   Eisenwarenhandlung -   in der Eisenwarenhandlung -
   Auswärtiges Amt - Rathaus -   im Auswärtigen Amt - im Rathaus -
   Schiffswerft - Bibliothek -   auf der Schiffswerft - in der Bibliothek -
   Boden - Empfangschef -   auf dem Boden - beim Empfangschef -
   Gesellschaft - Ausstellung -   auf der Gesellschaft - in der Ausstellung -
   Bank - Architekt -   auf der Bank - beim Architekten -
   Arbeitsamt - Photogeschäft -   auf dem Arbeitsamt - im Photogeschäft -
   Post - Telephon -   auf der Post - am Telephon -
   Tischler - Kasse -   beim Tischler - an der Kasse -
   Restaurant - Kirche -   im Restaurant - in der Kirche -
   Kiosk - Rhein - Bahnhof -   am Kiosk - am Rhein - auf dem Bahnhof -
   Professor Albers - Konzert   bei Professor Albers - im Konzert

6. Er ist zum <u>Uhrmacher</u> gegangen.

Arbeitsamt - Bahnhof -	zum Arbeitsamt - zum Bahnhof -
Post - Industriemesse -	zur Post - zur Industriemesse -
Schiffswerft - Installateur -	zur Schiffswerft - zum Installateur -
Bibliothek - Buchhandlung -	zur Bibliothek - zur Buchhandlung -
Redakteur - Architekt -	zum Redakteur - zum Architekten -
Photogeschäft - Generalkonsul -	zum Photogeschäft - zum Generalkonsul -
Schwarz und Co. - Apotheke -	zu Schwarz und Co. - zur Apotheke -
Wirtschaftsministerium -	zum Wirtschaftsministerium -
Auswärtiges Amt -	zum Auswärtigen Amt -
Eisenwarenhandlung -	zur Eisenwarenhandlung -
Handelskammer	zur Handelskammer

7. Wir sind an <u>die Ostsee</u> gefahren.

a. Rhein - Nordsee -	an den Rhein - an die Nordsee -
b. Parkplatz - Schiffswerft - Insel	auf den Parkplatz - auf die Schiffswerft - auf die Insel

8. Ich habe ihn <u>am Kurfürstendamm</u> getroffen.

Kiosk - Ecke - Markt -	am Kiosk - an der Ecke - am Markt -
Kasse - Brandenburger Tor -	an der Kasse - am Brandenburger Tor -

9. Ich habe ihn <u>auf der Post</u> getroffen.

Bank - Bahnhof -	auf der Bank - auf dem Bahnhof -
Parkplatz - Arbeitsamt -	auf dem Parkplatz - Arbeitsamt -

10. Ich habe ihn <u>beim Zahnarzt</u> getroffen.

Buchhändler - Architekt -	beim Buchhändler - beim Architekten -
Generalkonsul - Schwarz und Co. -	beim Generalkonsul - bei Schwarz und Co.-
Redakteur - Fräulein Schulze -	beim Redakteur - bei Fräulein Schulze -
Sekretärin	bei der Sekretärin

11. Ich habe ihn <u>in der Buchhandlung</u> getroffen.

Photogeschäft - Bibliothek -	im Photogeschäft - in der Bibliothek -
Eisenwarenhandlung -	in der Eisenwarenhandlung -
Auswärtiges Amt -	im Auswärtigen Amt -
Wirtschaftsabteilung -	in der Wirtschaftsabteilung -
Ausstellung -	in der Ausstellung -
Handelskammer	in der Handelskammer

12. Ich habe ihn <u>auf der Insel</u> getroffen.

Kiosk - Handelskammer -	am Kiosk - in der Handelskammer -
Zahnarzt - Ausstellung -	beim Zahnarzt - in der Ausstellung -
Schiffswerft - Empfang -	auf der Schiffswerft - auf dem Empfang -
Buchhändler - Eisenwarenhandlung -	beim Buchhändler - in der Eisenwaren- handlung -
Architekt - Bibliotnek -	beim Architekten - in der Bibliothek -
Schwarz und Co. - Ecke -	bei Schwarz und Co. - an der Ecke -
Brandenburger Tor - Post -	am Brandenburger Tor - auf der Post -
Fräulein Schulze - Buchhandlung -	bei Fräulein Schulze - in der Buchhandlung -

(Drill No. 12 is continued on the next page.)

Parkplatz - Auswärtiges Amt -	auf dem Parkplatz - im Auswärtigen Amt -
Arbeitsamt - Sekretärin -	auf dem Arbeitsamt - bei der Sekretärin -
Gesellschaft - Redakteur -	auf der Gesellschaft - beim Redakteur -
Markt - Generalkonsul -	auf dem Markt - beim Generalkonsul -
Kasse - Photogeschäft -	an der Kasse - im Photogeschäft -
Wirtschaftsabteilung -	in der Wirtschaftsabteilung -
Bahnhof - Kurfürstendamm	auf dem Bahnhof - am Kurfürstendamm

13. Ich gehe jetzt auf <u>die Post</u>.

Bahnhof - Rathaus -	auf den Bahnhof - aufs Rathaus -
Schiffswerft - Arbeitsamt -	auf die Schiffswerft - aufs Arbeitsamt -
Boden - Gesellschaft -	auf den Boden - auf die Gesellschaft -
Industriemesse	auf die Industriemesse

14. Ich gehe jetzt in <u>die Apotheke</u>.

Kirche - Photogeschäft -	in die Kirche - ins Photogeschäft -
Wirtschaftsabteilung -	in die Wirtschaftsabteilung -
Hansaviertel - Bibliothek -	ins Hansaviertel - in die Bibliothek -
Buchhandlung - Museum -	in die Buchhandlung - ins Museum -
Ausstellung - Küche -	in die Ausstellung - in die Küche -
Keller - Wäscherei -	in den Keller - in die Wäscherei -
Schwimmbad	ins Schwimmbad

15. Ich gehe jetzt aufs <u>Arbeitsamt</u>.

Post - Apotheke -	auf die Post - in die Apotheke -
Schiffswerft - Wäscherei -	auf die Schiffswerft - in die Wäscherei -
Kirche - Bahnhof -	in die Kirche - auf den Bahnhof -
Wirtschaftsabteilung -	in die Wirtschaftsabteilung -
Schwimmbad - Keller -	ins Schwimmbad - in den Keller -
Küche - Boden -	in die Küche - auf den Boden -
Ausstellung - Rathaus -	in die Ausstellung - aufs Rathaus -
Photogeschäft - Hansaviertel -	ins Photogeschäft - ins Hansaviertel -
Gesellschaft - Bibliothek -	auf die Gesellschaft - in die Bibliothek -
Buchhandlung - Museum	in die Buchhandlung - ins Museum

16. Ich gehe jetzt <u>zum Frisör</u>.

Sekretärin - Schwarz und Co. -	zur Sekretärin - zu Schwarz und Co. -
Kiosk - Arbeitsamt -	zum Kiosk - zum Arbeitsamt -
Anmeldung - Kasse -	zur Anmeldung - zur Kasse -
Reinigung - Post -	zur Reinigung - zur Post -
Schiff - Bank - Rathaus -	zum Schiff - zur Bank - zum Rathaus -
Bibliothek - Ausstellung -	zur Bibliothek - zur Ausstellung -
Eisenwarenhandlung - Kongresshalle -	zur Eisenwarenhandlung -
	zur Kongresshalle -
Schiffswerft - Auswärtiges Amt -	zur Schiffswerft - zum Auswärtigen Amt -
Schwimmbad - Installateur -	zum Schwimmbad - zum Installateur -
Wirtschaftsministerium	zum Wirtschaftsministerium

17. Haben Sie Lust, jetzt mit mir durch <u>die Geschäftsstrassen</u> zu gehen?

Stadt - Park - Betrieb -	die Stadt - den Park - den Betrieb -
Hansaviertel - Siedlung -	das Hansaviertel - die Siedlung -
Tiergarten - Bauausstellung	den Tiergarten - die Bauausstellung

18. Er kommt gerade aus dem Geschäft.

Imbisstube - Büro - Apotheke -	der Imbisstube – dem Büro - der Apotheke –
Photogeschäft - Buchhandlung -	dem Photogeschäft - der Buchhandlung -
Eisenwarenhandlung - Bank -	der Eisenwarenhandlung - der Bank -
Gasthof - Bibliothek -	dem Gasthof - der Bibliothek -
Schreibwarengeschäft - Badezimmer	dem Schreibwarengeschäft – dem Badezimmer

19. Einen Farbfilm kann ich bei der Gelegenheit auch gleich besorgen.

Schwarzweissfilm - Hammer -	einen Schwarzweissfilm - einen Hammer -
Zange - Schraubenzieher -	eine Zange - einen Schraubenzieher -
Wörterbuch - Katalog -	ein Wörterbuch - einen Katalog -
Engländer	einen Engländer

20. Wir können uns verschiedene Apparate vorführen lassen.

Plattenspieler - Fernsehapparat -	Plattenspieler - Fernsehapparate -
Tonbandgerät - Kombination	Tonbandgeräte - Kombinationen

21. Ich habe die Abzüge bei mir.

sie (sg) - wir - er -	sie ... sich - wir ... uns - er ... sich -
sie (pl)	sie ... sich

22. Gegen Ihren Vorschlag habe ich nichts einzuwenden.

... sein__ Vortrag ...	... seinen Vortrag ...
... Ihr__ Bericht ...	... Ihren Bericht ...
... eur__ Fahrt an den Bodensee ...	... eure Fahrt an den Bodensee ..
... sein__ Einkauf	... seinen Einkauf

23. Ich habe seit mehreren Tagen zwei Negative bei mir.

... einig__ Woch__ ...	... einigen Wochen ...
... 14 Tag__ ...	... 14 Tagen ...
... letzt__ Woch__ ...	... letzter Woche ...
... ein__ Monat__ ...	... einem Monat ...
... vorig__ Freitag__ ...	... vorigem Freitag ...
... drei Woch__ ...	... drei Wochen ...

24. Er bat mich um einen neuen Katalog.

... ein__ gross__ Hammer.	... einen grossen Hammer.
... ein__ klein__ Zange.	... eine kleine Zange.
... ein__ ander__ Schraubenzieher.	... einen anderen Schraubenzieher.
... ein__ interessant__ Buch.	... ein interessantes Buch.
... ein__ italienisch__ Briefmarke.	... eine italienische Briefmarke.
... ein__ ander__ Formular.	... ein anderes Formular.

25. Ich habe neulich schon vor diesem grossen Schaufenster gestanden.

... dies__ neu__ Geschäft ...	... diesem neuen Geschäft ...
... dies__ alt__ Theater ...	... diesem alten Theater ...
... dies__ gross__ Buchhandlung ...	... dieser grossen Buchhandlung ...
... dies__ klein__ Photogeschäft ...	... diesem kleinen Photogeschäft ...
... dies__ zerstört__ Kirche ...	... dieser zerstörten Kirche ...
... dies__ klein__ Imbisstube ...	... dieser kleinen Imbisstube ...
... dies__ interessant__ Gebäude ...	... diesem interessanten Gebäude ...

26. Können Sie das Radio reparieren?

... mein__ Auto ...	... mein Auto ...
... unser__ Heizung ...	... unsere Heizung ...
... dies__ Wasserhahn ...	... diesen Wasserhahn ...
... mein__ Fernsehapparat ...	... meinen Fernsehapparat ...
... d__ Kühlschrank ...	т.. den Kühlschrank ...
... dies__ Plattenspieler ...	... diesen Plattenspieler ...
... unser__ Schreibmaschine ...	... unsere Schreibmaschine ...
... d__ Tonbandgerät ...	... das Tonbandgerät ...

27. Ich gehe nicht fort, ohne etwas gegessen zu haben.

    ... die Schiffswerft besichtigt ...
    ... die Zeitung gelesen ...
    ... mein Zimmer saubergemacht ...
    ... die Briefe geschrieben ...
    ... Kaffee getrunken ...
    ... die Anrufe erledigt ...

28. Es ist gut, wenn man das nötigste Werkzeug im Haus hat.

    ... den Wagen vorm Haus parken kann.
    ... eine Autokarte bei sich hat.
    ... sein Auto selbst reparieren kann.
    ... nicht alles selbst machen muss.
    ... beim Übersetzen ein Wörterbuch hat.

VARIATION DRILL

1. Am Donnerstag passt es mir am besten.

On Thursday it's most convenient for me.

  a. Since last Monday I haven't seen him.

Seit vorigem Montag habe ich ihn nicht gesehen.

  b. After the fifteenth of the month he never has any money.

Nach dem fünfzehnten des Monats hat er nie Geld.

  c. In the year 2000 it's supposed to get better.

Im Jahre 2000 soll es besser werden.

  d. No, on that day I don't have time [to see you].

Nein, an diesem Tag habe ich keine Zeit.

  e. Before the first of January these orders can't be counted on.

Vor dem ersten Januar ist mit diesen Aufträgen nicht zu rechnen.

2. Sie müssen die Miete vor dem dritten jedes Monats bezahlen.

You have to pay the rent before the third of each month.

  a. He hasn't eaten for days now.

Er hat schon seit Tagen nicht mehr gegessen.

  b. The price of rooms in this resort will get cheaper after the first Monday in September.

Die Preise der Zimmer in diesem Kurort werden nach dem ersten Montag im September billiger.

  c. He will be back on the first of April.

Er wird am ersten April wieder zurück sein.

  d. She was still in Switzerland a month ago.

Sie war vor einem Monat noch in der Schweiz.

  e. Come again in a week.

Kommen Sie in einer Woche wieder.

3. Wir fahren um fünf Uhr in die Stadt.   We're driving down town at five o'clock.

    a. She won't have time to see me
      ('for me') until next month.
    b. We always eat lunch at this time.
    c. At six minutes past ten we'll be
      in Munich.
    d. He wanted to stay in Helgoland
      until last Thursday.

Sie wird bis nächsten Monat keine Zeit
für mich haben.
Wir essen immer um diese Zeit zu Mittag.
Um zehn Uhr sechs werden wir in München
sein.
Bis vorigen Donnerstag wollte er auf
Helgoland bleiben.

4. Bis zum letzten Jahr fuhren wir im
Sommer immer an die See.   Up to last year we always went to the
seashore in the summer.

    a. Across from the Ministry of
      Economic Affairs is the Board
      of Health.
    b. This streetcar only goes up to
      the 'Königsplatz'.
    c. The municipal library is across
      from the university library.
    d. Across from the town hall is
      the Chamber of Commerce.
    e. Will you be staying here up
      until next Sunday?

Gegenüber vom Wirtschaftsministerium
ist das Gesundheitsamt.

Diese Strassenbahn fährt nur bis zum
Königsplatz.
Die Stadtbibliothek steht gegenüber
von der Universitätsbibliothek.
Dem Rathaus gegenüber ist die Handels-
kammer.
Werden Sie bis zum nächsten Sonntag
hier bleiben?

5. Der Installateur wurde gerade
gerufen.   The appliance man has just been called.

    a. Have the various appliances
      already been demonstrated?
    b. The rooms were reserved yester-
      day.
    c. This apartment house was only
      built last year.
    d. Many historical buildings were
      destroyed during the war.

Wurden die verschiedenen Geräte schon
vorgeführt?
Die Zimmer wurden gestern reserviert.

Dieses Wohnhaus wurde erst voriges
Jahr gebaut.
Viele historische Gebäude wurden
während des Krieges zerstört.

6. Das Buch kann von Ihrem Sohn jetzt
in der Buchhandlung abgeholt werden.   The book can be picked up by your son
at the bookstore now.

    a. You were called by the store.
    b. This house was destroyed by a
      fire.
    c. The suitcases can be picked up
      at the hotel by the porter
      tomorrow morning.
    d. The dictionary can be ordered
      through the bookstore.

Sie wurden vom Geschäft angerufen.
Dieses Haus ist durch einen Brand
zerstört worden.
Die Koffer können morgen früh vom
Gepäckträger im Hotel abgeholt werden.

Das Wörterbuch kann durch die Buchhandlung bestellt werden.

7. Es war nicht nur der Film zu entwickeln, sondern meine Vergrösserungen müssten auch fertig sein.

   Getting the film developed wasn't the
   only thing, my enlargements ought to
   be ready too.

   a. His wife drove to the sailing
      regatta, and he looked at two
      large shipyards.

      Seine Frau fuhr zur Segelregatta, und
      er sah sich zwei grosse Schiffswerften
      an.

   b. He can ride with us in our car
      today, or he'll have to come
      later by train tomorrow.

      Er kann heute in unserem Wagen mit-
      fahren, oder er muss morgen mit dem
      Zug nachkommen.

   c. I've already bought the book,
      but I haven't read it yet.

      Ich habe das Buch schon gekauft, aber
      ich habe es noch nicht gelesen.

   d. You didn't go on this trip to
      purchase tax-free liquor, (but)
      you were to take care of the
      business obligations!

      Sie sind nicht zum Einkauf zollfreier
      Spirituosen auf diese Reise gegangen,
      sondern Sie sollten die geschäftlichen
      Aufträge erledigen!

8. Wenn Sie Fragen haben, wenden Sie
   sich ruhig an den Buchhändler.

   If you have any questions don't hesitate
   to go to the dealer.

   a. If you don't have a road map
      I'll gladly lend you mine.

      Wenn Sie keine Autokarte haben, leihe
      ich Ihnen gern meine.

   b. If you (fam pl) go to Helgoland,
      try the fresh lobster(s) sometime.

      Wenn ihr nach Helgoland fahrt, probiert
      mal die frischen Hummern.

   c. If you can't come along today
      I'll put off the trip.

      Wenn Sie heute nicht mitfahren können,
      schiebe ich die Reise auf.

   d. If you take this train you'll
      be in Munich at eight o'clock.

      Wenn Sie mit diesem Zug fahren, sind
      Sie um acht Uhr in München.

9. Wenn bisher etwas im Haus kaputt
   ging, habe ich immer einen Handwerker gerufen.

   Up to now when something in the house
   went on the blink I always called a
   workman.

   a. Whenever the car went on the
      blink I took it to the garage
      on 'Schuberstrasse'.

      Immer wenn das Auto kaputt ging, habe
      ich es in die Reparaturwerkstatt in
      der Schubertstrasse gebracht.

   b. When we came from a swim we
      usually went right to the
      snack bar.

      Wenn wir vom Schwimmen kamen, sind
      wir meistens gleich in die Imbisstube
      gegangen.

   c. Up to now when I called the
      appliance man he always came
      immediately.

      Wenn ich bisher den Installateur rief,
      ist er immer sofort gekommen.

   d. Every time I called him up he
      wasn't at home.

      Jedesmal wenn ich ihn anrief, war er
      nicht zu Hause.

   e. Up to now when something went
      wrong he always went to his
      father.

      Wenn bisher etwas schief ging, hat er
      sich immer an seinen Vater gewandt.

10. Als der Wasserhahn tropfte, konnte
ich tagelang keinen Klempner bekommen.

When the faucet was dripping I couldn't
get a plumber for days.

   a. When I looked at the tape recorders I found them very ex-
   pensive.

   Als ich mir die Tonbandgeräte ansah,
   fand ich sie sehr teuer.

   b. When the plumber came the appliance man was already there.

   Als der Klempner kam, war der Installateur schon da.

   c. When I was studying at [the
   University of] Bonn I often
   conversed with Pofessor Albers.

   Als ich in Bonn studierte, habe ich
   mich oft mit Professor Albers unterhalten.

   d. When the telephone rang the
   secretary lifted the receiver.

   Als das Telephon klingelte, nahm die
   Sekretärin den Hörer ab.

11. Wissen Sie, wann wir zur Konferenz
kommen sollen?

Do you know when we're supposed to
come to the conference?

   a. Did he say when he came [back]
   from swimming?

   Sagte er, wann er vom Schwimmen gekommen ist?

   b. She didn't say when the enlargements were made.

   Sie hat nicht gesagt, wann die Vergrösserungen gemacht worden sind.

   c. Have you heard when the new sets
   were demonstrated?

   Haben Sie gehört, wann die neuen
   Apparate vorgeführt worden sind?

   d. He doesn't know when she went
   to the 'Weserbergland'

   Er weiss nicht, wann sie ins Weserbergland gefahren ist.

12. Wir können in der Stadt bleiben,
bis die Geschäfte schliessen.

We can stay down town until the stores
close.

   a. You often have to wait for days
   until the workmen come.

   Man muss oft tagelang warten, bis die
   Handwerker kommen.

   b. I can't go out until he comes
   home.

   Ich kann nicht fortgehen, bis er nach
   Hause kommt.

   c. He still wants to do a few errands before the stores close.

   Er will noch einige Besorgungen machen,
   bevor die Geschäfte schliessen.

   d. He can count on a few new orders
   before he goes to England.

   Er kann mit einigen neuen Aufträgen
   rechnen, ehe er nach England fährt.

13. Er studierte in Göttingen, bis
seine Eltern nach München zogen.

He studied at [the University of]
Göttingen until his parents moved
to Munich.

   a. I had to stand in line for an
   hour until I got a ticket to
   the concert.

   Ich musste eine Stunde anstehen, bis
   ich eine Konzertkarte bekam.

   b. I often went to the theater
   when I was living in Berlin.

   Ich ging oft ins Theater, als ich in
   Berlin wohnte.

   c. He bought himself a monkey
   wrench because he had to fix
   something.

   Er kaufte sich einen Engländer, weil
   er etwas reparieren musste.

   d. She didn't visit her acquaint-
   ances in Berlin since she didn't
   have enough time.

   Sie besuchte ihre Bekannten in Berlin
   nicht, da ihre Zeit nicht ausreichte.

14. <u>Wir brauchen bloss über die Strasse</u>
<u>zu gehen.</u>   <u>We just need to go across the street.</u>

   a. We hope to see you soon at our
      house.   Wir hoffen, Sie bald bei uns zu sehen.

   b. We'll try to reach him tomorrow.   Wir versuchen, ihn morgen zu erreichen.

   c. They intend to come a few days
      later.   Sie beabsichtigen, in einigen Tagen
                 nachzukommen.

   d. He forgot to repair the faucet.   Er vergass den Wasserhahn zu reparieren.

   e. We don't need to process the
      applications any more.   Wir brauchen die Anträge nicht mehr zu
                 bearbeiten.

15. <u>Wir gingen ins Photogeschäft, um</u>
<u>uns Photoapparate anzusehen.</u>   <u>We went into the camera shop to look</u>
                                      <u>at cameras.</u>

   a. He read the book without under-
      standing it.   Er las das Buch, ohne es zu verstehen.

   b. I'm going down town to buy my
      mother something for her birth-
      day.   Ich gehe in die Stadt, um meiner Mutter
                 etwas zum Geburtstag zu kaufen.

   c. Here you dial zero zero in
      order to place a long distance
      call.   Hier wählt man Null Null, um ein Fern-
                 gespräch anzumelden.

   d. We asked them to meet us in
      front of the Victory Column.   Wir baten sie, uns vor der Siegessäule
                 zu treffen.

16. <u>Ich gehe nicht gern fort, ohne</u>
<u>etwas gegessen zu haben.</u>   <u>I don't like to go out without having</u>
                                      <u>eaten something.</u>

   a. He bought the appliance with-
      out having seen other sets.   Er kaufte das Gerät, ohne andere Appa-
                 rate gesehen zu haben.

   b. We took the route without
      having looked at the road map.   Wir fuhren die Strecke, ohne uns die
                 Autokarte angesehen zu haben.

   c. I bought the pullover without
      having tried it on.   Ich kaufte den Pullover, ohne ihn an-
                 probiert zu haben.

   d. It really was worth it to have
      stood in line for the tickets
      for such a long time.   Es hat sich wirklich gelohnt, für die
                 Theaterkarten so lange angestanden zu
                 haben.

17. <u>Ich gehe nicht fort, ohne etwas</u>
<u>gegessen zu haben.</u>
<u>Ich gehe nicht fort, bis ich etwas</u>
<u>gegessen habe.</u>   <u>I'm not going out without having</u>
                                      <u>eaten something.</u>
                                      <u>I'm not going out until I've eaten</u>
                                      <u>something.</u>

   a. You mustn't go (out) without
      having looked at the various
      sets (first).   Sie dürfen nicht fortgehen, ohne sich
                 vorher die verschiedenen Apparate an-
                 gesehen zu haben.

   b. You mustn't go out until you've
      looked at the various sets.   Sie dürfen nicht fortgehen, bis Sie
                 sich die verschiedenen Apparate ange-
                 sehen haben.

   c. I don't want to say anything
      about his work without having
      heard something more about it.   Ich will nichts über seine Arbeit sagen,
                 ohne etwas mehr darüber gehört zu haben.

   d. I don't want to say anything
      about his work until I've heard
      something more about it.   Ich will nichts über seine Arbeit sagen,
                 bis ich etwas mehr darüber gehört habe.

e. You can't get the passport without having filled out all the
   forms.

Sie können den Pass nicht bekommen, ohne
alle Formulare ausgefüllt zu haben.

f. You can't get the passport until
   you've filled out all the forms.

Sie können den Pass nicht bekommen, bis
Sie alle Formulare ausgefüllt haben.

18. Ich komme gerade vom Schwimmen.

I've just come from a swim ('from
swimming').

a. The children are just (in the
   process of) eating.

Die Kinder sind gerade beim Essen.

b. He needed a lot of time to think.

Er brauchte viel Zeit zum Überlegen.

c. I don't feel like writing.

Ich habe keine Lust zum Schreiben.

d. We were helping them move ('in
   the process of moving').

Wir halfen ihnen beim Umziehen.

e. They were just (in the midst of)
   unpacking.

Sie waren gerade beim Auspacken.

19. Zum Übersetzen des Artikels hatte
ich bisher noch keine Zeit.

Up to now I've had no time for translating the article.

a. After looking over the buildings
   we went into the Congress Hall
   too.

Nach dem Besichtigen der Gebäude gingen
wir noch in die Kongresshalle.

b. Since seeing the Kellers again
   we've gone to the theater
   together frequently.

Seit dem Wiedersehen mit Kellers sind
wir öfters zusammen ins Theater gegangen.

c. While films are being developed
   this door must remain closed.

Während des Entwickelns der Filme muss
diese Tür geschlossen bleiben.

d. Did you have to wait long for
   the shoes to be soled?

Haben Sie auf das Besohlen der Schuhe
lange warten müssen?

e. I have nothing against renting
   ('letting') the room.

Ich habe nichts gegen das Vermieten
des Zimmers.

20. Ich muss einen Film entwickeln
lassen.

I have to get a film developed.

a. I have to have my typewriter
   repaired.

Ich muss meine Schreibmaschine reparieren lassen.

b. She wants to have her shoes
   soled.

Sie will ihre Schuhe besohlen lassen.

c. We'd like to have our meal
   brought up to the room.

Wir möchten unser Essen aufs Zimmer
bringen lassen.

d. He wanted to have his car washed
   today.

Er wollte heute seinen Wagen waschen
lassen.

21. Wo lassen Sie sich die Haare schneiden?

Where do you get your hair cut?

a. Have them give you (fam sg)
   another road map; this one is
   too old.

Lass' dir eine andere Autokarte geben,
diese ist zu alt.

b. Have them show you several dic-
   tionaries.

Lassen Sie sich doch mehrere Wörter-
bücher zeigen.

c. Have them demonstrate various
   tape recorders to you (fam pl).

Lasst Euch verschiedene Tonbandgeräte
vorführen.

d. Get them to give you (fam sg)
   a catalog.

Lass' dir einen Katalog geben.

22. <u>Ich lasse die Vergrösserungen</u>　　　　<u>I'm having the enlargements done later.</u>
    <u>später machen.</u>

    a. We'll have to declare the car　　　　Wir müssen das Auto in New York ver-
       for customs in New York.　　　　　　zollen lassen.
    b. They're having the new regu-　　　　Sie lassen sich die neuen Bestimmungen
       lations explained to them.　　　　　erklären.
    c. I'll have them demonstrate a　　　　Ich werde mir mal einige Geräte vor-
       few sets to me.　　　　　　　　　　führen lassen.
    d. He asked for ('had them give　　　　Er liess sich mehrere Berichte geben.
       him') several reports.

23. <u>Kann ich meinen Wagen hinter dem</u>　　<u>Can I leave my car (standing) behind</u>
    <u>Haus stehen lassen?</u>　　　　　　　　<u>the house?</u>

    a. The Memorial Church is to remain　　Die Gedächtniskirche soll als Mahnmal
       (standing) as a solemn reminder.　　stehen bleiben.
    b. Do you want to hear my aunt sing　　Wollen Sie mal meine Tante singen
       sometime?　　　　　　　　　　　　hören?
    c. You (fam sg) must meet his　　　　　Du musst mal seinen Bruder kennen-
       brother sometime.　　　　　　　　　lernen.
    d. I saw that coming.　　　　　　　　Ich habe das kommen sehen.

24. <u>Hören Sie ihn nicht singen?</u>　　　　　<u>Don't you hear him singing?</u>

    a. We saw him standing in front of　　Wir sahen ihn vor der Post stehen.
       the post office.
    b. The children are learning to　　　　Die Kinder lernen in der Schule
       read and write in school.　　　　　schreiben und lesen.
    c. She kept him waiting in the　　　　Sie liess ihn eine ganze Weile im
       café for quite a while.　　　　　　Café warten.
    d. The road map was left ('remained')　Die Autokarte blieb auf dem Tisch
       lying on the table.　　　　　　　　liegen.

25. <u>Sie hat ihn zum Kiosk laufen sehen.</u>　　<u>She saw him run to the news stand.</u>

    a. We've heard him tell that many　　　Das haben wir ihn schon öfter erzählen
       times already.　　　　　　　　　　hören.
    b. I left the ticket (lying) at　　　　Ich habe die Fahrkarte zu Hause liegen
       home.　　　　　　　　　　　　　　lassen.
    c. He saw us eating at the snack　　　Er hat uns in der Imbisstube essen
       bar.　　　　　　　　　　　　　　sehen.
    d. We met them in Munich.　　　　　　Wir haben sie in München kennengelernt.
    e. The car stopped ('remained　　　　Das Auto ist an der Ecke stehengeblie-
       standing') at the corner.　　　　　ben.

26. <u>Mir fällt ein, meine Vergrösserungen</u>　<u>I just remember, my enlargements</u>
    <u>müssten fertig sein.</u>　　　　　　　　<u>ought to be ready.</u>

    a. What I wanted to say was - you　　　Was ich sagen wollte - ihr kommt doch
       (fam pl) are coming along to　　　　mit in die Imbisstube, nicht wahr?
       the snack bar, aren't you?
    b. Before I forget (it) - your　　　　Ehe ich's vergesse - Sie möchten Ihre
       wife would like you to call her.　　Frau anrufen.
    c. It just occurs to me I need a　　　Da fällt mir gerade ein, ich brauche
       screwdriver too.　　　　　　　　　ja auch einen Schraubenzieher.

d. What I wanted to say was - I
   found out a little while ago
   that the record player has gone
   on the blink.

Was ich sagen wollte - ich stellte
vorhin fest, dass der Plattenspieler
kaputt gegangen ist.

e. Before I forget it - you (fam sg)
   received an invitation from the
   Müllers.

Ehe ich's vergesse - du hast eine
Einladung von Müllers bekommen.

VOCABULARY DRILL

1. <u>lassen</u> - "leave"

a. Ich habe das Auto heute zu
   Hause gelassen.

I left the car at home today.

b. Lassen Sie Ihre Frau und die
   beiden Kinder in Amerika?

Are you leaving your wife and the
two children in America?

c. Ich lasse den Bericht bei Ihnen.

I'll leave the report with you.

d. Wo hast du den Wagen stehen
   lassen?

Where did you (fam sg) leave the car
(standing)?

e. Wo hast du den Wagen gelassen?

Where did you (fam sg) leave the car?

f. Habt ihr die Mäntel im Hotel
   gelassen?

Did you (fam pl) leave the coats in
the hotel?

g. Wir haben die Mäntel im Hotel
   hängen lassen.

We left the coats (hanging) in the
hotel.

2. <u>niemand</u> - "nobody, not ... anybody, no one, not ... anyone"

a. Niemand hat ihn heute gesehen.

Nobody has seen him today.

b. Auf der Gesellschaft sah ich
   niemand(en), den ich kannte.

At the party I didn't see anybody
I knew.

c. Niemand konnte mir über die
   jüngsten Ergebnisse der Verhandlung Auskunft geben.

No one could give me information about
the most recent results of the negotiations.

d. Er sprach mit niemand(em) über
   seine Aufträge.

He didn't talk to anyone about his
obligations.

e. Er kennt niemand(en) im Ministerium.

He doesn't know anybody at the
Ministry.

f. Diese Auskunft werden Sie von
   niemand(em) bekommen.

You won't get this information from
anyone.

3. <u>sondern</u> - "but, rather"

a. Er kommt nicht heute, sondern
   morgen.

He's not coming today but tomorrow.

b. Ich habe nicht nur eine Frage,
   sondern viele Fragen.

I don't have just one question; I
have a lot of questions!

c. Er fuhr nicht mit dem Auto,
   sondern mit dem Zug.

He didn't go by car but by train.

d. Meine Frau hat den Fernsehapparat
   nicht verkauft, sondern sie hat
   ihn auf den Boden gebracht.

My wife didn't sell the television
set; rather she took it up to the
attic.

4. **während** - "during, while"

a. Kann ich meinen Wagen während　　　Can I leave my car here meanwhile
   dieser Zeit hier stehen lassen?　　 ('during this time')?
b. Während der Industriemesse ist　　 During the industrial exposition it's
   es schwer ein Zimmer zu bekommen.　difficult to get a room.
c. Ich sah ihn öfters während der　　　I saw him frequently during the
   Tagung.　　　　　　　　　　　　　　 meeting.
d. Wir waren während des Gewitters　　 We were in the White Stag Inn during
   im Gasthof zum Weissen Hirsch.　　　the thunderstorm.
e. Während unseres Urlaubs war das　　 The weather was very nice during our
   Wetter sehr schön.　　　　　　　　　 leave.

5. **(sich) überlegen** - "consider, reflect on, think something over"

a. Er überlegte lange, ehe er ihn　　　He reflected for a long time before he
   beriet.　　　　　　　　　　　　　　 advised him.
b. Ich will mir den Einkauf noch　　　　I want to think over the purchase for
   eine Weile überlegen.　　　　　　　　a while yet.
c. Er überlegte sich, ob er ein　　　　 He considered whether (he was) to order
   Wörterbuch bestellen sollte.　　　　a dictionary.
d. Die Herren überlegten, ob sie　　　　The gentlemen considered whether (they
   die Besprechung aufschieben　　　　　were) to put off the conference.
   sollten.
e. Haben Sie sich schon überlegt,　　　Have you already considered which set
   welches Gerät Sie kaufen wollen?　　you want to buy?
f. Er überlegt sich gerade die　　　　　He's just considering which tour
   Tour, die er machen will.　　　　　　('the tour') he wants to take.

6. **die Ahnung** - "idea"

a. Ich hatte keine Ahnung, wie　　　　　I had no idea how much television sets
   teuer heutzutage Fernsehapparate　 are nowadays.
   sind.
b. Haben Sie eine Ahnung, wie lange　　Do you have any idea how long the
   die Konferenz dauern wird?　　　　　 conference will last?
c. Ich hatte von diesem Auftrag　　　　 I didn't know anything about this
   keine Ahnung.　　　　　　　　　　　　order.
d. Wir hatten keine Ahnung, dass　　　　We had no idea that it was ('is') so
   es schon so spät ist.　　　　　　　　late already.
e. Ich habe keine Ahnung, ob die　　　　I have no idea whether the conference
   Konferenz aufgeschoben worden　　　 has been put off [or not].
   ist.

7. **meinetwegen** - "on my account, as far as I'm concerned"

a. Meinetwegen brauchen wir heute　　　We don't need to go down town today
   nicht in die Stadt zu fahren.　　　 on my account.
b. Meinetwegen kannst du auch näch-　　As far as I'm concerned you (fam sg)
   ste Woche die Abzüge machen　　　　　can just as well have the prints made
   lassen.　　　　　　　　　　　　　　　next week.
c. Essen wir nur meinetwegen Brat-　　 Are we only having sausage and sauer-
   wurst mit Sauerkraut?　　　　　　　　kraut because of me?
d. Meinetwegen kommt er sicher　　　　　He's certainly not coming to Germany
   nicht nach Deutschland.　　　　　　　to see me.

8. <u>vorführen</u> - "demonstrate"

   a. Ich möchte mir gern einige Fern-   I'd like to have some television sets
      sehapparate vorführen lassen.   demonstrated to me.
   b. Er führte mir die neuen Tonband-   He demonstrated the new tape recorders
      geräte vor.   to me.
   c. Der Verkäufer hat uns mehrere   The salesman demonstrated several record
      Plattenspieler vorgeführt.   players to us.
   d. In einigen Tagen wird man auf   In a few days they'll be demonstrating
      der Industriemesse die neuen   the new sets at the industrial exposi-
      Apparate vorführen.   tion.

9. <u>bei</u> - "in (the process of), while"

   a. Meine Frau ist gerade beim   My wife is just (in the process of)
      Saubermachen.   cleaning up.
   b. Beim Auspacken der Kiste stellte   In unpacking the crate I found out that
      ich fest, dass viel Geschirr   a lot of dishes had gotten broken.
      kaputtgegangen war.
   c. Bei der Bestellung des Zimmers   In reserving the room Mr. Schmidt had
      hatte Herr Schmidt vergessen zu   forgotten to say how long he wanted
      sagen, wie lange er bleiben   to stay.
      wollte.
   d. Beim Ausfüllen des Meldescheins   While [he was] filling out the regis-
      ging sein Füller kaputt.   tration blank his pen went on the blink.

10. <u>feststellen</u> - "find (out), ascertain, determine"

   a. Was hat die Reparaturwerkstatt   What did the garage find out?
      festgestellt?
   b. Können Sie feststellen, ob es   Can you determine whether it's still
      sich noch lohnt, dieses Tonband-   worth repairing this tape recorder?
      gerät zu reparieren?
   c. Wie kann man die Qualität des   How can one ascertain the quality of
      Stoffes feststellen?   the cloth?
   d. Als ich im Zug sass, stellte ich   When I was sitting in the train I found
      fest, dass ich meine Aktenmappe   that I had left my briefcase at the
      im Büro gelassen hatte.   office.

11. <u>auf sich warten lassen</u> - "keep (someone) waiting, take one's time
                         (about something)"

   a. Professor Albers liess wieder   Professor Albers kept us waiting
      mal lange auf sich warten.   (a long time) again.
   b. Heutzutage lassen die Handwerker   Nowadays the workmen often keep you
      oft tagelang auf sich warten.   waiting for days.
   c. Der Auftrag von Herrn Wegner   Mr. Wegner's order kept us waiting
      hat diesmal lange auf sich   for quite a while this time.
      warten lassen.
   d. Ich lasse nicht gern auf mich   I don't like to keep people waiting.
      warten.
   e. Der Ober lässt lange auf sich   The waiter is taking his time about
      warten.   it.

12. <u>dauern</u> - "last, take"

a. Die Konferenz dauerte viereinhalb Stunden.

The conference lasted for four hours and a half.

b. Wird die Besprechung lange dauern?

Will the conference take long?

c. Der Krieg dauerte sechs Jahre.

The war lasted six years.

d. Wie lange dauern deine Besorgungen in der Stadt?

How long will your errands down town take? (fam sg)

e. Es hat mehrere Tage gedauert, bis wir von ihm hörten.

It was several days until we heard from him.

f. Wie lange wird das Entwickeln der Filme dauern?

How long will (the) developing (of) the films take?

13. <u>eine Weile</u> - "a while"

a. Er sitzt schon eine Weile in der Imbisstube.

He's been sitting in the snack bar for a while now.

b. Es hat eine Weile gedauert, bis die Handwerker kamen.

It took a while ('until') the workmen came.

c. Sie müssen noch eine Weile warten, bis der Zug einläuft.

You'll still have to wait a while until the train comes in.

d. Sie blieb eine ganze Weile an ihrem Schreibtisch sitzen und schrieb, bevor sie fortging.

She stayed at her desk writing ('and wrote') for quite a while before she went out.

14. <u>in Anspruch nehmen</u> - "take (up), lay claim to"

a. Die Verhandlungen über die Konzernbildung haben mehrere Monate in Anspruch genommen.

The negotiations on the formation of the combine took several months.

b. Darf ich Ihre Zeit einen Augenblick in Anspruch nehmen?

May I take a moment of your time? ('May I take up your time for a moment?')

c. Die Arbeit des Installateurs nahm nur wenig Zeit in Anspruch.

The appliance man didn't take much time for the job. ('The work of the appliance man took but little time.')

d. Ich werde Sie nicht lange in Anspruch nehmen.

I won't take much of your time.

e. Das Entwickeln des Films nimmt nicht viel Zeit in Anspruch.

Developing the film won't take much time.

15. <u>der Apparat</u>　- "apparatus, set"
　　<u>das Gerät</u>　　- "appliance, set, tool"
　　<u>das Werkzeug</u> - "tool(s)"

a. Dieses Gerät kann Ihnen jeder Installateur reparieren.

Any appliance man can fix this appliance for you.

b. In diesem Radiogeschäft kann man nicht nur Radios sondern auch zahlreiche andere Geräte kaufen.

In this radio store you can buy not only radios but numerous other appliances as well.

c. Der Ton dieses Apparates ist nicht sehr gut.

This set doesn't have a very good tone.

d. Hammer, Zange und Schraubenzieher sind Werkzeuge, die man in einer Eisenwarenhandlung kaufen kann.

Hammer, pliers and screwdriver are tools you can buy at a hardware store.

e. Diesen Apparat können Sie nicht mehr reparieren lassen.

You can't have this set repaired any more.

f. Der Klempner hat sein Werkzeug vergessen.

The plumber forgot his tools.

VERB AND PREPOSITION DRILL - Part I

In the following drill all the verb-preposition complexes we have encountered up to this point are listed with a few sample sentences and their English equivalents. After practice as a vocabulary drill it should be gone through once more, each student now adding a short sentence of his own to each verb-preposition group.

1. <u>sich gewöhnen an</u> - "become accustomed to, get used to"

    a. Er kann sich noch nicht an das
       Klima in Deutschland gewöhnen.
    b. Wir konnten uns nicht daran
       gewöhnen.
    c. Sie kann sich nicht an die
       französischen Zigaretten ge-
       wöhnen.

He still can't get used to the climate in Germany.
We couldn't get used to it.
She can't get used to (the) French cigarettes.

2. <u>grenzen an</u> - "border on"

    a. Frankreich, Deutschland, Italien
       und Österreich grenzen an die
       Schweiz.
    b. Die Schweiz grenzt an Deutsch-
       land, Frankreich, Italien und
       Österreich.
    c. Dänemark grenzt an die Nordsee
       und die Ostsee.

France, Germany, Italy and Austria border on Switzerland.

Switzerland borders on Germany, France, Italy and Austria.

Denmark borders on the North Sea and the Baltic.

3. <u>vorbeikommen an</u> - "come by, pass"

    a. Wenn wir an der Buchhandlung
       Müller vorbeikommen, möchte ich
       mir gleich ein Wörterbuch kaufen.
    b. Als ich durch Süddeutschland fuhr,
       kam ich an vielen alten Kirchen
       vorbei.
    c. Wenn Sie vom Brandenburger Tor zur
       Kongresshalle fahren, kommen Sie
       am Reichstagsgebäude vorbei.

If we come by Müller's Bookstore I'd like to make a quick purchase of a dictionary.
When I was driving through Southern Germany I passed (by) many old churches.

When you drive from the Brandenburg Gate to the Congress Hall you'll pass the Reichstag building.

4. <u>schreiben an</u> - "write to"

    a. Er schrieb einen Brief an das
       Wirtschaftsministerium.
    b. Hat sie schon den Brief an den
       Betriebsleiter geschrieben?
    c. Wir schreiben gerade eine Ansichts-
       karte an unsere Eltern.
    d. Werden Sie mal an mich schreiben?

He wrote a letter to the Ministry of Economic Affairs.
Has she written the letter to the plant manager yet?
We're just writing a picture postcard to our parents.
Will you write to me sometime?

5. <u>sich wenden an</u> - "turn, apply, go to (someone for help)"

   a. Ich habe mich an den Gewerk-   I went to the union secretary for
       schaftssekretär gewandt.   help.
   b. Darf ich mich an Sie wenden?   May I come to you for assistance?
   c. Er hat sich an den Architekten   He went to the architect to get
       gewandt, um eine Auskunft über   information about the new construction
       die neuen Bauprojekte zu be-   projects.
       kommen.
   d. Ich weiss nicht, an wen ich mich   I don't know who to turn to.
       wenden soll.
   e. Ich möchte eine Auskunft über   I would like some information about
       Kartellfragen haben; an wen   cartel questions; whom can I go to
       kann ich mich im Wirtschafts-   at the Ministry of Economic Affairs?
       ministerium wenden?

6. <u>ankommen auf</u> -   "depend, hinge on"
   <u>es kommt darauf an</u> - "the important thing (for someone) is"

   a. Es kommt auf das Wetter an, ob   It depends on the weather whether
       wir fahren.   we go [or not].
   b. Ja, darauf kommt es an!   Yes, that's the important thing!
   c. Mir kam es darauf an, wirklich   The important thing for me was to
       frische Austern zu bekommen.   get some really fresh oysters.
   d. Es kommt darauf an, ihn noch im   The important thing is to reach him
       Büro zu erreichen.   at his office still.
   e. Es kommt darauf an, was der   It depends on what the plant manager
       Betriebsleiter dazu sagen wird.   will say to that.

7. <u>blicken auf</u> - "look toward, cast a glance at"

   a. Von diesem Fenster blicken Sie   From this window you look directly
       direkt auf die Alpen.   toward the Alps.
   b. Auf was blicken Sie?   What are you casting your glances at?
   c. Fahr' langsamer, Klaus, der Poli-   Drive slower, Klaus, the policeman
       zist blickt auf uns!   is looking our way!

8. <u>sich freuen auf</u> - "look forward to"

   a. Ich freue mich schon auf die   I'm looking forward to the Alps
       Alpen.   already.
   b. Freust du dich schon auf deinen   Are you (fam sg) looking forward
       Urlaub?   to your leave?
   c. Er freut sich auf den Besuch   He's looking forward to his mother's
       seiner Mutter.   visit.

9. <u>warten auf</u> - "wait for"

   a. Ich warte schon zwanzig Minuten   I've been waiting for you for twenty
       auf Sie.   minutes already.
   b. Sie wartet auf den Zug.   She's waiting for the train.
   c. Herr Ober! Wir warten schon seit   Waiter! We've been waiting for the
       einer halben Stunde auf die   oysters for half an hour now.
       Austern.
   d. Ich habe schon lange auf die   I've waited for a long time for an
       Gelegenheit gewartet, mal mit   opportunity to talk to you.
       Ihnen zu sprechen.

10. <u>zurückgehen auf</u> - "go back to, can be traced back to, have its origin in"

    a. Die historische Bedeutung des   The historical significance of the
       Teutoburger Waldes geht auf die   Teutoburger Wald goes back to the
       Schlacht im Jahre 9 n.Chr. zu-   battle in 9 A.D.
       rück.

    b. Der Name "Kurfürstendamm" geht   The name "Kurfürstendamm" has its
       auf den Kurfürsten zurück, der   origin in the elector who rode to
       dort vor einigen hundert Jahren   [see] his ladylove there several
       zu seiner Geliebten ritt.   hundred years ago.

    c. Dass es auf Helgoland zollfreie   [The fact] that there are duty-free
       Spirituosen gibt, geht auf Ver-   alcoholic beverages in Helgoland can
       handlungen zwischen Deutschland   be traced back to negotiations between
       und Grossbritannien im Jahre   Germany and Great Britain in 1890.
       1890 zurück.

    d. Der Name "Zoologischer Garten"   The name "Zoological Gardens" goes
       geht auf das Jahr 1829 zurück,   back to the year 1829 when the London
       als der Londoner Tiergarten   Zoo received this name.
       diesen Namen bekam.

11. <u>kommen aus</u> - "come from"

    a. Ich komme gerade aus dem Schwarz-   I've just come from the Black Forest.
       wald.

    b. Herr Alexander kommt aus München.   Mr. Alexander comes from Munich.

    c. Frau von Räderloh ist gerade aus   Frau von Räderloh has just come from
       der Schweiz gekommen.   Switzerland.

12. <u>(etwas) einwenden gegen</u> - "object to, have or make (an) objection(s) to"

    a. Was hat Herr Zacharias gegen   What objections does Mr. Zacharias
       dieses Bild einzuwenden?   have to this picture?

    b. Werden Sie etwas gegen dieses   Will you have any objections to the
       Projekt einwenden?   project?

    c. Wandte er etwas gegen Ihren Vor-   Did he have any objection to your
       schlag ein?   suggestion?

    d. Gegen diese Erklärung ist im all-   In general no objection can be made
       gemeinen nichts einzuwenden.   to this explanation.

    e. Ich habe gegen den Einkauf der   I have no objections to the purchase
       zollfreien Spirituosen nichts   of the duty-free alcoholic beverages.
       einzuwenden.

13. <u>fahren mit</u> - "go by or on, take"

    a. Wir fuhren mit dem Dampfer nach   We took a steamer to Helgoland.
       Helgoland.

    b. Heute möchte er nicht mit dem   He doesn't want to take his car
       Auto fahren.   today.

    c. Sie fuhr mit dem Zug ins Weser-   She went to the Weserbergland by
       bergland.   train.

14. __rechnen mit__ - "count on, reckon with"

   a. Ich rechne mit Ihrem Besuch.   I'm counting on your visit.
   b. Der Betriebsleiter hatte nicht   The foreman ('plant manager') had not
      damit gerechnet.   reckoned with it.
   c. Du musst mit dem grossen Appetit   You (fam sg) will have to reckon with
      der Kinder rechnen.   the children's big appetite.

15. __sprechen mit__ - "talk to"

   a. Sie hat gerade mit dem Ober ge-   She just talked to the waiter.
      sprochen.
   b. Bitte sprechen Sie mit meinem   Please talk to my father.
      Vater.
   c. Professor Massenhausen spricht   Professor Massenhausen is talking to
      mit Frau von Jemgung.   Frau von Jemgung.

16. __klingeln nach__ - "ring for"

   a. Herr Marxgrün klingelte nach   Mr. Marxgrün rang for the maid.
      dem Zimmermädchen.
   b. Der Empfangschef hat nach dem   The desk clerk rang for the bellhop.
      Pagen geklingelt.
   c. "Wer klingelte nach mir?" fragte   "Who rang for me?" asked the maid.
      das Zimmermädchen.

17. __sich sehnen nach__ - "long for, yearn for"

   a. Der Kurfürst sehnte sich nach   The elector yearned for his ladylove.
      seiner Geliebten.
   b. Sie sehnte sich nicht nach ihm.   She did not yearn for him.
   c. Sie sehnt sich nach der alten   She longs for her old home.
      Heimat.

18. __bitten um__ - "ask for, request"

   a. Die neue Sekretärin bittet   The new secretary is asking for
      schon wieder um Urlaub.   leave again already.
   b. Ich bitte um Verzeihung.   I beg your pardon.
   c. Darf ich um noch eine Tasse   May I ask for another cup of coffee?
      Kaffee bitten?
   d. Dieter bat seinen Vater um   Dieter asked his father for money
      Geld für den Schulausflug.   for the school outing.

19. __es handelt sich um__ - "it is about, the matter, trouble is"

   a. Worum handelt es sich?   What's the matter?
   b. Wie immer handelt es sich bei   As always at our house the trouble
      uns ums Geld.   is money.
   c. Es hat sich in dem Roman um   The novel was about the elector's
      die Geliebte des Kurfürsten   ladylove.
      gehandelt.

20. <u>sich kümmern um</u> - "take care of, bother about"

    a. Kümmern Sie sich um Ihre   Mind your own business.
       eigenen Angelegenheiten.   ('Take care of your own affairs.')
    b. Er kümmerte sich um alles.   He took care of everything.
    c. Wer kümmert sich um die Kinder?   Who's taking care of the children?

21. <u>abhängen von</u> - "depend on"

    a. Es hängt vom Wetter ab, ob wir   Whether we can have ('make') the
       den Ausflug machen können.   outing or not, depends on the weather.
    b. Meistens hängt alles vom Geld   Usually everything depends on the
       ab.   money.
    c. Der Preis eines Gerätes hängt   The price of an appliance doesn't
       nicht unbedingt von der Qualität necessarily depend on the quality.
       ab.

22. <u>halten von</u> - "think of, think something worth something"

    a. Was halten Sie von dieser Klein- What do you think of this 35 milli-
       bildkamera?   meter camera?
    b. Ich halte nichts von diesen   I don't think these suggestions are
       Vorschlägen.   worth anything.
    c. Halten Sie etwas davon?   Do you think it's any good?
    d. Von diesem Wörterbuch halte ich I don't chink much of this dictionary.
       nicht viel.
    e. Ich weiss nicht, was ich davon   I don't know what to think of it.
       halten soll.

23. <u>ausreichen zu</u> - "be sufficient, enough for; ... has enough ... for ..."

    a. Meine Zeit reicht gerade noch   I have just enough time for an
       zu einem Ausflug nach Helgoland outing to Helgoland.
       aus.
    b. Dieser Stoff reicht nicht zu   This material is not enough for a
       einem Anzug aus.   suit.
    c. Zu diesem Gerät reicht unser   We don't have enough money for this
       Geld nicht aus.   set.

24. <u>passen zu</u> - "go with, match"

    a. Der neue Schreibtisch passt   The new desk goes well with your
       gut zu Ihren Möbeln.   furnishings.
    b. Die Ausführung dieses Fernseh- The style and finish of this tele-
       apparates passt nicht zu unseren vision set doesn't match our
       Möbeln.   furniture.
    c. Das gelbe Sporthemd passt nicht The yellow (soft collar) shirt doesn't
       zu diesem Pullover.   go with this pullover.

VERB AND PREPOSITION DRILL - Part II

This part of the drill is designed as an oral test. Students should <u>not</u> write in their books but should go over the drill with the tutor until they are able to read off each sentence with the appropriate preposition rapidly and without hesitation.

1. Die grüne Krawatte passt nicht ... Ihrem blauen Anzug.
2. Die Pfettrach und Chalupka G.m.b.H. hat ... die neuen Zollbestimmungen gebeten.
3. Ich habe dreimal ... Ihnen geklingelt.
4. Der Landrat blickt ... Frau von Qualitz.
5. Mit diesem Vorschlag wenden Sie sich am besten ... den Betriebsleiter.
6. Er hält sehr viel ... ihr.
7. Bitte warten Sie nicht ... mich, ich muss noch einige Besorgungen machen.
8. Er hat ... seinem Urlaub im August gerechnet.
9. Er kam ... Argentinien.
10. Wir freuen uns ... ihren Besuch.
11. Es handelt sich ... das Telephongespräch mit dem Architekten.
12. ... einer Reise nach Italien reichte unsere Zeit nicht aus.
13. Hielten Sie etwas ... seinen Vorschlägen?
14. Wenn Sie eine Frage haben, wenden Sie sich bitte ... den Empfangschef.
15. Sehntest du dich ... mir?
16. Sprachen Sie schon ... dem Redakteur Dreisörner?
17. ... Ihren Vorschlag habe ich viel einzuwenden.
18. ... den Bodensee grenzen die Schweiz, Deutschland und Österreich.
19. Er hielt wenig ... dem Ergebnis dieser Verhandlungen.
20. Er wartet immer noch ... das Ergebnis der Verhandlung.
21. Ich habe ... Ihre Urlaubspläne nichts einzuwenden.
22. Sind Sie nicht ... der Gedächtniskirche vorbeigekommen?
23. ... Ihnen spreche ich nicht mehr.
24. Sie sagt, sie kümmert sich ... ihre alte Mutter.
25. Wohin wir reisen werden, hängt ... der Jahreszeit ab, in der ich Urlaub habe.
26. Ich wusste nicht, was ich da- ... halten sollte.
27. Es kommt ... die Baupläne an, die unsere Architekten gerade bearbeiten.
28. Die Bedeutung der Gedächtniskirche als Mahnmal geht ... den letzten Krieg zurück.
29. Sie schrieben ... die Buchhandlung.
30. Der Herr Generalkonsul fährt ... der Strassenbahn.
31. ... die Atmosphäre muss ich mich erst gewöhnen.
32. Es kommt da- ... an, ob ihn die Fischerei interessiert.
33. Ich muss mich erst ... das Fahren in der Stadt gewöhnen.

TRANSLATION DRILL

1. Mr. Alexander had to do some shopping and asked Mr. Wegner to take a walk with him down where the stores are.

Herr Alexander musste Besorgungen machen und bat Herrn Wegner, mit ihm durch die Geschäftsstrassen zu gehen.

2. Mr. Wegner however had some objections to that.

Herr Wegner hatte aber etwas dagegen einzuwenden.

3. He had just come from a swim and didn't want to go out without having eaten something.

Er war gerade vom Schwimmen gekommen und wollte nicht gern fortgehen, ohne etwas gegessen zu haben.

4. Wegner suggested ('made the suggestion of') going to the snack bar on the other side of the street.

Wegner machte den Vorschlag in die Imbisstube auf der anderen Seite der Strasse zu gehen.

5. Alexander was able to leave his car behind Wegner's house.

Alexander konnte seinen Wagen hinter Wegners Haus stehen lassen.

6. There was no problem about that, as it's always possible to park there.

Das war ohne weiteres möglich, da man dort immer parken kann.

7. After eating the gentlemen went first to a camera store to get a film developed.

Nach dem Essen gingen die Herren zuerst in ein Photogeschäft, um einen Film entwickeln zu lassen.

8. Alexander had two negatives with him he wanted to have prints made from for his mother's birthday.

Alexander hatte zwei Negative bei sich, von denen er zum Geburtstag seiner Mutter Abzüge machen lassen wollte.

9. Wegner remembered that he wanted not only to get the film developed but also to pick up some enlargements.

Wegner fiel ein, dass er nicht nur den Film entwickeln lassen, sondern auch Vergrösserungen abholen wollte.

10. Alexander was supposed to get a 35 mm camera catalogue for a friend.

Alexander sollte einem Bekannten einen Katalog über Kleinbildkameras besorgen.

11. At the same time also he bought two black and white films and a color film.

Bei der Gelegenheit kaufte er auch gleich zwei Schwarzweissfilme und einen Farbfilm.

12. After they had taken care of their errands at the camera shop they went to a bookstore.

Nachdem sie ihre Besorgungen im Photogeschäft erledigt hatten, gingen sie in eine Buchhandlung.

13. The bookseller advised Alexander [as to] which dictionary he ought to buy.

Der Buchhändler beriet Alexander, welches Wörterbuch er kaufen sollte.

14. After that they went to a shop near the bookstore to get a demonstration on television sets.

Danach gingen sie in ein Geschäft in der Nähe der Buchhandlung, um sich Fernsehapparate vorführen zu lassen.

15. Alexander didn't know how much television sets in Germany cost.

Alexander wusste nicht, wie teuer Fernsehapparate in Deutschland sind.

16. Wegner has a table model with a 17" screen for which he had paid 695 marks.

Wegner hat ein Tischgerät mit einem 43 cm Bildschirm, für das er 695 Mark bezahlt hatte.

17. Alexander bought a television set with [a] built-in radio, record player and tape recorder.

Alexander kaufte sich einen Fernsehapparat mit eingebautem Radio, Plattenspieler und Tonbandgerät.

18. Alexander in addition had to go to a hardware store, because he wanted to buy a hammer, a pair of pliers and a screwdriver.

Alexander musste noch in eine Eisenwarenhandlung gehen, weil er sich Hammer, Zange und einen Schraubenzieher kaufen wollte.

19. Since workmen nowadays keep you waiting a long time he wants to make small repairs himself.

Da die Handwerker heutzutage lange auf sich warten lassen, will er kleine Reparaturen selbst machen.

20. In order to be able to fix the faucet it was necessary for him to buy a monkey wrench in addition.

Um den Wasserhahn reparieren zu können, war es nötig, sich auch noch einen Engländer zu kaufen.

21. The errands took such a long time that they stayed down town until the stores closed.

Die Besorgungen dauerten so lange, dass sie in der Stadt blieben, bis die Geschäfte schlossen.

RESPONSE DRILL

1. Warum ging Herr Alexander zu Herrn Wegner?

Er wollte ihn bitten, mit ihm durch die Geschäftsstrassen zu gehen.

2. Warum hatte Herr Wegner keine Lust gleich mit ihm mitzugehen?

Er war vom Schwimmen gekommen und wollte nicht gern fortgehen, ohne etwas gegessen zu haben.

3. Wo konnten sie essen?

In einer Imbisstube, auf der anderen Seite der Strasse.

4. Wo parkte Herr Alexander den Wagen, mit dem er gekommen war?

Er konnte ihn dort, hinter dem Haus stehen lassen.

5. Was hatten die Herren vor?

Sie hatten vor, zuerst in ein Photogeschäft zu gehen, weil Herr Wegner einen Film entwickeln lassen wollte.

6. Und was hatte Herr Alexander dort zu erledigen?

Er hatte seit mehreren Tagen zwei Negative bei sich, von denen er Abzüge zum Geburtstag seiner Mutter machen lassen wollte.

7. Was fiel Herrn Wegner ein, als er im Photogeschäft war?

Es fiel ihm ein, dass er nicht nur den Film zum Entwickeln bringen musste, sondern dass auch seine Vergrösserungen fertig sein müssten.

8. Um was hat Herrn Alexanders Bekannter gebeten?

Er bat ihn um einen Katalog über Kleinbildkameras.

9. Was war sonst noch zu besorgen?

Alexander wollte sich bei der Gelegenheit gleich noch zwei Schwarzweissfilme und einen Farbfilm kaufen.

10. Warum wollte einer der Herren in die Buchhandlung Müller gehen?

Herr Alexander brauchte ein Wörterbuch, er hat neulich schon vor dem Schaufenster gestanden und überlegt, welches er kaufen sollte.

11. An wen konnte er sich mit Fragen wenden?

An den Buchhändler.

12. Was wollte sich Herr Alexander dann ansehen?

Er wollte sich Fernsehapparate ansehen.

13. Was für ein Gerät hatte Herr Wegner und wie war der Preis?

Wegner hatte ein Tischgerät mit einem 43 cm Bildschirm, für das er DM 695.00 bezahlt hatte.

14. Und was für ein Apparat interessierte Herrn Alexander besonders?

Eine Kombination mit Radio, Plattenspieler und Tonbandgerät.

15. Was sollte der Verkäufer tun?

Er sollte ihnen verschiedene Apparate vorführen.

16. Warum musste Herr Alexander noch in eine Eisenwarenhandlung gehen?

Er brauchte Hammer, Zange und einen Schraubenzieher.

17. Wer hat bisher in Alexanders Haus etwas repariert?

Wenn etwas kaputt ging, wurde der Tischler oder der Installateur, bzw. der Klempner gerufen.

18. Und was hat Herr Alexander dabei festgestellt?

Dass die Handwerker lange auf sich warten lassen.

19. Wie war das mit dem Reparieren des Wasserhahns?

Herr Alexander konnte tagelang keinen Klempner bekommen, als der Wasserhahn im Badezimmer tropfte.

20. Welches andere Werkzeug sollte er sich auch noch kaufen?

Einen Engländer.

21. Nahmen Herrn Alexanders Besorgungen viel Zeit in Anspruch?

Ja, sie dauerten eine Weile.

22. Wie lange konnten die Herren in der Stadt bleiben?

Bis die Geschäfte schlossen.

23. Haben Sie Hammer, Zange und Schrauben-
    zieher, und was tun Sie damit?
24. Haben Sie auch einen Engländer und
    was machen Sie damit?
25. Haben Sie ein Radio oder ein Kombina-
    tionsgerät?
26. Was tun Sie, wenn der Wasserhahn tropft?
27. Was tun Sie, wenn Ihr Tonbandgerät kaputt geht?
28. Was für ein Kameramodell haben Sie?
29. Machen Sie Aufnahmen auf Schwarzweissfilm
    oder Farbfilm?
30. Entwickeln Sie Ihre Negative selbst oder
    lassen Sie sie entwickeln?
31. Wo lassen Sie Abzüge und Vergrösserungen machen?
32. Was für ein Wörterbuch haben Sie?
33. Reparieren Sie selbst einiges im Haus oder lassen
    Sie immer einen Handwerker kommen?

SITUATIONS

1

A. sagt B., dass er in die Stadt
gehen muss. Seine Frau hat bald
Geburtstag und er möchte ihr etwas
Schönes kaufen. B. erkundigt sich,
was er besorgen will und A. sagt,
dass ihm bisher leider noch nichts
eingefallen ist. Da B. gerade nichts
Besonderes vorhat, fragt er A., ob
er ihn begleiten darf. Sie wollen
durch die Geschäftsstrassen gehen
und sich zuerst die Schaufenster ansehen. Vielleicht bekommen sie dann
eine gute Idee.

2

Sie bleiben vor dem Schaufenster einer
Buchhandlung stehen und B. schlägt A.
vor, ein Buch zu kaufen. Aber Frau A.
hat schon eine grosse Bibliothek und
er möchte ihr lieber etwas anderes
besorgen. Er hat im Photokatalog, den
er kürzlich bekam, eine Kamera gesehen,
die ihn sehr interessiert. Er möchte
sie sich gern einmal zeigen lassen.
B. kennt ein gutes Geschäft, in dem er
auch seine Filme entwickeln lässt.
Sie gehen dorthin und A. lässt sich
verschiedene Kameras zeigen und von
dem Verkäufer bei seinem Einkauf beraten.
Er nimmt eine deutsche Kleinbildkamera
für seine Frau und kauft gleich noch
einige Farb- und Schwarzweissfilme.

(Situations No. 3 and No. 4 continued on the next page.)

3   4

X. hört von seiner Frau, als er abends
nach Hause kommt, dass in der Küche
der Wasserhahn tropft. Seine Frau hat
den ganzen Tag versucht, den Klempner
zu erreichen, hatte aber kein Glück.
X. will versuchen, den Wasserhahn zu
reparieren. Leider hat er nicht das
richtige Werkzeug dazu. Er geht zu
seinem Bekannten, Y., der in der Nähe
wohnt und fragt ihn, ob er sich Werkzeug von ihm leihen kann. Er erzählt
ihm, wozu er es braucht und Y. sagt,
dass man heutzutage oft lange auf die
Handwerker warten muss. Es ist besser,
wenn man solche Sachen selbst reparieren kann und dazu das nötigste
Werkzeug im Haus hat.

W. will sich bald ein Fernsehgerät
kaufen und überlegt sich, was für
einen Apparat er nehmen soll. Sein
Kollege X., mit dem er darüber spricht,
gibt ihm die Adresse eines guten Ge-
schäfts. W. bittet seinen Kollegen,
ihn zu begleiten, weil er die Stadt
noch nicht kennt. X. fährt mit seinem
Wagen in die Stadt. Hinter dem Geschäft,
in das sie gehen wollen, ist ein grosser
Parkplatz. Der Verkäufer kennt Herrn X.
und begrüsst die Herren. Sie lassen
sich verschiedene Apparate vorführen und
fragen, wie teuer sie sind. Das Tischgerät, mit einem 43 cm Bildschirm, ist
am billigsten. Am besten gefällt Herrn W.
allerdings die Kombination mit Radio,
Plattenspieler und Tonbandgerät, aber so
einen teuren Apparat kann er sich augenblicklich nicht leisten. Er lässt sich
von dem Verkäufer beraten und einen
Katalog geben.

NARRATIVE

In Wegners Badezimmer tropfte der Wasserhahn. Tagelang versuchte Frau Wegner,
einen Klempner zu bekommen. Da aber heutzutage die Handwerker lange auf sich warten
lassen, beschloss Herr Wegner schliesslich, die Sache selbst in die Hand zu nehmen.
Er kaufte sich das nötige Werkzeug und montierte den Wasserhahn ab. Nun lief das
Wasser schneller in die Wanne als aus der Wanne heraus und Herr Wegner schnellstens
zum Klempner. Da ja aber noch nicht so viel Zeit vergangen war, wie ein Klempner
heutzutage auf sich warten lässt, liess auch dieser Klempner auf sich warten, d.h.
er kam nicht. Da hatte Herr Wegner eine geniale Idee. Er rief den Installateur
an, bei dem er vor einiger Zeit eine Waschmaschine gekauft hatte. Auch der Installateur lässt, wie alle Handwerker heutzutage, im allgemeinen tagelang auf sich
warten. Aber Herr Wegner hatte die Waschmaschine auf Abzahlung gekauft, und die
erste Rate war am nächsten Tag fällig. Er sagte, die Waschmaschine funktioniere
nicht und er würde deshalb gleich die erste Rate nicht bezahlen.

In solchem Fall schickt die Firma sofort einen Handwerker. Das nennt man
Kundendienst. Der Mann vom Kundendienst kam sofort. Bevor er kam, zog Herr Wegner
den Stecker der Waschmaschine aus der Steckdose. Der Mann vom Kundendienst packte
all sein Werkzeug aus. Dann besah er die Waschmaschine, steckte den Stecker in die
Steckdose und sagte Herrn Wegner, nun funktioniere die Maschine wieder.

Herr Wegner gab ihm ein Trinkgeld und bat ihn, da er nun ja gerade hier war,
doch auch gleich den Wasserhahn an der Badewanne zu reparieren. Das tat der Mann.

Aus dieser Geschichte kann man zwei Lehren ziehen: 1.) Es ist gut, wenn man
eine Waschmaschine nicht bar bezahlt, sondern auf Stottern kauft, denn dann bekommt
man auch einen Badewannenwasserhahn schnell repariert. 2.) Es ist nicht gut, wenn
man das nötige Werkzeug im Haus hat, um den Wasserhahn abzumontieren.

beschliessen (o,o)	decide	vergehen (i,a) ist	pass, go by
schliesslich	finally	d.h. (das heisst)	i.e.
abmontieren (w)	dismantle, take apart	genial	brilliant, ingenious
die Wanne,-n	tub	auf Abzahlung	on the installment plan

die Rate,-n	installment
fällig	due
funktioniere	was working
der Fall,-̈e	case
die Firma,-en	firm, company
der Kundendienst	service (department)
ziehen (o,o)	pull, draw
der Stecker,-	plug

die Steckdose,-n	(wall) outlet
besehen (a,e)	inspect
stecken (w)	insert, stick
das Trinkgeld,-er	tip
die Lehre,-n	lesson
bar	(in) cash
auf Stottern	in installments
denn	for

FINDER LIST

der	Abzug,-̈e	print
die	Ahnung,-en	suspicion, idea
	ankommen auf etwas (a,o) ist	depend on
	es kommt darauf an	the important thing is
der	Anspruch,-̈e	claim
in	Anspruch nehmen (i,a,o)	claim, lay claim to, take up
der	Apparat,-e	apparatus, set
die	Ausführung,-en	type, style, finish, model
das	Badezimmer,-	bathroom
das	Band,-̈er	ribbon, tape
	bei	in the process, while (doing)
	beraten (ä,ie,a)	advise
	beziehungsweise, bzw.	or, as the case may be
der	Bildschirm,-e	screen, picture
	bis	until
	bloss	just, only
der	Buchhändler,-	bookseller, dealer
die	Buchhandlung,-en	bookstore
	dauern (w)	last, take (time)
	einwenden gegen (a,a)	object, make objections to
das	Eisen,-	iron
die	Eisenwaren (pl)	hardware
der	Engländer,-	monkey wrench
	entwickeln (w)	develop, process
der	Farbfilm,-e	color film
der	Fernsehapparat,-e	television set
	fertig	ready, done, finished
	feststellen (w)	ascertain, determine, find out
der	Film,-e	film
	fortgehen (i,a) ist	go out
die	Frage,-n	question, problem
der	Geburtstag,-e	birthday
der	Gedanke,-ns,-n	thought, idea
	gegen (plus acc)	against
das	Gerät,-e	appliance, set, tool
die	Geschäftsstrasse,-n	street where the stores are located
der	Hahn,-̈e	faucet
	halten von (ä,ie,a)	think of
der	Hammer,-̈ or -	hammer

	heutzutage	nowadays
der	Imbiss,-e	snack
die	Imbisstube,-n	snack bar
der	Installateur,-e	plumbing and heating and appliance man
die	Kamera,-s (Camera)	camera
	kaputt gehen (i,a) ist	go on the blink, get out of order
der	Katalog,-e	catalogue
die	Kleinbildkamera,-s	35 mm camera
der	Klempner,-	plumber
die	Kombination,-en	combination
	lassen (ä,ie,a)	leave
	meinetwegen	on my account, as far as I'm concerned
	müssten	ought to, should
das	Negativ,-e	negative
	niemand	nobody
	nötig	necessary
	ohne weiteres	no problem, certainly, without more ado
das	Parken	parking
das	Photogeschäft,-e (Foto-)	camera store
die	Platte,-n	disc, record
der	Preis,-e	price
	reparieren (w)	repair, fix
	rufen (ie,u)	call (in)
	ruhig	don't hesitate to, go ahead and
	schliessen (o,o)	close
die	Schraube,-n	screw
der	Schraubenzieher,-	screwdriver
der	Schwarzweissfilm,-e	black and white film
	schwimmen (a,o) ist	swim
das	Schwimmen	swim, swimming
	solange	for this length of time
	solange ... bis	up until
	sollte	should, ought to
	sondern	but
die	Stube,-n	room
	tagelang	(for) days
das	Tischgerät,-e	table model
der	Tischler,-	carpenter, cabinet maker
der	Ton,⸚e	tone, sound
das	Tonbandgerät,-e	tape recorder
	tropfen (w)	drip
	überlegen (w)	consider, reflect on
ich	überlege es mir	I think (it) over; I change my mind
die	Vergrösserung,-en	enlargement
	vorbeikommen an (plus dat)(a,o)	come by or pass (something)
	vorführen (w)	demonstrate
	warten auf (w)	wait for
auf sich	warten lassen	keep a person waiting
eine	Weile	a while
sich	wenden an (a,a)	turn, apply, go to
das	Werkzeug,-e	tool(s)
das	Wörterbuch,⸚er	dictionary
die	Zange,-n	pair of pliers
der/das	Zentimeter,-	centimeter

BEIM ARZT

Basic Sentences

I

to work on	arbeiten an (plus dat) (w)
the thing, matter	die Sache,-n
would have	hätte(n)
in spite of that, neverthe-less, just the same	trotzdem

MR. THOMAS

HERR THOMAS

I know you're working on something important just now, but could you spare me a moment of your time just the same?

Ich weiss, Sie arbeiten gerade an einer dringenden Sache, aber hätten Sie trotzdem einen Augenblick Zeit für mich?

self-evident, of course	selbstverständlich

MR. KOCH

HERR KOCH

Of course. What's up?

Selbstverständlich, --- was gibt's denn?

medical (from a doctor)	ärztlich
the help, aid	die Hilfe

MR. THOMAS

HERR THOMAS

I'd like to know who to go to if we need help from a doctor.

Ich möchte gern wissen, an wen ich mich wenden kann, wenn wir ärztliche Hilfe brauchen.

the hospital	das Krankenhaus,¨er

We have a hospital nearby, but I don't know any doctors here.

Ein Krankenhaus haben wir in der Nähe, aber ich kenne hier keinen Arzt.

would be	wäre(n)
were to	würde(n)
the health	die Gesundheit
the place of residence	der Wohnort,-e
the doctor	der Arzt,¨e
the district, section of town	der Bezirk,-e
to inquire about, ask for	sich erkundigen nach (plus dat) (w)

MR. KOCH

HERR KOCH

It would be best [if] you were to call the Board of Health where you live and ask for the addresses of a few doctors in your section of town.

Am besten wäre es, Sie würden das Gesundheitsamt in Ihrem Wohnort anrufen und sich nach den Adressen einiger Ärzte in Ihrem Bezirk erkundigen.

for	denn
any minute, all the time	alle Augenblicke
sick	krank

169

MR. THOMAS

Yes, I'll do that soon, for with a
family as large as ours there's somebody sick all the time.

    would be able to, could
    the family doctor
    to recommend
    distant, away

MR. KOCH

I could recommend our family doctor
to you if he didn't live so far away.

    the ear
    the ear doctor
    the treatment, care

MR. THOMAS

Last year my wife was under the care
of an ear doctor in America.

    the inflammation, irritation
    the inflammation or infec-
    tion of the middle ear

She had a bad middle ear infection.

MR. KOCH

But she's all right now?

    to wish
    I wish she would ...
    the specialty, subject (of
    study)
    to examine

MR. THOMAS

Yes, but I wish she'd have herself
examined by a specialist here again.

    would
    to suggest, propose

Who would you suggest?

    the throat, neck
    the nose
    the practice; (doctor's)
    office

HERR THOMAS

Ja, das werde ich bald tun, denn bei
unserer grossen Familie ist alle
Augenblicke einer krank.

    könnte(n)
    der Hausarzt,≝e
    empfehlen (ie,a,o)
    entfernt

HERR KOCH

Ich könnte Ihnen unseren Hausarzt
empfehlen, wenn er nicht so weit entfernt wohnen würde.

    das Ohr,-en
    der Ohrenarzt,≝e
    die Behandlung,-en

HERR THOMAS

Voriges Jahr war meine Frau bei einem
Ohrenarzt in Amerika in Behandlung.

    die Entzündung,-en
    die Mittelohrentzündung,-en

Sie hatte eine schwere Mittelohrentzündung.

HERR KOCH

Aber jetzt geht es ihr doch wieder gut?

    wünschen (w)
    ich wünschte, sie würde ...
    das Fach,≝er

    untersuchen (w)

HERR THOMAS

Ja, aber ich wünschte, sie würde sich
hier nochmal von einem Facharzt untersuchen lassen.

    würde(n)
    vorschlagen (ä,u,a)

Wen würden Sie vorschlagen?

    der Hals,≝e
    die Nase,-n
    die Praxis, die Praxen

<u>MR. KOCH</u>

There's a well-known ear, nose and throat man who has his office right near you.

       the office (hours)
       to the (doctor's) office

Perhaps your wife could go to his office sometime.

<u>HERR KOCH</u>

Ganz in Ihrer Nähe hat ein bekannter Hals- Nasen- und Ohrenarzt[1] seine Praxis.

       die Sprechstunde,-n
       in die Sprechstunde

Vielleicht könnte Ihre Frau mal zu ihm in die Sprechstunde gehen.

I1

On the telephone

       the sister, nurse

<u>NURSE</u>

Dr. Buchner's office.

<u>MRS. EVANS</u>

This is Mrs. Evans.

       eight year-old
       the knee
       to bang, break open

Sister Ursula, my eight year-old son fell and scraped his knee.

       the wound

It's a pretty large wound.

       the doctor
       to treat

<u>NURSE</u>

If you'd bring the boy right to the office now the doctor could treat him immediately.

II

Am Telephon

       die Schwester,-n

<u>SCHWESTER</u>

Hier bei Dr. Buchner.[2]

<u>FRAU EVANS</u>

Hier ist Frau Evans.

       achtjährig-
       das Knie,-e
       aufschlagen (ä, u, a)

Schwester Ursula,[3] mein achtjähriger Sohn hat sich das Knie[4] aufgeschlagen.

       die Wunde,-n

Es ist eine ziemlich grosse Wunde.

       der Doktor,-en
       behandeln (w)

<u>SCHWESTER</u>

Wenn Sie den Jungen jetzt gleich in die Sprechstunde bringen würden, könnte ihn Herr Doktor[5] sofort behandeln.

(Basic Sentences continued on the next page.)

III

At the doctor's office

> the waiting room

NURSE

Please take a seat in the waiting room for a moment.

> to have a (doctor's) appointment

What time is your appointment for?

MR. LANGE

For three o'clock. I hope it's not later than that already.

> the watch
> to stop (running)

My watch has stopped (you see).

> the patient
> the consulting room

NURSE

The doctor has a patient with him right now.

> to be patient, to wait

You'll have to wait a little, I'm afraid.

> well, well
> the happenstance, coincidence

MR. LANGE

Well, well, Mr. Evans ---what a coincidence, our meeting here!

I hope you're not ill!

MR. EVANS

No, I'm waiting for my wife and my son who are with the doctor right now.

> the accident

The boy had a little accident a short time ago.

III

In der Praxis

> das Wartezimmer,-

SCHWESTER

Bitte nehmen Sie einen Augenblick im Wartezimmer Platz.

> bestellt sein

Für wann sind Sie bestellt?

HERR LANGE

Für drei Uhr. Hoffentlich ist es nicht schon später.

> die Uhr,-en
> stehenbleiben (ie,ie)   ist

Meine Uhr ist nämlich stehengeblieben.

> der Patient,-en,-en
> das Sprechzimmer,-

SCHWESTER

Herr Doktor hat noch einen Patienten im Sprechzimmer.

> sich gedulden (w)

Sie müssen sich leider noch etwas gedulden.

> nanu
> der Zufall,-̈e

HERR LANGE

Nanu, Herr Evans, -- was für ein Zufall, dass wir uns hier treffen.

Sie sind doch hoffentlich nicht krank?

HERR EVANS

Nein, ich warte auf meine Frau und meinen Sohn, die gerade im Sprechzimmer sind.

> der Unfall,-̈e

Der Junge hatte vorhin einen kleinen Unfall.

serious

MR. LANGE

I hope nothing serious.

oh
the bicycle
to plunge, fall
to injure, hurt

MR. EVANS

Oh no, he fell with his bicycle and injure his knee.

the shot, injection

We thought it would be a good thing perhaps if he were to get a tetanus shot.

painful, sore
it hurts

MR. LANGE

I hope it doesn't hurt too much!

for what reason

MR. EVANS

And what are you here for?

on account of
the heart

MR. LANGE

On account of my heart.

while

While I was at Bad Nauheim I was fine.

to cause exertion, to fatigue

But since I've been home again every-thing I do fatigues me very much.

the follow-up treatment
ought to have
instead of

---

ernst

HERR LANGE

Ich hoffe, nichts Ernstes.

ach
das Fahrrad,⁼er
stürzen (stürzte, ist gestürzt)
verletzen (w)

HERR EVANS

Ach nein, er ist mit dem Fahrrad ge-stürzt und hat sich das Knie[4] verletzt.

die Spritze,-n

Wir dachten, es wäre vielleicht gut, wenn er eine Tetanusspritze bekommen würde.

weh
es tut weh

HERR LANGE

Hoffentlich tut's nicht zu weh!

weshalb

HERR EVANS

Und weshalb sind Sie hier?

wegen (plus genitive)
das Herz,-ens,-en

HERR LANGE

Wegen meines Herzens.

während

Während ich in Bad Nauheim[6] war, ging's mir gut.

anstrengen (w)

Aber seitdem ich wieder zu Hause bin, strengt mich alles, was ich tue, sehr an.

die Nachkur,-en[6]
hätten ... sollen
statt

MR. EVANS	HERR EVANS

Perhaps you ought to have taken a follow-up treatment instead of going to work again so soon.

Vielleicht hätten Sie eine Nachkur machen sollen, statt schon wieder zu arbeiten.

MR. LANGE	HERR LANGE

Could be. Well, I'll see what the doctor says.

Kann sein. Na, ich werde ja sehen, was der Arzt sagt.

next   nächst-

NURSE	SCHWESTER

Next one, please.

Der Nächste, bitte.

MR. LANGE	HERR LANGE

Well then, good-bye, Mr. Evans.

Also, Auf Wiedersehen, Herr Evans.

the improvement   die Besserung
get well soon!   gute Besserung!

I hope the boy will be all right soon!

Gute Besserung für den Jungen!

MR. EVANS	HERR EVANS

Thank you, I hope you'll be all right too.

Vielen Dank, ich wünsche Ihnen auch gute Besserung.

IV   IV

to lead, take, bring   führen (w)

DR. BUCHNER	DR. BUCHNER

Please sit down, Mr. Lange. What brings you to me?

Bitte nehmen Sie Platz, Herr Lange. Was führt Sie zu mir?

the complaint, trouble   die Beschwerde,-n
in spite of   trotz (plus genitive)
the medicine   das Medikament,-e
regular(ly)   regelmässig
to take (medicine)   einnehmen (i,a,o)

MR. LANGE	HERR LANGE

I'm still having trouble with my heart, doctor, I'm afraid, in spite of the treatment [at Bad Nauheim] and the medicine, which I've been taking regularly.

Ich habe leider immer noch Herzbeschwerden, Herr Doktor, trotz der Kur und der Medikamente, die ich regelmässig einnehme.

the pain   der Schmerz,-en

DR. BUCHNER	DR. BUCHNER

Are you having pains?

Haben Sie Schmerzen?

slight   gering
the effort, exertion   die Anstrengung,-en
(the) palpitations (pl)   das Herzklopfen
easy, easily   leicht
dizzy   schwindlig

MR. LANGE

No, but after the slightest exertion
I get severe palpitations, and I also
get dizzy easily.

HERR LANGE

Nein, aber nach der geringsten Anstrengung bekomme ich starkes Herzklopfen und ich werde auch leicht
schwindlig.

the blood pressure   der Blutdruck
to measure, take (a measure- messen (i,a,e)
ment)

DR. BUCHNER

Well, let's just take your blood
pressure.

DR. BUCHNER

Na, da wollen wir mal den Blutdruck
messen.[4]

mm, yes   tja (= ja)

Mm, yes, it is a little too high still.   Tja, der ist noch etwas zu hoch.

instead of   statt (plus genitive)
strong   stark

I suggest that you drink something
else instead of that strong coffee.

Ich schlage vor, dass Sie statt des
starken Kaffees lieber etwas anderes
trinken!

MR. LANGE

Such as?? ('And that would be ... ?')

HERR LANGE

Und das wäre??

the fruit   die Frucht,¨e
the juice   der Saft,¨e

DR. BUCHNER

Fruit juice, for example (instance).

DR. BUCHNER

Fruchtsaft, zum Beispiel.

to injure, harm   schaden (w)
it harms (me)   es schadet (mir)
the diet   die Diät,-en
to keep, stick to   einhalten (ä,ie,a)

DR. BUCHNER

It wouldn't hurt a bit either if you'd
stick to your diet.

DR. BUCHNER

Es würde auch nichts schaden, wenn
Sie Ihre Diät einhalten würden.

the pill, tablet   die Tablette,-n
to prescribe   verschreiben (ie,ie)

MR. LANGE

Shall I keep on taking the pills you
prescribed for me the last time?

HERR LANGE

Soll ich die Tabletten, die Sie mir
das letzte Mal verschrieben haben,
weiter nehmen?

besides, in addition to	ausser (plus dative)
each, every time, in every case	je
the drop	der Tropfen,-
the medicine	die Medizin,-en[7]
the prescription	das Rezept,-e

DR. BUCHNER

DR. BUCHNER

Yes; then in addition to the tablets [you are to] take fifteen drops three times a day of something I'll give you a prescription for now.

Ja, ausser den Tabletten nehmen Sie dann noch täglich dreimal je fünfzehn Tropfen von der Medizin, für die ich Ihnen jetzt ein Rezept gebe.

Notes to the Basic Sentences

1

The medical specialties in Germany differ from those common in the United States. The eye, ear, nose and throat combination does not occur, and ophthalmology is a separate specialty in Germany.

2

German telephone etiquette requires an immediate identification by the person answering, whether it is a business or private residence. The formula is: Hier Schmidt (if Schmidt himself answers) or Hier bei Schmidt, equivalent to "The Smiths' residence" in English. Note that a married woman may refer to herself as Frau Schmidt, and a man with a doctor's degree (whether in medicine, law, philosophy or whatever) may say Hier Doktor Schmidt, but usually gives only his last name. Men and unmarried women do NOT identify themselves as Fräulein or Herr. A young girl always gives both her first and last names.

3

Nurses in Germany, both Catholic and non-Catholic, are referred to by their first names with the title Schwester.

4

In referring to parts of the body and sometimes to certain articles of clothing Germans frequently use the specifier instead of a possessive word. A dative pronoun often occurs, too, to make personal reference clear.

5

A German employee or subordinate usually refers to his employer or superior by title, just as if he were addressing him directly.

6

Germans frequently go to springs or baths for the treatment of various conditions, such as rheumatism and heart disorders. Sometimes this is regarded as a kind of rest cure and is combined with a vacation (See Unit 13) Sometimes it is recommended or even prescribed by the doctor. Often the treatment or "Kur" involves a strenuous regimen of diet, exercise, massage, hot and cold baths, etc., leaving the patient quite exhausted. Then a second or follow-up treatment, a "Nachkur", is called for as a kind of recuperation from the original "Kur".

7

Medizin is the more general, overall term used also, as in English, to refer to the branch of science. Medikament is used in referring to a specific prescription or patent drug. In popular usage Medizin refers to liquids taken internally, while Medikament may refer to any drug in whatever form (powder, tablets, etc.,) and for whatever use.

<u>Notes on Grammar</u>
(For Home Study)

A.   VERBS.   THE UNREAL or SUBJUNCTIVE - <u>hätte</u>, <u>könnte</u>, <u>wäre</u>, <u>würde</u>

I.   The forms <u>hätte</u> (or <u>hätten</u>), <u>könnte</u>(<u>n</u>), <u>wäre</u>(<u>n</u>) and <u>würde</u>(<u>n</u>) have occurred
at various places in our units to date.

a) Ich <u>hätte</u> gern Rumpsteak mit Röstkartoffeln. (10)	I'd like steak with fried potatoes.
b) <u>Hätten</u> Sie einen Augenblick Zeit für mich? (18)	Could you spare me a moment of your time?
c) Das grosse Bild <u>könnten</u> wir über das Sofa hängen. (7)	We could hang the big picture over the sofa.
d) <u>Könnten</u> wir in eurem Wagen mitfahren? (11)	Could we go with you in your car?
e) Ja, das <u>wäre</u> nett. (12)	Yes, that would be nice.
f) Am besten <u>wäre</u> es, Sie <u>würden</u> das Gesundheitsamt anrufen. (18)	It would be best if you were to call the Board of Health.
g) Ich wünschte, sie <u>würde</u> sich von einem Facharzt untersuchen lassen. (18)	I wish she'd have herself examined by a specialist.
h) <u>Würden</u> Sie bitte diesen Meldeschein ausfüllen? (14)	Would you please fill out this registration blank?
i) Wenn Sie den Jungen jetzt gleich in die Sprechstunde bringen <u>würden</u>, <u>könnte</u> ihn Herr Doktor sofort behandeln. (18)	If you'd bring the boy right to the office now the doctor could treat him immediately.

Notice that these verb forms are equivalent to "would" or "could" forms or
phrases in English. They indicate 1) something desired but not yet achieved,
as a polite request or suggestion, or 2) something which may not be achieved,
as a wish, or 3) something possible or hypothetical which depends for its
achievement on the fulfillment of an additional factor or condition. In
other words they indicate UNREAL situations. For this reason they are frequently called UNREAL forms. You will also hear them referred to as
SUBJUNCTIVE forms.

II. <u>Hätte</u>, <u>könnte</u>, <u>wäre</u> and <u>würde</u> are UNREAL forms of the irregular verbs <u>haben</u>,
<u>können</u>, <u>sein</u> and <u>werden</u>. The complete inventory of UNREAL or SUBJUNCTIVE
forms for these four verbs is given below. As in the Past Tense, <u>ich</u>- and
<u>er</u>-forms are identical, likewise <u>wir</u>- and <u>sie</u>-forms.

<u>er</u>-form	hätte	könnte	wäre	würde
<u>wir</u>-form	hätten	könnten	wären	würden
<u>du</u>-form	hättest	könntest	wärest	würdest
<u>ihr</u>-form	hättet	könntet	wäret	würdet

<u>These are the most common and most frequent UNREAL or SUBJUNCTIVE forms you
will encounter in German.</u> (Note that in rapid and informal speech the second
vowel of <u>wäre</u>, <u>wären</u>, <u>wärest</u> and <u>wäret</u> is often not pronounced.)

III. We have noted that UNREAL forms express basically three types of situations:
1) a polite request or suggestion, 2) a wish which the speaker may not expect
to be fulfilled, or 3) a possible or hypothetical action or state which is
dependent or contingent upon another action or state.

1) The following are additional examples of questions, requests and suggestions we have encountered containing UNREAL or SUBJUNCTIVE forms:

Ich hätte gern einen leich- ten Anzug.	I'm interested in a light-weight suit.
Jetzt würde ich noch gern die Kongresshalle sehen.	Now I'd like to see the Congress Hall too.
Würden Sie bitte diese bei- den Anzüge aufbügeln lassen?	Would you please have these suits pressed?
Vielleicht könnte Ihre Frau mal zu ihm in die Sprech- stunde gehen.	Perhaps your wife could go to his office sometime.
Wen würden Sie vorschlagen?	Who would you suggest?
Und das wäre ... ?	And that would be ... ?

The use of hätte and würde plus gern in requests is very much like the use
of möchte discussed in Unit 4. However, all four UNREAL forms - hätte,
könnte, wäre and würde - frequently occur in sentences of this type, with
or without an additional modifier like gern or bitte. A major function of
the UNREAL is thus as a politeness formula.

2) Only one example of a wish (paragraph I,f) has occurred in the basic
sentences so far. Any UNREAL form may occur in a wish sentence however.

Ich wünschte, dass du länger bleiben könntest.	I wish that you could stay longer.
Ich wünschte, er wäre hier.	I wish he were here.
Wir wünschten, er würde mehr Zeit für uns haben.	We wish he had more time for us.

Note that the special forms wünschte or wünschten introduce a wish which
the speaker may not expect to be fulfilled. This type of wish sentence
can be called an UNREAL WISH.

3) Here are two additional examples from the basic sentences in which
UNREAL or SUBJUNCTIVE forms indicate that a possible state or action
is contingent upon or conditioned by another possible state or action.

Es wäre vielleicht gut, wenn er eine Tetanusspritze be- kommen würde.	It would be a good thing perhaps if he were to get a tetanus shot.
Es würde nichts schaden, wenn Sie Ihre Diät einhalten würden.	It wouldn't hurt a bit if you would stick to your diet.

The contingency or condition is given in a clause beginning with wenn.
These sentences are called CONDITIONAL SENTENCES.

IV. CONDITIONAL SENTENCES may or may not be complete. The condition, that is, the <u>wenn</u>-clause, may be implied but not expressed.

Darf ich für Sie auch eine Karte besorgen?	May I get you a ticket too?
Ja, das wäre nett.	Yes, that would be nice.

The second sentence here may be thought of as actually equivalent to:

Es wäre nett, wenn Sie für mich auch eine Karte besorgen würden.	It would be nice if you would get me a ticket too.

V. Forms of <u>würde</u> may occur with any infinitive to form an UNREAL or SUBJUNCTIVE verb phrase. The phrases <u>würde</u> ... <u>haben</u>, <u>würde</u> ... <u>können</u> and <u>würde</u> ... <u>sein</u> thus occur in German in addition to the special forms <u>hätte</u>, <u>könnte</u> and <u>wäre</u>.

Es <u>würde</u> nett <u>sein</u>, Sie dort zu treffen. or Es <u>wäre</u> nett, Sie dort zu treffen.	It <u>would</u> be nice to meet you there.
Würden Sie morgen um ein Uhr Zeit für mich <u>haben</u>? or Hätten Sie morgen um ein Uhr Zeit für mich?	<u>Would</u> you <u>have</u> time to see me tomorrow at one o'clock?
Es <u>würde</u> kein Problem <u>sein</u>, das neue Auto zu kaufen, wenn wir mehr Geld <u>hätten</u>. or Es <u>wäre</u> kein Problem, das neue Auto zu kaufen, wenn wir mehr Geld <u>hätten</u>.	Buying the new car <u>would</u> <u>be</u> no problem if we <u>had</u> more money.
Ich <u>würde</u> morgen mit ihm sprechen <u>können</u>, wenn er um zehn Uhr hier <u>wäre</u>. or Ich <u>könnte</u> morgen mit ihm sprechen, wenn er um zehn Uhr hier <u>sein</u> <u>würde</u>.	I <u>would</u> <u>be</u> <u>able</u> to talk to him tomorrow if he <u>were</u> here at ten o'clock. I <u>could</u> talk to him tomorrow if he <u>were</u> <u>to</u> <u>be</u> here at ten o'clock.

Notice that the phrases with <u>würde</u> in German are everywhere equivalent to the special UNREAL forms. In English we have almost no special UNREAL or SUBJUNCTIVE forms. In politeness formulas or in conditional sentences we normally use a phrase with "would" or "could" or a past tense form of the verb. The form "were" and the phrase "were to" do occur, especially in formal style, with a singular as well as a plural subject and may thus be thought of as "subjunctive" in English, but there are very few such distinctive forms.

B.   PREPOSITIONS - <u>ausser</u>, <u>statt</u>, <u>trotz</u>, <u>wegen</u>

  I. The preposition <u>ausser</u> is followed by a DATIVE form:

<u>Ausser diesen Tabletten</u> nehmen Sie täglich dreimal je fünfzehn Tropfen ...	In addition to these tablets take fifteen drops three times a day ...

II. The prepositions <u>statt</u>, <u>trotz</u> and <u>wegen</u> are followed by GENITIVE forms:

Ich schlage vor, dass Sie   I suggest that you drink something
<u>statt des starken Kaffees</u>   else instead of that strong coffee!
lieber etwas anderes trinken!

Ich habe immer noch Herzbe-   I'm still having trouble with my heart,
schwerden, <u>trotz der Kur und</u>   in spite of the treatment and the
<u>der Medikamente</u>.   medicine.

<u>Wegen meines Herzens</u>.   On account of my heart.

It should be noted that the preposition <u>wegen</u> may also be <u>preceded</u> by the
GENITIVE form associated with it:

Ich bin <u>meines Herzens wegen</u>   I am here on account of my heart.
hier.

Together with <u>während</u>, noted earlier, these are the most common prepositions
with the GENITIVE in German.

C.   VERBS AND PREPOSITIONS

I. We discussed verbs and prepositions in Units 16 and 17 and reviewed those
that had occurred up to that point as VERB-PREPOSITION COMPLEXES. Many of
the verbs and prepositions we have encountered separately up to now also
function as verb-preposition complexes. The most common of these additional
combinations are listed as follows:

an	arbeiten an (dative)	to work on
	denken an (accusative)	to think of, bear in mind
	vermieten an (accusative)	to rent out to
auf	hoffen auf (accusative)	to hope for
	hören auf (accusative)	to listen to, pay heed to
	rechnen auf (accusative)	to count on
	umschalten auf (accusative)	to switch over to
nach	fragen nach (dative)	to inquire after, ask for, ask about
	sich erkundigen nach (dative)	to inquire about, ask about
über	beraten über (accusative)	to advise on, exchange views on
	sich freuen über (accusative)	to be happy about
	denken über (accusative)	to think of, have an opinion about
	schreiben über (accusative)	to write about
	sprechen über (accusative)	to talk about
unter	verstehen unter (dative)	to mean by
	sich vorstellen unter (dative)	to think of as being, to think ... is ...
von	denken von (dative)	to think of
	sprechen von (dative)	to speak of, talk about
zu	führen zu (dative)	to lead to

Note again that the English equivalents of these verb-preposition complexes sometimes differ considerably from the meanings of the verbs and prepositions separately. The occurrence of dative or accusative forms after the prepositions an, auf, über and unter is quite arbitrarily fixed and must be learned for each combination. In verb-preposition complexes the preposition always has an object. Remember that when the object is a pronoun referring to a human being regular pronoun forms are used, but when the object is a pronoun referring to something inanimate or abstract the special combining forms da- or dar- are used.

Ich denke an sie.	I'll be thinking of her (them).
Ich denke daran.	I'll bear that in mind.

II. Verb-preposition complexes also occur with dependent clauses or infinitive phrases.

Er denkt daran, im Herbst nach Deutschland zu fahren.	He's thinking of going to Germany in the fall.
Sie rechnet damit, dass wir nächstes Jahr nach England kommen.	She's counting on our coming to England next year.

In this construction the preposition is always combined with the special pronoun forms da- or dar-. They anticipate the dependent clause or infinitive phrase and replace it as object of the preposition. Notice that in English the preposition is often followed by the -ing form of the verb.

D.   CONJUNCTIONS - denn

In this unit we have encountered the conjunction denn.

Ja, das werde ich bald tun, denn bei unserer grossen Familie ist alle Augenblicke einer krank.	Yes, I'll do that soon, for with a family as large as ours there's somebody sick all the time.

Denn is a sentence connector, or co-ordinating conjunction, followed by normal word order. With aber, oder, sondern and und it completes the group of common co-ordinating conjunctions.

E.   THE INDEFINITE RELATIVE PRONOUN - was

In this unit we have encountered a new type of relative clause, introduced by the pronoun was.

Seitdem ich zu Hause bin, strengt mich alles, was ich tue, sehr an.	Since I've been home again everything I do fatigues me very much.

The INDEFINITE RELATIVE PRONOUN was introduces relative clauses referring back to the indefinite words alles, das, etwas and nichts.

<u>Nichts</u>, <u>was</u> er sagte, war richtig.	Nothing (that) he said was right.
Das ist <u>etwas</u>, <u>was</u> ich wirklich sehr empfehlen kann.	That is something (that) I can recommend very highly.
<u>Das</u>, <u>was</u> er schrieb, war sehr gut.	What he wrote was very good.

Like the question-word <u>was</u> it has the special combining form <u>wo-</u> or <u>wor-</u> after prepositions.

Das war <u>alles</u>, <u>woran</u> sie gedacht hatte.	That was all that she was thinking of.
Das ist <u>etwas</u>, <u>worüber</u> man sich freuen kann.	That's something you can be happy about.

SUBSTITUTUION DRILL

1. <u>Diesen Arzt</u> kann ich Ihnen sehr empfehlen.

Krankenhaus - Medizin -
Facharzt - Medikament -
Tabletten - Fruchtsaft. -
Diät - Farbfilm -
Photogeschäft -
Fernsehapparat - Tonbandgerät -

Buchhandlung

dieses Krankenhaus - diese Medizin -
diesen Facharzt - dieses Medikament -
diese Tabletten - diesen Fruchtsaft -
diese Diät - diesen Farbfilm -
dieses Photogeschäft -
diesen Fernsehapparat - dieses Tonbandgerät -
diese Buchhandlung

2. Herr Lange hat trotz <u>der Kur</u> immer noch Beschwerden.

Medizin - Medikamente -
Nachkur - Urlaub - Diät -
Behandlung - Tabletten

der Medizin - der Medikamente -
der Nachkur - des Urlaubs - der Diät -
der Behandlung - der Tabletten

3. Trinken Sie statt <u>des Kaffees</u> lieber etwas anderes.

Tee - Bier - Wein -
Milch - Fruchtsaft -
Spirituosen

des Tees - des Biers - des Weins -
der Milch - des Fruchtsafts -
der Spirituosen

4. Ich habe <u>Herrn Evans</u> im Krankenhaus gesehen.

dein Arzt - Ihr Patient -
Schwester Ursula - euer Junge -
seine Frau

deinen Arzt - Ihren Patienten -
Schwester Ursula - euren Jungen -
seine Frau

5. **Er hat seine Praxis in <u>Ihrer Nähe</u>.**

     unser Bezirk - euer Wohnort -   unserem Bezirk - eurem Wohnort -
     deine Gegend - ein Neubau -   deiner Gegend - einem Neubau -
     unsere Strasse - ein Kurort -   unserer Strasse - einem Kurort -
     die Innenstadt - das Hansaviertel -   der Innenstadt - dem Hansaviertel -
     dieses Gebäude   diesem Gebäude

6. **Sie war wegen <u>ihres Herzens</u> beim Arzt.**

     eine Mittelohrentzündung -   einer Mittelohrentzündung -
     ein Unfall - eine Wunde am Knie -   eines Unfalls - einer Wunde am Knie -
     ihre Herzbeschwerden -   ihrer Herzbeschwerden -
     ihr hoher Blutdruck -   ihres hohen Blutdrucks -
     ihre starken Schmerzen   ihrer starken Schmerzen

7. **Ich bin <u>meines Herzens</u> wegen hier.**

     meine Medizin - ein Unfall -   meiner Medizin - eines Unfalls -
     meine Wunde - unser Junge -   meiner Wunde - unseres Jungen -
     meine Tochter - meine Schmerzen -   meiner Tochter - meiner Schmerzen -
     sein Antrag - unsere Besprechung -   seines Antrags - unserer Besprechung -
     mein hoher Blutdruck   meines hohen Blutdrucks

8. **Er ist für <u>drei Uhr</u> bestellt.**

     7:30 - 3/4 9 -   sieben Uhr dreissig - dreiviertel neun -
     11:25 - 1:45 -   elf Uhr fünfundzwanzig - ein Uhr fünfund-
                            vierzig -
     6:00 - 1/2 2 -   sechs Uhr - halb zwei -
     10:30   zehn Uhr dreissig

9. **Das ist alles, was <u>ich trinke</u>.**

                             er isst - wir gehört haben -
                             sie wusste - der Arzt verordnete -
                             er verschrieben hat

10. **Ich schlage vor, <u>dass Sie etwas</u> <u>anderes trinken</u>.**

                             ... dass er zuerst in die Buchhandlung
                                Müller geht.
                             ... dass sie die Ausstellung wochentags
                                 besuchen.
                             ... dass du die Medizin heute noch be-
                               sorgst.
                             ... dass sie den Fragebogen gleich hier
                               ausfüllt.
                           ... dass ihr den Klempner kommen lasst.

11. **Würden Sie vorschlagen, <u>einen Fach-</u> <u>arzt anzurufen</u>?**

                           ... eine Kur zu machen?
                           ... dieses Medikament weiter zu nehmen?
                           ... die Abzüge bei Müller machen zu
                             lassen?
                           ... die Theaterkarten telephonisch zu
                             bestellen?

12. Am besten wäre es, <u>Sie würden das</u>
    <u>Gesundheitsamt anrufen</u>.

... er würde zum Arzt gehen.

... du würdest die Fahrkarten schon
    heute lösen.

... Sie würden mit diesem Rezept gleich
    zur Apotheke gehen.

... sie würde sich ein Tonbandgerät
    kaufen.

... Sie würden im Sprechzimmer auf
    Ihren Sohn warten.

... er würde zur Kur nach Bad Nauheim
    fahren.

... ihr würdet die Medikamente gleich
    besorgen.

13. Ich wünschte, <u>sie würde sich von</u>
    <u>einem Facharzt untersuchen lassen</u>.

... er wäre etwas netter zu mir.

... wir hätten mehr Geld.

... ihr wäret jetzt bei uns.

... du würdest zu Doktor Meyer in die
    Sprechstunde gehen.

... er hätte seine Praxis in unserer
    Gegend.

... ihr hättet keinen Fernsehapparat.

14. Es wäre gut, <u>wenn er eine Tetanus-</u>
    <u>spritze bekommen würde</u>.

... wenn er zu einem Facharzt gehen
    würde.

... wenn sie zur Nachkur fahren würde.

... wenn er die Medikamente gleich
    holen würde.

... wenn wir ihm unseren Hausarzt
    empfehlen würden.

... wenn ihr nicht so weit entfernt
    wohnen würdet.

... wenn Sie gleich in die Sprechstunde
    kommen würden.

VARIATION DRILL

1. **Es wäre gut, wenn er eine Tetanus-spritze bekommen würde.**
    It would be [a] good [thing] if he were to get a tetanus shot.

    a. It would be better, if she were to go to a specialist.
        Es wäre besser, wenn sie sich an einen Facharzt wenden würde.

    b. It would be simpler if you (fam sg) were to take a porter.
        Es wäre einfacher, wenn du einen Gepäckträger nehmen würdest.

    c. It would be a lot better for him if he wouldn't drink so much coffee.
        Es wäre viel besser für ihn, wenn er nicht so viel Kaffee trinken würde.

    d. It would be nice if he'd visit us again in the summer.
        Es wäre schön, wenn er uns im Sommer wieder besuchen würde.

    e. It would be better if you were to bring the boy to the (doctor's) office right away.
        Es wäre besser, wenn Sie den Jungen gleich in die Sprechstunde bringen würden.

2. **Es wäre besser, zu einem Facharzt zu gehen.**
    It would be better to go to a specialist.

    a. It would be [a] good [idea] to call the doctor.
        Es wäre gut, den Arzt anzurufen.

    b. It would be more appropriate to take the boy to the hospital.
        Es wäre richtiger, den Jungen ins Krankenhaus zu bringen.

    c. It would be easier ('simpler') to buy the right tools at the hardware store.
        Es wäre einfacher, das richtige Werkzeug in der Eisenwarenhandlung zu kaufen.

    d. It wouldn't be right to begin (with) the discussion without the ambassador.
        Es wäre nicht richtig, ohne den Botschafter mit der Besprechung anzufangen.

3. **Wenn es nicht so spät wäre, würde ich ihn noch anrufen.**
    If it were not so late I'd call him up.

    a. If my little daughter weren't sick I'd go to the concert tonight.
        Wenn meine kleine Tochter nicht krank wäre, würde ich heute abend ins Konzert gehen.

    b. If he weren't so loaded down with business he would go to the mountains for a follow-up treatment.
        Wenn er geschäftlich nicht so überlastet wäre, würde er zur Nachkur in die Berge fahren.

    c. If the weather were better we'd go on a hike (in the mountains).
        Wenn das Wetter besser wäre, würden wir eine Bergtour machen.

    d. If the exhibition were open on Sundays we'd [go and] take a look at it too.
        Wenn die Ausstellung sonntags geöffnet wäre, würden wir sie uns auch ansehen.

4. Hätten Sie morgen einen Augenblick Zeit für mich, wenn ich zu Ihnen kommen würde?

Would you have a moment's time for me tomorrow if I were to come to your office?

   a. Wouldn't we have a better view if we were to sit at that table over there?

Hätten wir nicht eine bessere Aussicht, wenn wir an dem Tisch da drüben sitzen würden?

   b. Would I have difficulties with the plant manager if I were to take my leave in August?

Hätte ich Schwierigkeiten mit dem Betriebsleiter, wenn ich meinen Urlaub im August nehmen würde?

   c. Would you (fam sg) have time enough for your errands if I were to pick you up at the store at two o'clock?

Hättest du genug Zeit für deine Besorgungen, wenn ich dich um zwei Uhr vom Geschäft abholen würde?

   d. Would I have a good selection also if I were to buy at the little store here?

Hätte ich auch eine gute Auswahl, wenn ich hier in dem kleinen Geschäft kaufen würde?

5. Wenn er nicht schon ein Wörterbuch hätte, würde er dieses kaufen.

If he didn't already have a dictionary he'd buy this one.

   a. If he didn't have so many private interests he would have more time for his business obligations.

Wenn er nicht so viele private Interessen hätte, würde er mehr Zeit für seine geschäftlichen Aufträge haben.

   b. If I didn't have so much to do I'd go to the exhibition too.

Wenn ich nicht so viel zu tun hätte, würde ich auch in die Ausstellung gehen.

   c. If we had enough time we'd look over the architectural exposition.

Wenn wir genug Zeit hätten, würden wir die Bauausstellung besichtigen.

   d. If Consul Wilson had enough leave [time] he'd go to Bad Nauheim for treatment.

Wenn Konsul Wilson genug Urlaub hätte, würde er zur Kur nach Bad Nauheim fahren.

6. Ich wünschte, sie würde sich von einem Facharzt untersuchen lassen.

I wish she'd have herself examined by a specialist.

   a. I wish we would get a letter from home.

Ich wünschte, wir würden einen Brief von zu Hause bekommen.

   b. I wish our doctor didn't have so many patients.

Ich wünschte, unser Arzt hätte nicht so viele Patienten.

   c. I wish he could recommend a good specialist to us.

Ich wünschte, er könnte uns einen guten Facharzt empfehlen.

   d. I wish I were still in Bad Nauheim.

Ich wünschte, ich wäre noch in Bad Nauheim.

7. Es würde nichts schaden, wenn Sie Ihre Diät einhalten würden.

It wouldn't hurt a bit if you were to stick to your diet.

   a. He'd get the prints tomorrow if he were to bring the film today.

Er würde morgen die Abzüge bekommen, wenn er heute den Film bringen würde.

   b. Mr. Schumann would give a lecture on combines being formed if there were sufficient time for it.

Herr Schumann würde einen Vortrag über Konzernbildungen halten, wenn die Zeit dazu ausreichen würde.

   c. You'd be better if you wouldn't drink so much coffee.

Es würde Ihnen besser gehen, wenn Sie nicht so viel Kaffee trinken würden.

   d. I'd be glad to translate the article for you if you didn't need it this evening (already).

Ich würde gern den Artikel für Sie übersetzen, wenn Sie ihn nicht schon heute abend brauchen würden.

8. **Kann ich mich an Ihren Hausarzt wenden, wenn wir ärztliche Hilfe brauchen?**

   Can I go to your family doctor when we need medical assistance?

   a. Can your (fam sg) son pick us up when we arrive in Berlin?

   Kann uns dein Sohn abholen, wenn wir in Berlin ankommen?

   b. Can't the children come along when we go to the movies?

   Können die Kinder nicht mitkommen, wenn wir ins Kino gehen?

   c. Can you go to the bookstore for me when you're down town?

   Können Sie für mich in die Buchhandlung gehen, wenn Sie in der Stadt sind?

   d. Can you (fam sg) take this letter along when you go to the post office?

   Kannst du diesen Brief mitnehmen, wenn du zur Post gehst?

9. **Die Reise könnten wir nächsten Monat machen.**

   This is a trip we could take next month.

   a. This is information the desk clerk could give her.

   Diese Auskunft könnte ihr der Empfangschef geben.

   b. The prescription is something you (fam pl) could still pick up tonight from ('in') the pharmacy.

   Die Medizin könntet ihr heute abend noch in der Apotheke abholen.

   c. The business trip is one he could take next week.

   Die Geschäftsreise könnte er nächste Woche machen.

   d. This is a doctor I could recommend highly to you.

   Diesen Arzt könnte ich Ihnen sehr empfehlen.

10. **Wenn Sie mich in die Stadt mitnehmen könnten, würde ich noch vor eins zur Bank kommen.**

    If you could take me down town with you I'd get to the bank before one.

    a. If you could drive through the Lüneburger Heide with me the trip would be more attractive for me.

    Wenn Sie mit mir durch die Lüneburger Heide fahren könnten, würde für mich die Fahrt reizvoller sein.

    b. If we could take a look at a catalogue first we wouldn't take up so much of your time.

    Wenn wir uns zuerst einen Katalog ansehen könnten, würden wir nicht so viel von Ihrer Zeit in Anspruch nehmen.

    c. If I could make it in time I'd like very much to drive to the Rhine too.

    Wenn ich es zeitlich schaffen könnte, würde ich ganz gern noch an den Rhein fahren.

    d. If you could find the address of the hotel I'd wire my reservation for a room.

    Wenn Sie die Adresse des Hotels finden könnten, würde ich telegraphisch ein Zimmer bestellen.

11. Wenn wir in diesem Jahr nach Deutsch-
    land fahren würden, könnten wir uns
    einen Volkswagen mitbringen.

    If we were to go to Germany in the
    course of this year we could bring a
    Volkswagen [back] with us.

    a. If you (fam sg) were to put öff
       your departure we could still go
       to the architectural exposition
       together.

       Wenn du deine Abreise aufschieben wür-
       dest, könnten wir noch zusammen zur
       Bauausstellung gehen.

    b. If you would dictate the letter
       to me now I could take it along
       to the post office afterward.

       Wenn Sie mir den Brief jetzt diktieren
       würden, könnte ich ihn nachher zur Post
       mitnehmen.

    c. If we were to call the embassy
       we could get information about the
       customs regulations right away.

       Wenn wir die Botschaft anrufen würden,
       könnten wir gleich Auskunft über die
       Zollbestimmungen bekommen.

    d. If Mr. Becker were to fill out
       the forms today I could process
       his application right away.

       Wenn Herr Becker die Formulare heute
       ausfüllen würde, könnte ich seinen An-
       trag gleich bearbeiten.

12. Ich hätte heute abend Zeit zu kom-
    men, wenn ich früher vom Büro nach
    Hause gehen könnte.

    I'd have time to come this evening if
    I could go home from the office earlier.

    a. He wouldn't have so much pain
       ('such great pains') if the doc-
       tor could give him an injection.

       Er hätte nicht so grosse Schmerzen,
       wenn der Arzt ihm eine Spritze geben
       könnte.

    b. I would be glad to help you if I
       could find the letter from Consul
       Wilson.

       Ich wäre Ihnen gern behilflich, wenn
       ich den Brief von Herrn Konsul Wilson
       finden könnte.

    c. We'd already have a television
       set if we could afford it.

       Wir hätten schon einen Fernsehapparat,
       wenn wir es uns leisten könnten.

    d. It would be too bad if you could
       no longer reach the doctor today.

       Es wäre schade, wenn Sie den Arzt heute
       nicht mehr erreichen könnten.

    e. Would you (fam sg) have enough
       money for the trip if we could
       travel as soon as (in) two weeks
       from now?

       Hättest du genug Geld für die Reise,
       wenn wir schon in zwei Wochen fahren
       könnten?

13. Ich könnte Ihnen den Ort genau zei-
    gen, wenn ich eine Autokarte hätte.

    I could show you exactly where the place
    is if I had a road map.

    a. He could go to Bad Nauheim for
       treatment if he had enough money.

       Er könnte zur Kur nach Bad Nauheim
       fahren, wenn er genug Geld hätte.

    b. I could have the enlargements
       made right away if I had the
       negatives with me.

       Ich könnte die Vergrösserungen gleich
       machen lassen, wenn ich die Negative
       bei mir hätte.

    c. He could drive to the doctor's
       himself if his car weren't in
       the repair shop.

       Er könnte selbst zum Arzt fahren, wenn
       sein Wagen nicht in der Reparaturwerk-
       statt wäre.

    d. I could have them demonstrate the
       various sets to me if I had time
       enough.

       Ich könnte mir die verschiedenen
       Apparate vorführen lassen, wenn ich
       genug Zeit hätte.

14. __Sie wäre sicher froh, wenn ihr__   __She would certainly be glad if her__
__Bruder eine andere Arbeit hätte.__   __brother had a different job.__

   a. Mr. Köhler would already have   Herr Köhler hätte schon ein Tonband-
      a tape recorder if they weren't   gerät, wenn sie nicht so teuer wären.
      so expensive.
   b. I'd be happy if I had more   Ich wäre glücklich, wenn ich mehr
      money.   Geld hätte.
   c. We wouldn't have so many flats   Wir hätten nicht so viele Reifenpannen,
      if the tires were newer.   wenn die Reifen neuer wären.
   d. It would be nicer if your (fam sg)   Es wäre schöner, wenn deine Eltern auch
      parents were here too.   hier wären.
   e. I'd already have the translation   Ich hätte die Übersetzung schon für Sie,
      for you if the secretary weren't   wenn die Sekretärin nicht krank wäre.
      sick.

15. __Alles, was ich tue, strengt mich__   __Everything I do fatigues me very much.__
__sehr an.__

   a. I know something you (fam sg)   Ich weiss etwas, was du nicht weisst.
      don't know.
   b. A lot that he said did not   Vieles, was er sagte, hat mich nicht
      interest me.   interessiert.
   c. I don't like anything she writes.   Nichts, was sie schreibt, gefällt mir.
   d. The thing you recommended to me   Das, was Sie mir empfohlen haben, war
      was not good.   nicht gut.
   e. I'm satisfied with all that   Ich bin mit allem, was du tust, zu-
      you (fam sg) do.   frieden.
   f. Something I read yesterday would   Etwas, was ich gestern gelesen habe,
      certainly interest you.   würde Sie bestimmt interessieren.

16. __Das ist etwas, woran ich nicht ge-__   __That is something I didn't think of.__
__dacht habe.__

   a. That's all he spoke of.   Das ist alles, wovon er gesprochen hat.
   b. You (fam sg) don't say anything   Du sagst überhaupt nichts, worüber man
      at all that one could be happy   sich freuen könnte!
      about!
   c. Just what was that you asked me   Was war das eigentlich, worum Sie mich
      for?   gebeten haben?
   d. That's something you have to get   Das ist etwas, woran man sich gewöhnen
      used to.   muss.

17. __Wir denken bereits daran, ein neues__   __We're already thinking of designing__
__Projekt zu entwerfen.__   __a new project.__

   a. Who ever can get used to sticking   Wer kann sich schon daran gewöhnen,
      to such a diet!   solch eine Diät einzuhalten!
   b. Our time unfortunately will not   Unsere Zeit wird leider nicht dazu
      be sufficient for visiting one   ausreichen, eins der Nordseebäder
      of the North Sea bathing beaches.   zu besuchen.
   c. The Consul General does not anti-   Der Generalkonsul rechnet nicht damit,
      cipate having to delay his   seine Abreise aufschieben zu müssen.
      departure.
   d. In these matters the important   Bei diesen Sachen kommt es immer darauf
      thing is always to buy cheap   an, billig zu kaufen und teuer zu ver-
      and sell dear.   kaufen.

18. Bei diesen Verhandlungen muss man damit rechnen, dass Schwierigkeiten eintreten.

In these negotiations you have to reckon with [the fact] that difficulties arise.

   a. I don't think much of (our) having them reserve us the theater tickets as early as this.

Ich halte nicht viel davon, dass wir uns die Theaterkarten jetzt schon reservieren lassen.

   b. He's already talking about wanting to go to Switzerland in the fall.

Er spricht schon davon, dass er im Herbst in die Schweiz fahren will.

   c. Mr. Schumann has no objection to the cartel question coming up for discussion.

Herr Schumann hat nichts dagegen einzuwenden, dass die Kartellfrage zur Diskussion kommt.

   d. The negotiations of course can also lead to our having to sell the shipyard.

Die Verhandlungen können natürlich auch dazu führen, dass wir die Werft verkaufen müssen.

   e. The matter at hand is [the fact] that he was not able to carry out his business obligations.

Es handelt sich darum, dass er seine geschäftlichen Aufträge nicht ausführen konnte.

19. Sie hätten eine Nachkur machen sollen statt schon wieder zu arbeiten.

You ought to have taken a second treatment instead of going to work again so soon.

   a. The waiter took the money without saying thank you.

Der Ober nahm das Geld, ohne sich zu bedanken.

   b. We're going down town on Saturday to look at television sets.

Wir fahren am Sonnabend in die Stadt, um uns Fernsehapparate anzusehen.

   c. I drove right to the ministry instead of going to the meeting first.

Ich fuhr gleich zum Ministerium, statt erst zur Tagung zu gehen

   d. He always takes my paper without asking me first.

Er nimmt immer meine Zeitung, ohne mich vorher zu fragen.

   e. Instead of going shopping I drove to Schwabing to some friends [of mine].

Statt Besorgungen zu machen, fuhr ich zu Freunden nach Schwabing.

   f. Is the plumber coming today to fix the faucet?

Kommt der Klempner heute, um den Wasserhahn zu reparieren?

VOCABULARY DRILL

1. ausser + Dative - "besides, in addition to, aside from"

   a. Sie müssen ausser den Tropfen auch noch Tabletten einnehmen.

You'll have to take some pills too in addition to the drops.

   b. Ausser diesem Formular müssen Sie noch zwei andere ausfüllen.

Besides this form you'll have to fill out two others in addition.

   c. Wir haben ausser den beiden Büchern auch noch ein Bild bestellt.

We ordered a picture, too, besides the two books.

   d. Ausser der Werft interessiert mich auch die Fischerei.

In addition to the shipyard the fishing industry interests me too.

   e. Ausser mir war niemand da.

Aside from me there was no one there.

2. **statt** + Genitive - "instead of"

  a. Unser Hausarzt schlug mir vor,   Our family doctor suggested drinking
     statt des vielen Kaffees Frucht-   fruit juices to me instead of all that
     säfte zu trinken.   coffee.

  b. Statt der Tabletten muss mein   Instead of the pills my father has to
     Vater jetzt Tropfen einnehmen.   take drops now.

  c. Ich will mir ein Tonbandgerät   I'm planning to buy a tape recorder
     statt eines Plattenspielers   instead of a record player.
     kaufen.

  d. Herr Ober, wir möchten statt   Waiter, we'd like to have steak
     der Kalbsleber Rumpsteak haben.   instead of the calf's liver.

3. **trotz** + Genitive - "in spite of, despite"

  a. Wir sind trotz des beschädigten   We got to Italy in spite of the
     Wagens nach Italien gekommen.   damaged car.

  b. Trotz des schlechten Wetters   In spite of the bad weather he walked
     ging er heute zu Fuss ins Büro.   to the office today.

  c. Meiner Frau geht es trotz der   My wife still isn't well in spite of
     Kur immer noch nicht gut.   the treatment [at the resort].

  d. Sie waren trotz der vielen Ver-   They weren't satisfied with the result(s)
     handlungen mit dem Ergebnis nicht   despite all the negotiations.
     zufrieden.

  e. Unser Junge geht trotz der Wunde   Our boy is going to school again already
     am Knie schon wieder in die Schule.   in spite of the wound on his knee.

4. **wegen** + Genitive - "on account of, because of; about, concerning"

  a. Wegen meiner Mittelohrentzündung   Because of my middle ear infection I was not
     durfte ich lange nicht schwimmen   allowed to go swimming for a long time.
     gehen.

  b. Wir konnten des schlechten Wet-   We weren't able to go to the mountains
     ters wegen nicht in die Berge   because of the bad weather.
     fahren.

  c. Du musst heute noch den Klempner   You (fam sg) must call the plumber
     wegen des Wasserhahns anrufen.   about the faucet before the day is
                              over ('today still').

  d. Mein Bruder muss wegen einer   My brother will have to put off his
     dringenden Angelegenheit seine   departure because of an urgent matter.
     Abreise aufschieben.

  e. Herr Becker fuhr seiner Herzbe-   Mr. Becker went to Bad Nauheim for
     schwerden wegen zur Kur nach   treatment on account of his heart
     Bad Nauheim.   trouble.

5. **untersuchen** - "examine, investigate"

  a. Meine Frau hat sich jetzt endlich   My wife has now finally been to a
     von einem Facharzt untersuchen   specialist for an examination ('had
     lassen.   herself examined by a specialist').

  b. Dr. Buchner hat mein Herz unter-   Dr. Buchner examined my heart.
     sucht.

  c. Beim Zoll wurde mein ganzes   At customs all my luggage was examined.
     Gepäck untersucht.

  d. Nach dem Unfall haben die Poli-   After the accident the policemen
     zisten den Wagen untersucht.   examined the car.

  e. Ehe er anfing bei der Werft zu   Before he began to work at the ship-
     arbeiten, musste er sich vom   yard he had to be examined by the
     Arzt untersuchen lassen.   doctor.

6. <u>krank</u> - "sick, ill"

a. Bei diesem feuchten Klima werden unsere Kinder leicht krank.	In this moist climate our children get sick easily.
b. Wie lange ist Frau Allen schon krank?	How long has Mrs. Allen been sick now?
c. Wenn Herr Keller nicht krank wäre, würde er mit uns zur Industriemesse fahren.	If Mr. Keller were not ill he would go to the industrial exposition with us.
d. Im Betrieb waren letzte Woche zwei Kollegen von mir krank.	At the plant two colleagues of mine were [out] sick last week.

7. <u>empfehlen</u> - "recommend"

a. Können Sie mir einen guten Arzt empfehlen?	Can you recommend a good doctor to me?
b. Was für ein Tonbandgerät würden Sie mir empfehlen?	What kind of a tape recorder would you recommend to me?
c. Der Ober empfahl uns, Hummer zu bestellen.	The waiter recommended ordering ('to order') lobster (to us).
d. Diese Buchhandlung ist mir sehr empfohlen worden.	This book store has been highly ('very') recommended to me.
e. Unser Arzt empfiehlt mir sogar, starken Kaffee zu trinken.	Our doctor even recommends drinking strong coffee to me.

8. <u>das Medikament</u> / <u>die Medizin</u> - "medicine"

a. Hat Ihnen die Medizin, die ich Ihnen verschrieb, schon geholfen? Hat Ihnen das Medikament, das ich Ihnen verschrieb, schon geholfen?	Has the medicine which I prescribed (for you) been of any help to you yet?
b. Hat Ihnen der Facharzt ein anderes Medikament verschrieben?	Did the specialist prescribe (a) different medicine for you?
c. Von dieser Medizin musst du täglich dreimal je zehn Tropfen nehmen.	You (fam sg) must take ten drops of this medicine three times a day.
d. Dr. Meyer verschrieb mir ein ganz neues Medikament.	Dr. Meyer prescribed a completely new preparation for me.
e. Meine Frau vergass heute früh ihre Medizin einzunehmen.	My wife forgot to take her medicine this morning.

9. <u>verschreiben</u> - "prescribe (write out a prescription)

a. Sie sollten die Tropfen, die ich Ihnen verschrieben habe, nicht nur zweimal, sondern fünfmal täglich nehmen.	You were supposed to take the drops I prescribed for you not just twice, but five times a day.
b. Könnten Sie mir diese Medizin noch einmal verschreiben?	Could you give me another prescription for this medicine?
c. Jetzt weiss ich nicht, welche Tropfen er mir für's Herz verschrieben hat und welche für's Ohr.	Now I don't remember which drops he prescribed for my heart and which for my ear.
d. Du musst dir wieder die Tabletten verschreiben lassen.	You've (fam sg) got to get the doctor to give you a prescription for the pills again.
e. Von dem Medikament, das Sie mir verschrieben haben, bin ich ganz schwindlig geworden.	I got quite dizzy from the medicine you prescribed for me.

10. **je** - "each, every time, in every case, at a time"

a. Nehmen Sie dreimal täglich je
zwei Tabletten.

Take two tablets three times a day.

b. Sie müssen zweimal in der Woche
je eine halbe Stunde zu dieser
Behandlung kommen.

You must come for this treatment twice
a week for a half an hour.

c. Können Sie mir von diesen zwei
Kisten je zehn Zigarren geben?

Can you give me ten cigars each from
these two boxes?

d. Er wollte von den Negativen je
einen Abzug machen lassen.

He wanted to have one print each made
from the negatives.

e. Wollten Sie nicht je eine Vergrösserung von Ihren Aufnahmen
haben?

Didn't you want to have an enlargement
of each of your pictures?

11. **zu** ... **bestellt werden/sein** - "get/have an appointment with/for ..."

a. Ich bin nächsten Montag zum Zahnarzt bestellt.

I have an appointment with the dentist
next Monday.

b. Frau Wilson wurde zur Behandlung
ins Krankenhaus bestellt.

Mrs. Wilson was given an appointment
for treatment at the hospital.

c. Herr Allen wurde wegen seines
hohen Blutdrucks nochmal zum Arzt
bestellt.

Mr. Allen had to go back to the doctor
because of his high blood pressure.

d. Ich bin heute zur Lehrerin meiner
Tochter bestellt.

I have an appointment with my daughter's
teacher today.

e. Er war um drei Uhr zu ihr ins
Büro bestellt.

He had an appointment at her office
at three o'clock.

f. Wenn ich nicht zum Arzt bestellt
wäre, würde ich mit euch in die
Stadt fahren.

If I didn't have an appointment with
the doctor I'd go down town with you
(fam pl).

12. **die Sprechstunde** - "office (hours)

a. Solltest du nicht heute zu
Dr. Buchner in die Sprechstunde
kommen?

Weren't you (fam sg) supposed to go
Dr. Buchner's office (during office
hours) today?

b. Wann hat euer Zahnarzt Sprechstunde?

When does your (fam pl) dentist have
office hours?

c. Wenn Dr. Meyer in Urlaub fährt,
müssen seine Patienten zu Dr. Keller in die Sprechstunde gehen.

When Dr. Meyer goes on vacation his
patients have to go to Dr. Keller's
office.

d. Dr. Wilhelmy hat sonnabends keine
Sprechstunde.

Dr. Wilhelmy doesn't have office hours
on Saturdays.

13. **stark** - "strong, hard, severe"

a. Wir trinken gern starken Tee.

We like strong tea.

b. Wir fuhren erst mittags ab, weil
es am Morgen stark regnete.

We didn't leave until noon because it
was raining hard in the morning.

c. Die Sonne scheint jetzt zu stark
um im Garten zu sitzen.

The sun is too strong now to sit [out]
in the yard.

d. Er hatte starke Schmerzen, als wir
ihn ins Krankenhaus brachten.

He was having severe pain(s) when we
took him to the hospital.

e. Ist das Bier in Deutschland nicht
stärker als in Amerika?

Isn't the beer in Germany stronger than
in America?

14. <u>leicht</u> - "easy, easily; slight, slightly"

     a. Es war keine leichte Arbeit, die-   It was no easy job to translate this
        sen Artikel zu übersetzen.   article.
     b. Klempner ist auch kein leichter   Plumbing is no easy trade either.
        Beruf.
     c. Heutzutage einen Handwerker zu be-   To get a workman nowadays is not so
        kommen ist nicht so leicht.   easy.
     d. Bei Bergtouren werde ich leicht   On hikes in the mountains I get dizzy
        schwindlig.   easily.
     e. Sein Wagen wurde durch den Unfall   His car was slightly damaged as a
        leicht beschädigt.   result of the accident.

15. <u>verletzen</u> - "injure, hurt"

     a. Haben Sie sich beim Skilaufen das   Did you injure your knee skiing?
        Knie verletzt?
     b. Als Fräulein Schulze mit dem Fahr-   When Miss Schulze fell off her bicycle
        rad stürzte, hat sie sich die   she hurt her hand.
        Hand verletzt.
     c. Wo hat er sich verletzt?   Where did he hurt himself?
     d. Bei dem Unfall wurde glücklicher-   In the accident fortunately no one
        weise niemand verletzt.   was hurt.
     e. Auch Worte können verletzen.   Words, too, can hurt.

16. <u>schaden</u> + Dative - "harm, hurt"

     a. Kann es dem Jungen schaden,   Can it harm the boy to go swimming
        wenn er mit dem verletzten Knie   with his injured knee?
        schwimmen geht?
     b. Würde es meiner Frau schaden,   Would it hurt my wife if she were to
        wenn sie jeden Tag kurze Spazier-   take short walks every day?
        gänge machen würde?
     c. Ich fürchte, diese Arbeit würde   I'm afraid this [line of] work would
        Ihrer Gesundheit schaden.   hurt your health.
     d. Es wird Ihnen bestimmt schaden,   It will definitely be harmful to you
        wenn Sie weiterhin soviel rau-   if you continue to smoke so much.
        chen.

17. <u>anstrengen</u> - "fatigue, tire (out), be tiring for, be a strain for"

     a. Die lange Autofahrt hat uns sehr   The long drive was very tiring for us.
        angestrengt.
     b. Wenn Sie das Schwimmen so sehr   If swimming tires you out so very much
        anstrengt, müssen Sie mal zum   you'll have to go to the doctor.
        Arzt gehen.
     c. Die Geschäftsreise hat Herrn   The business trip was very much of a
        Becker sehr angestrengt.   strain for Mr. Becker.
     d. Die Behandlung strengte den   The treatment was quite a strain for
        Patienten sehr an.   the patient.

18. <u>einhalten</u> - "stick to, keep (to)"

a. Wenn du deine Diät einhältst, wird es dir bald besser gehen.

If you (fam sg) stick to your diet you'll be better soon.

b. Wir haben nur zwei Wochen Urlaub und müssen deshalb den Plan für unsere Reise genau einhalten.

We only have two weeks leave and have for that reason to stick to the plan for our trip exactly.

c. Dr. Keller kann die Verabredung mit Herrn Bauer leider nicht einhalten.

Dr. Keller can't keep the appointment with Mr. Bauer unfortunately.

d. Wenn Sie zum Zahnarzt gehen, müssen Sie die festgelegte Zeit genau einhalten.

When you go to the dentist you have to stick to the appointed ('fixed') time exactly.

19. <u>führen</u> - "lead, take, bring"

a. Wissen Sie wohin diese Strasse führt?

Do you know where this street leads to?

b. Ein Kollege meines Mannes führte uns durch die Ausstellung.

A colleague of my husband took us through the exposition.

c. Wohin soll das führen?

What's that going to lead to?

d. Was hat zu diesem Ergebnis geführt?

What led to this result?

VERB AND PREPOSITION DRILL - Part I

In the following drill new verb-preposition complexes are listed with a few sample sentences and their English equivalents. After practice as a vocabulary drill students should add sentences of their own to each verb-preposition group.

1. <u>arbeiten an</u> + Dative - "work on"

a. Arbeiten Sie an einer dringenden Sache?

Are you working on a terribly important matter?

b. Ich habe gehört, er arbeitet an einem neuen Roman.

I heard he's working on a new novel.

c. Der Klempner arbeitete zwei Stunden an dem Wasserhahn.

The plumber was working on the faucet for two hours.

d. Wie lange wird er noch daran arbeiten?

How long will he still be working on it?

2. <u>denken an</u> + Accusative - "think of, remember"

a. Woran denken Sie?

What are you thinking of?

b. Denkst du noch manchmal an Charlotte Zacharias?

Do you (fam sg) still think of Charlotte Zacharias sometime?

c. Er hat schon daran gedacht, das Radio selbst zu reparieren.

He was already thinking of repairing the radio himself.

d. Denken Sie bitte daran, die Autokarte mitzubringen.

Remember to bring the road map along.

3. <u>vermieten an</u> + Accusative - "rent to (someone)"

   a. Ich habe die Wohnung an Frau   I rented the apartment to Mrs. Martha
       Martha Kaufmann vermietet.   Kaufmann.

   b. Frau Zacharias will das Zimmer   Mrs. Zacharias doesn't want to rent the
       nicht an den Gewerkschaftssekretär   room to the union official.
       vermieten.

   c. Meine Tante Charlotte hat ihr   My Aunt Charlotte has now rented her
       Haus jetzt an die Schwestern vom   house to the Red Cross nurses.
       Roten Kreuz vermietet.

   d. Das Haus wurde an einen Arzt ver-   The house was rented to a doctor.
       mietet.

4. <u>hoffen auf</u> + Accusative - "hope for, look for"

   a. Man hofft immer auf bessere Zeiten.   One always hopes for better times.

   b. Die Kinder hofften auf einen Schul-   The children were hoping for a school
       ausflug.   outing.

   c. Er hat lange auf einen Scheck von   For a long time he hoped for a check
       zu Hause gehofft.   from home.

   d. Wir hoffen darauf, dass die An-   We're looking for the suits to be very
       züge im Sommerschlussverkauf sehr   cheap in the summer clearance sale.
       billig sein werden.

5. <u>hören auf</u> + Accusative - "listen to, heed"

   a. Die Kinder hören nicht immer auf   The children don't always obey their
       die Mutter.   mother.

   b. Hören Sie auf mich!   Listen to me!

   c. Dora hörte nie auf ihre Tante   Dora never did what her Aunt Bertha
       Berta.   said.

   d. Er hat nicht auf den Arzt gehört.   He didn't listen to [what] the doctor
                                       [said].

6. <u>umschalten auf</u> + Accusative - "switch over to"

   a. Die Zentrale hat nicht auf die   The operator didn't switch over to the
       richtige Abteilung umgeschaltet.   right department.

   b. Warum hat sie das Gespräch nicht   Why didn't she switch the call over to
       auf meinen Apparat umgeschaltet?   my extension? (' ... to my phone?')

   c. Ich schalte gerade den Platten-   I'm just switching the record player
       spieler auf das Tonbandgerät um.   over to the tape recorder.

7. <u>rechnen auf</u> + Accusative - "count on, rely on"

   a. Auf mich können Sie immer rechnen.   You can always count on me.

   b. Rechnen Sie lieber nicht auf die-   Better not count on these people.
       se Leute.

   c. Wir können nicht darauf rechnen,   We can't count on his carrying out his
       dass er seine geschäftlichen Auf-   business obligations in this short
       träge in dieser kurzen Zeit aus-   time.
       führt.

   d. Er rechnet darauf, im Wirtschafts-   He's counting on being able to work
       ministerium arbeiten zu können.   at the Ministry of Economic Affairs.

8. <u>rechnen mit</u> + Dative "count on, expect"

a. Mit wieviel Urlaub kann ich in   How much leave can I expect [to accrue]
   einem Jahr rechnen?   in a year?
b. Wir rechnen mit besserem Wetter.   We're counting on better weather.
c. Mit Ihnen hatte ich nicht gerech-   I hadn't been expecting you, Mr. Schmidt.
   net, Herr Schmidt.
d. Wir rechnen damit, am Sonnabend   We are expecting to be able to look over
   die Werft besichtigen zu können.   the shipyard on Saturday.
e. Rechnet er damit, alle geschäft-   Does he expect to be able to carry out
   lichen Aufträge noch vor der   all the business obligations before the
   Reise ausführen zu können?   trip still?

9. <u>fragen nach</u> + Dative - "ask for, inquire about"

a. Haben Sie ihn nach der Adresse   Did you ask him for the address of
   des Gesundheitsamtes gefragt?   the Board of Health?
b. Hat Herr Koch nach mir gefragt?   Was Mr. Koch looking for me?
c. Der Betriebsleiter fragte die   The plant manager asked the secretary
   Sekretärin nach dem Bericht von   for Mr. Qualitz' report.
   Herrn Qualitz.
d. Was soll ich ihm sagen, wenn er   What shall I tell him if he asks for
   nach Ihnen fragt?   you?

10. <u>sich erkundigen nach</u> + Dative - "inquire, ask about"

a. Hast du dich schon beim Gesund-   Have you inquired about that at the
   heitsamt danach erkundigt?   Board of Health yet? (fam sg)
b. Dr. Zacharias erkundigte sich   Dr. Zacharias inquired about the new
   nach dem neuen Patienten.   patient.
c. Ich werde mich nach den Zügen   I'll ask about the trains.
   erkundigen.
d. Hast du dich schon nach einem   Have you asked about a specialist yet?
   Facharzt erkundigt?   (fam sg)
e. Erkundige dich bitte danach.   Please inquire about it (fam sg).

11. <u>denken über</u> + Accusative - "think of, about; have an opinion about, of"

a. Man kann darüber denken wie man   One can think as one likes about it.
   will.
b. Es freut mich, dass Sie über   I'm glad you have the same opinion
   diesen Studenten genau so denken   of this student as I do.
   wie ich.
c. Wie denken Sie darüber?   What is your opinion about this?
d. Wie denkt man in Deutschland über   What do people in Germany think about
   die Verhandlungen?   the negotiations?

12. <u>sich freuen über</u> + Accusative - "be glad, happy about, for"

a. Wir alle freuten uns über Paulas   We were all happy over Paula's visit.
   Besuch.
b. Mein Sohn freut sich sehr über   My son is very happy about the new
   das neue Fahrrad.   bicycle.
c. Wir freuen uns über jeden Brief,   We're happy for every letter we get
   den wir von ihm bekommen.   from him.
d. Ich habe mich sehr über ihr Bild   I was very glad [to have] her picture.
   gefreut.

197

13. <u>schreiben über</u> + Accusative - "write about"

    a. Der deutsche Schriftsteller Emil   The German author Emil Ludwig also
       Ludwig schrieb auch über Lincoln.   wrote about Lincoln.
    b. Worüber schreiben Sie?   What are you writing about?
    c. Was hat er über mich geschrieben?   What did he write about me?
    d. Thomas Mann schrieb in diesem   Thomas Mann wrote about his home
       Roman über seine Heimatstadt   town [of] Lübeck in this novel.
       Lübeck.

14. <u>sprechen über</u> + Accusative - "talk about, speak about, discuss"

    a. Wir sprachen gerade über ihn.   We were just discussing him.
    b. Charlotte spricht nicht gern   Charlotte doesn't like to talk about
       darüber.   it.
    c. Professor Nordpol hat über die   Professor Nordpol spoke about the
       deutsche Wirtschaft gesprochen.   German economy.
    d. Frau Wiegand spricht schon eine   Mrs. Wiegand has been talking for
       ganze Stunde darüber, was alles   a whole hour about what all went
       auf der Reise nach Italien schief-   wrong on the trip to Italy.
       ging.

15. <u>verstehen unter</u> + Dative - "mean by"

    a. Unter einem Engländer versteht   At the hardware store they usually
       man in einer Eisenwarenhandlung   mean a tool when they speak of an
       meistens ein Werkzeug.   "Engländer".
    b. Unter einer Nachkur versteht man   By a follow-up treatment one means
       die Erholungszeit nach einer Kur.   the recuperation period ('time') after
                                    a treatment at a health resort.
    c. Was verstehen Sie unter einer   What do you mean by a follow-up
       Nachkur?   treatment?
    d. Darunter verstehe ich etwas   I mean something else when I say
       anderes.   (or hear) that.

16. <u>sich vorstellen unter</u> + Dative - "imagine (something) to be"

    a. Was stellen Sie sich unter einem   What do you think a 'Landrat' is?
       Landrat vor?
    b. Darunter kann ich mir nichts   I can't imagine what that is.
       vorstellen.
    c. Ich habe mir unter einem Kurort   I didn't think a health resort was
       etwas anderes vorgestellt.   going to be like this.
    d. Was stellen Sie sich unter einer   What do you think a 'Nachkur' is?
       Nachkur vor?

17. <u>sprechen von</u> + Dative - "speak of, talk about (mention)"

    a. Nein, von Ihnen haben wir nicht   No, your name didn't come up.
       gesprochen.
    b. Wovon sprachen Sie?   What were you talking about?
    c. Er spricht immer von sich.   He's always talking about himself.
    d. Er hat davon gesprochen, dass er   He mentioned that he was planning to
       ins Weserbergland fahren wollte.   drive to the Weserbergland.

18. <u>führen zu</u> + Dative - "lead to"

a. Wozu führt das?   What will that lead to?
b. Die Diskussion führte zu einer   The discussion led to a long parley.
   langen Verhandlung.
c. Unsere Verhandlungen haben zu   Our negotiations produced no result.
   keinem Ergebnis geführt.
d. Seine vielen geschäftlichen Auf-   His many business obligations led to
   träge führten dazu, dass er seine   his having to put off his trip.
   Reise aufschieben musste.

VERB AND PREPOSITION DRILL - Part II

This part of the drill is an oral test. Students should <u>not</u> write in their
books but should go over the drill with the tutor until they are able to read off
each sentence with the appropriate preposition rapidly and without hesitation.

1. Ich werde Herrn Becker ... einem Installateur fragen.
2. Er hat ausführlich ... seine Abenteuer in Frankreich geschrieben.
3. Man hat viele Jahre ... dem Wiederaufbau der Stadt gearbeitet.
4. Wir sprachen ..., dass sie wohl nicht kommen wird.
5. Sie hört nicht ... ihn.
6. Was schrieb Ihr Freund ... die Industriemesse?
7. Hast du dich ... der Adresse von Herrn Koch erkundigt?
8. Wie denken deine Eltern ... diese Angelegenheit?
9. Das Ferngespräch soll ... Zimmer 112 umgeschaltet werden.
10. Wir haben nicht ... einer höheren Miete gerechnet.
11. Ich arbeite ... einem neuen Projekt.
12. Herr Thomas wird ... die neuen Zollbestimmungen sprechen.
13. Sie vermietet nur ... Damen.
14. Haben Sie ... gedacht, eine Nachkur zu machen?
15. ... einer Dame der Gesellschaft habe ich mir eigentlich etwas anderes vorgestellt.
16. Wir sprachen ... seiner Geliebten.
17. Wir wollen nicht ... rechnen, dass er die Arbeit heute schon erledigen kann.
18. ... wen haben Sie Ihr Haus vermietet?
19. Er rechnete nicht ..., dass man ihn im Krankenhaus behalten würde.
20. Herr Prokosch fragte mich ... dem Namen der netten, neuen Schwester.
21. Wir hoffen ... besseres Wetter.
22. Meine Mutter wird sich sehr ... die Vergrösserungen freuen.
23. Das führt ... nichts.
24. Ich rechne ... Sie.
25. Ich kann mir ... diesem Bild nichts vorstellen.
26. Er hat zehn Minuten ... gesprochen, warum er unbedingt einen Fernsehapparat
    kaufen will.
27. Herr Koch rechnet ... die Hilfe seiner Kollegen, um dieses Projekt ausführen
    zu können.

TRANSLATION DRILL

1. Mr. Koch was just working on an urgent matter.

   Herr Koch arbeitete gerade an einer dringenden Sache.

2. However he had a moment's time nevertheless to talk to his colleague Thomas.

   Er hatte aber trotzdem einen Augenblick Zeit mit seinem Kollegen Thomas zu sprechen.

3. Mr. Thomas wanted to know who to go to when he needs help from a doctor.

   Herr Thomas wollte wissen, an wen er sich wenden kann, wenn er ärztliche Hilfe braucht.

4. He doesn't live far from a hospital, but he doesn't know any doctors in town.

   Er wohnt nicht weit von einem Krankenhaus, aber er kennt keine Ärzte in der Stadt.

5. Mr. Koch suggested (to him) calling the Board of Health where he lives.

   Herr Koch schlug ihm vor, das Gesundheitsamt in seinem Wohnort anzurufen.

6. There he would be able to ask for the addresses of a few doctors in his section of town.

   Dort könnte er sich nach den Adressen einiger Ärzte in seinem Bezirk erkundigen.

7. Thomas was planning to do that soon, for with a family as large as his there's pretty often someone sick.

   Thomas wollte das bald tun, denn bei seiner grossen Familie ist öfter mal einer krank.

8. Koch would recommend his family doctor to him if his office weren't so far away.

   Koch würde ihm seinen Hausarzt empfehlen, wenn dessen Praxis nicht so weit entfernt wäre.

9. Mrs. Thomas was under the care of an ear doctor in America last year.

   Frau Thomas war voriges Jahr bei einem Ohrenarzt in Amerika in Behandlung.

10. She had a bad middle ear infection, but she's all right now.

    Sie hatte eine schwere Mittelohrentzündung, aber jetzt geht es ihr wieder gut.

11. Nevertheless her husband would like her to have herself examined again by a specialist in Germany.

    Trotzdem möchte ihr Mann, dass sie sich in Deutschland nochmal von einem Facharzt untersuchen lässt.

12. Koch was able to recommend a good ear, nose and throat man to him.

    Koch konnte ihm einen guten Hals- Nasen und Ohrenarzt empfehlen.

13. Thomas inquired at the doctor's about his office hours.

    Thomas erkundigte sich bei dem Arzt nach dessen Sprechstunde.

14. The telephone rang at Dr. Buchner's office.

    Das Telephon klingelte in der Praxis von Dr. Buchner.

15. Sister Ursula answered.

    Schwester Ursula meldete sich.

16. Mrs. Evans, who was calling about her son was on the wire.

    Am Apparat war Frau Evans, die wegen ihres Sohnes anrief.

17. He had fallen and scraped his knee, and the wound was pretty big.

    Er hatte sich das Knie aufgeschlagen, und die Wunde war ziemlich gross.

18. The nurse suggested that Mrs. Evans come right to the office with him.

    Die Schwester schlug Frau Evans vor, gleich mit ihm in die Sprechstunde zu kommen.

19. Dr. Buchner would treat him immediately.

    Dr. Buchner würde ihn sofort behandeln.

20. Mr. Lange had an appointment with Dr. Buchner at three o'clock.

    Herr Lange war um drei Uhr zu Dr. Buchner bestellt.

21. Sister Ursula asked him to take a seat in the waiting room and wait a bit, for there was still a patient in the consulting room.

    Schwester Ursula bat ihn, im Wartezimmer Platz zu nehmen und sich etwas zu gedulden, denn es war noch ein Patient im Sprechzimmer.

22. When Lange came into the waiting room he saw Evans sitting there.

    Als Lange ins Wartezimmer kam, sah er Evans dort sitzen.

23. Evans was not sick, but was waiting for his wife and son.

    Evans war nicht krank, sondern wartete auf seine Frau und seinen Sohn.

24. His son had had an accident; he had fallen with his bicycle.

Sein Sohn hatte einen Unfall gehabt, er war mit dem Fahrrad gestürzt.

25. He had injured his knee.

Er hatte sich das Knie verletzt.

26. Would it be [a] good [thing] if he were to get a tetanus shot?

Wäre es gut, wenn er eine Tetanusspritze bekommen würde?

27. "I hope the boy is not having too much pain," said Lange.

"Hoffentlich hat der Junge nicht zu grosse Schmerzen," sagte Lange.

28. Lange was there on account of his heart.

Lange war wegen seines Herzens dort.

29. Instead of taking a follow-up treatment he had started to work again already.

Statt eine Nachkur zu machen, hatte er schon wieder angefangen zu arbeiten.

30. Everything he did was tiring him [out] very much.

Ihn strengte alles, was er tat, sehr an.

31. The nurse now asked Mr. Lange into the consulting room, and Evans wished him a speedy recovery.

Die Schwester bat Herrn Lange nun ins Sprechzimmer, und Evans wünschte ihm gute Besserung.

32. After Dr. Buchner had said hello to Lange he asked about his complaints.

Nachdem Dr. Buchner Herrn Lange begrüsst hatte, fragte er nach seinen Beschwerden.

33. Lange was still having trouble with his heart in spite of the treatment at the resort.

Lange hatte trotz der Kur immer noch Herzbeschwerden.

34. He was taking the medicine regularly that the doctor had prescribed for him.

Er nahm die Medikamente, die der Arzt ihm verschrieben hatte, regelmässig ein.

35. After the slightest exertion however he got severe palpitations and got dizzy easily.

Nach der geringsten Anstrengung bekam er aber starkes Herzklopfen und wurde leicht schwindlig.

36. After Dr. Buchner had measured his blood pressure he said:" It is a bit too high still."

Nachdem Dr. Buchner den Blutdruck gemessen hatte, sagte er:" Er ist noch etwas zu hoch."

37. He suggested drinking fruit juice instead of coffee to him.

Er schlug ihm vor, statt Kaffee Fruchtsaft zu trinken.

38. It wouldn't hurt a bit if he were to stick to his diet exactly, said Dr. Buchner.

Es würde nichts schaden, wenn er seine Diät genau einhalten würde, sagte Dr. Buchner.

39. Then the doctor prescribed another medicine for him in addition.

Dann verschrieb ihm der Arzt noch eine andere Medizin.

40. He had to take fifteen drops of it three times a day.

Er musste dreimal täglich je fünfzehn Tropfen davon einnehmen.

41. He did not get a prescription for the pills.

Ein Rezept für die Tabletten bekam er nicht.

RESPONSE DRILL

1. Woran arbeitete Herr Koch gerade?
Er arbeitete an einer dringenden Sache.

2. Konnte Herr Thomas trotzdem mit ihm einen Augenblick sprechen?
Ja, Herr Koch hat selbstverständlich Zeit für ihn.

3. Was wollte Herr Thomas wissen?
Er wollte gern wissen, an wen er sich wenden könnte, um ärztliche Hilfe zu bekommen.

4. Welchen Vorschlag machte ihm Herr Koch?
Er schlug ihm vor, das Gesundheitsamt in seinem Wohnort anzurufen.

5. Wonach sollte sich Herr Thomas beim Gesundheitsamt erkundigen?
Nach den Adressen einiger Ärzte in seinem Bezirk.

6. Warum wollte er dort bald anrufen?
Weil bei seiner grossen Familie alle Augenblicke mal einer krank ist.

7. Warum empfahl Herr Koch nicht seinen Hausarzt?
Die Praxis seines Hausarztes ist zu weit entfernt.

8. Bei wem war Frau Thomas voriges Jahr in Behandlung?
Sie war voriges Jahr in Amerika wegen einer schweren Mittelohrentzündung bei einem Ohrenarzt in Behandlung.

9. Was sagte Herr Thomas noch darüber?
Es wäre zu wünschen, dass sie sich nochmal von einem Facharzt untersuchen lassen würde.

10. War es ein Problem, einen Facharzt zu finden?
Nein, denn in der Nähe seiner Wohnung hat ein bekannter Hals-Nasen und Ohrenarzt seine Praxis.

11. Wo klingelte das Telephon und wer meldete sich?
Das Telephon klingelte in der Praxis von Dr. Buchner, Schwester Ursula meldete sich.

12. Warum rief Frau Evans bei Dr. Buchner an?
Ihres Sohnes wegen, der sich das Knie aufgeschlagen hatte.

13. Wann brachte sie ihn in die Sprechstunde?
Gleich, damit Dr. Buchner ihn gleich behandeln konnte.

14. Wann war Herr Lange zu Dr. Buchner bestellt?
Für drei Uhr.

15. Was sagte Herr Lange zur Schwester?
Hoffentlich komme ich nicht zu spät, meine Uhr ist stehen geblieben.

16. Warum musste er erst im Wartezimmer Platz nehmen?
Dr. Buchner hatte noch einen Patienten im Sprechzimmer.

17. Wen traf er im Wartezimmer?
Er traf Herrn Evans dort.

18. Auf wen wartete Herr Evans?
Er wartete auf seine Frau und seiner Sohn, die im Sprechzimmer waren.

19. Weshalb war der Junge dort?
Er hatte einen Unfall gehabt und hatte eine grosse Wunde am Knie.

20. Was für einen Unfall hatte er?
Er war mit dem Fahrrad gestürzt.

21. Was für eine Spritze sollte der Junge bekommen?
Er sollte eine Tetanusspritze bekommen.

22. Weshalb wollte Herr Lange Dr. Buchner sprechen?
Wegen seines Herzens.

23. Wie ging es ihm in Bad Nauheim und wie geht es ihm jetzt?
In Bad Nauheim ging es ihm gut, aber danach strengte ihn alles, was er tat, sehr an.

24. Was hätte er noch tun sollen?
Er hätte noch eine Nachkur machen sollen.

25. Wen bat Schwester Ursula als Nächsten ins Sprechzimmer?
Herrn Lange, er war der Nächste.

26. Was für Beschwerden hatte er?

Herzbeschwerden. Nach der geringsten Anstrengung bekam er starkes Herzklopfen und wurde auch leicht schwindlig.

27. Was sagte Dr. Buchner Herrn Lange, nachdem er den Blutdruck gemessen hatte?

"Ihr Blutdruck ist noch etwas zu hoch".

28. Was sollte Herr Lange statt Kaffee trinken?

Er sollte statt Kaffee Fruchtsaft trinken.

29. Was schlug ihm Dr. Buchner sonst noch vor?

Seine Diät einzuhalten.

30. Wie oft muss Herr Lange die Medizin nehmen, die ihm Dr. Buchner verschrieb?

Er muss dreimal täglich je fünfzehn Tropfen von der Medizin nehmen.

31. Was muss er ausser der Medizin einnehmen?

Die Tabletten, die ihm Dr. Buchner das letzte Mal verschrieben hatte.

SITUATIONS

1

Ein Freund ruft Sie an, um Ihnen zu sagen, dass er krank im Bett liegt und keinen Arzt in seiner Gegend kennt. Was würden Sie ihm sagen oder für ihn tun?

2

Wenn Sie als Diplomant nach Deutschland kommen würden, ohne Möbel mitzunehmen, was würden Sie sich dort kaufen? Überlegen Sie was Sie sich leisten könnten, wenn Sie nur sehr wenig Geld hätten, was Sie am liebsten noch dazu kaufen würden, wenn Sie sich von der Bank Geld leihen könnten, usw.

3

Wohin würden Sie fahren, wenn Sie viel Zeit und Geld hätten? Welche Länder und Städte interessieren Sie besonders und in welchem Land würden Sie am liebsten arbeiten? Unterhalten Sie sich mit einem Ihrer Kollegen darüber.

4

Welche Restaurants (oder Theater, Kinos, Cafés, usw.) in unserer Stadt könnten Sie einem Mann empfehlen, der viel Unternehmungsgeist hat und alles kennen lernen möchte, was hier besonders interessant ist.

NARRATIVE

I

Zitate und Sprichworte

Die Arznei macht kranke, die Mathematik traurige und die Theologie sündhafte Leute.

-- Martin Luther

Arzt, hilf dir selber.

-- Luk. 4, 23

Der Arzt sieht den Menschen in seiner ganzen Schwäche, der Advokat in seiner ganzen Schlechtigkeit und der Priester in seiner ganzen Dummheit.

-- Schopenhauer

Hier ruht ein Arzt, Herr Dr. Frumm,

Und die er heilte, ringsherum.

-- Grabinschrift

das Zitat,-e	quotations
das Sprichwort,-e	saying, proverb
die Arznei,-en	medicine
traurig	sad
sündhaft	sinful
der Mensch,-en,-en	man, human being
die Schwäche,-n	weakness
der Advokat,-en	lawyer
die Schlechtigkeit,-en	badness, wickedness
der Priester,-	priest
die Dummheit,-en	stupidity
ruhen (w)	rest
heilen (w)	heal, treat
ringsherum	round about
das Grab,⸚er	grave
die Inschrift,-en	inscription

Welchen Arzt ich habe? Frage lieber, welcher Arzt mich hat.

-- H. Osmin

Die <u>Gesunden</u> <u>bedürfen</u> des Arztes nicht, sondern die Kranken.

-- Luk. 5, 31

Ein neuer Doktor, ein neuer <u>Kirchhof</u>.

-- Sprichwort

Der Geist der Medizin ist leicht zu <u>fassen</u>;

Ihr <u>durchstudiert</u> die gross' und kleine <u>Welt</u>,

Um es am Ende gehn zu lassen,

Wie's Gott gefällt.

-- Mephistopheles zum Studenten in Goethes 'Faust'.

gesund	healthy
bedürfen (plus genitive) (ir w)	have need of
der Kirchhof,⸚e	churchyard, cemetery
fassen (w)	grasp
durchstudieren (w)	study thoroughly
die Welt,-en	world

(Part II of Narrative is continued on the next page.)

II

Aus dem <u>Liebeslied</u> eines Arztes

<u>Soviel</u> <u>Zellen</u> die <u>Gewebe</u> meines langen <u>Leibs</u> <u>enthalten</u>,

In so viele <u>Muskelfasern</u> sich mein <u>sterblich</u> <u>Fleisch</u> lässt <u>spalten</u>,

Soviel kleine Blut<u>gefässe</u> mich vom <u>Kopf</u> zum Fuss <u>durchziehen</u>,

Soviel <u>Körperchen</u> in ihnen heissen roten Blutes <u>glühen</u>,

Soviel mal in hundert <u>Pfunden</u> Fleisch sich <u>kapselt</u> die Trichine:

Soviel mal, du <u>schlanke</u> <u>Palme</u>, <u>lieb</u>' ich dich, o Josephine!

-- Hermann Iseke (1856-1907)

das Liebeslied,-er	love song
soviel ... : soviel ...	as many ... : so many ...
die Zelle,-n	cell
das Gewebe,-	tissue
der Leib,-er	body
enthalten (ä,ie,a)	contain
der Muskel,-n	muscle
die Faser,-n	fiber
sterblich	mortal
das Fleisch	flesh
spalten (w)	split, divide
das Blut	blood
das Gefäss,-e	vessel
der Kopf,-̈e	head
durchziehen (o,o)	run through
das Körperchen,-	corpuscle
glühen (w)	glow
das Pfund,-e	pound
(ein)kapseln (w)	(en)capsulate
schlank	slender
die Palme,-e	palm (tree)
lieben (w)	love

FINDER LIST

	ach	oh
	achtjährig	eight year-old
	anstrengen (w)	cause exertion, fatigue
die	Anstrengung, -en	effort, exertion
	arbeiten an (plus dat) (w)	work on
der	Arzt, -̈e	doctor
	ärztlich	medical (from a doctor)
	aufschlagen (ä,u,a)	bang, break open
alle	Augenblicke	any minute, all the time
	ausser (plus dat)	besides, in addition to
	behandeln (w)	treat
die	Behandlung, -en	treatment, care
die	Beschwerde, -n	complaint, trouble
die	Besserung	improvement
gute	Besserung!	get well soon!
	bestellt sein	have a (doctor's) appointment
der	Bezirk, -e	district, section of town
der	Blutdruck	blood pressure
	denn	for
die	Diät, -en	diet
der	Doktor, -en	doctor
	einhalten (ä,ie,a)	keep to, stick to
	einnehmen (i,a,o)	take (medicine)
	empfehlen (ie,a,o)	recommend
	entfernt	distant, away
die	Entzündung, -en	inflammation, irritation
sich	erkundigen nach (plus dat) (w)	inquire about, ask for
	ernst	serious
das	Fach, -̈er	specialty, subject (of study)
das	Fahrrad, -̈er	bicyle
die	Frucht, -̈e	fruit
	führen (w)	lead, take, bring
sich	gedulden (w)	be patient, wait
	gering	slight
die	Gesundheit	health
der	Hals, -̈e	neck, throat
	ein bekannter Hals-Nasen und Ohrenarzt	a well-known ear nose and throat man
	hätte(n)	would have
	hätten ... sollen	ought to have
der	Hausarzt, -̈e	family doctor
das	Herz, -ens, -en	heart
das	Herzklopfen	palpitations (pl)
die	Hilfe	help, aid
	je	at a time
das	Knie, -e	knee
	könnte(n)	would be able, would
	krank	sick
das	Krankenhaus, -̈er	hospital
	leicht	easy, easily
das	Medikament, -e	medicine
die	Medizin, -en	medicine
	messen (i,a,e)	measure, take (a measurement)
die	Mittelohrentzündung, -en	inflammation or infection of the middle ear
die	Nachkur, -en	follow-up treatment
	nächst-	next
	nanu	well, well
die	Nase, -n	nose
das	Ohr, -en	ear
der	Ohrenarzt, -̈e	ear doctor
der	Patient, -en, -en	patient
die	Praxis, die Praxen	practice; (doctor's) office
	regelmässig	regular(ly)

das	Rezept,-e	prescription
die	Sache,-n	thing, matter
der	Saft,-̈e	juice
	schaden (w)	injure, harm
	es schadet mir	it harms me
der	Schmerz,-en	pain
die	Schwester,-n	sister, nurse
	schwindlig	dizzy
	selbstverständlich	self-evident, of course
die	Sprechstunde,-n	office (hours)
	in die Sprechstunde	to the (doctor's) office
das	Sprechzimmer,-	consulting room
die	Spritze,-n	shot, injection
	eine Tetanusspritze	a tetanus shot
	stark	strong
	statt (plus genitive)	instead of
	statt	instead of
	stehenbleiben (ie,ie) ist	stop (running)
	stürzen (w)	plunge, fall
die	Tablette,-n	pill, tablet
	tja (= ja)	mm, yes
der	Tropfen,-	drop
	trotz (plus genitive)	in spite of
	trotzdem	in spite of that, nevertheless
die	Uhr,-en	watch
der	Unfall,-̈e	accident
	untersuchen (w)	examine
	verletzen (w)	injure
	verschreiben (ie,ie)	prescribe
	vorschlagen (ä,u,a)	suggest
	während	while
	wäre(n)	would be
das	Wartezimmer,-	waiting room
	wegen (plus genitive)	on account of
	weh	painful, sore
	es tut weh	it hurts
	weiter	further, continuing
	weshalb	for what reason
der	Wohnort,-e	place of residence
die	Wunde,-n	wound
	wünschen (w)	wish
	ich wünschte, sie würde ...	I wish she would ...
	würde(n)	would
	würde(n)	were to
der	Zufall,-̈e	happenstance, coincidence

IN DER VISA-ABTEILUNG

Basic Sentences

I

I

the applicant	der Antragsteller,-

Vice-Consul Thompson. Mr. Schuster, an applicant in the Visa Section.

Vize-Konsul Thompson. Herr Schuster, ein Antragsteller in der Visa-Abteilung.

the place	die Stelle,-n

MR. SCHUSTER

HERR SCHUSTER

My name is Schuster. I'd like to emigrate to America. Is this the right place? ('Am I at the right place here?')

Mein Name ist Schuster. Ich möchte nach Amerika auswandern. Bin ich hier an der richtigen Stelle?

MR. THOMPSON

HERR THOMPSON

Yes, please sit down. Are you a German citizen?

Ja. Nehmen Sie bitte Platz. Sind Sie deutscher Staatsangehöriger?

the Eastern Zone	die Ostzone
the refugee	der Flüchtling,-e
the existence, livelihood, life	die Existenz,-en
to build (up)	aufbauen (w)

MR. SCHUSTER

HERR SCHUSTER

Yes. I'm a refugee from the Eastern Zone and would like to build up a new life for myself over there.

Ja. Ich bin Ostzonenflüchtling und möchte mir drüben eine neue Existenz aufbauen.

somebody, someone	jemand(en)
the state	der Staat,-en
sponsor	bürgen (w)

MR. THOMPSON

HERR THOMPSON

Do you know someone in the States who would act as sponsor for you?

Kennen Sie jemand(en) in den Staaten, der für Sie bürgen würde?

the uncle	der Onkel,-
the sponsor	der Bürge,-n,-n

MR. SCHUSTER

HERR SCHUSTER

Yes, I have an uncle who's an American citizen and who would be my sponsor.

Ja, ich habe einen Onkel, der amerikanischer Staatsangehöriger ist, und der mein Bürge sein würde.

MR. THOMPSON

HERR THOMPSON

What's your profession?

Was sind Sie von Beruf?

the mechanic	der Mechaniker,-
at present	zur Zeit (abb: z.Zt.)
the automobile mechanic	der Autoschlosser,-
the representation, agency, post	die Vertretung,-en
the regional distributor, agency	die Generalvertretung,-en
to employ, hire	anstellen (w)

MR. SCHUSTER   HERR SCHUSTER

Mechanic. At present I'm employed as an auto mechanic at the Volkswagen distributor's here.

Mechaniker. Zur Zeit bin ich hier als Autoschlosser bei der Volkswagengeneralvertretung angestellt.

II   II

first of all	zunächst
the personal particulars	die Personalien (pl)
to record, note down	aufnehmen (i,a,o)

MR. THOMPSON   HERR THOMPSON

First of all I'd like to note down your name and address and other personal particulars.

Zunächst möchte ich Ihre Personalien aufnehmen.

the surname	der Familienname,-ns,-n
the given name	der Vorname,-ns,-n
the birth	die Geburt,-en
the date	das Datum,-en

Surname, given names, date and place of birth?

Familienname, Vornamen, Geburtsdatum und -ort?[1]

born   geboren

MR. SCHUSTER   HERR SCHUSTER

Andreas Paul Schuster, born in Leipzig 6/11/33.

Andreas Paul Schuster, geboren am 11.6.33 in Leipzig. [2]

the family status	der Familienstand
single	ledig
divorced	geschieden
widowed	verwitwet

MR. THOMPSON   HERR THOMPSON

And your family status? Are you single, married, divorced or widowed?

Und Ihr Familienstand? Sind Sie ledig, verheiratet, geschieden oder verwitwet?

MR. SCHUSTER   HERR SCHUSTER

Single.   Ledig.

previously convicted   vorbestraft

MR. THOMPSON   HERR THOMPSON

Have you ever been convicted of a crime?   Sind Sie vorbestraft?

MR. SCHUSTER	HERR SCHUSTER

No.   Nein.

the member	das Mitglied,-er
the (political) party	die Partei,-en
political	politisch
the organization	die Organisation,-en

MR. THOMPSON	HERR THOMPSON

Were you a member of a party or political organization in the Eastern Zone?   Waren Sie in der Ostzone[3] Mitglied einer Partei oder politischen Organisation?

the Free German Youth	die FDJ (Freie Deutsche Jugend)
the probational party member	der Kandidat,-en,-en
the Socialist Unity Party	die SED (Sozialistische Einheitspartei Deutschlands)[4]

MR. SCHUSTER	HERR SCHUSTER

Yes, I was formerly in the Free German Youth and then a probational party member in the Socialist Unity Party.   Ja, ich war früher in der FDJ und dann Kandidat der SED.

| to enter, join | eintreten in (plus acc) |
| | (tritt, trat, ist getreten) |

MR. THOMPSON	HERR THOMPSON

Why did you want to join the Socialist Unity Party?   Warum wollten Sie in die SED eintreten?

| I wish, would that | ich wollte |
| had become | wäre ... geworden |

MR. SCHUSTER	HERR SCHUSTER

I wish I had never become a probational party member.   Ich wollte, ich wäre nie Kandidat geworden.

would have had	hätte ... gehabt
then, at that time	damals
to keep going	halten (ä,ie,a)

But if I hadn't become one it would have been very difficult for me ('I would have had great difficulties') even back then to keep my business going.   Aber wäre ich es nicht geworden[5], hätte ich schon damals grosse Schwierigkeiten gehabt, mein Geschäft zu halten.

III

III

any kind of, any ... at all

irgendwelcher, irgendwelche,
irgendwelches
the party official
the position, job
to occupy (a position),
have (an office)

der Funktionär,-e
der Posten,-
bekleiden (w)

MR. THOMPSON

HERR THOMPSON

Did you occupy any positions at all as
a party official?

Haben Sie irgendwelche Funktionärsposten bekleidet?

the business, enterprise,
plant
the (Eastern Occupation) Zone
state-controlled (lit: 'be-
longing to the people')
the state-controlled enterprise

der Betrieb,-e

die Zone
volkseigen

der VEB (der volkseigene
Betrieb)

MR. SCHUSTER

HERR SCHUSTER

No. In the meantime my business in the
Eastern Zone has become a state-controlled enterprise.

Nein. Inzwischen ist mein Betrieb in
der Zone VEB geworden.

the boundary, border

die Grenze,-n

MR. THOMPSON

HERR THOMPSON

When did you come across the border?

Wann sind Sie über die Grenze gekommen?

the night
the fog, mist
in the black of night

die Nacht,-̈e
der Nebel,-
bei Nacht und Nebel

MR. SCHUSTER

HERR SCHUSTER

Three months ago, in the black of night.

Vor drei Monaten, bei Nacht und Nebel.

to flee, run away
would have run away
sooner, rather
the hope
had had
the condition, circumstance

fliehen (floh, ist geflohen)
wäre geflohen
eher
die Hoffnung,-en
hätte ... gehabt
der Zustand,-̈e

I would have run away before that if I
hadn't had hopes that conditions would
change.

Ich wäre schon eher geflohen, wenn ich
nicht die Hoffnung gehabt hätte, dass
sich die Zustände ändern würden.

to acknowledge,
recognize (officially)

anerkennen (a,a)

MR. THOMPSON

HERR THOMPSON

Have you been officially recognized
as a political refugee?

Sind Sie als politischer Flüchtling
anerkannt?

212

MR. SCHUSTER	HERR SCHUSTER

Yes.

Ja.

in Verbindung stehen (a,a)

MR. THOMPSON	HERR THOMPSON

Are you still in contact with Socialist Unity Party or Free German Youth members?

Stehen Sie noch mit SED- oder FDJ-Mitgliedern in Verbindung?

MR. SCHUSTER	HERR SCHUSTER

No.

Nein.

IV   IV

the member of the family, immediate relative

der Familienangehörige,-n,-n

MR. THOMPSON	HERR THOMPSON

Do you have any immediate relatives left in the Eastern Zone?

Haben Sie in der Zone noch Familienangehörige?

MR. SCHUSTER	HERR SCHUSTER

No, I have no relatives there and no other connections over there any more either.

Nein, ich habe dort keine Angehörigen und auch sonst keine Verbindungen mehr nach drüben.

in agreement, willing
the extract, summary
the record of court con-
victions
to request, send for

einverstanden
der Auszug,-̈e
das Strafregister,-[6]

anfordern (w)

MR. THOMPSON	HERR THOMPSON

Are you willing to have us send for the summary of your record of court convictions?

Sind Sie damit einverstanden, dass wir Ihren Strafregisterauszug anfordern?

MR. SCHUSTER	HERR SCHUSTER

Of course.

Selbstverständlich.

to sign

unterschreiben (ie, ie)

MR. THOMPSON	HERR THOMPSON

Then sign here please.

Dann unterschreiben Sie hier, bitte.

furthermore
police
the record of behavior
the police

ferner
polizeilich
das Führungszeugnis,-se[7]
die Polizei

(MR. THOMPSON)

Furthermore we need your record of
police court actions, which you must
apply for to your police headquarters.

MR. SCHUSTER

Is that all I have to have?

> valid
> the document, certificate
> the sponsorship
> the photograph

MR. THOMPSON

No, you have to have a valid passport
too, your birth certificate, the letter
of sponsorship and four photographs.

> by
> the mail
> to send to
> to address

MR. SCHUSTER

Can I send everything to you by mail,
and to whom must it be addressed?

MR. THOMPSON

Don't send anything by mail.

> to inform, notify
> as soon as
> the official paper
> (collected) together
> to inform, let ... know

Notify us as soon as you've got all the
papers together; then we'll let you
know when you can bring them.

V

> the opinion, judgment
> in your opinion

MR. SCHUSTER

How long will it be in your opinion
before ('until') I can emigrate?

(HERR THOMPSON)

Wir brauchen ferner Ihr polizeiliches
Führungszeugnis, das Sie bei Ihrem
Polizeiamt beantragen müssen.

HERR SCHUSTER

Ist das alles, was ich haben muss?

> gültig
> die Urkunde,-n
> die Bürgschaft,-en
> das Photo,-s

HERR THOMPSON

Nein, Sie müssen auch einen gültigen
Reisepass haben, Ihre Geburtsurkunde,
den Bürgschaftsbrief und vier Photos.

> per
> die Post
> schicken an (plus accusative)(w)
> adressieren (w)

HERR SCHUSTER

Kann ich alles per Post an Sie schicken,
und an wen muss ich es adressieren?

HERR THOMPSON

Schicken Sie nichts per Post.

> benachrichtigen (w)
> sobald
> das Papier,-e
> beisammen
> mitteilen (w)

Benachrichtigen Sie uns, sobald Sie alle
Papiere beisammen haben, dann teilen wir
Ihnen mit, wann Sie sie bringen können.

V

> das Erachten
> Ihres Erachtens

HERR SCHUSTER

Wie lange wird es Ihres Erachtens
dauern, bis ich auswandern kann?

the investigation

die Ermittlung, -en

MR. THOMPSON

HERR THOMPSON

That depends on our investigations.

Das hängt von unseren Ermittlungen ab.

it sounds
as if, as though

es hört sich ... an (w)
als ob

MR. SCHUSTER

HERR SCHUSTER

I'm afraid that sounds as if it could
take quite a long time.

Das hört sich leider so an, als ob es
sehr lange dauern könnte.

to elapse, pass

to collect (information)

vergehen (verging,
ist vergangen
einziehen (o,o) ist

MR. THOMPSON

HERR THOMPSON

Yes, some time can elapse until we
have collected all the information,
because you came from the Eastern Zone
only a short time ago.

Ja, es kann einige Zeit vergehen, bis
wir alle Auskünfte eingezogen haben,
weil Sie erst vor kurzer Zeit aus der
Zone gekommen sind.

to vaccinate
the vaccinating, vaccination
medical
the examination

impfen (w)
das Impfen
medizinisch
die Untersuchung, -en

MR. SCHUSTER

HERR SCHUSTER

What do I have to do about ('how is it
with') a vaccination and medical examination?

Wie ist es mit dem Impfen und der
medizinischen Untersuchung?

to be vaccinated, to have
a vaccination done

sich impfen lassen (ä,ie,a)

MR. THOMPSON

HERR THOMPSON

The vaccination is something you'll
have to have done by a German doctor.

Impfen lassen müssen Sie sich von
einem deutschen Arzt.

to x-ray

röntgen (w)

Before you get your visa you'll be
examined and x-rayed at the Consulate
General.

Bevor Sie Ihr Visum bekommen, werden
Sie im Generalkonsulat untersucht und
geröntgt.

MR. SCHUSTER

HERR SCHUSTER

Is there a charge for that?

Kostet das etwas?

MR. THOMPSON

HERR THOMPSON

The charge for the examination is
forty marks and for the visa a hundred
marks.

Die Untersuchung kostet vierzig Mark
und das Visum hundert Mark.

MR. SCHUSTER

HERR SCHUSTER

Thank you very much.

Vielen Dank.

Notes to the Basic Sentences

1

Geburtsdatum und -ort = Geburtsdatum und Geburtsort. Germans often represent
part of a compound only by a hyphen if it occurs in another compound closely
preceding or following. Cf. in Unit 18 Hals- Nasen- und Ohrenarzt (= Halsarzt,
Nasenarzt und Ohrenarzt).

2

11.6.33 (elften sechsten dreiunddreissig). The numerical code for dates in
German follows the same order as the unabbreviated date, i.e. day - month - year.
The day and month symbols are ordinal numerals (elften Tag, sechsten Monat),
so indicated by the period following the number.

3

Ostzone. The Eastern (Soviet Occupation) Zone is referred to by the Soviet
occupation authorities as die Deutsche Demokratische Republik (DDR), and its
population is obliged to use this name or abbreviation officially, although it
is not recognized by the West and most Germans not living there refer to it
informally as die Ostzone or simply die Zone.

4

SED. This party was created in the Soviet Occupation Zone in 1946 as a "union"
of the Sozialdemokratische Partei Deutschlands (SPD) and the Kommunistische
Partei Deutschlands (KPD).

5

Wäre ich es nicht geworden = Wenn ich es nicht geworden wäre.

6

A Strafregister is a record maintained by a district court, district attorney's
office or police authority which lists all persons residing in that particular
jurisdiction who have been convicted of a crime (vorbestraft).The Strafregisterauszug is the extract or summary of court convictions applying to a particular
individual.

7

The Führungszeugnis issued by a police headquarters lists all police charges,
fines or jail sentences levied against a particular person for misdemeanors
subject to police jurisdiction and not involving court proceedings.

Notes on Grammar
(For Home Study)

A.   THE UNREAL or SUBJUNCTIVE - PRESENT AND PAST POSSIBILITY

    I. The UNREAL or SUBJUNCTIVE was discussed in Unit 18, where we noted that it
expresses <u>possible</u>, <u>not</u> <u>actual</u> states or actions. Let us look again at
some of the examples:

> Ich wünschte, sie <u>würde</u> sich   I wish she'd have herself examined
> von einem Spezialisten unter-   by a specialist.
> suchen lassen.

> Wenn Sie den Jungen jetzt   If you'd bring the boy right to the
> gleich in die Sprechstunde   office now the doctor could treat him
> bringen <u>würden</u>, <u>könnte</u> ihn   immediately.
> Herr Doktor sofort behandeln.

> Es <u>wäre</u> kein Problem, das   Buying the new car would be no problem
> neue Auto zu kaufen, wenn   if we had more money.
> wir mehr Geld <u>hätten</u>.

In these examples reference is to actions or states which are possible of
fulfillment <u>at the present time</u>. We say that reference is to PRESENT
POSSIBILITY. Note that PRESENT POSSIBILITY is marked by <u>simple</u> UNREAL
forms (<u>hätte</u> or <u>wäre</u>) or by phrases with an <u>infinitive</u> plus <u>könnte</u> or <u>würde</u>.
Conditional sentences expressing PRESENT POSSIBILITY are sometimes called
PRESENT CONDITIONAL sentences.

   II. In the present unit we have encountered additional sentences with the UNREAL
or SUBJUNCTIVE. Note the following examples:

> Ich wollte, ich <u>wäre</u> nie   I wish I had never become a probational
> Kandidat <u>geworden</u>.   party member.

> <u>Wäre</u> ich es nicht <u>geworden</u>,   If I hadn't become one it would have
> <u>hätte</u> ich schon damals grosse   been very difficult for me even back
> Schwierigkeiten <u>gehabt</u>, mei-   then to keep my business going.
> nen Betrieb zu halten.

> Ich <u>wäre</u> schon eher <u>geflohen</u>,   I would have run away before that if
> wenn ich nicht die Hoffnung   I hadn't had hopes that conditions
> <u>gehabt</u> <u>hätte</u>, dass sich die   would change.
> Zustände ändern würden.

These sentences express a possibility which existed <u>at some time in the past</u>.
We say that reference is to PAST POSSIBILITY. Because this is a possibility
which <u>no longer exists</u> we sometimes refer to sentences of this kind as
CONTRARY TO FACT. Note that PAST POSSIBILITY is always marked by <u>a verb</u>
<u>phrase</u> containing a past participle and an UNREAL form of the auxiliary verb.
Conditional sentences expressing PAST POSSIBILITY are also called PAST
CONDITIONAL or PAST CONTRARY-TO-FACT CONDITIONAL sentences.

  III. In Unit 18 we noted that the phrases <u>würde</u> ... haben and <u>würde</u> ... <u>sein</u> are
equivalent to the simple UNREAL forms <u>hätte</u> and <u>wäre</u>. They also occur with
past participles in expressing PAST POSSIBILITY. Note the following sentence
pairs:

Er <u>hätte</u> ihr einen Brief
<u>geschrieben</u>, wenn er ihre
Adresse gewusst hätte.

or	He would have written her a letter if he had known her address.

Er <u>würde</u> ihr einen Brief
<u>geschrieben haben</u>, wenn er
ihre Adresse gewusst hätte.

Wir wären früher gegangen,
wenn nicht noch Neumanns
<u>gekommen</u> <u>wären</u>.

or	We would have gone earlier if the Neumanns hadn't come too.

Wir wären früher gegangen,
wenn nicht noch Neumanns
<u>gekommen</u> <u>sein</u> <u>würden</u>.

The use or avoidance of the longer phrase with <u>würde</u> in sentences expressing
PAST POSSIBILITY is a matter of style, subject to considerable individual
variation. In conditional sentences it may occur in either the <u>wenn</u>-clause
or the main clause, although usually not in both, i.e., not twice in the
same sentence.

B.   THE SPECIAL CONDITIONAL CLAUSE

I. In place of the <u>wenn</u>-clause in conditional sentences a SPECIAL CONDITIONAL
CLAUSE may occur, in which the clause introducer is omitted and the clause
begins with the finite, or inflected verb form followed by the subject:

<u>Wäre</u> <u>ich</u> nicht Kandidat ge-worden, hätte ich grosse Schwierigkeiten gehabt, meinen Betrieb zu halten.	<u>Had</u> <u>I</u> not become a probational party member it would have been difficult for me to keep my business going.

or

<u>Wenn</u> <u>ich</u> nicht Kandidat ge-worden <u>wäre</u>, hätte ich grosse Schwierigkeiten gehabt, mei-nen Betrieb zu halten.	<u>If</u> <u>I</u> <u>had</u> not become a probational party member it would have been difficult for me to keep my business going.

II. The SPECIAL CONDITIONAL CLAUSE may occur in either position in the sentence.
Here are additional examples:

Man hätte ihn als politi-schen Flüchtling anerkannt, <u>wäre</u> er nicht Funktionär der SED gewesen.	He would have been recognized officially as a political refugee, <u>had</u> <u>he</u> not been an official of the SED.

or

Man hätte ihn als politi-schen Flüchtling anerkannt, <u>wenn</u> er nicht Funktionär der SED gewesen <u>wäre</u>.	He would have been recognized officially as a political refugee <u>if</u> <u>he</u> <u>had</u> not been an official of the SED.

Wären die Zustände in der
Ostzone besser, würde es
weniger Flüchtlinge geben.

                  or   If conditions in the Eastern Zone were
                                        better there would be fewer refugees.

Wenn die Zustände in der
Ostzone besser wären, würde
es weniger Flüchtlinge geben.

Note that English, too, sometimes omits the clause introducer and inverts
subject and verb in formal style. The construction is much more frequent
in German however and is not limited to specifically formal situations.

C.   UNREAL WISHES - PRESENT AND PAST

   I. Notice that an UNREAL WISH may express past as well as present possibility
      and may be introduced by either of the special forms wünschte (wünschten)
      or wollte (wollten) interchangeably.

         Ich wollte, ich wäre nie
         Kandidat geworden.

                  or   I wish I had never become a probational
                                        party member.
         Ich wünschte, ich wäre nie
         Kandidat geworden.

         Wir wünschten, er hätte mehr
         Zeit für uns.

                  or   We wish he had more time for us.

         Wir wollten, er hätte mehr
         Zeit für uns.

  II. Another type of UNREAL WISH, which has not occurred in our basic sentences,
      consists of a wenn-clause or special conditional clause standing alone,
      usually with the words nur or bloss:

         Wenn es nur regnen würde!   If only it would rain!

         Hätten wir das Haus bloss   If only we hadn't bought the house!
         nicht gekauft!

         Wenn wir nur damals schon   If we had only emigrated at that time!
         ausgewandert wären!

         Wäre ich bloss schon zu   If I were only home already!
         Hause!

D.   THE UNREAL AFTER als ob

   I. The UNREAL or SUBJUNCTIVE has occurred in another situation in this unit:

         Das hört sich leider so an,   I'm afraid that sounds as if it could
         als ob es sehr lange dauern   take quite a long time.
         könnte.

In clauses introduced by <u>als ob</u> "as if, as though" UNREAL or SUBJUNCTIVE forms are often encountered. German speakers do not <u>consistently</u> use the UNREAL here however, and you will often hear the sentence as:

Das hört sich leider so an,   I'm afraid that sounds as if it <u>may</u>
als ob es lange dauern <u>kann</u>.   take quite a long time.

II. Clauses introduced by <u>als ob</u> are frequently preceded by the anticipating word <u>so</u> in the main clause. They may occur after a number of different verbs, and reference may be to either present or past possibility. Here are some additional examples:

Es sieht <u>so</u> aus, <u>als ob</u>   It looks as though it were about to
es gleich regnen <u>würde</u>.   rain.

Er spricht, <u>als ob</u> er keine   He talks as if he no longer had any
Hoffnung mehr <u>hätte</u>, dass   hopes that circumstances would change.
sich die Zustände ändern
würden.

Er arbeitete so, <u>als ob</u>   He worked as if he had been a plumber
er schon Jahre lang Klemp-   for years.
ner <u>wäre</u>.

Alles, was ich ihm sagte,   He forgot everything I told him as
vergass er so schnell, <u>als</u>   quickly as if it hadn't been at all
<u>ob</u> es gar nicht wichtig   important.
<u>gewesen</u> <u>wäre</u>.

Er ass, <u>als ob</u> er nicht   He ate as if he couldn't get enough.
genug bekommen <u>könnte</u>.

Sie parkte so, <u>als ob</u> sie   She parked as if she had
noch nie einen Wagen <u>ge-</u>   never driven a car before.
<u>fahren</u> <u>hätte</u>.

E.   INDEFINITE PRONOUNS- <u>einer</u>, <u>jemand</u>, <u>niemand</u>

   I. In Unit 15 we discussed the pronoun <u>man</u>. Since then we have encountered three other, similar pronouns - <u>einer</u>, <u>jemand</u>, and <u>niemand</u>.

Bei unserer grossen Familie   With a family as large as ours
ist alle Augenblicke <u>einer</u>   there's somebody sick all the time.
krank.

Kennen Sie <u>jemand</u>(en) in   Do you know someone in the States
den Staaten, der für Sie   who would act as a sponsor for you?
bürgen würde?

Hier kümmert sich <u>niemand</u>   Nobody bothers about parking here.
ums Parken.

   All four of these pronouns are called INDEFINITE PRONOUNS.

   II. The pronouns <u>jemand</u> and <u>niemand</u> sometimes have the dative and accusative endings -<u>em</u> and -<u>en</u>. Note, however, that Germans freely use the ending-less forms in speech. The genitive forms <u>jemandes</u> and <u>niemandes</u> occur only very rarely in speech.

Ich habe dort <u>niemand</u> (or <u>niemanden</u>) gesehen.	I saw no one there.
Wir haben <u>jemand</u> (or <u>jemandem</u>) geholfen.	We were helping someone.
Er möchte gern <u>jemandes</u> Freund sein.	He would like to be friends with somebody.

III. The dative and accusative forms of the pronoun <u>man</u> and <u>einer</u> are identical: <u>einem</u> and <u>einen</u>.

Es wird <u>einem</u> immer gesagt, dass <u>man</u> viel arbeiten muss.	<u>One</u> is always told that <u>one</u> has to work a lot.
Auf dem Rathaus habe ich mit <u>einem</u> gesprochen, der mir diese Auskunft gab.	At the Town Hall I talked to <u>someone</u> who gave me this information.

F.   OMISSION OF THE SPECIFIER

I. It was noted in a footnote to Unit 4 that many nouns referring to nationality, profession or membership in a group, occur without a specifier in German.

Ist er nicht als <u>Austausch-student</u> in Amerika gewesen?	Wasn't he in America as <u>an exchange student</u>?
War Ihre Tochter nicht auch im Ausland? Ja, als <u>Sport-lehrerin</u> in Norwegen.	Wasn't your daughter also abroad? Yes, in Norway as <u>a physical education teacher</u>.
Ich bin <u>Ostzonenflüchtling</u>.	I'm <u>a refugee</u> from the Eastern Zone.
Zur Zeit bin ich hier als <u>Autoschlosser</u> angestellt.	At present I'm employed as <u>an auto mechanic</u>.
Ich habe einen Onkel, der <u>amerikanischer Staatsange-höriger</u> ist.	I have an uncle who's <u>an American citizen</u>.
Waren Sie <u>Mitglied</u> einer Partei?	Were you <u>a member</u> of a (political) party?

<u>The specifier is omitted in German</u> in identifying people according to profession, nationality or political or organizational affiliation. Note that English does <u>not</u> omit the specifier here.

II. The specifier is <u>not</u> omitted in German when no emphasis is given to establishing an individual's identity as a member of a group.

Er war Mechaniker von Beruf.	He was a mechanic by profession.

but

Er war ein guter Mechaniker.	He was a good mechanic.

Sie ist Ostzonenflüchtling.	She is a refugee from the Eastern Zone.

but

Gestern kam wieder ein Ostzonenflüchtling über die Grenze.	Yesterday another refugee from the Eastern Zone came over the border.
Mein Onkel ist amerikanischer Staatsangehöriger.	My uncle is an American citizen.

but

Ihr Bürge kann nur ein amerikanischer Staatsange- höriger sein.	Only an American citizen can be your sponsor.

G.   WORD ORDER - NOUNS AND PRONOUNS

I. Up to now in talking about word order we have been mainly concerned with the position of the finite, or inflected verb in the sentence. Let us now examine the place of noun and pronoun objects in the following sentences, most of which have occurred in the preceding units:

Nehmen Sie täglich drei- mal je fünfzehn Tropfen von der Medizin, für die ich Ihnen jetzt ein Rezept gebe. (18)	Take fifteen drops three times a day of something I'll give you a prescrip- tion for.
Konnten Sie ihm nicht noch schnell ein paar Zeitungen holen, ehe der Zug abfuhr? (14)	Couldn't you still hurry and get him a couple of newspapers before the train left?
Empfehlen Sie mich bitte Ihrer Frau Gemahlin. (4)	Please remember me to Mrs. ...
Mein achtjähriger Sohn hat sich das Knie aufgeschla- gen. (18)	My eight year-old son [fell and] scraped his knee.
Ich habe es dem Arzt ge- sagt.	I said it to the doctor. (I told the doctor about it.)

In sentences in which a direct and indirect object (or an object and an interested bystander) occur, you will notice that the PRONOUN OBJECT consistently PRECEDES the NOUN OBJECT with its specifier and modifiers.

II. Now note the following examples:

Wenn Sie den Jungen jetzt gleich bringen würden, könnte ihn Herr Doktor sofort behandeln. (18)	If you'd bring the boy right to the office now the doctor could treat him immediately.
Blieb Ihnen noch Zeit für private Interessen? (16)	Did you have any time left for [your own] private interests?

Deshalb interessierte mich der Wiederaufbau. (16)	That's why the reconstruction interested me.
Übrigens wollte Sie ein Herr von der englischen Botschaft sprechen. (11)	By the way a gentleman from the British Embassy wanted to talk to you.

Here it can be seen that a PRONOUN OBJECT MAY PRECEDE a NOUN SUBJECT with its specifier and modifiers <u>in sentences beginning with the verb or with another word than the subject</u>.

III. Note also these examples:

Wieviel kostet der Anzug? ... Gut, packen Sie ihn mir bitte ein. (8)	How much does the suit cost? ... All right; wrap it up for me please.
Ich glaube, Fräulein Bruce hat eine (Schreibmaschine). Sie leiht sie Ihnen sicher gern. (5)	I think Miss Bruce has one. I'm sure she'll be glad to lend it to you.

When <u>both</u> <u>objects</u> of a verb are <u>pronouns</u> the ACCUSATIVE PRONOUN usually PRECEDES THE DATIVE PRONOUN. Note that <u>pointing</u> <u>words</u>, however, generally <u>follow</u> other pronouns when both objects follow the verb.

Er hat Ihnen das schon gestern gebracht.	He brought you that yesterday already.
Ich habe sie dem nicht gezeigt.	I didn't show them to him.

IV. Here are a few sentences in which <u>both</u> <u>objects</u> of the verb are <u>nouns</u>:

Herr Becker diktierte sei- ner Sekretärin einen langen Brief.	Mr. Becker dictated a long letter to his secretary.
Dr. Buchner hat meiner Frau eine Kur in Bad Nauheim ver- ordnet.	Dr. Buchner prescribed treatment at Bad Nauheim for my wife.

In sentences of this type DATIVE NOUN OBJECTS PRECEDE ACCUSATIVE NOUN OBJECTS with their specifiers and modifiers.

SUBSTITUTION DRILL - Part I

1. Ich kenne <u>jemanden</u>, <u>der</u> für mich bürgen würde.

ein Amerikaner - niemand -	einen Amerikaner, der - niemand(en), der -
ein Arzt - einige Professoren -	einen Arzt, der - einige Professoren, die -
ein Diplomat -	einen Diplomaten, der -
mehrere Leute	mehrere Leute, die

2. Sie hat <u>einen Onkel</u>, <u>der</u> ihr Bürge sein würde.

Bekannten - Tante -	einen Bekannten, der - eine Tante, die -
Verwandten - Bruder -	einen Verwandten, der - einen Bruder, der -
Schwester - Verwandte	eine Schwester, die - eine Verwandte, die

3. Er ist am <u>11.6.33</u> geboren.

10.4.24 -	zehnten vierten vierundzwanzig -
3.1.04 -	dritten ersten null vier -
26.10.40 -	sechsundzwanzigsten zehnten vierzig -
14.9.32 -	vierzehnten neunten zweiunddreissig -
19.8.16 -	neunzehnten achten sechzehn -
6.2. -	sechsten zweiten -
5.5. -	fünften fünften -
4.11. -	vierten elften

4. Er ist bei <u>der Volkswagengeneralvertretung</u> angestellt.

Post - Arbeitsamt -	bei der Post - beim Arbeitsamt -
Gewerkschaft - Konsulat -	bei der Gewerkschaft - bei dem Konsulat -
Stadtpolizei - Botschaft -	bei der Stadtpolizei - bei der Botschaft -
Gesundheitsamt - Bank -	bei dem Gesundheitsamt - bei der Bank -
Buchhandlung Müller -	bei der Buchhandlung Müller -
Photogeschäft Knopp	bei dem Photogeschäft Knopp

5. <u>Unser Betrieb</u> in der Zone ist VEB geworden

Schiffswerft - Hotel -	unsere Schiffswerft - unser Hotel -
Reparaturwerkstatt - Geschäft -	unsere Reparaturwerkstatt - unser Geschäft -
Restaurant	unser Restaurant

6. Er unterschreibt gerade <u>das Formular</u>.

Scheck - Pass - Bericht -	den Scheck - den Pass - den Bericht -
Visum - Urkunde - Antrag -	das Visum - die Urkunde - den Antrag -
Meldeschein - Geschäftsbrief -	den Meldeschein - den Geschäftsbrief -
Unterlagen - Rezept	die Unterlagen - das Rezept

7. Ist <u>der Reisepass</u> noch gültig?

Führungszeugnis - Antrag -	das Führungszeugnis - der Antrag -
Besuchsvisum - Formular -	das Besuchsvisum - das Formular -
Briefmarken - Bestimmungen	die Briefmarken - die Bestimmungen

8. Schicken Sie <u>die Unterlagen</u> per Post.

Bericht - Geburtsurkunde -	den Bericht - die Geburtsurkunde -
Pass - Bürgschaftsbrief -	den Pass - den Bürgschaftsbrief -
Antrag	den Antrag

9. Das hört sich so an, als ob <u>die Ermittlungen</u> lange dauern würden.

Vortrag - Behandlung -	der Vortrag - die Behandlung -
Überfahrt - Diskussion -	die Überfahrt - die Diskussion -
Geschäftsreise - Besprechung -	die Geschäftsreise - die Besprechung -
Gespräch - Untersuchung -	das Gespräch - die Untersuchung -
Verhandlung - Aufführung -	die Verhandlung - die Aufführung -
Tagung	die Tagung

10. Es können einige Tage vergehen, bis wir das <u>erledigt</u> haben.

übersetzen - besorgen - ermitteln -	übersetzt - besorgt - ermittelt -
schreiben - finden - untersuchen -	geschrieben - gefunden - untersucht -
reparieren - ändern - bearbeiten -	repariert - geändert - bearbeitet -
entwerfen - nachsehen	entworfen - nachgesehen

11. Sind Sie erst vor kurzer Zeit aus <u>der Zone</u> gekommen?

die Vereinigten Staaten -	den Vereinigten Staaten -
die Schweiz - München - Dänemark -	der Schweiz - München - Dänemark -
die Niederlande - Frankfurt -	den Niederlanden - Frankfurt -
Italien - Berlin - Grossbritannien -	Italien -Berlin - Grossbritannien -
Frankreich - Bonn - die Ostzone -	Frankreich - Bonn - der Ostzone -
Bayern - das Ausland - Bremen -	Bayern - dem Ausland - Bremen -
Israel	Israel

12. Kann ich hier <u>untersucht</u> werden?

behandeln - röntgen - impfen -	behandelt -geröntgt - geimpft -
anstellen - beraten -	angestellt - beraten

13. Das hängt von <u>unseren Ermittlungen</u> ab.

... dein_ Beruf ...	... deinem Beruf ...
... Ihr_ Auskünften ...	... Ihren Auskünften ...
... eur_ Arbeitszeit ...	... eurer Arbeitszeit ...
... unser_ Verhandlungen ...	... unseren Verhandlungen ...
... eur_ Besprechung ...	... eurer Besprechung ...
... sein_ Untersuchung ...	... seiner Untersuchung ...
... dein_ Kur ...	... deiner Kur ...
... sein_ Vorschlag ...	... seinem Vorschlag ...
... ihr_ Auswahl ...	... ihrer Auswahl ...
... mein_ Behandlung ...	... meiner Behandlung ...

14. Er hatte früher <u>einen kleinen Betrieb</u>.

... ein_ gross_ Buchhandlung   ... eine grosse Buchhandlung
... ein_ gut_ Herrenkonfektions-   ... ein gutes Herrenkonfektionsgeschäft
    geschäft
... ein_ klein_ Eisenwarenhandlung   ... eine kleine Eisenwarenhandlung
... ein_ gross_ Photogeschäft   ... ein grosses Photogeschäft
... ein_ alt_ Apotheke   ... eine alte Apotheke
... ein_ klein_ Imbisstube   ... eine kleine Imbisstube
... kein_ modern_ Tankstelle   ... keine moderne Tankstelle
... ein_ klein_ Wäscherei   ... eine kleine Wäscherei
... ein_ gemütlich_ Gasthof   ... einen gemütlichen Gasthof

15. Sind Sie Mitglied <u>einer politischen Organisation</u>?

... d_ Sozialistisch_ Einheits-   ... der Sozialistischen Einheitspartei
    partei Deutschlands   Deutschlands
... d_ amerikanisch_ Kongress_   ... des amerikanischen Kongresses
... d_ Rot_ Kreuz_   ... des Roten Kreuzes
... d_ Frei_ Deutsch_ Jugend   ... der Freien Deutschen Jugend
... d_ Sozialdemokratisch_ Partei   ... der Sozialdemokratischen Partei
    Deutschlands   Deutschlands
... ein_ deutsch_ Gewerkschaft   ... einer deutschen Gewerkschaft
... d_ Kommunistisch_ Partei   ... der Kommunistischen Partei

16. Sind Sie <u>Deutscher</u>?   Ja, ich bin <u>deutscher Staatsangehöriger</u>.

... Amerikaner   ... amerikanischer ...
... Schwede   ... schwedischer ...
... Brasilianer   ... brasilianischer ...
... Däne   ... dänischer ...
... Finne   ... finnischer ...
... Franzose   ... französischer ...
... Italiener   ... italienischer ...
... Israeli   ... israelischer ...
... Brite   ... britischer ...
... Holländer   ... holländischer ...
... Österreicher   ... österreichischer ...
... Norweger   ... norwegischer ...

Part II

1. Ich möchte nach <u>Amerika</u> fahren.   Italien - Finnland - Brasilien -
     Schweden - Frankreich - Dänemark -
     Grossbritannien - Israel - Norwegen

2. Ich bin <u>Flüchtling</u>.   Mechaniker - Autoschlosser - Polizist -
     Arzt - Architekt - Konsul - Beamter -
     Zahnarzt - Tischler - Klempner - Student -
     Buchhändler - Italiener - Berliner

3. Ist er <u>verheiratet</u>?   ledig - verwitwet - geschieden - krank -
     verletzt - vorbestraft - bekannt -
     zufrieden

4. Das sind die <u>gültigen</u> Bestimmungen.

neuen - ausländischen - polizeilichen - ärztlichen - französischen - politischen - angeforderten

5. Wann sind Sie in <u>die Partei</u> eingetreten?

die FDJ - diese Organisation - die SED - die Gewerkschaft - die SPD

6. Ich wollte, ich wäre nie <u>Kandidat</u> geworden.

Funktionär - Beamter - Buchhändler - SED-Mitglied - Schwester - Sekretärin - Polizist

7. Ich wollte, ich wäre <u>Arzt</u> geworden.

Diplomat - Schwester - Frisör - Architekt - Zahnarzt - Redakteur - Installateur - Amerikaner

8. Er hat <u>seine Geburtsurkunde</u> angefordert.

ein polizeiliches Führungszeugnis - die Urkunden - die Unterlagen - einen Katalog - die neuen Einfuhrbestimmungen

9. Ich wollte, ich <u>wäre eher geflohen</u>.

... wäre nicht Kandidat geworden.
... hätte länger gearbeitet.
... wäre eher über die Grenze gekommen.
... wäre nicht in die SED eingetreten.
... hätte keinen Funktionärsposten bekleidet.
... hätte die Unterlagen nicht per Post geschickt.
... hätte gleich den Pass beantragt.
... wäre sofort zum Arzt gegangen.

10. Stehen Sie mit <u>SED-Mitgliedern</u> in Verbindung?

... mit Ihren Verwandten in Amerika ...?
... Herrn Allen ...?
... Ihren früheren Kollegen ...?
... den Eltern von Herrn Becker ...?
... Vizekonsul Thompson ...?
... Ihren Freunden in Italien ...?
... Ihren Angehörigen in der Zone ...?

11. Benachrichtigen Sie uns, sobald <u>Sie alle Unterlagen beisammen haben</u>.

... der Bürgschaftsbrief angekommen ist.
... Sie das polizeiliche Führungszeugnis bekommen haben.
... Sie das Ergebnis der Verhandlungen wissen.
... Sie die Ermittlungen eingezogen haben.
... der Bericht geschrieben ist.
... Sie mit dem Konsul gesprochen haben.
... Sie Ihre neue Adresse wissen.
... Sie einen Bürgen haben.

12. Wir teilen Ihnen mit, wann <u>Sie die Unterlagen bringen können</u>.

... Sie Ihren Pass abholen können.
... die Konferenz stattfinden wird.
... der Konsul den Vortrag hält.

... das Haus verkauft werden soll.
... Sie zur Kur fahren können.
... Sie geröntgt werden können.
... Ihre Tochter geimpft werden kann.
... Ihr Mann untersucht werden kann.

13. Wie lange wird es Ihres Erachtens dauern, bis <u>ich auswandern kann</u>?

... ich mein Visum abholen kann?
... Sie meinen Strafregisterauszug bekommen werden?
... Sie alle Auskünfte eingezogen haben?
... das Auto repariert ist?
... der Konsul zurückkommen wird?

14. Das wird <u>meines</u> Erachtens lange dauern.

seines - unseres - ihres - eures

15. Es kann einige Zeit vergehen, bis <u>wir alle Auskünfte eingezogen haben</u>.

... alle Berichte geschrieben worden sind.
... die Anträge bearbeitet sind.
... wir die Unterlagen beisammen haben.
... ich den Bürgschaftsbrief bekommen werde.
... das Haus vermietet wird.

VARIATION DRILL

1. <u>Wenn wir in diesem Jahr nach Deutschland fahren würden, könnten wir uns einen Volkswagen mitbringen.</u>

<u>If we were to go to Germany this year, we could bring a Volkswagen back with us.</u>

  a. If you (fam sg) were to put off your trip we could just manage to go to the architectural exposition together.

    Wenn du deine Reise aufschieben würdest, könnten wir noch zusammen zur Bauausstellung gehen.

  b. If you were to dictate the letter to me now I could take it along with me to the post office afterwards.

    Wenn Sie mir den Brief jetzt diktieren würden, könnte ich ihn nachher zur Post mitnehmen.

  c. If it were about the subscription Mr. Evans could give you information.

    Wenn es sich um das Abonnement handeln würde, könnte Ihnen Herr Evans Auskunft geben.

  d. If we were to call the embassy perhaps they could give us information about the customs regulations.

    Wenn wir die Botschaft anrufen würden, könnte man uns vielleicht Auskunft über die Zollbestimmungen geben.

2. <u>Wir würden zur Segelregatta nach Kiel fahren, wenn Sie mitkommen würden.</u>

<u>We'd go to the sailing regatta in Kiel if you were to come along.</u>

  a. I'd like your suggestion for my leave very much if only the trip didn't cost so much.

    Ihr Vorschlag für meinen Urlaub würde mir sehr gut gefallen, wenn die Reise nur nicht so viel kosten würde.

  b. It would take too much time if I were to do the errands all today.

    Es würde zuviel Zeit in Anspruch nehmen, wenn ich die Besorgungen alle heute machen würde.

c. We would process the application today if you would fill out the form right away.

Wir würden den Antrag heute bearbeiten, wenn Sie das Formular gleich ausfüllen würden.

d. I'd like to have them show me a couple of television sets if you (fam sg) would come along.

Ich würde mir gern ein paar Fernsehapparate zeigen lassen, wenn du mitkommen würdest.

3. Wenn er alle Papiere früher bei- sammen gehabt hätte, hätte er sein Visum schon bekommen.

If he had had all the papers together earlier he would have gotten his visa already.

a. If it hadn't rained all after- noon they would have gone for a walk.

Wenn es nicht den ganzen Nachmittag geregnet hätte, hätten sie einen Spaziergang gemacht.

b. If we had had more time at our disposal he would have taken us through the museum too.

Wenn uns mehr Zeit zur Verfügung ge- standen hätte, hätte er uns noch durch das Museum geführt.

c. If you had asked a policeman (about it) you probably would have gotten better information.

Wenn Sie einen Polizisten danach ge- fragt hätten, hätten Sie wahrscheinlich eine bessere Auskunft bekommen.

d. If you (fam sg) had asked me I would have recommended a differ- ent dictionary to you.

Wenn du mich gefragt hättest, hätte ich dir ein anderes Wörterbuch empfohlen.

4. Wenn es nicht so kalt gewesen wäre, wären wir länger an der Ostsee ge- blieben.

If it hadn't been so cold we would have stayed longer on the Baltic seacoast.

a. If we had stayed in Munich longer we would have gone to the exhibition.

Wenn wir länger in München geblieben wären, wären wir in die Ausstellung gegangen.

b. If you (fam pl) had driven to the mountains, we would have come along.

Wenn ihr in die Berge gefahren wäret, wären wir mitgekommen.

c. If my watch had not stopped I wouldn't have been late.

Wenn meine Uhr nicht stehen geblieben wäre, wäre ich nicht zu spät gekommen.

d. If the boy hadn't ridden his bicycle so fast he wouldn't have fallen.

Wenn der Junge nicht so schnell mit dem Fahrrad gefahren wäre, wäre er nicht gestürzt.

5. Wenn er wegen seines Betriebes keine Schwierigkeiten gehabt hätte, wäre er nicht in die SED eingetreten.

If he hadn't had difficulties with ('on account of') his business he wouldn't have joined the Socialist Unity Party.

a. If we had found a suitable apart- ment in Hamburg we would have moved there.

Wenn wir eine passende Wohnung in Ham- burg gefunden hätten, wären wir dorthin gezogen.

b. If the bookseller really had ordered the books a month ago they would have arrived already.

Wenn der Buchhändler die Bücher wirklich schon vor einem Monat bestellt hätte, wären sie schon angekommen.

c. If you (fam sg) had reminded me of it I would have gone to the conference, too.

Wenn du mich daran erinnert hättest, wäre ich auch zur Konferenz gegangen.

d. If he had had all the papers to- gether back then he would have emigrated to America before now.

Wenn er damals schon alle Papiere bei- sammen gehabt hätte, wäre er nicht jetzt erst nach Amerika ausgewandert.

6. Wenn er nicht erst vor kurzem aus   If he hadn't just come from the [Eastern]
   der Zone gekommen wäre, hätte er   Zone a short time ago he would have
   sein Visum schneller bekommen.   gotten his visa more quickly.

   a. If difficulties had arisen in the   Wenn bei den Verhandlungen Schwierig-
      course of the negotiations he   keiten eingetreten wären, hätte er seine
      would have put off his departure.   Abreise aufgeschoben.
   b. If she had come without her hus-   Wenn sie ohne ihren Mann gekommen wäre,
      band she would have had a lot of   hätte sie viele Schwierigkeiten gehabt.
      trouble.
   c. If it hadn't already been so late   Wenn es nicht schon so spät gewesen wäre,
      we would have gone to the train   hätten wir ihn zum Zug begleitet.
      with him.
   d. If you (fam sg) had run faster   Wenn du schneller gelaufen wärest, hättest
      you would have caught the bus   du den Omnibus noch erreicht.
      ('reached the bus still').

7. Wenn der Brief früh genug geschrie-   If the letter had been written early
   ben worden wäre, wäre er noch recht-   enough it would have got to Berlin
   zeitig in Berlin angekommen.   ('arrived in Berlin') in time.

   a. If the forms had been filled out   Wenn die Formulare richtig ausgefüllt
      correctly the luggage would have   worden wären, wäre das Gepäck ohne
      got ('come') through customs   Schwierigkeiten durch der Zoll gekommen.
      without difficulty.
   b. If the application had been   Wenn der Antrag sofort bearbeitet worden
      processed right away Paul would   wäre, hätte Paul seinen Reisepass schon
      have gotten his passport already.   bekommen.
   c. If the car had not been so badly   Wenn der Wagen nicht so stark beschädigt
      damaged Mr. Keller would have   worden wäre, hätte Herr Keller ihn gleich
      driven it right to the garage.   zur Reparaturwerkstatt gefahren.
   d. If the boy had been given an   Wenn dem Jungen eine Spritze gegeben
      injection his pain ('pains')   worden wäre, wären seine Schmerzen nicht
      would not have been so severe.   so stark gewesen.

8. Wenn er den Bericht schon geschrie-   If he had already written the report it
   ben hätte, wäre er auch übersetzt   would have been translated too.
   worden.

   a. If they had filled the appli-   Wenn sie die Anträge richtig ausgefüllt
      cations out correctly they would   hätten, wären sie schon bearbeitet wor-
      have been processed already.   den.
   b. If he had brought his papers   Wenn er seine Papiere mitgebracht hätte,
      with him he would have been   wäre er sofort angestellt worden.
      hired immediately.
   c. If you had brought the car right   Wenn Sie den Wagen gleich zur Reparatur-
      to the garage it would have been   werkstatt gebracht hätten, wäre er
      repaired today.   heute noch repariert worden.
   d. If he had heard of the difficul-   Wenn er eher von den Schwierigkeiten
      ties sooner the investigations   gehört hätte, wären die Ermittlungen
      would have been made (collected)   früher eingezogen worden.
      earlier.

9. Ich bin von Beruf Mechaniker.   I'm a mechanic by trade.

   a. Isn't he an auto mechanic by   Ist er nicht von Beruf Autoschlosser?
      trade?
   b. His father is a plumber.   Sein Vater ist Klempner.
   c. She's a teacher.   Sie ist Lehrerin.
   d. He's been a foreign service   Er ist seit zwanzig Jahren Diplomat.
      officer for twenty years.
   e. What's his profession?   Was ist er von Beruf?

10. Das hört sich so an, als ob es
    lange dauern könnte..

That sounds as if it could take quite
a long time.

    a. It looks as if there's a snack
       bar there on the corner.
    b. It sounds as if he were going
       on leave next week already.
    c. It sounds as if the negotiation
       is going to take a long time.
    d. It doesn't look as though he'd
       be able to visit his (immediate)
       relatives there.

    Es sieht so aus, als ob dort an der
    Ecke eine Imbisstube ist.
    Es hört sich so an, als ob er schon
    nächste Woche auf Urlaub fahren würde.
    Es hört sich so an, als ob die Verhand-
    lung lange dauern wird.
    Es sieht nicht so aus, als ob er dort
    seine Familienangehörigen besuchen könnte.

11. Es hörte sich so an, als ob jemand
    geklingelt hätte.

It sounded as though someone had rung the
bell.

    a. It looked as though they had
       come back yesterday.
    b. It sounded as if he hadn't been
       to the doctor yet.
    c. It looked as if she had scraped
       her knee.
    d. It sounded as though he had
       sent the papers there.

    Es sah so aus, als ob sie gestern zurück-
    gekommen wären.
    Es hörte sich so an, als ob er noch nicht
    beim Arzt gewesen wäre.
    Es sah so aus, als ob sie sich das Knie
    aufgeschlagen hätte.
    Es hörte sich so an, als ob er die Pa-
    piere dorthin geschickt hätte.

12. Ich wünschte, Dr. Buchners Praxis
    wäre nicht so weit entfernt.

I wish Dr. Buchner's office weren't so
far away.

    a. I wish I had my miniature camera
       here.
    b. I wish we could take a look at
       the shipyards too, after the
       regatta.
    c. I wish it were already summer
       and we could go swimming.
    d. I wish the negotiations were not
       until next month.

    Ich wollte, ich hätte meine Kleinbild-
    kamera hier.
    Ich wollte, wir könnten uns nach der
    Segelregatta auch noch die Schiffswerf-
    ten ansehen.
    Ich wünschte, es wäre schon Sommer und
    wir könnten schwimmen gehen.
    Ich wünschte, die Verhandlungen wären
    erst im nächsten Monat.

13. Ich wollte, ich wäre nie Kandidat
    der SED geworden.

I wish I had never become a probational
party member in the Socialist Unity Party.

    a. I wish you had put the letter
       on my desk.
    b. I wish they'd already sent us
       the results of the negotiations.
    c. I wish I had sold my business
       some years ago.
    d. I wish we'd gone by ship.

    e. I wish you (fam sg) had stayed
       on in Berlin for a few days.
    f. I wish she had put off her
       departure a little.

    Ich wünschte, Sie hätten den Brief auf
    meinen Schreibtisch gelegt.
    Ich wollte, man hätte uns das Ergebnis
    der Verhandlungen schon geschickt.
    Ich wünschte, ich hätte meinen Betrieb
    vor einigen Jahren verkauft.
    Ich wünschte, wir wären mit dem Schiff
    gefahren.
    Ich wünschte, du wärst noch ein paar
    Tage in Berlin geblieben.
    Ich wollte, sie hätte ihre Abreise noch
    aufgeschoben.

14. Ich wollte, die Konferenz wäre   I wish the conference had not been put
    nicht so lange aufgeschoben   off for so long.
    worden.

    a. I wish he had been told (noti-   Ich wünschte, er wäre auch von der
       fied) of the conference too.   Besprechung benachrichtigt worden.
    b. I wish Mr. Keller had been told Ich wünschte, Herrn Keller wäre das
       the result of the conference.   Ergebnis der Konferenz mitgeteilt
                                        worden.
    c. I wish Mr. Kunze's record of   Ich wünschte, Herrn Kunzes Strafregister-
       court convictions had been   auszug wäre vor zwei Monaten angefordert
       requested two months ago.   worden.
    d. I wish the letter hadn't been   Ich wünschte, der Brief wäre nicht an
       addressed to the sponsor but   den Bürgen, sondern an den Antragsteller
       to the applicant.   adressiert worden.
    e. I wish the information had been Ich wünschte, die Auskunft wäre früher
       collected earlier.   eingezogen worden.

15. Hätten wir einen grösseren Wagen,   If we had a bigger car we could take
    könnten wir meine Eltern mitnehmen. my parents with us.

    a. If she didn't have all her close Hätte sie nicht ihre Familienange-
       relatives in America she would   hörigen in Amerika, würde sie wieder
       come back to Germany.   nach Deutschland zurückkommen.
    b. Had he not been convicted of a   Wäre er nicht vorbestraft, könnte er
       crime he would be able to emi-   nach Amerika auswandern.
       grate to America.
    c. If she weren't going to visit   Würde sie uns nicht besuchen, würden
       us we'd go to Denmark next   wir nächstes Wochenende nach Dänemark
       week end.   fahren.
    d. If you weren't an Eastern Zone   Wären Sie nicht Ostzonenflüchtling,
       refugee the investigations   würden die Ermittlungen nicht so lange
       wouldn't take so long.   dauern.

16. Wären wir nach Kiel gefahren,   If we had gone to Kiel we would have
    hätten wir uns die Segelregatta   taken a look at the sailing regatta.
    angesehen.

    a. If the desk had gone with our   Hätte der Schreibtisch zu unseren Möbeln
       furniture we would have bought   gepasst, hätten wir ihn gekauft.
       it.
    b. Had they asked the official,   Hätten sie den Beamten gefragt, hätten
       they would have gotten better   sie eine bessere Auskunft bekommen.
       information.
    c. If she had filled out the form   Hätte sie das Formular richtig ausgefüllt,
       correctly she would have had no dann hätte sie keine Schwierigkeiten
       difficulties.   gehabt.
    d. If he had run faster he would   Wäre er schneller gelaufen, hätte er den
       have caught the train (still).   Zug noch erreicht.

17. Herr Keller braucht ein polizei-   Mr. Keller needs a record of police court
    liches Führungszeugnis. Hat man   actions. Have they sent it to him yet?
    es ihm schon geschickt?

    a. We need your birth certificate   Wir brauchen auch Ihre Geburtsurkunde
       and the letter of sponsorship   und den Bürgschaftsbrief. -- Ich kann
       too. -- I can give them to you   sie Ihnen gleich geben.
       right away.
    b. This television set is excellent. Dieser Fernsehapparat ist ausgezeichnet.
       May I demonstrate it to you?   Darf ich ihn Ihnen vorführen?
    c. Mr. Keller would like to look   Herr Keller möchte unser neues Projekt
       over our new project. Can you   besichtigen. Können Sie es ihm zeigen?
       show it to him?
    d. I need my dark suit tonight.   Ich brauche heute abend meinen dunklen
       Could you press it for me?   Anzug. Können Sie ihn mir aufbügeln?

e. My wife is very much interested
in the catalogue. -- I'd be glad
to lend it to her.

Der Katalog interessiert meine
Frau sehr. -- Ich leihe ihn ihr gerne.

f. Mr. Allen urgently needs his
birth certificate. -- We're
sending it to him by mail today.

Herr Allen braucht dringend seine Geburtsurkunde. -- Wir schicken sie ihm heute
noch per Post.

g. You did ask your uncle for a
letter of sponsorship, didn't
you? Has he sent it to you yet?

Sie haben Ihren Onkel doch um einen Bürgschaftsbrief gebeten. Hat er ihn Ihnen
schon geschickt?

h. We have to have this document
translated. Who can translate
it for us?

Wir müssen diese Urkunde übersetzen
lassen. Wer kann sie uns übersetzen?

18. <u>Geben Sie bitte dem Antragsteller
die nötigen Formulare.</u>

<u>Please give the applicant the necessary
forms.</u>

a. Sister Ursula wanted to send my
specialist the results of the
examination right away.

Schwester Ursula wollte meinem Facharzt
sofort das Ergebnis der Untersuchungen
schicken.

b. Please let the American Consulate
know the result of our investigations.

Teilen Sie bitte dem amerikanischen
Konsulat das Ergebnis unserer Ermittlungen
mit.

c. He suggested to his patient a
course of treatment at a health
resort in the Black Forest.

Er schlug seinem Patienten eine Kur im
Schwarzwald vor.

d. Please show our architects the
pictures of the last architectural exposition.

Zeigen Sie unseren Architekten bitte die
Bilder von der letzten Bauausstellung.

VOCABULARY DRILL

1. <u>jemand</u> - "somebody, someone, anybody, anyone"

a. Heute morgen hat jemand nach
Ihnen gefragt.

This morning somebody was asking for
you.

b. Ich hörte von jemand(em) im
Büro, dass Beckers ihre Abfahrt
aufschieben wollen.

I heard from someone in the office
that the Beckers are planning to put
off their departure.

c. Wollen Sie jemand(en) in Österreich besuchen?

Are you planning to visit someone in
Austria?

d. Hat jemand Herrn Keller gesehen?

Has anyone seen Mr. Keller?

e. Kann das jemand von euch reparieren?

Can some of you (fam pl) repair that?

f. Das müssen Sie jemand(em) in der
Wirtschaftsabteilung sagen, nicht
mir!

You'll have to tell that to someone in
the Economic Section, not (to) me.

g. Kennen Sie jemand(en) in Tölz?

Do you know anybody in Tölz?

2. <u>einer</u> - "somebody, someone, one, a person"

a. Einer muss es doch gewesen sein.

It must have been somebody.

b. Was man nicht weiss, macht einen
(bzw. einem) nicht heiss.

What you don't know won't hurt you.
('What one doesn't know doesn't make
one hot or bothered'.)

c. Dieses Wetter kann einen ja
krank machen.

This weather is enough to ('can') make
a person sick.

d. Das können Sie nur einem erzählen, der nicht dabei war.

You can only tell that to someone who
wasn't there while it was happening.
(s.Unit 17, "dabei".)

e. Er kann einem wirklich leid tun.

It really makes you feel sorry for him.
('One really feels sorry for him'.)

233

3. <u>niemand</u> - "nobody, no one, not anybody, not anyone"

   a. In der Visaabteilung meldet sich   In the Visa Section no one answers.
      niemand.
   b. Mich hat gestern niemand besucht.   Nobody visited me yesterday.
   c. Ich habe dort niemand(en) ge-   I didn't see anyone there.
      sehen.
   d. Auf der Werft kenne ich leider   In the shipyard unfortunately I don't
      niemand(en).   know anyone.
   e. Sie hat es niemand(em) erzählt.   She didn't tell (it to) anybody.
   f. Um seinen Onkel kümmert sich   Nobody bothers about his uncle.
      niemand.
   g. Ich kann den Brief niemand(em)   I can't dictate the letter to anyone
      hier diktieren.   here.

4. <u>die Vertretung</u> - "agency, representation, (foreign service) post"

   a. Können Sie mir die Länder nennen,   Can you name the countries for me in
      in denen wir Vertretungen haben?   which we have agencies?
   b. Meyer und Co. haben jetzt auch   Meyer and Co. now has an agency in
      eine Vertretung in Brasilien.   Brazil, too.
   c. Wieviele (diplomatische) Ver-   How many (diplomatic) posts does the
      tretungen haben die Vereinigten   United States have actually?
      Staaten eigentlich?
   d. Haben Sie auch amerikanische   Do you have any American agencies in
      Vertretungen in Ihrem Land?   your country, too?

5. <u>eintreten in</u> - "join"

   a. In welche Partei wollte er ein-   What party did he want to join?
      treten?
   b. Als er Autoschlosser wurde, trat   When he became an auto mechanic he
      er in die Gewerkschaft ein.   joined the union.
   c. Warum ist er in diese politische   Why did he join this political
      Organisation eingetreten?   organization?
   d. Um studieren zu können, ist er   In order to be able to attend the
      in die FDJ eingetreten.   university he joined the Free German youth.

6. <u>werden</u> - "become, be, learn how to be (professionally)"

   a. Einer unserer Söhne ist Architekt   One of our sons became an architect, one
      geworden, einer Diplomat, und   a foreign service officer and the third
      der dritte studiert noch.   is still studying at the university.
   b. Herr Becker ist Betriebsleiter   Mr. Becker has been made plant manager.
      geworden.
   c. Er wollte Zahnarzt werden.   He wanted to be a dentist.
   d. Warum bist du nicht Autoschlosser   Why didn't you (fam sg) learn how to be
      geworden, wenn du so gern Autos   an auto mechanic if you like to fix
      reparierst?   automobiles so much?

7. <u>halten</u> - "keep (a business) going"

   a. In dieser Gegend konnte er sein   In this part of town he wasn't able to
      Geschäft nicht halten.   keep his business going.
   b. Mit dem neuen Betriebsleiter wird   With the new plant manager perhaps he'll
      er den Betrieb vielleicht hal-   be able to keep the plant going.
      ten können.
   c. Wenn ihr das Geschäft nicht hal-   If you (fam pl) can't keep the store
      ten könnt, solltet ihr es so bald   going you ought to sell it as soon as
      wie möglich verkaufen.   possible.
   d. Sie ist seit einem Jahr verwitwet,   She has been a widow ('widowed') for a
      hat aber trotzdem das Papierge-   year; however in spite of that has been
      schäft ihres Mannes halten können.   able to keep her husband's stationery
                                           store going.

8. fliehen - "run away, escape, flee"

a. Die Polizei sucht den Mann, der gestern geflohen ist.	The police are looking for the man who ran away yesterday.
b. Nur wenige können jetzt aus der Zone fliehen.	Only a few people can escape from the [Eastern] Zone now.
c. Ich wünschte, meine Verwandten wären gleich nach dem Krieg aus der Zone geflohen.	I wish my relatives had fled from the [Eastern] Zone right after the war.
d. Wissen Sie, wieviele Ärzte und Lehrer seit 1945 aus der Ostzone geflohen sind?	Do you know how many doctors and teachers have fled from the Eastern Zone since 1945?

9. der Zustand - "condition, circumstance"

a. In welchem Zustand ist Ihr alter Wagen?	What condition is your old car in?
b. Er hat mir das Buch in gutem Zustand zurückgegeben.	He gave the book back to me in good condition.
c. Das Gebäude war schon vor dem Brand in schlechtem Zustand.	The building was already in poor condition before the fire.
d. Wann werden sich die Zustände in diesem Betrieb ändern?	When will (the) conditions in this plant change?

10. einverstanden (mit) - "in agreement with, willing for, ready to accept"
    ich bin damit einverstanden = das ist mir recht

a. Mit deinem Vorschlag war er nicht einverstanden.	He was not ready to accept your (fam sg) suggestion.
b. Sind Sie damit einverstanden, wenn wir Ihnen ein Zimmer ohne Bad reservieren?	Is it all right with you if we reserve you a room without a bath?
c. Meine Eltern sind damit einverstanden, dass ich das Wochenende bei euch verbringe.	My parents are willing for me to spend the week end at your (fam pl) house.
d. Bist du damit einverstanden, wenn ich gleich eine ganze Kiste von diesem Wein kaufe?	Is it all right with you (fam sg) if I go ahead and buy a whole case of this wine?

11. unterschreiben - "sign"

a. Er füllte das Formular aus und vergass zu unterschreiben.	He filled out the form and forgot to sign [it].
b. Haben Sie den Brief schon unterschrieben?	Have you signed the letter yet?
c. Der Antragsteller muss diese Formulare noch unterschreiben.	The applicant still has to sign these forms.
d. Was muss ich alles unterschreiben?	What all do I have to sign?

12. gültig - "valid, good"

a. Wie lange ist der Reisepass gültig?	How long is the passport good for?
b. Diese Einfuhrbestimmungen sind nur noch einen Monat gültig.	These import regulations are only valid for another month.
c. Ihr Ausweis ist nicht mehr gültig.	Your identification card is no longer valid.
d. Meine Fahrkarte ist nur vier Tage gültig.	My ticket is only good for four days.

13. benachrichtigen + Accusative - "notify someone (of something)"
    mitteilen + Dative - "inform someone, let someone know (something)"

    a. Haben Sie die Polizei von dem   Have you notified the police of the
       Unfall benachrichtigt?   accident?
    b. Mein Onkel teilte mir mit, dass   My uncle informed me that he would act
       er für mich bürgen würde.   as my sponsor.
    c. Benachrichtigen Sie mich bitte,   Please notify me when you've gotten
       wenn Sie die Papiere beisammen   the papers together.
       haben.
    d. Der Facharzt hat ihr heute das   The specialist let her know the result(s)
       Ergebnis der Untersuchung mit-   of the examination today.
       geteilt.
    e. Wenn Sie in Deutschland in eine   In Germany when you move to another
       andere Stadt ziehen, müssen Sie   city you have to notify the police.
       die Polizei benachrichtigen.
    f. Wenn Sie in Deutschland in eine   In Germany when you move to another
       andere Stadt ziehen, müssen Sie   city you have to inform the police
       der Polizei Ihre neue Adresse   [of] your new address.
       mitteilen.

14. schicken + Dative and Accusative / schicken an + Accusative - "send (to)"

    a. Schicken Sie mir den Bericht so   Send me the report as soon as possible.
       bald wie möglich.
    b. Haben Sie eine Ahnung, ob er   Do you have any idea whether he sent
       auch einen Bericht an das   a report to the Ministry too?
       Ministerium geschickt hat?
    c. Ich schicke Ihnen einen Gepäck-   I'll send you a porter.
       träger.
    d. Hast du den Brief an seine neue   Did you (fam sg) send the letter to
       Adresse geschickt?   his new address?
    e. Der Empfangschef schickte ihm   The desk clerk sent the maid to him.
       das Zimmermädchen.
    f. An mich brauchen Sie den Katalog   You don't need to send the catalogue
       nicht zu schicken.   to me.

TRANSLATION DRILL

1. Andreas Schuster went to the   Andreas Schuster ging zum amerikani-
   American Consulate General to   schen Generalkonsulat, um ein Visum
   apply for a visa.   zu beantragen.
2. He had been told that he was to   Man hatte ihm gesagt, dass er sich an
   go to one of the consuls.   einen der Konsuln wenden sollte.
3. He introduced himself to Vice-   Er stellte sich Vize-Konsul Thompson
   Consul Thompson who asked him to   vor, der ihn bat, Platz zu nehmen.
   sit down.
4. Schuster had come from the Eastern   Schuster war vor drei Monaten aus der
   Zone three months ago and wanted   Ostzone gekommen und wollte sich in
   to build up a new life for himself   Amerika eine neue Existenz aufbauen.
   in America.
5. He had an uncle in the States who   Er hatte einen Onkel in den Staaten,
   was willing to act as a sponsor   der für ihn bürgen wollte.
   for him.
6. Vice-Consul Thompson got a form   Vize-Konsul Thompson holte ein Formular
   and noted down Schuster's name and   und nahm Schusters Personalien auf.
   address and other personal particu-
   lars.

236

7. Thompson asked Schuster about his family status too.	Thompson fragte Schuster auch nach seinem Familienstand.
8. Schuster was single.	Schuster war ledig.
9. Vice-Consul Thompson also had to know whether the applicant had ever been convicted of a crime [and]whether he was a member of a political party.	Vize-Konsul Thompson musste auch wissen, ob der Antragsteller vorbestraft war, ob er Mitglied einer politischen Partei war.
10. He had not been previously convicted.	Er war nicht vorbestraft.
11. As a boy he had been a member of the Free German Youth and later a probational party member in the Socialist Unity Party.	Als Junge war er Mitglied der FDJ und später Kandidat der SED gewesen.
12. He had only become a probational party member in order not to get [into] any trouble with his business.	Er war nur Kandidat geworden, um keine Schwierigkeiten mit seinem Geschäft zu bekommen.
13. He had never occupied a position as a party official however.	Er hatte aber nie einen Funktionärsposten bekleidet.
14. His business had now become a state-controlled enterprise, and Schuster had fled in the black of night.	Sein Betrieb war nun VEB geworden, und Schuster war bei Nacht und Nebel geflohen.
15. He would have run away before that if he hadn't had hopes that conditions would change.	Er wäre schon eher geflohen, wenn er nicht die Hoffnung gehabt hätte, dass sich die Zustände ändern würden.
16. He was no longer in contact with members of the Free German Youth or Socialist Unity Party, and he had no immediate relatives in the [Eastern] Zone.	Er stand nicht mehr mit Mitgliedern der FDJ oder SED in Verbindung, und er hatte keine Angehörigen in der Zone.
17. Vice-Consul Thompson wanted to send for the summary of Schuster's record of court convictions.	Vize-Konsul Thompson wollte Schusters Strafregisterauszug anfordern.
18. Schuster was willing for that [to be done].	Schuster war damit einverstanden.
19. He also needed his record of police court actions, a valid passport, his letter of sponsorship, four photographs and his birth certificate.	Er brauchte auch sein polizeiliches Führungszeugnis, einen gültigen Reisepass, seinen Bürgschaftsbrief, vier Photos und seine Geburtsurkunde.
20. As soon as he had all the papers together he was to notify the Consulate.	Sobald er alle Papiere beisammen hatte, sollte er das Konsulat benachrichtigen.
21. How long it would be ('last') before he could emigrate Vice-Consul Thompson didn't know.	Wie lange es dauern würde, bis er auswandern könnte, wusste Vize-Konsul Thompson nicht.
22. It would take some time to collect the necessary information.	Es würde einige Zeit in Anspruch nehmen, um die nötigen Auskünfte einzuziehen.
23. Schuster was supposed to have his vaccination done later on by a German doctor, and before he would get his visa he would have to be examined and x-rayed at the Consulate General.	Schuster sollte sich später von einem deutschen Arzt impfen lassen und bevor er sein Visum bekommen würde, würde er sich im Generalkonsulat untersuchen und röntgen lassen müssen.

RESPONSE DRILL

1. Wer war Herr Schuster?

Schuster war ein Flüchtling aus der Ostzone.

2. Warum ging er zur Visa-Abteilung des amerikanischen Konsulats?

Er wollte nach Amerika auswandern.

3. Wenn Schuster Verwandte in Amerika hätte, würden diese ohne weiteres für ihn bürgen können?

Nicht ohne weiteres. Sie müssen amerikanische Staatsbürger sein.

4. Was war Herr Schuster von Beruf?

Er war Mechaniker.

5. Wo arbeitete er, nachdem er geflohen war?

Er war als Autoschlosser bei der Volkswagengeneralvertretung angestellt.

6. Wonach fragte Vize-Konsul Thompson Herrn Schuster, als er seine Personalien aufnehmen wollte?

Nach seinem Familiennamen, seinen Vornamen, seinem Geburtsdatum und dem Geburtsort.

7. War Schuster verheiratet, geschieden oder verwitwet?

Er war ledig.

8. War er vorbestraft?

Nein.

9. War er Mitglied einer Organisation oder politischen Partei?

Ja, er ist früher in der FDJ gewesen und war Kandidat der SED.

10. Warum war Schuster überhaupt Kandidat geworden?

Er hätte sonst Schwierigkeiten gehabt, seinen Betrieb zu halten.

11. War sein Geschäft noch ein privater Betrieb?

Nein, es war ein volkseigener Betrieb daraus geworden.

12. Wann war Schuster über die Grenze gekommen?

Vor drei Monaten.

13. Warum ist Schuster nicht schon eher geflohen?

Weil er die Hoffnung hatte, dass sich die Zustände ändern würden.

14. Stand er noch mit SED und FDJ-Mitgliedern in Verbindung?

Nein, er hatte keine Verbindungen mehr mit Leuten in der Ostzone.

15. Wissen wir, wo Schusters Familienangehörige leben?

Nein, wir wissen nur, dass er in der Zone keine Familienangehörigen mehr hat.

16. Welches wichtige Papier musste das Konsulat anfordern?

Der Strafregisterauszug musste angefordert werden.

17. Was sollte Schuster selbst beantragen?

Das polizeiliche Führungszeugnis.

18. Was für andere Papiere brauchte er noch?

Er musste einen gültigen Reisepass, eine Geburtsurkunde, den Bürgschaftsbrief und vier Photos haben.

19. An wen sollte er seine Papiere schicken?

Er sollte sie nicht schicken, er sollte das Konsulat benachrichtigen, sobald er alles beisammen hatte.

20. Wissen wir, wie lange Schuster auf sein Visum warten musste?

Nein, wir wissen es nicht.

21. Wovon hing es ab?

Es hing von den Ermittlungen des Konsulats ab.

22. Wie war es mit dem Impfen und der medizinischen Untersuchung?

Er musste sich von einem deutschen Arzt impfen lassen, untersucht und geröntgt wurde er im Generalkonsulat.

23. Musste er dafür bezahlen?

Ja, die Untersuchung kostete etwa vierzig Mark und das Visum hundert Mark.

24. Nehmen Sie bitte die Personalien eines Kollegen auf.
25. Haben Sie Angehörige im Ausland (und wo)?
26. Würden Sie für einen Ausländer, der nach Amerika auswandern will, bürgen?
27. Was ist ein Strafregisterauszug?
28. Wo beantragt man ein Führungszeugnis?

NARRATIVE

Wenn Sie Berlin einmal besuchen, werden Sie sofort <u>empfinden</u>, dass es eine ungewöhnliche Stadt ist, eine <u>geteilte</u> Stadt, geteilt in Ost- und Westberlin, durch zwei verschiedene politische <u>Systeme</u>. Bis zum Jahre 1961 konnte man <u>inner-halb</u> der <u>gespaltenen</u> Stadt <u>ungehindert</u> hin- und herfahren. Man konnte auch im Osten wohnen und im Westen arbeiten oder <u>umgekehrt</u>. Man konnte Familienangehörige auf dieser oder <u>jener</u> Seite besuchen, <u>Gedanken austauschen</u> und <u>Vergleiche anstellen</u>, was allerdings <u>dazu führte, dass</u> mehr und mehr Menschen vom Osten <u>über</u> Berlin den Weg in den Westen suchten. Sie flohen, <u>verliessen</u> ihre Heimat, sie wollten sich nicht den <u>harten</u> Lebensbedingungen und dem politischen <u>Druck</u> des Systems <u>unter-werfen</u> unter dem sie lebten. Der Flüchtlings<u>strom</u> war <u>im Laufe</u> der Jahre etwa <u>auf</u> vier Millionen <u>angestiegen</u>, und es wären gewiss noch viele geflohen, wenn nicht am 13. August 1961 die <u>Mauer</u> gebaut worden wäre, die heute ungefähr sechzehn Millionen Deutsche von der westlichen Welt <u>trennt</u>.

Auf der einen Seite der Mauer ist man <u>verzagt</u>, <u>verzweifelt</u> und hoffnungslos, auf der anderen <u>bedrückt</u>, <u>verbittert</u> und nicht ohne <u>Furcht</u>. Aber man gibt in Westberlin nicht auf. Die Blockade allein wäre <u>Grund</u> genug gewesen, alle Hoff-nungen auf ein normales Leben und einen Wiederaufbau zu zerstören. Wenn Sie Ber-lin damals, oder vielleicht gleich nach dem Kriege gesehen hätten, würden Sie sich (<u>darüber</u>) wundern, wie man <u>inzwischen</u>, trotz soviel Unsicherheit, so <u>grosszügig</u> planen, entwerfen, experimentieren und <u>bauen</u> konnte. Das Leben in Westberlin <u>pulsiert</u> jetzt wieder wie in den zwanziger Jahren.--

Besucher, die aus der Bundesrepublik, oder aus dem Ausland kommen, können im <u>Gegensatz</u> zu den Westberlinern <u>auf einen Tag</u> nach Ostberlin fahren. In <u>Sonder-fällen</u> <u>erhalten</u> Sie sogar eine <u>Einreiseerlaubnis</u> für die DDR, um Verwandte zu be-suchen, oder zur Leipziger Messe zu fahren. Dem DDR-Bewohner dagegen ist das Reisen in den Westen nicht <u>gestattet</u>. Nur für Leute, die arbeits<u>unfähig</u> sind, oder das 70. Lebensjahr erreicht haben, <u>besteht</u> die Möglichkeit, einen Antrag auf Familienzusammenführung zu stellen und <u>auf diese Weise</u> die DDR legal verlassen zu können. Auf illegalem Wege in den Westen zu <u>gelangen</u>, riskieren heute nur noch <u>Einzelne</u> und dann <u>unter</u> Einsatz ihres Lebens.

empfinden (a,u)	to feel
teilen (w)	to divide
das System,-e	the system
innerhalb (plus gen)	within, inside of
gespalten	split
ungehindert	without hindrance
umgekehrt	vice versa
jener (jenes, jene)	that, yon
der Gedanke,-ns,-n	the thought
austauschen (w)	to exchange
Vergleiche anstellen (w)	to make comparisons
... dazu führte, dass ...	... led to (someone's doing something)...
über Berlin	by way of, via Berlin
verlassen (ä,ie,a)	to leave
hart	harsh
die Bedingung,-en	the condition
der Druck,-̈e	the pressure
unterwerfen (i,a,o)	to subjugate
der Strom,-̈e	the flow, stream, river
im Laufe	in the course
ansteigen (ie,ie) auf (ist)	to rise to
die Mauer,-n	the wall
trennen (w)	to separate
verzagt	disheartened
verzweifelt	despairing
bedrückt	depressed
verbittert	embittered
die Furcht	the fear
der Grund,-̈e	the reason
inzwischen	in the meantime
grosszügig	on a large scale
bauen (w)	to build

pulsieren (w)	to throb, pulsate
der Gegensatz,⸗e	the contrast
auf einen Tag	for (a period of) a day
der Sonderfall,⸗e	the special case
erhalten (ä,ie,a)	to receive
die Einreiseerlaubnis,-se	the entry permit
gestatten (dative) (w)	to permit (to someone)
unfähig	incapable
bestehen (bestand, bestanden)	to exist
auf diese Weise	in this manner
gelangen (w)	to get (to)
einzeln	individual
unter Einsatz	at the risk

FINDER LIST

	adressieren (w)	address
	als ob	as if, as though
	anerkennen (ir w)	acknowledge, recognize
	anfordern (w)	request, send for
	anstellen (w)	employ, hire
der	Antragsteller,-	applicant
	aufbauen (w)	build (up)
	aufnehmen (i,a,o)	record, note down
der	Auszug,=e	extract, summary
der	Autoschlosser,-	automobile mechanic
	beisammen	(collected) together
	bekleiden (w)	occupy (a position), have (an office)
	benachrichtigen (w)	inform, notify
der	Betrieb,-e	business, enterprise
der	Bürge,-n,-n	sponsor
	bürgen (w)	provide security, act as sponsor
die	Bürgschaft,-en	sponsorship
	damals	then, at that time
das	Datum,-en	date
	eher	sooner, rather
	eintreten in (i,a,e) (ist)	enter, join
	einverstanden	in agreement, willing
	einziehen (o,o)	collect (information)
das	Erachten	opinion, judgement
	Ihres Erachtens	in your opinion
die	Ermittlung,-en	investigation
die	Existenz,-en	existence, livelihood, life
der	Familienangehörige,-n,-n	member of the family, immediate relative
der	Familienname,-ns,-n	surname
der	Familienstand	family status
die	FDJ (Freie Deutsche Jugend)	the Free German Youth
	ferner	furthermore
	fliehen (o,o) (ist)	flee, run away
der	Flüchtling,-e	refugee
das	Führungszeugnis,-se	record of behavior
der	Funktionär,-e	party official
	geboren	born
die	Geburt,-en	birth
die	Generalvertretung,-en	regional distributor, agency
	geschieden	divorced
die	Grenze,-n	boundary, border
	gültig	valid
	halten (ä,ie,a)	keep going
	hätte ... gehabt	would have had
	hätte ... gehabt	had had
die	Hoffnung,-en	hope
es	hört sich ... an (w)	it sounds
	impfen (w)	vaccinate
das	Impfen	vaccinating, vaccination
sich	impfen lassen (ä,ie,a)	be vaccinated, have a vaccination done
	irgendwelcher, irgendwelche, irgendwelches	any kind of, any ... at all
	jemand(en)	somebody, someone
der	Kandidat,-en,-en	probational party member

	ledig	single
der	Mechaniker,-	mechanic
	medizinisch	medical
das	Mitglied,-er	member
	mitteilen (w)	inform, let ... know
die	Nacht,⸗e	night
bei	Nacht und Nebel	in the black of night
der	Nebel,-	fog, mist
der	Onkel,-	uncle
die	Organisation,-en	organization
die	Ostzone	the Eastern Zone
das	Papier,-e	official paper
die	Partei,-en	party
	per	by
die	Personalien (pl)	personal particulars
das	Photo,-s	photograph
	politisch	political
die	Polizei	police
	polizeilich	police
die	Post	mail
der	Posten,-	position, job
	röntgen (w)	x-ray
	schicken (w) an	send to
die	SED (Sozialistische Einheits-partei Deutschlands)	the Socialist Unity Party
	sobald	as soon as
der	Staat,-en	state
die	Stelle,-n	place
das	Strafregister,-	record of court convictions
	unterschreiben (ie,ie)	sign
die	Untersuchung,-en	examination
die	Urkunde,-n	document, certificate
der	VEB (der volkseigene Betrieb)	state-controlled enterprise
in	Verbindung stehen	be in contact, be in touch
	vergehen (i,a)	elapse, pass
die	Vertretung,-en	representation, agency, post
	verwitwet	widowed
	volkseigen	state-controlled, (lit: 'belonging to the people')
	vorbestraft	previously convicted
der	Vorname,-ns,-n	given name
	wäre geflohen	would have run away
	wäre ... geworden	had become
ich	wollte	I wish, would that
die	Zone	(Eastern Occupation) Zone
	zunächst	first of all
zur	Zeit (abbr: z.Zt.)	at present
der	Zustand,⸗e	condition, circumstance

OPERNBESUCH

Basic Sentences

I   I

the box office	die (Theater)kasse,-n

At the box office.   An der Theaterkasse.

should have, ought to have	hätte ... sollen
of all (people, places, things, etc.)	ausgerechnet

MR. ADAMS   HERR ADAMS

I wish I had known that we were going
to meet again here of all places!

Das hätte ich wissen sollen, dass wir
uns ausgerechnet hier wiedersehen!

to suspect, have an inkling	ahnen (w)
the course	der Lauf
in the course of, during	im Laufe + genitive

MR. BURGER   HERR BURGER

And had I suspected that you were going
to the opera today, too, I would have
called you up sometime during the day.

Und hätte ich geahnt, dass Sie heute
auch in die Oper gehen, hätte ich Sie
im Laufe des Tages angerufen.

to think, be of the opinion	meinen (w)[1]
the seat, place to sit	der Platz,⸗e
would have been able to, could have	hätten ... können
next to each other, side by side	nebeneinander

MR. ADAMS   HERR ADAMS

You're thinking then we could have
gotten seats next to each other.

Sie meinen, dann hätten wir Plätze
nebeneinander bekommen können.

the tier, circle, balcony	der Rang,⸗e
the dress-circle	der erste Rang
to give back, turn in, return	zurückgeben (i,a,e)

MR. BURGER   HERR BURGER

That's right. You see, I had two tickets
for the dress-circle, and I turned one of
them in at the box office just a little
while ago.

Richtig. Ich hatte nämlich zwei Karten
für den ersten Rang, und ich habe vorhin
eine an der Kasse zurückgegeben.

the row   die Reihe,-n

MR. ADAMS   #### HERR ADAMS

In what row?   In welcher Reihe?

MR. BURGER   #### HERR BURGER

In the first.   In der ersten.

well there you are;   na also
what-are-you-worried-about?

MR. ADAMS   #### HERR ADAMS

Let me see your ticket! Well there   Lassen Sie mich Ihre Karte sehen! Na
you are, we are sitting next to each   also, wir sitzen ja nebeneinander.
other.

to bring back   zurückbringen (brachte, ge-
                                                    bracht)

MR. BURGER   #### HERR BURGER

Then you got the ticket I brought back   Dann haben Sie ja die von mir zurück-
('brought back by me').   gebrachte Karte bekommen.

would have had to, should have   hätte ... müssen
the queue, line   die Schlange,-n
to queue up, stand in line   Schlange stehen (a,a)

MR. ADAMS   #### HERR ADAMS

Yes. If we had known that beforehand   Ja, wenn wir das vorher gewusst hätten,
I wouldn't have had to queue up for my   hätte ich nicht für meine Karte, die
ticket, which used to be your ticket.   Ihre Karte war, Schlange stehen müssen.

II   II

the lobby, foyer   das Foyer,-s

In the lobby.   Im Foyer.

the crowd, press, rush   der Andrang
the checkroom, cloakroom   die Garderobe,-n
would have to, should   müssten
to stand in line, wait in line   anstehen (stand, gestanden)

MR. ADAMS   #### HERR ADAMS

What a crowd at the checkroom! If   Welch ein Andrang an der Garderobe!
we'd come without our hats and coats   Wären wir ohne Hut und Mantel gekommen,
we wouldn't have to wait in line there   müssten wir dort nicht schon wieder
again so soon.   anstehen.

spread, coated, covered	belegt
the roll	das Brötchen,-
the (open-face) sandwich roll	das belegte Brötchen[2]
the refreshment bar (in the theater)	das (Theater)buffet,-s

MR. BURGER

HERR BURGER

Yes, we only have a few minutes left, and I'd like to get a couple of sandwich rolls at the refreshment bar before we go in.

Ja, wir haben nur noch ein paar Minuten Zeit, und ich hätte mir gern noch[3] ein paar belegte Brötchen am Buffet geholt.

ought to, should

sollte

MR. ADAMS

HERR ADAMS

I ought to do that too. They're always excellent here at the refreshment bar in the theater.

Das sollte ich auch tun. Sie sind hier am Theaterbuffet immer ausgezeichnet.

to hand in, check (a coat, hat)

abgeben (i,a,e)

MR. BURGER

HERR BURGER

I'll check our things at the cloakroom; you could be getting the sandwiches in the meantime.

Ich werde unsere Sachen an der Garderobe abgeben und Sie könnten inzwischen die belegten Brötchen holen.

the roast beef	das Roastbeef
the caviar	der Kaviar

Two for me please, one roast beef and one caviar.

Für mich bitte zwei, eins mit Roastbeef, eins mit Kaviar.

.III

III

the member of the audience, spectator	der Zuschauer,-
the auditorium, house, inside part of the theater	der Zuschauerraum,:-e

Inside the theater.

Im Zuschauerraum.

the beginning, start	der Beginn
the overture	die Ouvertüre,-n

MR. ADAMS

HERR ADAMS

Well now we do have a few minutes before the overture begins, after all. What happened to the business trip to Bayreuth, which you didn't want to take?

Nun haben wir doch noch einige Minuten Zeit bis zum Beginn der Ouvertüre. Was wurde aus der Geschäftsreise nach Bayreuth, die Sie nicht gerne machen wollten?

MR. BURGER	HERR BURGER
I'm very glad that I had to go.	Ich bin ganz froh, dass ich fahren musste.

the staging, production	die Inszenierung,-en

For when I was there they were just putting on a new staging of Tannhäuser again. And of course I couldn't miss that.	Denn als ich dort war, gab es gerade wieder einmal eine neue Tannhäuser-Inszenierung. Und die konnte ich mir natürlich nicht entgehen lassen.

it is one of the (components or conditions of), it's part of ...	es gehört zu ... (w)
in the meantime (i.e., in the interval up to the present day)	mittlerweile
the obligation, duty	die Pflicht,-en
culture	die Kultur,-en
cultivated, cultured	von Kultur
to experience, observe	erleben (w)
the maestro	der Meister,-
the grandchild	der Enkel,-
the work, opus	das Werk,-e
to arrange, set up, make, mold, form	gestalten (w)

MR.ADAMS	HERR ADAMS
Why yes. We all know that nowadays it's become one of the obligations of a cultivated person to observe what the maestro's grandchildren make of the works of Richard Wagner.	Naja, es gehört ja mittlerweile zur Pflicht eines Menschen von Kultur zu erleben, wie des Meisters Enkel die Werke Richard Wagners gestalten.

to dream	träumen (w)

MR. BURGER	HERR BURGER
And in a way that he wouldn't have allowed himself to dream of. --	Und wie er es selbst sich sicher nicht hätte träumen lassen. --

the (claim) check	die Marke,-n
to put in one's pocket or purse	einstecken (w)

I put our cloakroom checks in my pocket.	Ich habe unsere Garderobenmarken eingesteckt.

the program	das Programm,-e
today's, for today	heutig-

MR. ADAMS	HERR ADAMS
Here's your program for today's performance of Tannhäuser.	Hier ist Ihr Programm für die heutige Tannhäuser-Aufführung.

| | to listen to, go to a per-
formance of (an opera) | sich etwas anhören (w) |

MR. BURGER

HERR BURGER

What do you mean Tannhäuser? I cer-
tainly wouldn't be going to Tannhäuser
again so soon. They're doing Carmen!

Wieso Tannhäuser? Ich würde mir be-
stimmt nicht schon wieder 'Tannhäuser'
anhören. Es gibt doch 'Carmen'!

the error, mistake	der Irrtum, ̈-er
my dear fellow, old boy	mein Lieber
original (ly)	ursprünglich
the poster, placard	der Anschlag, ̈-e

MR. ADAMS

HERR ADAMS

Wrong, old boy. That's what it was
originally supposed to be. Didn't
you see the poster in front of the
theater? Read it here in the program
then.

Irrtum, mein Lieber. Sollte es ur-
sprünglich geben! Haben Sie nicht den
Anschlag vor dem Theater gesehen?
Dann lesen Sie es hier im Programm.

the program (i.e., the per- formances scheduled over a period of time)	der Spielplan, ̈-e
the change	der Wechsel, -
the illness (i.e., becoming ill)	die Erkrankung, -en
the singer	der Sänger, -

MR. BURGER

HERR BURGER

"Change of program due to the illness
of several singers. In place of
Bizet's Carmen Wagner's Tannhäuser."
Here's your cloakroom check. I'm
leaving!

"Spielplanwechsel wegen Erkrankung
mehrerer Sänger. Statt Bizets 'Carmen',
Wagners 'Tannhäuser'." Hier ist Ihre
Garderobenmarke. Ich gehe!

Notes to the Basic Sentences

1

meinen. This item occurred earlier, in Unit 8, where it was translated "to mean."
It indicates basically that an opinion is held, which may or may not be expressed
out loud. Depending on the circumstances, then, it could be translated variously
as "to think, to say, to remark, to mean, to intend, to have in mind, to be of the
opinion".

2

belegte Brötchen. These are open-faced sandwiches prepared on split rolls.
Ein belegtes Brötchen is thus usually a half roll, open and buttered with meat,
sausage, cheese or whatever on it. Open-faced sandwiches on bread are usually
referred to in German as belegte Brote, sg. ein belegtes Brot. Closed sandwiches
with two slices of bread are not generally served in German restaurants.

3

noch. This word, unstressed, is traditionally translated as "still, yet". This
translation, however, does not fit all circumstances under which noch may be
used. Its function in a sentence, depending on context and surrounding circum-
stances, may be to indicate that an action or state is in addition to what has
taken place already, and the most accurate translation is "too" or "besides,
in addition". Hence we find in Units 16 and 17:

Wenn ich es zeitlich schaffe, fahre ich <u>auch noch</u> an den Rhein ...	If I make it in time I'm going to drive to the Rhine <u>too</u> ...
Dann wollte ich mir <u>noch</u> Fernseh-apparate ansehen.	Then I wanted to take a look at some television sets <u>too</u>.

Or <u>noch</u> may occur, as here, to indicate that an action or state is to take place <u>before something else happens</u>. It may or may not occur together with a specific time reference in the same sentence. In any case the most accurate translation is really a clause introduced by "before". Thus we find, as well as the present example, in Unit 16:

Es freut mich, dass ich Sie <u>vor Ihrer Abfahrt noch</u> bei mir be-grüssen kann.	I'm glad to be able to have you here at my house <u>before you leave</u>.

Notes on Grammar
(For Home Study)

A.   VERBS. THE AUXILIARY VERBS <u>dürfen</u>, <u>können</u>, <u>möchte(n)</u>, <u>müssen</u>, <u>sollen</u>, <u>wollen</u>

   I. Summary and Review

   These verbs show similarities, both in their forms and in the way they function in phrases, which justify treating them as a group. For the purpose of summary and review let us look at some of the sentences from recent units and note the forms and uses which they illustrate:

   1. The auxiliaries usually occur in verb phrases with complementary or dependent infinitives. The infinitive may be omitted however when it is clearly under-stood from the rest of the sentence:

<u>Darf</u> ich um Ihren Namen <u>bitten</u>?	May I have your name please?
Ist das alles, was ich <u>haben</u> <u>muss</u>?	Is that all I have to have?
but also	
<u>Wollten</u> Sie nicht auch in die Buchhandlung Müller?	Didn't you want [to go] to Müller's Bookstore also?

   2. In referring to past time the simple past tense – an irregular weak form – is most frequently used. In the special perfect phrase and special pluper-fect phrase with complementary or dependent infinitive the infinitive form of the auxiliary, not the past participle, occurs. Remember that in sub-ordinate clauses the two infinitives come last:

Ich <u>konnte</u> leider nicht <u>hingehen</u>.	Unfortunately I couldn't go.
Ich <u>habe</u> meine Abreise noch <u>aufschieben</u> <u>können</u>.	I was able to put off my departure.
Er hatte vergessen, dass er ihn mit ins Abteil <u>hatte</u> <u>nehmen</u> <u>wollen</u>.	He had forgotten that he had intended to take it with him to the compartment.

   3. These verbs are also used in phrases with perfect infinitives and passive infinitives (cf. p. 473). We have encountered only one example in the basic sentences so far, but many combinations occur:

Das Brandenburger Tor <u>muss</u> man ja <u>gesehen haben</u>.	Everyone has to see ('one has to have seen') the Brandenburg Gate.
Das <u>kann</u> ich <u>gesagt haben</u>.	I may have said that.
Dieser Artikel <u>soll</u> so schnell wie möglich <u>über-setzt werden</u>.	This article is to be translated as quickly as possible.
Die Karten <u>müssen zurück-gegeben werden</u>, wenn keiner zu der Aufführung geht.	The tickets must be returned if no one is going to the performance.

4. Up to now one of these verbs has occurred only in the special form <u>möchte(n)</u>, and we have accordingly listed it in this way. You are familiar with its use as a polite expression of desire, request or suggestion:

Zunächst <u>möchte</u> ich Ihre Personalien aufnehmen.	First of all I'<u>d like to</u> note down your name and address and other personal particulars.
Ich <u>möchte</u> nach Amerika auswandern.	I'<u>d like to</u> emigrate to America.
<u>Möchten</u> die Herrschaften etwas zu trinken haben?	<u>Would</u> you (ladies and gentlemen) <u>care for</u> something to drink?
Sagen Sie ihm doch bitte, <u>er möchte mich</u> sobald wie möglich anrufen.	Please tell him <u>I'd like him to</u> call me as soon as possible.

This is by far the most common form and use of this auxiliary verb. However, it can be noted at this point that other forms of the verb also occur, al-though less frequently: the Infinitive and Present Tense <u>wir</u>-form is <u>mögen</u>; the Simple Past Tense and Past Participle forms are <u>mochte</u> and <u>gemocht</u>. We will not deal with their uses here but list the forms only to complete the inventory.

II. UNREAL or SUBJUNCTIVE Forms

1. UNREAL or SUBJUNCTIVE forms of most of these auxiliary verbs have occurred in the last four units. Let us review the examples:

Ich <u>könnte</u> Ihnen unseren Hausarzt empfehlen.	I <u>could</u> recommend our family doctor to you.
Meine Vergrösserungen <u>müss-ten</u> auch fertig sein.	My enlargements <u>ought to</u> be ready too.
Das <u>sollte</u> ich auch tun.	I <u>ought to</u> do that too.
Sie <u>könnten</u> die belegten Brötchen holen.	You <u>could</u> be getting the sandwiches.
<u>Wären</u> wir ohne Hut und Mantel gekommen, <u>müssten</u> wir dort nicht schon wieder anstehen.	If we had come without our hats and coats we <u>would</u>n't <u>have to</u> wait in line there again so soon.

We must add one further example, which has not occurred in the basic sentences:

Wann <u>dürften</u> wir zu Ihnen kommen?	When <u>could</u> we come to see you?

2. It may now be evident to you that the special form möchte(n) is actually
an UNREAL or SUBJUNCTIVE form. Likewise the special form wollte(n), which
occurred in the UNREAL WISH, can be identified as an UNREAL or SUBJUNCTIVE
form.

> Ich wollte, ich wäre nie   I wish I had never become a probational
> Kandidat geworden.   party member. ('Would that I had ...')

3. The complete inventory of UNREAL or SUBJUNCTIVE forms of the auxiliaries
dürfen, können, mögen, müssen, sollen and wollen is as follows:

er-form	dürfte	könnte	möchte	müsste	sollte	wollte
wir-form	dürften	könnten	möchten	müssten	sollten	wollten
du-form	dürftest	könntest	möchtest	müsstest	solltest	wolltest
ihr-form	dürftet	könntet	möchtet	müsstet	solltet	wolltet

4. It will be noted that the UNREAL or SUBJUNCTIVE forms of sollen and wollen
are just like the Past Tense forms. The difference between the Past Tense
and UNREAL or SUBJUNCTIVE forms of the other auxiliary verbs is a very
important sound distinction in German however. Practice the pronunciation of:

> dürfte vs. durfte   könnte vs. konnte   müsste vs. musste

5. Since the forms and specialized use of möchte(n) are already familiar, it
will not be included for further discussion here. The rather limited and
special use of wollte(n) in UNREAL WISHES has already been dealt with in
Unit 19 and needs no further comment either. Only dürfen, können, müssen
and sollen occur frequently in the UNREAL uses discussed in Section III below.

III. UNREAL or SUBJUNCTIVE Uses - PRESENT POSSIBILITY

1. Look back at the examples in paragraph II, 1 above. Notice that the UNREAL
or SUBJUNCTIVE forms of the auxiliary verbs are translated as "could",
"ought to", "would have to", but note also that the same English verb or
phrase occurs as equivalent to two different German auxiliaries. Both
könnte(n) and dürften are given as "could"; both sollte and müssten are
given as "ought to". THIS DOES NOT MEAN THAT THERE IS NO DIFFERENCE IN
MEANING BETWEEN THESE GERMAN VERB PAIRS IN THEIR UNREAL OR SUBJUNCTIVE FORMS,
OR THAT THEY ARE INTERCHANGEABLE! It does mean that you will have to be very
careful in your mind to distinguish just what the English forms mean. Remember that "could" may mean "was able to", "was allowed to", "would be able to"
or "would be allowed to", and "ought to" may refer to an obligation or to an
assumption or surmise. Try making up some English sentences using "could"
and "ought to" in at least two different ways. Do you know other English
verbs or phrases with two or more different meanings, like these?

2. Look at the sentences in paragraph II, 1 again. You will see that the time
reference here is to PRESENT POSSIBILITY, actions or states which are at the
present time hypothetical or possible of fulfillment. Now, keeping in mind
the meanings of these four auxiliary verbs as we have encountered them previously, let us see if we can more exactly suggest the meanings of the UNREAL
or SUBJUNCTIVE forms:

> dürfte - "would be allowed to, might (with permission or
>   by surmise), could"
> könnte - "would be able to, might (possibly), could"
> müsste - "would have to, should, ought to (of necessity or by surmise)"
> sollte - "would be obliged to, ought to (under obligation or according
>   to expectation), should"

3. UNREAL or SUBJUNCTIVE forms of the auxiliaries occur both in Conditional Sentences and in simple sentences expressing PRESENT POSSIBILITY.

4. Just as we noted in Unit 18 with reference to the auxiliaries <u>haben</u>, <u>sein</u> and <u>können</u> we should note that a phrase with <u>würde</u> and the infinitive of some of the auxiliaries dealt with here sometimes occurs also:

Er hat soviel zu tun, Sie <u>würden</u> ihn nicht vor vier Uhr nachmittags sprechen <u>können</u>.	He has so much to do you wouldn't be able to speak to him before four o'clock in the afternoon.
<u>Würden</u> wir nachmittags auch Schlange stehen <u>müssen</u>?	Would we have to queue up in the afternoon (i.e., for an afternoon performance) too?
Sie sollten mit der Taxe kommen, Ihren Wagen <u>würden</u> Sie sowieso hier nicht parken <u>dürfen.</u>	You ought to take a taxi; you wouldn't be allowed to park your car here anyway.

This phrase is generally less common of occurrence than the UNREAL or SUBJUNCTIVE form of the auxiliary.

IV. UNREAL or SUBJUNCTIVE Forms and Uses - PAST POSSIBILITY

1. In the current unit we have also encountered other sentences containing some of these auxiliary verbs. Look at the following examples:

Das <u>hätte</u> ich <u>wissen sollen</u>.	I wish I had known that. ('Somebody <u>should</u> have <u>told</u> me that.')
Wir <u>hätten</u> Plätze nebeneinander <u>bekommen können</u>.	We <u>could</u> have <u>gotten</u> seats next to each other.
Wenn wir das vorher gewusst hätten, <u>hätte</u> ich nicht für meine Karte Schlange <u>stehen müssen</u>.	If we had known that before I <u>wouldn't</u> have had to queue up for my ticket.

We shall add two more examples, not in the basic sentences:

<u>Hätte</u> er uns dort <u>treffen wollen</u>, hätte er vorher anrufen müssen.	If he <u>had wanted to meet</u> us there he should have called first.
Zu Hause <u>hätte</u> ich nie <u>rauchen dürfen</u>.	I never <u>would have been allowed to smoke</u> ('<u>could have smoked</u>') at home.

You see that the time reference here is to PAST POSSIBILITY, a possibility which <u>now no longer exists</u> although it existed <u>at some time in the past</u>. Note that the verb phrase which occurs in all these sentences, like the special perfect and pluperfect phrases, contains the <u>infinitive form</u> of the auxiliary verb; this infinitive also comes last in the sentences. Occurring with it is the UNREAL or SUBJUNCTIVE form <u>hätte(n)</u>. In every other respect the form and arrangement of this phrase is just like that of the special perfect and pluperfect phrases reviewed above in paragraph I, 2. PAST POSSIBILITY is thus marked by a verb phrase containing the UNREAL or SUBJUNCTIVE form <u>hätte(n)</u> and the infinitive of the auxiliary verb <u>dürfen</u>, <u>können</u>, <u>müssen</u>, <u>sollen</u> or <u>wollen</u>.

2. In sentences referring to PAST POSSIBILITY, just as in those referring to
PRESENT POSSIBILITY, some overlapping of the English phrases given as
equivalent to the German auxiliary phrases with dürfen, können, müssen and
sollen occurs. Thus the English phrase "could have" plus past participle
is found as equivalent to the German auxiliary verb phrases hätte ... können
and hätte ... dürfen. However, just as we noted above in paragraph III, 1
and 2 the meanings of the German verb phrases are distinct. Compare the
following examples:

Ich hätte nicht ins Theater gehen können.	I couldn't have gone to the theater (i.e., because of lack of money, time, etc.
Ich hätte nicht ins Theater gehen dürfen.	I couldn't have gone to the theater (i.e., because of lack of permission).
Er hätte mehr Geld für sein Auto bekommen müssen.	He should have got more money for his car (i.e., it was worth more and the market can be assumed to have been good).
Er hätte mehr Geld für sein Auto bekommen sollen.	He should have got more money for his car (i.e., someone should have felt obliged to pay more, in the speaker's opinion).

3. Remember that these phrases, like the special UNREAL or SUBJUNCTIVE forms
of the auxiliaries, occur both in Conditional Sentences and in simple
sentences referring to PAST POSSIBILITY.

B.   VERBS. THE UNREAL OR SUBJUNCTIVE PHRASES hätte gern + Past Participle
                        and wäre gern + Past Participle

I. The phrase hätte gern was identified in Unit 18 as an UNREAL or SUBJUNCTIVE
phrase expressing a polite request or suggestion:

Ich hätte gern einen leichten Anzug.	I'm interested in a light-weight suit.
Ich hätte gern Rumpsteak mit Röstkartoffeln.	I'd like steak with fried potatoes.

It has occurred in the present unit with a Past Participle:

Ich hätte mir gern noch ein paar belegte Brötchen am Buffet geholt.	I'd like to get a couple of sandwiches from the refreshment bar before we go in.

You will notice that this phrase has the same form as the phrases discussed
in Unit 19 referring to PAST POSSIBILITY. However, in this combination with
gern the meaning of the reference may actually be PRESENT POSSIBILITY. The
use of the UNREAL or SUBJUNCTIVE phrase with the past participle is here a
politeness formula, expressing a less urgent desire or one more doubtful of
fulfillment.

II. More common is the use of the phrase hätte gern + Past Participle with
reference to PAST POSSIBILITY. Here are some further examples:

Wir hätten uns auch gern die Tannhäuser-Aufführung ange- hört, konnten aber keine Kar- ten mehr bekommen.	We would have liked to go to the "Tannhäuser" performance too, but couldn't get tickets any more.
Sie hätten das Haus gern vor dem Ende des Sommers verkauft.	They would have liked to sell the house before the end of the summer ('they wish they had sold ...').

III. The phrase with the auxiliary wäre + gern and Past Participle also occurs.
Note that it too may refer both to PRESENT and to PAST POSSIBILITY:

> Ich wäre gern um zwölf Uhr
> nach Hause gegangen, aber
> jetzt ist es schon halb zwei.
>
> I would have liked to go home ('wish
> I had gone home') at twelve o'clock,
> but now it's already one thirty.

> Ich wäre gern um zwölf Uhr
> nach Hause gegangen, aber
> es sieht nicht so aus, als
> ob das möglich sein wird.
>
> I would like to go home ('I wish I could
> go home') at twelve o'clock, but it doesn't
> look as if that will be possible.

Here, too, in referring to PRESENT POSSIBILITY the use of this phrase with the
past participle serves to increase the degree of doubt expressed as to whether
the desire will be fulfilled.

SUBSTITUTION DRILL

1. Die hätten wir bekommen können.

besorgen - zurückgeben - einstecken -
schicken - lösen - kaufen - bestellen

2. Dann hätte ich nicht Schlange stehen
müssen.

anstehen - fahren - warten - zurückkommen - laufen - nachsehen - bezahlen -
arbeiten - zu Fuss gehen

3. Das hätte ich wissen sollen, dass
wir uns hier wiedersehen.

... dass der Zug so früh abfährt.
... dass Sie ärztliche Hilfe brauchen.
... dass es so lange dauert, einen
    Reisepass zu bekommen.
... dass er Mitglied der Partei ist.
... dass diese Medizin soviel kostet.
... dass Sie einen Farbfilm haben
    wollten.
... dass ich mich impfen lassen muss.

4. Ich hätte mir gern noch ein paar
belegte Brötchen am Theaterbuffet
geholt.

... eine Zeitung am Kiosk ...
... einen Farbfilm für meine Klein-
    bildkamera ...
... einen Katalog von der Buchhandlung
    Müller ...
... ein paar Briefmarken von der Post ...

5. Wir haben noch einige Minuten Zeit
bis zum Beginn der Ouvertüre.

... Anfang des Konzerts.
... Abfahrt des Zuges.
... Beginn der Aufführung.
... Vortrag des Herrn Generalkonsuls.
... Passkontrolle.
... Ende des Vortrags.

6. Was wurde aus der Geschäftsreise
nach Bayreuth?

... Betrieb in der Ostzone?
... neuen Tannhäuser-Inszenierung?
... Volkswagenvertretung in der Stadt?
... geschäftlichen Aufträgen?
... Organisation?
... Einladung?
... Verhandlung?

253

7. Ich möchte mir "Tannhäuser" anhören.

"Carmen" - die Berliner Philharmoniker -
"die Zauberflöte" - das Konzert -
die Platte

8. Ich werde unsere Sachen an der
Garderobe abgeben.

meinen Hut - unsere Mäntel - seine Kamera -
unsere Aktentaschen - Ihren Photoapparat -
unsere Jacken - seine Bücher

9. Lassen Sie mich Ihre Karte sehen!

Garderobenmarke - Programm -	Ihre Garderobenmarke - Ihr Programm -
Photos - Antrag -	Ihre Photos - Ihren Antrag -
Fahrkarte - Bürgschaftsbrief -	Ihre Fahrkarte - Ihren Bürgschaftsbrief -
Papiere - Medizin -	Ihre Papiere - Ihre Medizin -
Uhr - Engländer -	Ihre Uhr - Ihren Engländer -
Katalog - Werkzeug -	Ihren Katalog - Ihr Werkzeug -
Kamera - Rezept	Ihre Kamera - Ihr Rezept

10. Wir kommen im Laufe des Tages vorbei.

Nachmittag - Abend -	des Nachmittags - des Abends -
Woche - Monat	der Woche - des Monats

VARIATION DRILL

I. The following drill groups are presented as a review of the forms and uses of
the auxiliaries discussed in this unit. Speed and fluency as well as accuracy
should be emphasized in drilling this material.

1. Sie müssen sich leider noch etwas
geduldern.

You'll have to wait a little longer,
I'm afraid.

a. He'd like to build up a new life
for himself in America.

Er möchte sich in Amerika eine neue
Existenz aufbauen.

b. Shall I put the cloakroom checks
in my pocket?

Soll ich die Garderobenmarken einstecken?

c. May I get you a sandwich roll too?

Darf ich Ihnen auch ein belegtes Brötchen holen?

d. Can we get seats next to each
other?

Können wir Plätze nebeneinander bekommen?

e. We'll have to check our things
at the cloakroom.

Wir müssen unsere Sachen an der Garderobe abgeben.

2. Wie lange wird es dauern, bis ich
auswandern kann?

How long will it be before I can
emigrate?

a. We heard that your sister is
planning to stay a whole week.

Wir hörten, dass Ihre Schwester eine
ganze Woche bleiben will.

b. We'll let you know when you're
to bring the papers.

Wir teilen Ihnen mit, wann Sie die
Papiere bringen sollen.

c. Do you by any chance ('perhaps')
know who I can apply to at the
Consulate?

Wissen Sie vielleicht, an wen ich mich
im Konsulat wenden kann?

d. We need your record of police court
actions, which you'll have to apply
for at your police headquarters.

Wir brauchen Ihr polizeiliches Führungszeugnis, das Sie bei Ihrem Polizeiamt
beantragen müssen.

e. I'd like very much to know if I
may call your (fam sg) mother as
soon as tomorrow morning.

Ich möchte gern wissen, ob ich deine
Mutter schon morgen früh anrufen darf.

3. <u>Das konnte ich mir nicht entgehen</u>   <u>I couldn't afford to miss that!</u>
   <u>lassen!</u>

   a. Why couldn't she ('wasn't she   Warum durfte sie nicht mitkommen?
      allowed to') come along?
     b. How long did you have to stay at   Wie lange mussten Sie im Büro bleiben?
      the office?
     c. I had no way of knowing that ('I   Das konnte ich nicht ahnen!
      could not suspect that')!
     d. It was originally supposed to be   Es sollte ursprünglich "Tannhäuser"
      <u>Tannhäuser</u> [they were doing].   geben.
     e. Weren't you planning to go to the Wollten Sie nicht auch noch zur
      industrial exposition too?   Industrie messe fahren?

4. <u>Er wird Ihnen sicher Auskunft geben</u> <u>He'll certainly be able to provide you</u>
   <u>können.</u>   <u>with information.</u>

   a. Will the doctor want to tell her   Wird der Arzt ihr das sagen wollen?
      that?
     b. You'll have to wait in line at the Sie werden an der Kasse lange anstehen
      box office a long time.   müssen.
     c. We won't be allowed to take our   Die Mäntel werden wir nicht mit in den
      ('the') coats with us into the   Zuschauerraum nehmen dürfen.
      [inside of the] theater.
     d. Will he be able to read my letter? Wird er meinen Brief lesen können?
     e. You'll certainly want to see the   Sie werden sich gewiss auch die neue
      new staging of <u>Tannhäuser</u>.   Tannhäuser-Inszenierung ansehen wollen.

5. <u>Haben Sie sich in der Stadt schon</u>   <u>Have you been able to look around town</u>
   <u>etwas umsehen können?</u>   <u>a bit yet?</u>

   a. How long did they have to stay at Wie lange haben sie in der Konferenz
      the conference?   bleiben müssen?
     b. Were you permitted to smoke in the Haben Sie im Krankenhaus rauchen dürfen?
      hospital?
     c. We haven't been able to unpack the Wir haben das Geschirr noch nicht aus-
      dishes yet.   packen können.
     d. At the reception we had to drink Auf dem Empfang haben wir viel trinken
      a lot.   müssen.
     e. She wasn't supposed to take the   Sie hat nicht mit der Strassenbahn
      streetcar.   fahren sollen.

6. <u>Ich bin ganz froh, dass ich nach</u>   <u>I'm very glad that I had to go to</u>
   <u>Bayreuth fahren musste.</u>   <u>Bayreuth.</u>

   a. He knows that we intended to meet Er weiss, dass wir uns im Foyer treffen
      in the lobby.   wollten.
     b. He told me why he wasn't able to Er erzählte mir, warum er seinen Betrieb
      keep his business going.   nicht halten konnte.
     c. I don't understand why she couldn't Ich verstehe nicht, warum sie nicht
      ('wasn't permitted to') stay longer. länger bleiben durfte.
     d. Which one of you (fam pl) knows   Wer von euch weiss, wann der Zug an-
      when the train was supposed to   kommen soll?
      arrive?
     e. I'm not going to tell her how much Ich werde ihr nicht sagen, wieviel ich
      I had to pay for the liquor.   für die Spirituosen ausgeben musste.

7. <u>Das Brandenburger Tor muss man gesehen haben.</u>

   <u>Everyone has to see ('one has to have
   seen') the Brandenburg Gate.</u>

   a. None of you can have said that!

   Das kann doch keiner von Ihnen gesagt
   haben!

   b. Which one of the singers is
      supposed to have been sick?

   Welcher von den Sängern soll krank
   gewesen sein?

   c. He must have read the poster by
      the theater!

   Er muss doch den Anschlag am Theater
   gelesen haben!

   d. Who is he supposed to have been
      seen with in the lobby?

   Mit wem soll man ihn im Foyer gesehen
   haben?

   e. He must not ('may not') have
      occupied any position in the party.

   Er darf keinen Posten in der Partei
   bekleidet haben.

8. <u>Wir wollten doch auch zum Polizeiamt.</u>

   <u>We wanted to go to police headquarters
   too.</u>

   a. I still have to go to a hardware
      store.

   Ich muss noch in eine Eisenwarenhandlung.

   b. What were you (supposed to be)
      doing there?

   Was sollten Sie dort?

   c. This isn't the book I wanted.

   Dieses Buch wollte ich nicht.

   d. What am I supposed to do with
      all the pills?

   Was soll ich mit den vielen Tabletten?

   e. Sunday we can't go to the opera.

   Am Sonntag können wir nicht in die Oper.

9. <u>Er hatte vergessen, dass er den
   Koffer mit ins Abteil hatte nehmen
   wollen.</u>

   <u>He had forgotten that he had intended
   to take the suitcase with him to the
   compartment.</u>

   a. I had no idea that you had intend-
      ed to return your ticket.

   Ich hatte keine Ahnung, dass Sie Ihre
   Karte hatten zurückgeben wollen.

   b. Can you find out if the secretaries
      have been able to begin (with) the
      translations yet?

   Können Sie feststellen, ob die Sekre-
   tärinnen mit den Übersetzungen schon
   angefangen haben?

   c. Our daughter was very glad that
      she could ('was allowed to') go
      to the performance with you.

   Unsere Tochter war sehr froh, dass sie
   mit Ihnen zu der Aufführung hat gehen
   dürfen.

   d. We didn't know that he had to
      leave the car that had broken
      down (standing) on the street.

   Wir wussten nicht, dass er das kaputte
   Auto auf der Strasse hat stehen lassen
   müssen.

   e. I forgot that we intended to have
      the car repaired today.

   Ich habe vergessen, dass wir heute den
   Wagen haben reparieren lassen wollen.

II. The following exercises present the most common UNREAL or SUBJUNCTIVE forms
and uses of the auxiliaries discussed in this unit. Pay particular attention
to the implications for <u>meaning</u> of the use of the different auxiliaries in
their UNREAL or SUBJUNCTIVE forms, but remember that this is <u>not</u> a translation
exercise. The English sentences are there primarily as <u>cues</u> for the equivalent
German sentences. The latter should be practiced for rapid and fluent production from the given cue.

1. <u>Wären wir ohne Hut und Mantel gekommen, müssten wir dort nicht schon
wieder anstehen.</u>

<u>If we'd come without our hats and coats
we wouldn't have to wait in line there
again so soon.</u>

   a. If we had more time I could go
      and get us some sandwiches (on
      bread) (before we have to go).

Wenn wir mehr Zeit hätten, könnte ich
uns noch belegte Brote holen.

   b. If I had taken a season ticket
      I wouldn't have to queue up now.

Hätte ich ein Theaterabonnement genommen,
müsste ich jetzt nicht Schlange stehen.

   c. If you (fam sg) had notified him
      earlier he could be going to the
      opera together with us today.

Hättest du ihn früher benachrichtigt,
könnte er heute mit uns zusammen in die
Oper gehen.

   d. If his wife were still under ('in')
      a doctor's care she certainly
      wouldn't be allowed to take a
      ('the') long trip.

Wenn seine Frau noch in ärztlicher Behandlung wäre, dürfte sie die lange
Reise bestimmt nicht machen.

   e. If he had done the translation
      he could go swimming now.

Wenn er die Übersetzung gemacht hätte,
dürfte er jetzt schwimmen gehen.

2. <u>Wenn wir das vorher gewusst hätten,
hätte ich nicht für meine Karte
Schlange stehen müssen.</u>

<u>If we had known that before I wouldn't
have had to queue up for my ticket.</u>

   a. Had she not been ill she could
      have ('would have been allowed
      to') seen the new staging of
      <u>Tannhäuser</u> too.

Wäre sie nicht krank gewesen, hätte sie
sich auch die neue Tannhäuser-Inszenierung
ansehen dürfen.

   b. If Mr. Keller had heard of the
      change of program he certainly
      would have wanted to go to the
      opera (too).

Wenn Herr Keller von dem Spielplanwechsel
gehört hätte, hätte er bestimmt (auch) in
die Oper gehen wollen.

   c. If we had been [any] later we
      wouldn't have been allowed to
      take our seats until after the
      overture.

Wären wir später gekommen, hätten wir
erst nach der Ouvertüre Platz nehmen
dürfen.

   d. If we had done something about it
      sooner ('earlier') we could have
      gotten seats next to each other.

Wenn wir uns früher darum gekümmert
hätten, hätten wir Plätze nebeneinander
bekommen können.

3. <u>Ich sollte mir auch ein paar Brötchen holen.</u>
<u>Ich hätte mir auch ein paar Brötchen
holen sollen.</u>

<u>I ought to go and get a couple of sand-
wich rolls too.</u>
<u>I should have gone and gotten a couple
of sandwich rolls too.</u>

   a. We could go to the opera too.
      We could have gone to the opera
      too.

Wir könnten auch in die Oper gehen.
Wir hätten auch in die Oper gehen
können.

   b. Oughtn't you to be going to
      Bayreuth on business?
      Oughtn't you to have gone to
      Bayreuth on business?

Sollten Sie nicht geschäftlich nach
Bayreuth fahren?
Hätten Sie nicht geschäftlich nach
Bayreuth fahren sollen?

     (Drill No. 3 continued on the next page)

c. You should see the crowd at the box office!
  Sie müssten den Andrang an der Theater-kasse sehen!

  You should have seen the crowd at the box office!
  Sie hätten den Andrang an der Theater-kasse sehen müssen!

d. He shouldn't (be allowed to) say that to me!
  Das dürfte er nicht zu mir sagen!

  He shouldn't have said that to me!
  Das hätte er nicht zu mir sagen dürfen!

e. You (fam sg) should read his last book!
  Sein letztes Buch müsstest du lesen!

  You (fam sg) should have read his last book!
  Sein letztes Buch hättest du lesen müssen!

4. **Hätten wir unsere Hüte nicht an der Garderobe abgeben müssen?**

   Shouldn't we have checked ('had to check') our hats at the cloakroom?

   a. We could have gotten seats next to each other.
   Wir hätten Plätze nebeneinander bekommen können.

   We could get seats next to each other.
   Wir könnten Plätze nebeneinander bekommen.

   b. You ought to have called me!
   Sie hätten mich anrufen sollen!

   You ought to call me!
   Sie sollten mich anrufen!

   c. He wouldn't have been allowed to do that at our house.
   Das hätte er bei uns nicht tun dürfen.

   He wouldn't be allowed to do that at our house.
   Das dürfte er bei uns nicht tun.

   d. He should have known where the hospital is [I'd expect].
   Er hätte wissen müssen, wo das Kranken-haus ist.

   He should know where the hospital is [I'd expect].
   Er müsste wissen, wo das Krankenhaus ist.

   e. We should have gone to the cloak-room right away.
   Wir hätten gleich zur Garderobe gehen sollen.

   We ought to go to the cloakroom right away.
   Wir sollten gleich zur Garderobe gehen.

5. **Den Spielplan durfte man nur wegen Erkrankung der wichtigsten Sänger ändern.**

   They were allowed to change the program only on account of [the] illness of the most important singers.

   Den Spielplan dürfte man nur wegen Erkrankung der wichtigsten Sänger ändern.

   They could ('would be allowed to') change the program only on account of [the] illness of the most important singers.

   a. She was still able to get two tickets for the dress circle today.
   Sie konnte heute noch zwei Karten für den ersten Rang bekommen.

   She could still get two tickets for the dress circle today.
   Sie könnte heute noch zwei Karten für den ersten Rang bekommen.

   b. He wasn't supposed to drink so much, but he did (it) anyway.
   Er sollte nicht soviel trinken, hat es aber doch getan.

   He shouldn't drink so much if he's planning to take us home in his car.
   Er sollte nicht soviel trinken, wenn er uns mit dem Wagen nach Hause bringen will.

   c. Hans was allowed to go to Tann-häuser because he did the trans-lation so well.
   Hans durfte zu 'Tannhäuser' gehen, weil er die Übersetzung so gut gemacht hat.

   Hans could go to Tannhäuser if he had done his translation already.
   Hans dürfte zu 'Tannhäuser' gehen, wenn er seine Übersetzung schon gemacht hätte.

d. He didn't have to write that him-   Das musste er nicht selbst schreiben;
   self; Miss Schneider was able to   das konnte Fräulein Schneider für ihn
   write it for him.   schreiben.
   He wouldn't have to write that   Das müsste er nicht selbst schreiben;
   himself; Miss Schneider could   das könnte Fräulein Schneider für ihn
   write it for him.   schreiben.
e. She was supposed to take care of   Sie sollte das gestern erledigen, weil
   that yesterday because we have   wir heute keine Zeit haben.
   no time today.
   She ought to take care of that   Sie sollte das heute erledigen, weil wir
   today because we won't have time   morgen keine Zeit haben.
   tomorrow.

6. Meine Frau müsste wirklich zu einem   My wife really ought [to go] to a
   Facharzt.   specialist.

   a. Weren't you (fam pl) planning [to   Wolltet ihr nicht in diesem Jahr ins Bad?
      go] to a bathing place this year?
   b. What does he want ('what should   Was sollte er auch in dem kleinen Ort?
      he be doing') in that small town?
   c. Who would really be able [to do]   Wer könnte das wirklich?
      that?
   d. She should [go] to Switzerland   Sie müsste mal vier Wochen in die Schweiz!
      for a month sometime!
   e. Who would be allowed [to do] that?   Wer dürfte das schon?

7. Es sah so aus, als ob wir auch an der   It looked as though we would have to wait
   Garderobe lange warten müssten.   a long time at the cloakroom too.

   a. It looked as if parking were   Es sah so aus, als ob man dort parken
      permitted there.   dürfte.
   b. She acted ('did') as if she would   Sie tat so, als ob sie die Karten besorgen
      be able to get the tickets.   könnte.
   c. It sounded as if he had to go to   Es hörte sich so an, als ob er heute noch
      Bonn before the end of the day.   nach Bonn fahren müsste.
   d. He acted as if he could repair   Er tat so, als ob er den Wagen selbst
      the car himself.   reparieren könnte.

8. Soviel Geld hätte er für den Fern-   He shouldn't have had to spend so much
   sehapparat nicht ausgeben müssen.   money for the television set.

   a. She ought to have gotten her   Sie hätte sich schon früher impfen
      vaccination ('had herself vacci-   lassen sollen.
      nated') earlier than this.
   b. He certainly should have seen the   Er hätte doch den Anschlag vor dem The-
      poster in front of the theater.   ater sehen müssen.
   c. Actually you shouldn't have   Sie hätten dort eigentlich nicht parken
      parked there.   dürfen.
   d. You ought to have brought your   Sie hätten Ihr polizeiliches Führungs-
      record of police actions with   zeugnis mitbringen sollen.
      you.
   e. We could have checked our things   Wir hätten unsere Sachen an der Garderobe
      at the cloakroom.   abgeben können.

9. Der Artikel ist nicht leicht zu ver-　　The article is not easy to understand;
   stehen; würde Ihre Sekretärin ihn　　would your secretary be able to trans-
   ohne Wörterbuch übersetzen können?　　late it without a dictionary?

   a. The crowd at the box office is　　Der Andrang an der Kasse ist mir jetzt
      too big for me now; would we　　zu gross; würden wir heute nachmittag
      have to queue up this afternoon　　auch Schlange stehen müssen?
      too?
   b. He is very busy; you wouldn't　　Er ist sehr beschäftigt; Sie würden
      be able to speak to him before　　ihn nicht vor vier Uhr sprechen können.
      four o'clock.
   c. You ought to come by taxi; you　　Sie sollten mit der Taxe kommen; Ihren
      wouldn't be allowed to park your　　Wagen würden Sie hier sowieso nicht
      car here anyway.　　parken dürfen.
   d. Let's wait until the next per-　　Warten wir doch bis zur nächsten Auf-
      formance; who would want to sit　　führung; wer würde schon in der letzten
      in the last row anyway?　　Reihe sitzen wollen?

10. Ich hätte mir gern noch ein paar　　I'd like to get a couple of sandwich
    belegte Brötchen geholt.　　rolls before we go in.

    a. I'd like to check my coat at the　　Ich hätte gern erst meinen Mantel an
       cloakroom first.　　der Garderobe abgegeben.
    b. He'd like to go to the opera with　　Er wäre gern mal mit ihr in die Oper
       her sometime.　　gegangen.
    c. I'd like to go home as soon as　　Ich wäre gern schon am nächsten Sonntag
       next Sunday.　　nach Hause gefahren.
    d. He'd like to get a letter from　　Er hätte gern einen Brief von ihr be-
       her before he leaves.　　kommen, bevor er abfährt.

11. Ich wäre gern schon morgen gefahren.　　I'd like to go as early as tomorrow.
    Ich wäre gern schon gestern gefahren.　　I wish I had gone yesterday already.

    a. I'd like to have gotten myself a　　Ich hätte mir gern ein paar Brötchen
       couple of sandwich rolls if I had　　geholt, wenn ich Zeit gehabt hätte.
       had time.
       I'd like to get myself a couple of　　Ich hätte mir gern ein paar Brötchen
       sandwich rolls if I still had time.　　geholt, wenn ich noch Zeit hätte.
    b. I'd like to have gone at half past　　Ich wäre gern um halb sechs gegangen,
       five, but I couldn't.　　aber ich konnte nicht.
       I wish I could go at half past　　Ich wäre gern um halb sechs gegangen,
       five, but I won't be able to leave　　aber ich werde erst später gehen können.
       until later.
    c. I'd rather hear Carmen than Tann-　　Ich hätte heute abend lieber 'Carmen'
       häuser this evening.　　gehört als 'Tannhäuser'.
       I'd rather have heard Carmen than　　Ich hätte gestern abend lieber 'Carmen'
       Tannhäuser last night.　　gehört als 'Tannhäuser'.
    d. I'd like to go to Bad Nauheim on　　Ich wäre gern in meinem nächsten Urlaub
       my next vacation.　　nach Bad Nauheim gefahren.
       I wish I had gone to Bad Nauheim　　Ich wäre gern vorigen Sommer nach Bad
       last summer.　　Nauheim gefahren.

VOCABULARY DRILL

1. <u>ausgerechnet</u> - "of all (people, places, things, etc.)"

    a. Warum haben Sie den Mantel ausge-   Why did you buy the coat at Keller and
   rechnet bei Keller und Co. ge-   Company of all places?
   kauft?

    b. Die Reifenpanne hatten wir ausge-   We had the flat in the mountains again
   rechnet wieder in den Bergen.   of all places.

    c. Warum ziehst du ausgerechnet   Why are you (fam sg) wearing this suit
   diesen Anzug zur Oper an?   of all things to the opera?

    d. Ausgerechnet in eine Wagner-Oper   Of all things you (fam pl) want to go
   wollt ihr gehen?   to a Wagner opera?

    e. Das hätte ich ahnen sollen, dass I wish I had had an inkling that we would
   wir euch ausgerechnet hier tref-   meet you (fam pl) here of all places!
   fen!

2. <u>belegt</u> - "spread; on it"
   <u>belegte Brote</u> / <u>belegte Brötchen</u> - "(open-face) sandwiches or sandwich rolls"

    a. Womit ist Ihr Brötchen belegt?   What is your sandwich roll spread with?

    b. Wollen wir belegte Brote mit-   Shall we take sandwiches along when we
   nehmen, wenn wir in die Berge   drive to the mountains?
   fahren?

    c. Wir tranken Bier und assen be-   We drank beer and ate sandwiches with it.
   legte Brote dazu.

    d. Ich möchte zwei Brötchen, eins   I'd like two sandwich rolls, one with
   mit Roastbeef belegt und eins   roast beef on it and one with cheese.
   mit Käse.

    e. Abends essen wir oft belegte Bröt- For the evening meal ('in the evening')
   chen.   we often have sandwich rolls.

3. <u>abgeben</u> - "hand in, hand over, check (coats and hats), leave, deliver"

    a. Ich werde meinen Mantel an der   I'll check my coat at the cloakroom.
   Garderobe abgeben.

    b. Sollte er den Brief in der zwei-   Was he supposed to leave the letter
   ten Etage bei Frl. Bruce abgeben? with Miss Bruce on the third floor?

    c. Sie können das Rezept in der Apo- You can leave the prescription at the
   theke am Markt abgeben, ich hole   pharmacy on the market place; I'll
   die Medizin am Nachmittag ab.   pick up the medicine in the afternoon.

    d. Den Mantel bekommen Sie wenn Sie You'll get the coat when you hand in
   Ihre Garderobenmarke abgeben.   your cloakroom check.

    e. Kannst du diese beiden Bücher für Can you leave these two books at the
   mich in der Bibliothek abgeben?   library for me?

4. <u>(es) gehört zu</u> - "(it) is part of, is one of the components or conditions of"

    a. Das gehört nicht zu ihren Pflich- That's not one of her duties.
   ten.

    b. Das gehört nun mal zum Beruf eines That's just part of the job of an auto
   Autoschlossers.   mechanic.

    c. Es gehört zur Pflicht eines Diplo- It's one of the obligations of a foreign
   maten, die Geschichte des Landes service officer to be familiar with the
   zu kennen.   history or the country.

    d. Zu einer guten Aufführung gehören Good singers and good staging are [all]
   gute Sänger.   part of a good performance.

    e. Zum Werkzeug eines Autoschlossers A monkey wrench is also one of an auto
   gehört auch ein Engländer.   mechanic's tools.

5. <u>gestalten</u> - "arrange, set up, make, mold, form"
   <u>(sich) gestalten</u> - "turn out, be"

a. Sie müssen das anders gestalten.	You're going to have to arrange that differently.
b. Wie wird sich der Abend gestalten?	What sort of evening is it going to be?
c. Sie hätten die Ausstellung interessanter gestalten können.	They could have made the exhibition more interesting.
d. Wie wollen Sie Ihren Urlaub gestalten?	What do you want to do on your leave?
e. Sie haben das Programm so gestaltet, dass Professor Albers zuerst sprach.	They set up the program so that Professor Albers spoke first.

6. <u>einstecken</u> - "put in one's pocket or purse, take, pick up"
   <u>(sich) einstecken</u> - "take (with one)"

a. Hat er sich die Briefe eingesteckt?	Did he take the letters with him?
b. Vergessen Sie nicht, Ihre Papiere einzustecken.	Don't forget to put your papers in your pocket (to take with you).
c. Hier liegt Ihr Pass, wollen Sie ihn nicht einstecken?	Here's your passport; don't you want to put it in your pocket?
d. Hat einer von Ihnen meinen Bleistift eingesteckt?	Did one of you pick up my pencil?
e. Wer hat die Garderobenmarken eingesteckt?	Who took the cloakroom checks?

7. <u>sich etwas anhören</u> - "listen to, go to a (spoken or musical) performance"

a. Willst du dir auch den Vortrag von Professor Albers anhören?	Do you (fam sg) want to go to Professor Albers' lecture too?
b. 'Tannhäuser' will ich mir nicht schon wieder anhören.	I don't want to go to <u>Tannhäuser</u> again so soon.
c. Nächste Woche wollen wir uns 'Carmen' anhören.	Next week we're planning to go to <u>Carmen</u>.
d. Ich kann mir den Vortrag nicht länger anhören.	I can't listen to the lecture any longer.
e. Habt ihr euch letzte Woche die 'Zauberflöte' angehört?	Did you go to the <u>Magic Flute</u> last week?

TRANSLATION DRILL

1. Messrs. Burger and Adams met each other at the box office.

Die Herren Burger und Adams trafen sich an der Theaterkasse.

2. I wish I had known that we were going to meet again here of all places, said Adams.

Dass wir uns ausgerechnet hier wiedersehen, hätte ich wissen sollen, sagte Adams.

3. If Burger had suspected that, he would have called Adams up in the course of the day.

Wenn Burger das geahnt hätte, hätte er Adams im Laufe des Tages angerufen.

4. He was thinking then they could have gotten seats next to each other.

Er meinte, dann hätten sie Plätze nebeneinander bekommen können.

5. Burger had two tickets for the dress circle and turned one in at the box office.

Burger hatte zwei Karten für den ersten Rang und hat eine an der Theaterkasse zurückgegeben.

6. The seats were in the first row.

Die Plätze waren in der ersten Reihe.

7. The gentlemen will be sitting next to each other after all now, however.

Die Herren werden nun aber doch nebeneinander sitzen.

8. Adams, you see, got the ticket at the box office that had been returned by Burger.

Adams hat nämlich an der Kasse die Karte bekommen, die von Burger zurückgegeben worden war.

9. When the gentlemen went into the lobby they saw a large crowd at the checkroom.

Als die Herren in das Foyer gingen, sahen sie einen grossen Andrang an der Garderobe.

10. They wouldn't have to wait in line there, had they come without [their] hats and coats.

Sie müssten dort nicht anstehen, wären sie ohne Hut und Mantel gekommen.

11. Since they have a few minutes (time) Burger would like to get (himself) a couple of sandwich rolls at the refreshment bar.

Da sie noch ein paar Minuten Zeit haben, hätte sich Burger gern ein paar belegte Brötchen am Buffet geholt.

12. Adams would like to do that too since they're always excellent at this refreshment bar.

Adams möchte das auch tun, da sie an diesem Theaterbuffet immer ausgezeichnet sind.

13. While Burger was checking their things at the cloakroom Adams was able to get the sandwich rolls.

Während Burger ihre Sachen an der Garderobe abgab, konnte Adams die Brötchen holen.

14. Burger wanted one roast beef and one caviar.

Burger wollte eins mit Roastbeef und eins mit Kaviar.

15. Inside the theater they had a few minutes (time) left before ('until') the overture began.

Im Zuschauerraum hatten sie noch einige Minuten Zeit, bis die Ouvertüre anfing.

16. Adams asked Burger about his business trip to Bayreuth.

Adams fragte Burger nach seiner Geschäftsreise nach Bayreuth.

17. Burger didn't actually want to take this trip.

Burger wollte diese Reise eigentlich nicht machen.

18. But then he was very glad after all that he had had to go.

Er war dann aber doch ganz froh, dass er hatte fahren müssen.

19. When he was in Bayreuth, you see, they were putting on a new staging of Wagner's <u>Tannhäuser</u> (there).

Als er in Bayreuth war, gab es dort nämlich eine neue Inszenierung von Wagners 'Tannhäuser'.

20. He had not wanted to miss that.

Die hatte er sich nicht entgehen lassen wollen.

21. Richard Wagner's two grandsons are doing new stagings of the maestro's works in Bayreuth.

Richard Wagners beide Enkel gestalten in Bayreuth neue Inszenierungen der Werke des Meisters.

22. Richard Wagner himself certainly wouldn't have allowed himself to dream [of] such a thing ('that').

Richard Wagner selbst hätte sich das sicher nicht träumen lassen.

(This drill is continued on the next page.)

23. Mr. Burger had checked the hats and coats and put the two cloakroom checks in his pocket because he thought they could pick up their ('the') things together after the performance.

Herr Burger hatte die Hüte und Mäntel abgegeben und die beiden Garderobenmarken eingesteckt, weil er dachte, sie könnten nach der Aufführung die Sachen zusammen abholen.

24. Mr. Adams had gone and gotten two programs and gave Mr. Burger one of them.

Herr Adams hatte zwei Programme geholt und gab eins davon Herrn Burger.

25. It was, of course, the program for the performance of Tannhäuser ('Tannhäuser performance') which was being given that day.

Es war natürlich das Programm für die 'Tannhäuser'-Aufführung, die an dem Tag gegeben wurde.

26. But Burger didn't know that Tannhäuser was being given.

Aber Burger wusste nicht, dass 'Tannhäuser' gegeben wurde.

27. That was understandable ('could be understood') because he had not seen the poster in front of the theater.

Das war zu verstehen, weil er den Anschlag vor dem Theater nicht gesehen hatte.

28. It said on the poster: "Instead of Bizet's Carmen Wagner's Tannhäuser."

Auf dem Anschlag stand: "Statt Bizets 'Carmen', Wagners 'Tannhäuser'."

29. The change of program was ('took place') due to [the] illness of several singers.

Der Spielplanwechsel fand wegen Erkrankung mehrerer Sänger statt.

30. Burger gave Adams his cloakroom check and left.

Burger gab Adams seine Garderobenmarke und ging.

RESPONSE DRILL

1. Wo trafen sich die Herren Adams and Burger?

Sie trafen sich an der Theaterkasse.

2. Womit hatte Adams nicht gerechnet?

Dass sie sich ausgerechnet dort wiedersehen würden.

3. Was hätte Herr Burger getan, wenn er geahnt hätte, dass Herr Adams auch in die Oper gehen würde?

Er hätte ihn im Laufe des Tages angerufen.

4. Warum?

Damit sie Plätze nebeneinander bekommen hätten.

5. Welche Plätze hatte Herr Burger?

Er hatte zwei Karten für den ersten Rang, erste Reihe.

6. Und warum sassen sie nun trotzdem nebeneinander?

Weil Adams an der Kasse die von Burger zurückgegebene Karte bekommen hatte.

7. Was wäre nicht nötig gewesen, wenn Adams vorher gewusst hätte, dass Burger eine Karte zurückgeben würde?

Er hätte nicht für seine Karte, die vorher Burgers Karte war, anstehen müssen.

8. Wohin gingen die Herren von der Kasse aus?

Sie gingen ins Foyer.

9. Was sahen sie dort?

Sie sahen, dass an der Garderobe ein grosser Andrang war.

10. Was tat Herrn Adams deshalb leid?

Dass sie mit Hut und Mantel gekommen waren.

11. Was wollte Burger gern noch vor der Aufführung tun?

Er wollte sich ein paar belegte Brötchen am Buffet holen.

12. Was sagte Adams dazu?

Er fand den Gedanken gut, denn an diesem Theaterbuffet sind sie immer ausgezeichnet.

13. Wohin gingen die Herren dann?   Sie gingen in den Zuschauerraum.
14. Worüber sprachen sie, ehe die   Über Burgers Geschäftsreise, die er
      Ouvertüre anfing?   nicht gern machen wollte.
15. Was sagte Herr Burger darüber?   Er war froh, dass er dorthin fahren
          musste.
16. Warum freute ihn das?   Weil er sich dort die neue Tannhäuser-
          Inszenierung ansehen konnte.
17. Was soll mittlerweile zur Pflicht   Zu erleben, wie des Meisters Enkel die
      eines Menschen von Kultur gehören?   Werke Richard Wagners gestalten.
18. Wie gestalten sie sie denn?   So, wie es sich Richard Wagner sicher
          nicht hätte träumen lassen.
19. Wer steckte die Garderobenmarken   Die Garderobenmarken hat Herr Burger
      ein?   eingesteckt.
20. Was war Herrn Burger entgangen?   Dass ein Spielplanwechsel stattgefunden
          hatte.
21. Was hatte Burger erwartet?   Er hatte erwartet, 'Carmen' zu hören.
22. Wie hätte er wissen können, dass   Wenn er den Anschlag vor dem Theater
      es 'Tannhäuser' statt 'Carmen' gab?   gelesen hätte.
23. Was las er nun auf seinem Programm?   "Spielplanwechsel wegen Erkrankung
          mehrerer Sänger."
24. Wollte er 'Tannhäuser' hören?   Nein, er ging nach Hause.
         25. Hören Sie lieber 'Tannhäuser' oder 'Carmen' und warum?
         26. Essen Sie gern belegte Brötchen?
         27. Essen Sie lieber Roastbeef oder Kaviar?
         28. Hält Ihre Frau - oder Ihr Mann - Sie für einen
            Menschen von Kultur?
         29. Würden Sie eine italienische Oper lieber in deutsch
            oder italienisch gesungen hören?
         30. Würden Sie 'Carmen' lieber auf deutsch oder französisch
            hören?
         31. Was haben Sie schon erlebt, was Sie sich vorher nicht
            hätten träumen lassen?

NARRATIVE

In der Künstler-Kantine des Opernhauses sassen einige Sänger und Sängerinnen fröhlich beisammen und sprachen über eine Kollegin, die nicht anwesend war. Sie hätte auch nicht in diese lustige Gesellschaft gepasst, denn sie war immer ernst. Keiner hätte sagen können, er hätte sie je lachen sehen.

Plötzlich bot einer der Sänger seinen Kollegen eine Wette an. Er wettete, dass sie am nächsten Abend, wenn sie in Wagners 'Rheingold' die Erda und er den Wotan zu singen hätte, nicht würde singen können, sondern lachen müssen. Nachdem die Wette abgeschlossen war, sagte einer zu dem, der gesagt hatte, sie würde statt zu singen lachen: "Das hätten Sie nicht wetten sollen, Sie werden die Wette nicht gewinnen können."

"Wenn ich nicht gewinnen könnte, hätte ich nicht gewettet," sagte der andere. Am nächsten Abend, als Wotan und Erda auf der Bühne standen, und Erda kurz vor dem Anfang ihrer Arie "Weiche, Wotan, weiche!" war, flüsterte ihr der Wotansänger zu: "Was für Eier isst du lieber, harte oder weiche?"

Sie musste so lachen, dass sie ihren Einsatz verpasste, also nicht sang: Weiche, Wotan, weiche.

Um die Pointe zu verstehen, hätten Sie, lieber Leser oder verehrte Leserin, natürlich wissen müssen, dass man in der deutschen Küche und auch im Restaurant unter harten oder weichen Eiern hartgekocht oder weichgekocht versteht.

der Künstler,-	artist
die Kantine,-n	cafeteria
fröhlich	in a merry mood
lustig	jolly, gay
lachen (w)	to laugh
plötzlich	sudden(ly)
die Wette,-n	bet, wager
wetten (w)	to bet
abschliessen (o,o)	to conclude, close
gewinnen (a,o)	to win
die Bühne,-n	stage
der Anfang,¨e	beginning, start
die Arie,-n	aria
weichen (i,i) (ist)	to yield, give way
zuflüstern (w)	to whisper (to someone)
das Ei,-er	egg
hart	hard
weich	soft
der Einsatz,¨e	entry, entrance
die Pointe,-n	point (of a joke)
verehrt	esteemed
kochen (w)	to boil, cook

FINDER LIST

	abgeben (i,a,e)	hand in, check (a coat, hat)
	ahnen (w)	suspect, have an inkling
der	Andrang	crowd, press, rush
sich etwas	anhören (w)	listen to, go to a performance of (an opera) etc.
der	Anschlag, ̈-e	poster, placard
	anstehen (stand, gestanden)	stand in line, wait in line
	ausgerechnet	of all (people, places, things, etc.)
der	Beginn	beginning, start
	belegt	spread, coated, covered
das	Brötchen, -	roll
das	belegte Brötchen	(open-face) sandwich roll
	einstecken (w)	put in one's pocket or purse
der	Enkel, -	grandson, grandchild
die	Erkrankung, -en	illness (i.e., becoming ill)
	erleben (w)	experience, observe
das	Foyer, -s	lobby, foyer
die	Garderobe, -n	checkroom, cloakroom
es	gehört zu	it is one of the (components or conditions of), it's part of
	gestalten (w)	arrange, set up, make, mold, form
	heutig	today's, for today
die	Inszenierung, -en	staging, production
der	Irrtum, ̈-er	error, mistake
der	Kaviar	caviar
hätten ...	können	would have been able to, could have
die	Kultur, -en	culture
von	Kultur	cultivated, cultured
der	Lauf	course
im	Laufe (plus genitive)	in the course of, during
mein	Lieber	my dear fellow, old boy
die	Marke, -n	(claim) check
	meinen (w)	think, be of the opinion
der	Meister, -	maestro
	mittlerweile	in the meantime, (i.e., in the interval up to the present day)
hätte ...	müssen	would have had to, should have
	müssten	would have to, should
	na also	well there you are; what-are-you-worried-about?
	nebeneinander	next to each other, side by side
die	Ouvertüre, -n	overture
die	Pflicht, -en	obligation, duty
der	Platz, ̈-e	seat, place to sit
das	Programm, -e	program
der	Rang, ̈-e	tier, circle, balcony
der	erste Rang	dress circle
die	Reihe, -n	row
das	Roastbeef	roast beef
der	Sänger, -	singer
die	Schlange, -n	queue, line
	Schlange stehen (a,a)	queue up, stand in line
hätte ...	sollen	should have, ought to have
	sollte	ought to, should
der	Spielplan, ̈-e	program (i.e., the performances scheduled over a period of time)
der	Spielplanwechsel, -	change of program
das	Theaterbuffet, -s	refreshment bar (in the theater)
die	Theaterkasse, -n	box office
	träumen (w)	dream
	ursprünglich	original(ly)
der	Wechsel, -	change

das	Werk,-e	work, opus
der	Zuschauer,-	member of the audience, spectator
der	Zuschauerraum,̈-e	auditorium. house, inside part of the theater
	zurückbringen (a,a)	bring back
	zurückgeben (i,a,e)	give back, turn in, return

POLITISCHES

Basic Sentences

I

In the Political Section of the American Embassy.

> the secretariat, office of the secretary
> the confederation, league, alliance
> the minister, secretary
> the foreign minister, secretary of state

MR. ADAMS

Miss Färber, did you call the office of the (Federal) Foreign Minister?

> foreign
> the (German Federal) foreign minister

MISS FÄRBER

Yes. The secretary told me the Foreign Minister wasn't back from his trip yet.

> the (parliamentary) party
> the chairman
> the parliamentary party leader, "whip"
> the Christian Democratic Union
>
> the Social Democratic Party

MR. ADAMS

Did you get the CDU and SPD parliamentary party leaders?

> the meeting

MISS FÄRBER

No. Both gentlemen had not yet returned from their party meetings.

> to prepare for
> the side
> (concerning) foreign policy
> the debate

MR. ADAMS

Probably both sides are preparing (themselves) for the foreign policy debate.

I

In der politischen Abteilung der amerikanischen Botschaft.

> das Sekretariat,-e
> der Bund, ̈e
>
> der Minister,-
> der Aussenminister,-

HERR ADAMS

Fräulein Färber, haben Sie das Sekretariat des Bundesaussenministers angerufen?

> auswärtig
> der Bundesminister des Auswärtigen[1]

FRL. FÄRBER

Ja. Die Sekretärin sagte mir, der Herr Bundesminister[2] des Auswärtigen wäre noch nicht von seiner Reise zurück.

> die Fraktion,-en
> der Vorsitzende,-n,-n
> der Fraktionsvorsitzende,-n,-n
>
> die CDU (Christlich-Demokratische Union)
> die SPD (Sozial-Demokratische Partei Deutschlands)

HERR ADAMS

Haben Sie die Fraktionsvorsitzenden der CDU und der SPD erreicht?

> die Sitzung,-en

FRL. FÄRBER

Nein. Beide Herren waren noch nicht von ihren Fraktionssitzungen zurück.

> (sich) vorbereiten (w) auf (+acc)
> die Seite,-n
> aussenpolitisch
> die Debatte,-n

HERR ADAMS

Wahrscheinlich bereiten sich beide Seiten auf die aussenpolitische Debatte vor.

as if, as though	als (- als wenn, als ob)

<u>MR. ADAMS</u>   <u>HERR ADAMS</u>

It looks as though we would have to wait until after the debate with our report. | Es sieht so aus, als müssten wir mit unserem Bericht bis nach der Debatte warten.

II

II

the (German) Lower House, Chamber of Deputies | der Bundestag

In the 'Bundestag' restaurant. | Im Bundestagsrestaurant.

the Minister of the Interior	der Innenminister,-
the retirement, resignation	der Rücktritt
the application, request	das Gesuch,-e
the letter of resignation	das Rücktrittsgesuch
to submit, hand in	einreichen (w)

<u>MR. BLUM</u>   <u>HERR BLUM</u>

People are saying the Minister of the Interior has handed in his resignation. | Man spricht davon, der Innenminister hätte sein Rücktrittsgesuch eingereicht.

two-hour	zweistündig-
the conversation, (private) conference	die Unterredung,-en
the chancellor	der Kanzler,-

<u>MR. LOHMANN</u>   <u>HERR LOHMANN</u>

That's possible. He had a two-hour conference with the Federal Chancellor yesterday. | Das ist möglich. Er hatte gestern eine zweistündige Unterredung mit dem Bundeskanzler.

things go as far as	es kommt zu[3] (a,o) ist
of course, to be sure	allerdings

<u>MR. BLUM</u>   <u>HERR BLUM</u>

Whether things really do go as far as his resignation [or not] of course is another matter. | Ob es wirklich zu seinem Rücktritt kommt, ist allerdings eine andere Frage.

well	nun
certainly, all right	ganz schön
the pressure	der Druck,-̈e
to put pressure on, put the heat on	unter Druck setzen (w)

<u>MR. LOHMANN</u>   <u>HERR LOHMANN</u>

Well, plenty of pressure was put on him from all sides all right. | Nun, er wurde ja von allen Seiten ganz schön unter Druck gesetzt.

last, least	zuletzt
to accuse, blame	vorwerfen (wirft, warf, geworfen)
the election	die Wahl,-en
the speech	die Rede,-n
the point of view, position	der Standpunkt

the government	die Regierung,-en
to take a position at odds with, divorce oneself from	sich distanzieren von (w)

MR. BLUM

HERR BLUM

Not the least of which being that he was accused by his colleagues of having taken a position too completely at odds with the government point of view in one of his election speeches.

Nicht zuletzt wurde ihm von seinen Kollegen vorgeworfen, er hätte sich in einer Wahlrede zu stark vom Standpunkt der Regierung distanziert.

the circle	der Kreis,-e
the speculation	die Spekulation,-en
to speculate, wonder about something	Spekulationen über etwas (acc) anstellen (w)
to have an effect (on)	sich auswirken (w) auf (+ acc)

MR. LOHMANN

HERR LOHMANN

In interested circles people are certainly speculating already as to what effect the Minister's resignation might have on the elections.

In interessierten Kreisen stellt man sicher schon Spekulationen darüber an, wie sich der Rücktritt des Ministers auf die Wahlen auswirken könnte.

convinced, positive	überzeugt
to make provisions for	vorsehen (ie,a,e)
in case, if	falls
the cabinet	das Kabinett,-e
to drop out of, withdraw from	ausscheiden (ie,ie) ist (aus)

MR. BLUM

HERR BLUM

I'm positive his party has already made provisions for [another] position for him in case he really should withdraw from the cabinet.

Ich bin überzeugt, dass seine Partei schon einen Posten für ihn vorgesehen hat, falls er wirklich aus dem Kabinett ausscheiden sollte.

in my opinion	meines Erachtens (abb: m.E.)
to withdraw, retire	(sich) zurückziehen (o,o)
altogether, entirely, at all	überhaupt

MR. LOHMANN

HERR LOHMANN

My opinion is that he'll retire from politics altogether.

Meines Erachtens wird er sich überhaupt aus der Politik zurückziehen.

III

III

the (journalistic) interview	das Interview,-s

Interview in one of the Federal Ministries.

Interview in einem Bundesministerium.

the rally	die Kundgebung,-en
the shortening, reduction	die Verkürzung,-en
to stand up for, work toward, in behalf of	eintreten (tritt, trat, ist getreten) für

MR. KLEIN

HERR KLEIN

Mr. Minister, you said at the election rally last night that you would work toward a further reduction of working hours.

Herr Minister, Sie sagten gestern abend auf der Wahlkundgebung, Sie würden für eine weitere Verkürzung der Arbeitszeit eintreten.

the press
to attack, make an attack on
violent, severe, vehement

die Presse
angreifen (i,i)
heftig

MR. KLEIN

HERR KLEIN

This morning's press is already attack-
ing you vehemently for this.

Die Morgenpresse greift Sie deshalb bereits heftig an.

to criticize
to astonish, surprise

kritisieren (w)
erstaunen (w)

MINISTER

MINISTER

If I had not been criticized it would
have surprised me.

Wäre ich nicht kritisiert worden, hätte
es mich erstaunt.

to seem, appear
neither ... nor
the employer, (pl) management
the employee, worker, (pl)
labor
overjoyed, delighted, charmed

scheinen, (ie,ie)
weder ... noch
der Arbeitgeber,-
der Arbeitnehmer,-

entzückt

MR. KLEIN

HERR KLEIN

It seems as though neither management
nor labor were exactly overjoyed by your
proposal.

Es scheint, als wären weder die Arbeitgeber noch die Arbeitnehmer von Ihrem
Vorschlag entzückt.

MINISTER

MINISTER

The gentlemen will have to think it
over.

Die Herren werden es sich überlegen
müssen.

to emphasize, insist
constructive
the cooperation
social
the partner

betonen (w)
konstruktiv
die Zusammenarbeit
sozial[4]
der Partner,-

I have always insisted that constructive
cooperation of both partners in the
social order must come about.

Ich habe immer betont, dass es zu einer
konstruktiven Zusammenarbeit beider
Sozialpartner kommen muss.

the carrying out
the wage(s), income
the loss

die Durchführung
der Lohn,-̈e
der Ausfall,-̈e

MR. KLEIN

HERR KLEIN

Bur Mr. Minister, would the carrying out
of your proposal not lead to loss of
income?

Aber Herr Minister, würde die Durchführung
Ihrer Vorschläge nicht zu Lohnausfällen
führen?

the drop
the standard of living

das Absinken
die Lebenshaltung

And would the workers not have to con-
tend with a drop in the standard of
living?

Und hätten die Arbeitnehmer nicht dadurch mit einem Absinken der Lebenshaltung zu rechnen?

the European Economic Com-
munity (EEC)
to carry out, put into practice
anywhere at all
the harm, damage
to effect, produce

die Europäische Wirtschafts-
gemeinschaft (EWG)
durchführen (w)

irgendwo
der Schaden, ¨
zeitigen (w)

MINISTER

MINISTER

If the reductions in working hours
already put into practice in various
countries of the EEC had really
effected serious damage anywhere at
all I would /be the last one to make
such a suggestion.

Falls die in verschiedenen Ländern der
EWG bereits durchgeführten Arbeitszeitverkürzungen wirklich irgendwo
ernste Schäden gezeitigt hätten, wäre
ich der Letzte, der solche Vorschläge
machen würde.

the view, opinion

die Ansicht,-en

MR. KLEIN

HERR KLEIN

Is that the view of other members of
the Cabinet as well?

Ist das auch die Ansicht anderer Kabinettsmitglieder?

present, incumbent
the representative

derzeitig
der Vertreter,-

MINISTER

MINISTER

Don't forget that I was not speaking as
the incumbent minister at this election
rally but as the representative of my
party for the coming election.

Vergessen Sie nicht, dass ich auf dieser
Wahlkundgebung ja nicht als derzeitiger
Minister sprach, sondern als Vertreter
meiner Partei für die kommende Wahl.

Notes to the Basic Sentences

[1] <u>Aussenminister</u> - <u>Bundesminister des Auswärtigen</u>. In referring to the German
governmental organization these two terms mean the same thing and can be used
interchangeably. The latter term refers specifically to the foreign minister
of the German Federal Republic, and would not be used in referring to this
cabinet position in another country. The former term is the only one appropri-
ately used in referring to the governmental organization of other countries.

[2] <u>der Herr Bundesminister</u>. As a form of deference or respect persons of some rank
are referred to by their subordinates in German by title plus the words <u>Herr</u> or
<u>Frau</u>. Cf. in Unit 6: <u>Herrn Konsul Wilson</u>, <u>der Herr Konsul</u>. This is similar to
the social usage for politeness and respect of such phrases as <u>Ihre Frau Gemahlin</u>,
Unit 4, and <u>Ihren Herrn Gemahl</u>, Unit 13.

[3] <u>es kommt zu</u>. This phrase was encountered in Unit 13, where we translated it as
"something arises, develops". The meaning given here: "things go as far as" is
at least equally common.

[4] <u>sozial</u>. This word occurs rarely as a separate adjectival element in German. It
far more frequently forms part of a compound. Cf. in Unit 19, Notes, and earlier
in this Unit: <u>sozialdemokratische Partei</u>.

Notes on Grammar
(For Home Study)

A. SENTENCE TYPES - COMPOUND AND COMPLEX SENTENCES

I. The conventions of <u>writing</u> require that a SENTENCE begin with a capital
letter and end with a period. In terms of its grammatical elements a
SENTENCE usually also contains at least a subject and a verb. Sometimes
two or more independent sentences are grouped together into a longer
sentence, with each part still having its own subject and verb, each part
capable of standing alone but associated in this way with the others because
of common subject matter or because they express closely associated thoughts.
Writing conventions and variations of style allow a comma or a semi-colon
or a colon between the parts of a longer sentence like this, but <u>in speech</u>
we are not usually aware of the association or grouping together unless the
separate parts of a longer sentence are joined by SENTENCE CONNECTORS, or
co-ordinating conjunctions, as they are more traditionally called. Here
are some examples from our recent units:

> Ich werde unsere Sachen an der Garderobe abgeben, und Sie könnten
> inzwischen die belegten Brötchen holen.
> Es war nicht nur der Film zu entwickeln, sondern meine Vergrösserungen
> müssten auch fertig sein.
> Das werde ich bald tun, denn bei unserer grossen Familie ist alle
> Augenblicke einer krank.

Notice that in each example the conjunction could be omitted with no change
in meaning. We would simply end up in each case with two shorter sentences.
Note also that <u>normal word order</u> occurs in all parts of these sentences.
Longer sentences of this type are traditionally called COMPOUND SENTENCES.

II. There is another class of longer sentences consisting of two or more parts,
each with its own subject and verb, however. In such sentences one or more
of the separate parts is actually <u>dependent on</u> or <u>subordinate to</u> another
part. Often, but not always, the dependent or subordinate part of the sentence is introduced by a CLAUSE INTRODUCER, i.e. a subordinating conjunction,
relative pronoun or question word. We have had several examples of longer
sentences of this type in recent units:

> Bevor Sie Ihr Visum bekommen, werden Sie im Generalkonsulat untersucht
> und geröntgt.
> Ich wollte, ich wäre nicht Kandidat geworden.
> Was wurde aus der Geschäftsreise nach Bayreuth, die Sie nicht gerne
> machen wollten?
> Ich bin überzeugt, dass seine Partei schon einen Posten für ihn vor-
> gesehen hat, falls er wirklich aus dem Kabinett ausscheiden sollte.

Notice that in each of these examples at most only <u>one</u> part can stand alone.
The other parts are dependent on it or subordinate to it. Note also that
clause introducers, where they occur, can <u>not</u> be omitted unless other, sub-
stantial changes are made in the sentence, in which case the meaning may
also be different. Note finally that <u>clause word order</u> occurs everywhere
after clause introducers. Longer sentences of this type are traditionally
called COMPLEX SENTENCES. The part of a COMPLEX SENTENCE which can stand
alone and be given as a sentence by itself is traditionally called the
MAIN or INDEPENDENT CLAUSE. The dependent or subordinate parts are called
DEPENDENT or SUBORDINATE CLAUSES.

B. COMPLEX SENTENCES - DIRECT AND INDIRECT DISCOURSE

I. COMPLEX SENTENCES are used to reproduce the words or thoughts expressed by
another person, or by the speaker himself on a different occasion. Here is
an example:

> Herr Adams sagt zu seiner Sekretärin: "Fräulein Färber, haben Sie das
> Sekretariat des Bundesaussenministers angerufen?"

The main clause identifies the speaker and the occasion; the subordinate part of the sentence reproduces the words spoken. In this example the words spoken are quoted exactly; no clause introducer occurs. Of course, the conventions of <u>writing</u> require quotation marks or some other specific punctuation to indicate to the <u>reader</u> that this is a quotation. COMPLEX SENTENCES of this kind, reproducing the actual words spoken, are said to be in DIRECT DISCOURSE, and the quotation is called a DIRECT QUOTATION.

II. The words or thoughts expressed by another person, or by the speaker himself on a different occasion, are <u>not always</u> given as a DIRECT QUOTATION in DIRECT DISCOURSE but are often reproduced more or less accurately in paraphrase. We have encountered this type of construction several times:

> Ich dachte, Sie wären noch im Urlaub.
> Können Sie mir übrigens sagen, ob man durch das Hotel Theaterkarten bekommen kann?
> Sie meinen, dann hätten wir Plätze nebeneinander bekommen können.

Notice that a clause introducer <u>may</u> or <u>may not</u> be used to introduce this kind of paraphrase of what has been said or thought. Since these are not direct quotations the conventions of <u>writing</u> do not require quotation marks or other special punctuation. COMPLEX SENTENCES of this kind represent what we call INDIRECT DISCOURSE, and the subordinate parts of such sentences are called INDIRECT QUOTATIONS.

C.   THE UNREAL or SUBJUNCTIVE IN INDIRECT DISCOURSE

I. In two of the three examples above (B.II.) you have seen that an UNREAL or SUBJUNCTIVE form occurs in the INDIRECT QUOTATION. Let us look at some more examples of INDIRECT DISCOURSE from the current unit:

Die Sekretärin <u>sagte</u> mir, der Herr Bundesminister des Auswärtigen <u>wäre</u> noch nicht von seiner Reise zurück.	The secretary <u>told</u> me the foreign minister <u>wasn't</u> back from his trip yet.
Man <u>spricht</u> davon, der Innenminister <u>hätte</u> sein Rücktrittsgesuch <u>eingereicht</u>.	People are <u>saying</u> the Minister of the Interior <u>has handed</u> in his resignation.
Sie <u>sagten</u> gestern abend auf der Wahlkundgebung, Sie <u>würden</u> für eine weitere Verkürzung der Arbeitszeit <u>eintreten</u>.	You <u>said</u> at the election rally last night that you <u>would work</u> toward a further reduction of working hours.
Ich <u>habe</u> immer <u>betont</u>, dass es zu einer konstruktiven Zusammenarbeit beider Sozialpartner <u>kommen muss</u>.	I <u>have</u> always <u>insisted</u> that constructive cooperation of both partners in the social order <u>must come</u> about.

While not occurring everywhere to the exclusion of all other forms in INDIRECT DISCOURSE, UNREAL or SUBJUNCTIVE forms do occur with a high degree of frequency in this type of sentence. We can say that the UNREAL or SUBJUNCTIVE is the usual form of the verb in INDIRECT DISCOURSE.

1. If we examine the examples above once more two points can be noted. First, compare the German sentences with their English equivalents and note that in English either a form of the verb in <u>Past Time</u> or a phrase with "would" has occurred in order to reproduce what has been said or thought so as to express the words or thoughts of another person in INDIRECT QUOTATION. English does not have a particular UNREAL form which is used here. Second, note that the INDIRECT QUOTATIONS sometimes are introduced by a clause introducer, sometimes not. The clause introducer is not obligatory in either language, but when it does occur in German it is followed by clause word order. Actually, all the sentences above could have been given either with or without the clause introducer:

Die Sekretärin sagte mir, dass der Herr Bundesministe= des Auswärtigen noch nicht von seiner Reise zurück wäre.

Man spricht davon, dass der Innenminister sein Rücktrittsgesuch eingereicht hätte.

Sie sagten gestern abend auf der Wahlkundgebung, dass Sie für eine weitere Verkürzung der Arbeitszeit eintreten würden.

We may then say that INDIRECT QUOTATIONS in German occur interchangeably either with or without clause introducers.

2. A variety of verbs and verb phrases occur in the main clauses of sentences in INDIRECT DISCOURSE. We have encountered the following additional examples in the recent unit:

Es wurde ihm von seinen Kollegen vorgeworfen, er hätte sich zu stark vom Standpunkt der Regierung distanziert.

Man stellt schon Spekulationen darüber an, wie sich der Rücktritt auf die Wahlen auswirken könnte.

SUBSTITUTION DRILL

1. Die Sekretärin sagte mir, der Herr Bundesminister wäre noch nicht von seiner Reise zurück.

           ... der Herr Professor ...
           ... Herr Konsul Wilson ...
           ... Herr Dr. Buchner ...
           ... der Herr Fraktionsvorsitzende ...
           ... der Herr Innenminister ...
           ... der Herr Bundeskanzler ...
           ... Frau von Rothenburg ...
           ... Fräulein Doktor ...

2. Haben Sie die Fraktionsvorsitzenden der C D U und der S P D erreicht?

           ... das Sekretariat des Bundesministers ...
           ... den Herrn Minister ...
           ... Dr. Buchner ...
           ... den Arzt ...
           ... den Klempner ...
           ... das Wirtschaftsministerium ...
           ... das Auswärtige Amt ...

3. Sie bereiten sich auf die Aussenpolitische Debatte vor.

           ... die Wahl ...
           ... die Verhandlung ...
           ... die Kundgebung ...
           ... die Sitzung ...
           ... die Wahlreden ...

4. Es sieht so aus, als müssten wir mit unserem Bericht bis nach der Debatte warten.

           ... wäre er noch nicht von der Reise zurück.
           ... wäre er von allen Seiten unter Druck gesetzt worden.
           ... wäre er für die Verkürzung der Arbeitszeit eingetreten.
           ... hätte er den Antrag zurückgezogen.

5. Wann hat er sein <u>Rücktrittsgesuch</u> eingereicht?

Antrag - Plan - Papiere -	seinen Antrag - seinen Plan - seine Papiere -
Unterlagen - Vorschlag -	seine Unterlagen - seinen Vorschlag -
Personalien - Urkunden	seine Personalien - seine Urkunden

6. Ob es wirklich zu <u>seinem Rücktritt</u> kommt?

die Verhandlungen - die Debatte -	den Verhandlungen - der Debatte -
das Interview - eine Kundgebung -	dem Interview - einer Kundgebung -
die Verkürzung der Arbeitszeit -	der Verkürzung der Arbeitszeit -
eine Diskussion - Lohnausfälle	einer Diskussion - Lohnausfällen

7. Es wurde ihm vorgeworfen, <u>er hätte sich zu stark vom Standpunkt der Regierung distanziert.</u>

    ... er hätte zu lange gesprochen.
    ... er hätte den Antrag zu spät einge-
        reicht.
    ... er hätte sich zu früh aus der Poli-
        tik zurückgezogen.
    ... er wäre zu schnell gefahren.
    ... er hätte den Bundesminister ange-
        griffen.
    ... er hätte sich nicht um diese Ange-
        legenheit gekümmert.
    ... er wäre für eine Verkürzung der
        Arbeitszeit eingetreten.

8. Weder <u>die Arbeitgeber noch die Arbeitnehmer</u> waren von seinem Vorschlag entzückt.

    ... der Kanzler noch der Innenminister ...
    ... die eine noch die andere Seite ...
    ... sein Sohn noch seine Tochter ...
    ... Herr Becker noch Dr. Buchner ...
    ... seine Kinder noch seine Enkel ...
    ... der Klempner noch der Installateur ...
    ... der Vater noch die Mutter ...

9. Das ist auch die Ansicht <u>anderer Kabinettsmitglieder.</u>

    ... beider Sozialpartner.
    ... aller Fraktionsvorsitzenden.
    ... einiger Arbeitgeber.
    ... ihrer Eltern.
    ... beider Parteien.
    ... aller Arbeitnehmer.
    ... vieler Betriebsleiter.
    ... unserer Kollegen.

10. Würde die Durchführung Ihrer Vorschläge nicht <u>zu Lohnausfällen</u> führen?

    ... zum Absinken der Lebenshaltung ...
    ... zu seinem Rücktritt ...
    ... zu einer Verkürzung der Arbeitszeit ...
    ... zu langen Diskussionen ...
    ... grossen Schwierigkeiten ...

CONVERSION DRILL

1. Pattern: "Wir haben nur noch ein paar
            Minuten Zeit."

Er sagte, wir hätten nur noch ein paar
Minuten Zeit.
Er sagte, dass wir nur noch ein paar
Minuten Zeit hätten.

a. "Der Arzt hat noch einen Patienten
im Sprechzimmer."

Er sagte, der Arzt hätte noch einen
Patienten im Sprechzimmer.
Er sagte, dass der Arzt noch einen
Patienten im Sprechzimmer hätte.

b. "Ihr habt zwei Karten für den ersten
Rang."

Er sagte, Ihr hättet zwei Karten für
den ersten Rang.
Er sagte, dass Ihr zwei Karten für den
ersten Rang hättet.

c. "Wir haben Plätze nebeneinander."

Er sagte, wir hätten Plätze nebeneinander.
Er sagte, dass wir Plätze nebeneinander
hätten.

d. "Du hast die von mir zurückgebrachte
Karte."

Er sagte, Du hättest die von mir zurückgebrachte Karte.
Er sagte, dass Du die von mir zurückgebrachte Karte hättest.

e. "Herr Meyer hat unsere Garderobenmarken."

Er sagte, Herr Meyer hätte unsere Garderobenmarken.
Er sagte, dass Herr Meyer unsere Garderobenmarken hätte.

2. Pattern: "Das ist auch die Ansicht
            anderer Kabinettsmitglieder."

Er meinte, das wäre auch die Ansicht
anderer Kabinettsmitglieder.
Er meinte, dass das auch die Ansicht
anderer Kabinettsmitglieder wäre.

a. "Die Brötchen sind am Buffet immer
ausgezeichnet."

Er meinte, die Brötchen wären am Buffet
immer ausgezeichnet.
Er meinte, dass die Brötchen am Buffet
immer ausgezeichnet wären.

b. "Der Bundesminister ist noch nicht
von seiner Reise zurück."

Er meinte, der Bundesminister wäre noch
nicht von seiner Reise zurück.
Er meinte, dass der Bundesminister noch
nicht von seiner Reise zurück wäre.

c. "Die Herren sind auf einer Fraktionssitzung."

Er meinte, die Herren wären auf einer
Fraktionssitzung.
Er meinte, dass die Herren auf einer
Fraktionssitzung wären.

d. "Weder die Arbeitgeber, noch die
Arbeitnehmer sind von seinem Vorschlag entzückt."

Er meinte, weder die Arbeitgeber, noch
die Arbeitnehmer wären von seinem Vorschlag entzückt.
Er meinte, dass weder die Arbeitgeber,
noch die Arbeitnehmer von seinem Vorschlag entzückt wären.

e. "Frau Keller ist bei einem Ohrenarzt
in Behandlung."

Er meinte, Frau Keller wäre bei einem
Ohrenarzt in Behandlung.
Er meinte, dass Frau Keller bei einem
Ohrenarzt in Behandlung wäre.

3. Pattern: "Der Innenminister wird für
eine weitere Verkürzung der
Arbeitszeit eintreten."

Herr Schmidt sagte, der Innenminister
würde für eine weitere Verkürzung der
Arbeitszeit eintreten.
Herr Schmidt sagte, dass der Innenminister für eine weitere Verkürzung der Arbeitszeit eintreten würde.

a. "Er wird die Sachen an der Garderobe
abgeben."

Herr Schmidt sagte, er würde die Sachen
an der Garderobe abgeben.
Herr Schmidt sagte, dass er die Sachen
an der Garderobe abgeben würde.

b. "Sie wird sich noch von einem Facharzt untersuchen lassen."

Herr Schmidt sagte, sie würde sich noch
von einem Facharzt untersuchen lassen.
Herr Schmidt sagte, dass sie sich noch
von einem Facharzt untersuchen lassen
würde.

c. "Sie wird sich auf die Konferenz
vorbereiten."

Herr Schmidt sagte, sie würde sich auf
die Konferenz vorbereiten.
Herr Schmidt sagte, dass sie sich auf
die Konferenz vorbereiten würde.

d. "Er wird sich von der Politik zurückziehen."

Herr Schmidt sagte, er würde sich von
der Politik zurückziehen.
Herr Schmidt sagte, dass er sich von
der Politik zurückziehen würde.

4. Pattern: "Er hat die Garderobenmarken
eingesteckt."

Professor Albers sagte mir, er hätte die
Garderobenmarken eingesteckt.
Professor Albers sagte mir, dass er die
Garderobenmarken eingesteckt hätte.

a. "Sie hat das Sekretariat des Bundesministers angerufen."

Professor Albers sagte mir, sie hätte
das Sekretariat des Bundesministers angerufen.
Professor Albers sagte mir, dass sie das
Sekretariat des Bundesministers angerufen
hätte.

b. "Er hat die Fraktionsvorsitzenden
erst nachmittags erreicht."

Professor Albers sagte mir, er hätte die
Fraktionsvorsitzenden erst nachmittags
erreicht.
Professor Albers sagte mir, dass er die
Fraktionsvorsitzenden erst nachmittags
erreicht hätte.

c. "Sie haben sich auf die aussenpolitische Debatte vorbereitet."

Professor Albers sagte mir, sie hätten
sich auf die aussenpolitische Debatte
vorbereitet.
Professor Albers sagte mir, dass sie sich
auf die aussenpolitische Debatte vorbereitet hätten.

d. "Seine Partei hat schon einen Posten
für ihn vorgesehen."

Professor Albers sagte mir, seine Partei
hätte schon einen Posten für ihn vorgesehen.
Professor Albers sagte mir, dass seine
Partei schon einen Posten für ihn vorgesehen hätte.

5. Pattern: "Sie hatte zwei Karten für
den ersten Rang."

Sie sagte uns, sie hätte zwei Karten für
den ersten Rang gehabt.
Sie sagte uns, dass sie zwei Karten für
den ersten Rang gehabt hätte.

a. "Sie hatte einen Onkel in Amerika."

Sie sagte uns, sie hätte einen Onkel in
Amerika gehabt.
Sie sagte uns, dass sie einen Onkel in
Amerika gehabt hätte.

b. "Er hatte grosse Schwierigkeiten,
seinen Betrieb zu halten."

Sie sagte uns, er hätte grosse Schwierigkeiten gehabt, seinen Betrieb zu halten.
Sie sagte uns, dass er grosse Schwierigkeiten gehabt hätte, seinen Betrieb zu
halten.

(This Drill is continued on the next page.)

c. "Sie hatten keine Familienangehöri-
    gen in Süddeutschland."

Sie sagte uns, sie hätten keine Familienangehörigen in Süddeutschland gehabt.
Sie sagte uns, dass sie keine Familienangehörigen in Süddeutschland gehabt
hätten.

d. "Er hatte eine Unterredung mit dem
    Bundeskanzler."

Sie sagte uns, er hätte eine Unterredung
mit dem Bundeskanzler gehabt.
Sie sagte uns, dass er eine Unterredung
mit dem Bundeskanzler gehabt hätte.

e. "Er hatte seinen Pass nicht bei sich."

Sie sagte uns, er hätte seinen Pass nicht
bei sich gehabt.
Sie sagte uns, dass er seinen Pass nicht
bei sich gehabt hätte.

6. Pattern: "Er ist gerade vom Schwimmen
            gekommen."

Er sagte ihr, er wäre gerade vom Schwimmen gekommen.
Er sagte ihr, dass er gerade vom Schwimmen gekommen wäre.

a. "Sein Junge ist mit dem Fahrrad ge-
    stürzt."

Er sagte ihr, sein Junge wäre mit dem
Fahrrad gestürzt.
Er sagte ihr, dass sein Junge mit dem
Fahrrad gestürzt wäre.

b. "Er ist nicht vorbestraft."

Er sagte ihr, er wäre nicht vorbestraft.
Er sagte ihr, dass er nicht vorbestraft
wäre.

c. "Sie sind bei Nacht und Nebel ge-
    flohen."

Er sagte ihr, sie wären bei Nacht und
Nebel geflohen.
Er sagte ihr, dass sie bei Nacht und
Nebel geflohen wären.

d. "Er ist für eine weitere Verkürzung
    der Arbeitszeit eingetreten."

Er sagte ihr, er wäre für eine weitere
Verkürzung der Arbeitszeit eingetreten.
Er sagte ihr, dass er für eine weitere
Verkürzung der Arbeitszeit eingetreten
wäre.

7. Pattern: "Er war früher in der F D J
            und dann Kandidat der S E D."

Herr Schuster sagte uns, er wäre früher
in der F D J und dann Kandidat der S E D
gewesen.
Herr Schuster sagte uns, dass er früher
in der F D J und dann Kandidat der S E D
gewesen wäre.

a. "Er ist damit einverstanden gewesen,
    dass man seinen Strafregisterauszug
    anforderte."

Herr Schuster sagte uns, er wäre damit
einverstanden gewesen, dass man seinen
Strafregisterauszug anforderte.
Herr Schuster sagte uns, dass er damit
einverstanden gewesen wäre, dass man
seinen Strafregisterauszug anforderte.

b. "Sie fuhr zur Kur nach Bad Nauheim."

Herr Schuster sagte uns, sie wäre zur
Kur nach Bad Nauheim gefahren.
Herr Schuster sagte uns, dass sie zur
Kur nach Bad Nauheim gefahren wäre.

c. "Er ging mit Kellers zusammen ins
    Theater."

Herr Schuster sagte uns, er wäre mit
Kellers zusammen ins Theater gegangen.
Herr Schuster sagte uns, dass er mit
Kellers zusammen ins Theater gegangen
wäre.

d. "Sie blieb zwei Jahre in der Schweiz."

Herr Schuster sagte uns, sie wäre zwei
Jahre in der Schweiz geblieben.
Herr Schuster sagte uns, dass sie zwei
Jahre in der Schweiz geblieben wäre.

8. Pattern: "Geben Sie mir meine Gardero-
              benmarke."

            Er sagte mir, ich sollte ihm seine
Garderobenmarke geben.
Er sagte mir, dass ich ihm seine Gardero-
benmarke geben sollte.

a. "Nehmen Sie täglich dreimal je fünf-
     zehn Tropfen der Medizin."

            Er sagte mir, ich sollte täglich dreimal
je fünfzehn Tropfen der Medizin nehmen.
Er sagte mir, dass ich täglich dreimal je
fünfzehn Tropfen der Medizin nehmen sollte.

b. "Bringen Sie den Jungen gleich in die
     Sprechstunde."

            Er sagte mir, ich sollte den Jungen gleich
in die Sprechstunde bringen.
Er sagte mir, dass ich den Jungen gleich
in die Sprechstunde bringen sollte.

c. "Holen Sie die Medizin so bald wie
     möglich."

            Er sagte mir, ich sollte die Medizin so
bald wie möglich holen.
Er sagte mir, dass ich die Medizin so bald
wie möglich holen sollte.

d. "Rufen Sie bitte den Fraktionsvor-
     sitzenden an."

            Er sagte mir, ich sollte (bitte) den Frak-
tionsvorsitzenden anrufen.
Er sagte mir, dass ich (bitte) den Fraktionsvorsitzenden anrufen sollte.

e. "Benachrichtigen Sie uns, sobald Sie
     alle Papiere beisammen haben."

            Er sagte mir, ich sollte sie benachrichti-
gen, sobald ich alle Papiere beisammen
hätte.
Er sagte mir, dass ich sie benachrichtigen
sollte, sobald ich alle Papiere beisammen
hätte.

9. Pattern: "Wenden Sie sich an den Buch-
              händler."

            Ich sagte ihr, sie möchte sich an den
Buchhändler wenden.
Ich sagte ihr, dass sie sich an den Buch-
händler wenden möchte.

a. "Holen Sie mir bitte belegte Bröt-
     chen."

            Ich sagte ihr, sie möchte mir (bitte) be-
legte Brötchen holen.
Ich sagte ihr, dass sie mir (bitte) belegte Brötchen holen möchte.

b. "Nehmen Sie seine Personalien auf."

            Ich sagte ihr, sie möchte seine Personalien
aufnehmen.
Ich sagte ihr, dass sie seine Personalien
aufnehmen möchte.

c. "Benachrichtigen Sie ihn bitte."

            Ich sagte ihr, sie möchte ihn (bitte) be-
nachrichtigen.
Ich sagte ihr, dass sie ihn (bitte) benachrichtigen möchte.

d. "Lösen Sie ihm die Fahrkarte."

            Ich sagte ihr, sie möchte seine Fahrkarte
lösen.
Ich sagte ihr, dass sie seine Fahrkarte
lösen möchte.

10. Pattern: "Er wurde von allen Seiten
               ganz schön unter Druck ge-
               setzt."

            Sie sagte mir, er wäre von allen Seiten
ganz schön unter Druck gesetzt worden.
Sie sagte mir, dass er von allen Seiten
ganz schön unter Druck gesetzt worden
wäre.

a. "Frl. Färber wurde vom Fraktionsvor-
     sitzenden angerufen."

            Sie sagte mir, Frl. Färber wäre vom Frak-
tionsvorsitzenden angerufen worden.
Sie sagte mir, dass Frl. Färber vom Fraktionsvorsitzenden angerufen worden wäre.

b. "Der Minister wurde von der Morgen-
     presse heftig angegriffen."

            Sie sagte mir, der Minister wäre von der
Morgenpresse heftig angegriffen worden.
Sie sagte mir, dass der Minister von der
Morgenpresse heftig angegriffen worden
wäre.

c. "Die Theaterkarten wurden telephonisch
     bestellt."

            Sie sagte mir, die Theaterkarten wären
telephonisch bestellt worden.
Sie sagte mir, dass die Theaterkarten
telephonisch bestellt worden wären.

d. "Er wurde von Kellers abgeholt."

            Sie sagte mir, er wäre von Kellers abgeholt
worden.
Sie sagte mir, dass er von Kellers abgeholt
worden wäre.

11. Pattern: "Sie müssen auch einen gül-
    tigen Reisepass haben."

    a. "Wir wollen uns noch Fernsehapparate
    ansehen."

    b. "Er darf ihr das nicht sagen."

    c. "Sie soll ihre Papiere an das Kon-
    sulat schicken."

    d. "Sie wollen uns vor ihrer Abreise
    schreiben."

Wir sagten ihm, er müsste auch einen
gültigen Reisepass haben.
Wir sagten ihm, dass er auch einen gül-
tigen Reisepass haben müsste.
Wir sagten ihm, wir wollten uns noch
Fernsehapparate ansehen.
Wir sagten ihm, dass wir uns noch Fern-
sehapparate ansehen wollten.
Wir sagten ihm, er dürfte ihr das nicht
sagen.
Wir sagten ihm, dass er ihr das nicht
sagen dürfte.
Wir sagten ihm, sie sollte ihre Papiere
an das Konsulat schicken.
Wir sagten ihm, dass sie ihre Papiere
an das Konsulat schicken sollte.
Wir sagten ihm, sie wollten uns vor
ihrer Abreise schreiben.
Wir sagten ihm, dass sie uns vor ihrer
Abreise schreiben wollten.

12. Pattern: "Haben Sie nicht den An-
    schlag vor dem Theater ge-
    sehen?"

    a. "Haben Sie das Sekretariat des
    Bundesaussenministers angerufen?"

    b. "Sind Sie auch in der Fraktions-
    sitzung gewesen?"

    c. "Werden Ihre Verwandten kommen?"

    d. "Können Sie mir die Adresse eines
    Ohrenarztes geben?"

    e. "Darf man hier rauchen?"

Er fragte mich, ob ich nicht den Anschlag vor dem Theater gesehen hätte.

Er fragte mich, ob ich das Sekretariat
des Bundesaussenministers angerufen
hätte.
Er fragte mich, ob ich auch in der
Fraktionssitzung gewesen wäre.
Er fragte mich, ob meine Verwandten
kommen würden.
Er fragte mich, ob ich ihm die Adresse
eines Ohrenarztes geben könnte.
Er fragte mich, ob man hier rauchen
dürfte.

VARIATION DRILL

1. Die Sekretärin sagte mir, der Herr
   Bundesminister des Auswärtigen wäre
   noch nicht von seiner Reise zurück.

    a. He thought that this was also
    the opinion of the cabinet mem-
    bers.
    b. I told him, Mr. Keller was still
    at the party meeting.
    c. The Brauers told us the new Tann-
    häuser production was very good.
    d. Mr. Schumann said that the par-
    liamentary party leader was
    satisfied with the result of the
    negotiations.
    e. I thought the Foreign Minister
    would be in Frankfurt on Wednes-
    day.
    f. They thought the passports were
    still valid.

The secretary told me the Foreign
Minister was not back from his trip
yet.

Er dachte, das wäre auch die Ansicht
der Kabinettsmitglieder.

Ich sagte ihm, Herr Keller wäre noch
auf der Fraktionssitzung.
Brauers sagten uns, die neue Tannhäuser -
Inszenierung wäre sehr gut.
Herr Schumann sagte, der Fraktionsvor-
sitzende wäre mit dem Ergebnis der Verhandlungen zufrieden.

Ich dachte, der Bundesminister des
Auswärtigen wäre am Mittwoch in Frankfurt.
Sie dachten, die Reisepässe wären noch
gültig.

2. __Herr Lange sagte dem Arzt, er hätte__   __Mr. Lange told the doctor he still had__
   __noch starke Schmerzen.__   __severe pains.__

   a. We heard he had a job at the   Wir hörten, er hätte eine Stelle bei der
      Volkswagen dealer's.   Volkswagenvertretung.
   b. He said he still had relatives   Er sagte, er hätte noch Familienangehörige
      in the Eastern Zone.   in der Zone.
   c. She said she had two tickets for   Sie sagte, sie hätte zwei Karten für die
      the Tannhäuser performance.   Tannhäuser Aufführung.
   d. He mentioned he had a lot of dif-   Er erwähnte, er hätte grosse Schwierigkei-
      ficulties with his business.   ten in seinem Betrieb.
   e. They thought he had an uncle in   Sie dachten, er hätte einen Onkel in Ameri-
      America.   ka.
   f. We thought Dr. Buchner still had   Wir dachten, Dr. Buchner hätte seine Praxis
      his practice in Schubertstrasse.   noch in der Schubertstrasse.

3. __Sie sagten gestern, Sie würden für__   __You said yesterday you would work toward a__
   __eine weitere Verkürzung der Arbeits-__   __further reduction of working hours.__
   __zeit eintreten.__

   a. The secretary said he would not   Die Sekretärin sagte, er würde nicht vor
      be back from his trip for a week.   einer Woche von seiner Reise zurück sein.
   b. Mr. Becker mentioned the Minister   Herr Becker erwähnte, der Innenminister
      of the Interior would hand in his   würde sein Rücktrittsgesuch einreichen.
      resignation.
   c. We heard the Federal Chancellor   Wir hörten, der Bundeskanzler würde bald
      would go to France soon.   nach Frankreich fahren.
   d. They hoped he would retire from   Man hoffte, er würde sich aus der Politik
      politics.   zurückziehen.
   e. She wrote us she would soon go on   Sie schrieb uns, sie würde bald auf Urlaub
      vacation.   fahren.
   f. Mr. Keller said he would get us a   Herr Keller sagte, er würde uns ein paar
      couple of sandwich rolls at the   belegte Brötchen am Buffet holen.
      refreshment bar.

4. __Ich dachte, Sie wären noch im Urlaub.__   __I thought you were still on vacation.__
   __Wir dachten, sie hätte kein Auto.__   __We thought she didn't have a car.__

   a. She said Mr. Meyer was still at   Sie sagte, Herr Meyer wäre noch in der
      the party meeting.   Fraktionssitzung.
   b. She said she still had four   Sie sagte, sie hätte noch vier Karten
      tickets for the dress circle.   für den ersten Rang.
   c. He thought a table model was the   Er dachte, ein Tischgerät wäre am billig-
      cheapest.   sten.
   d. I heard this store had a wide   Ich hörte, dieses Geschäft hätte eine
      selection.   grosse Auswahl.
   e. My sister wrote me she was in Bad   Meine Schwester schrieb mir, sie wäre
      Nauheim to take the waters.   zur Kur in Bad Nauheim.
   f. He informed us he didn't have his   Er teilte uns mit, er hätte seinen Be-
      business any longer.   trieb nicht mehr.

5. __Hat er nicht erwähnt, dass er nächste__   __Didn't he mention that he was coming__
   __Woche kommen würde?__   __next week?__
   __Hat man nicht gesagt, dass sie beim__   __Didn't they say that she was at the__
   __Arzt wäre?__   __doctor's?__

   a. He has heard that the Minister   Er hat gehört, dass der Minister sich
      would perhaps retire from poli-   vielleicht aus der Politik zurückziehen
      tics.   würde.
   b. She hoped that she could still   Sie hoffte, dass sie sich vor dem Beginn
      get a couple of sandwich rolls   der Ouvertüre noch ein paar belegte Bröt-
      before the overture.   chen holen könnte.
   c. He has mentioned that Mr. Klein   Er hat erwähnt, dass auch Herr Klein Mit-
      too was a member of this party.   glied dieser Partei wäre.
   d. He informed me that he already   Er hat mir mitgeteilt, dass er schon
      had a sponsor.   einen Bürgen hätte.

(This drill is continued on the next page.)

e. Meyers said that they no longer had any relatives in the Eastern Zone.

Meyers sagten, dass sie keine Angehörigen mehr in der Zone hätten.

f. He mentioned that he had a couple of good suggestions for the project.

Er erwähnte, dass er einige gute Vorschläge für das Projekt hätte.

6. Er meinte, er könnte nicht so früh kommen.
Sie sagten, wir dürften uns die neue Tannhäuser Inszenierung nicht entgehen lassen.

He thought he couldn't come this early.
They said we shouldn't miss the new Tannhäuser production.

a. Mr. Adams thought we would have to wait with the report until after the debate.

Herr Adams glaubte, wir müssten mit dem Bericht bis nach der Debatte warten.

b. The Minister insisted a constructive cooperation of both partners in the social order would have to come about.

Der Minister betonte, es müsste zu einer konstruktiven Zusammenarbeit beider Sozialpartner kommen.

c. He said he could recommend a good specialist to us.

Er sagte, er könnte uns einen guten Facharzt empfehlen.

d. The doctor told the patient he should continue to take the pills.

Der Arzt sagte dem Patienten, er sollte die Tabletten weiter nehmen.

e. I told him he could take the hats and coats to the cloakroom.

Ich sagte ihm, er könnte die Hüte und Mäntel an der Garderobe abgeben.

f. He told the porter he should take the suitcases to the compartment.

Er sagte dem Gepäckträger, er sollte die Koffer ins Abteil bringen.

g. He was told he couldn't smoke here.

Man sagte ihm, er dürfte hier nicht rauchen.

h. The desk clerk told him he would have to fill out a registration blank.

Der Empfangschef sagte ihm, er müsste einen Meldeschein ausfüllen.

7. Sie sagten, ihre Eltern wären zum Konsulat gegangen.
Man spricht davon, der Innenminister hätte sein Rücktrittsgesuch eingereicht.

They said their parents had gone to the consulate.
People are saying the Minister of the Interior has handed in his resignation.

a. I heard they were speculating about that already in interested circles.

Ich hörte, man hätte in interessierten Kreisen schon Spekulationen darüber angestellt.

b. People are saying his party has already made provisions for a position for him.

Man sagt, seine Partei hätte schon einen Posten für ihn vorgesehen.

c. I thought Kellers had gone to Munich.

Ich dachte, Kellers wären nach München gefahren.

d. Miss Färber said the gentlemen had not come back from the meeting.

Frl. Färber sagte, die Herren wären noch nicht von der Sitzung zurückgekommen.

e. We heard Mr. Schuster had emigrated to America.

Wir hörten, Herr Schuster wäre nach Amerika ausgewandert.

f. They thought you (fam sg) were employed as an auto mechanic at the Volkswagen distributor's.

Sie dachten, du wärest als Autoschlosser bei der Volkswagengeneralvertretung angestellt.

g. We thought several foreign architects were participating in the project too.

Wir dachten, einige ausländische Architekten wären auch an dem Projekt beteiligt.

284

8. **Es wurde ihm vorgeworfen, er hätte**   **He was accused of having taken a position**
   sich zu stark vom Standpunkt der   **too completely at odds with the government**
   Regierung distanziert.   **point of view.**

   a. They insisted he had spoken as   Es wurde betont, er hätte auf der Wahl-
       the representative of his party   kundgebung als Vertreter seiner Partei
       at the election rally.   gesprochen.
   b. He was told the train had come   Es wurde ihm gesagt, der Zug wäre auf
       in on track three.   Gleis drei eingelaufen.
   c. I was informed the freight had   Es wurde mir bestellt, das Frachtgut
       already arrived.   wäre schon angekommen.
   d. We were told he had emigrated to   Es wurde uns gesagt, er wäre vor kurzem
       America recently.   nach Amerika ausgewandert.
   e. It was emphasized the reductions   Es wurde betont, die bereits durchgeführ-
       in working hours already in prac-   ten Arbeitszeitverkürzungen hätten keine
       tice had not effected any damage.   Schäden gezeitigt.
   f. They were told the apartment was   Es wurde ihnen mitgeteilt, die Wohnung
       rented already.   wäre schon vermietet.

9. **Es wurde ihm mitgeteilt, dass er die**   **He was informed that he could bring the**
   Papiere nächste Woche bringen könnte.   **documents next week.**

   a. He was asked whether he would   Er wurde gefragt, ob er aus dem Kabinett
       withdraw from the cabinet.   ausscheiden würde.
   b. People are speculating as to how   Man stellt Spekulationen darüber an, wie
       the Minister's resignation might   sich der Rücktritt des Ministers auf die
       effect the election.   Wahl auswirken könnte.
   c. He was told that the negotiations   Es wurde ihm mitgeteilt, dass die Verhand-
       would start tomorrow [already].   lungen schon morgen stattfinden würden.
   d. He was asked whether he was em-   Er wurde gefragt, ob er jetzt angestellt
       ployed now.   wäre.
   e. He was asked whether he had al-   Er wurde gefragt, ob er schon sein poli-
       ready applied for his record of   zeiliches Führungszeugnis beim Polizei-
       police court actions at the police   amt beantragt hätte.
       station.
   f. He was told which forms he still   Es wurde ihm gesagt, welche Formulare er
       had to fill out.   noch ausfüllen müsste.
   g. It was mentioned that they would   Es wurde erwähnt, dass sie mit dem Bericht
       have to wait with the report until   bis nach der Debatte warten müssten.
       after the debate.

10. **Er sagte ihr, sie sollte zu einem**   **He told her to go to a specialist.**
    Facharzt gehen.

    a. He told us to take the hats and   Er sagte uns, wir sollten die Hüte und
        coats to the cloakroom.   Mäntel an der Garderobe abgeben.
    b. They told him not to send the   Man sagte ihm, er sollte die Urkunden
        documents by mail.   nicht per Post schicken.
    c. They told her to bring her pass-   Man teilte ihr mit, sie sollte ihren
        port and her birth certificate   Reisepass und ihre Geburtsurkunde zum
        with her to the consulate general.   Generalkonsulat mitbringen.
    d. I told my sister to pick up the   Ich sagte meiner Schwester, sie sollte
        medicine in the drug store this   die Medizin heute nachmittag in der
        afternoon.   Apotheke abholen.
    e. Mr. Bergmann asked his secretary   Herr Bergmann sagte seiner Sekretärin,
        to take care of the investigations   sie sollte die Ermittlungen telephonisch
        by telephone.   einziehen.
    f. He was told to postpone his busi-   Man teilte ihm mit, er sollte seine Ge-
        ness trip for a couple of days.   schäftsreise einige Tage aufschieben.

11. Er schrieb mir, dass er mit dem   He wrote me that he had already had an
    neuen Wagen schon einen Unfall   accident with the new car.
    gehabt hätte.

    a. The secretary told him that the   Die Sekretärin sagte ihm, dass der
       Foreign Minister would not be   Aussenminister erst morgen von seiner
       back from his trip until tomor-   Reise zurückkommen würde.
       row.
    b. She said that the Minister of   Sie sagte, dass der Innenminister sein
       the Interior had handed in his   Rücktrittsgesuch eingereicht hätte.
       resignation.
    c. He thought that foreign archi-   Er glaubte, dass auch ausländische Archi-
       tects were participating in the   tekten an dem Projekt beteiligt wären.
       project too.
    d. He told us that his car was still   Er sagte uns, dass sein Wagen immer noch
       in the repair shop.   in der Reparaturwerkstatt wäre.
    e. She hoped that she would still   Sie hoffte, dass sie noch genug Zeit für
       have enough time for her errands.   ihre Besorgungen hätte.

12. Sie sagt, der Botschafter wird in   She says the Ambassador will be back in
    einer Stunde zurück sein.   an hour.

    a. I'm convinced that Miss Färber   Ich bin überzeugt, dass Frl. Färber eine
       is a good secretary.   gute Sekretärin ist.
    b. He knew that both gentlemen had   Er wusste, dass die beiden Herren noch
       not yet returned from their party   nicht von ihren Fraktionssitzungen zu-
       meetings.   rück waren.
    c. Does anyone know whether the Min-   Weiss jemand, ob der Innenminister in
       ister of the Interior is in a   einer Konferenz ist?
       conference?
    d. We are convinced that his last   Wir sind überzeugt, dass sein letzter
       suggestion was not good.   Vorschlag nicht gut war.
    e. I hope that you have a valid   Ich hoffe, dass Sie einen gültigen
       passport.   Reisepass haben.

TRANSLATION DRILL

1. Miss Färber and Mr. Adams were   Frl. Färber und Herr Adams arbeiteten
   working in the American Embassy.   in der amerikanischen Botschaft.
2. Mr. Adams asked Miss Färber whether   Herr Adams erkundigte sich bei Frl. Fär-
   she had called the office of the   ber, ob sie das Sekretariat des Bundes-
   (Federal) Foreign Minister.   aussenministers angerufen hätte.
3. She told him the Foreign Minister   Sie sagte ihm, der Bundesminister des
   wasn't back from his trip yet and   Auswärtigen wäre noch nicht von seiner
   she also had been unable to reach   Reise zurück, und sie hätte auch die
   the CDU and SPD parliamentary   Fraktionsvorsitzenden der CDU und der
   party leaders.   SPD nicht erreichen können.
4. Then she said the gentlemen had not   Dann sagte sie, die Herren wären von
   yet returned from their party meet-   ihren Fraktionssitzungen noch nicht zu-
   ings.   rückgekommen.
5. Mr. Adams thought both sides were   Herr Adams meinte, beide Seiten würden
   probably preparing for the foreign   sich wahrscheinlich auf die aussenpoli-
   policy debate.   tische Debatte vorbereiten.
6. Therefore he believed they would   Deshalb glaubte er, müssten sie mit
   probably have to wait until after   ihrem Bericht wohl bis nach der Debatte
   the debate with their report.   warten.
7. In the meantime Mr. Blum and Mr.   Inzwischen unterhielten sich Herr Blum
   Lohmann were discussing the Minister   und Herr Lohmann im Bundestagsrestaurant
   of the Interior in the 'Bundestag'   über den Innenminister.
   restaurant.
8. People had been saying the Minister   Es hiess nämlich, der Innenminister hätte
   of the Interior had handed in his   sein Rücktrittsgesuch eingereicht.
   resignation.

9. Mr. Lohmann said the Minister of the Interior had had a long conference with the Federal Chancellor yesterday; but whether things would really go as far as his resignation [or not] would be another matter.

Herr Lohmann sagte, der Innenminister hätte gestern eine lange Unterredung mit dem Bundeskanzler gehabt; ob es aber wirklich zu seinem Rücktritt kommen würde, wäre eine andere Sache.

10. Then Mr. Lohmann mentioned a lot of pressure had been put on the Minister of the Interior.

Dann erwähnte Herr Lohmann, der Innenminister wäre von allen Seiten unter Druck gesetzt worden.

11. Mr. Blum said his colleagues had accused him of having taken a position too completely at odds with the government point of view.

Herr Blum meinte, seine Kollegen hätten ihm vorgeworfen, dass er sich zu stark vom Standpunkt der Regierung distanziert hätte.

12. In interested circles people were already speculating as to what effect the Minister's resignation might have on the elections.

In interessierten Kreisen würden schon Spekulationen angestellt, wie sich der Rücktritt des Ministers auf die Wahlen auswirken könnte.

13. Mr. Blum was convinced the party of the Minister of the Interior had already made provisions for [another] position for him in case he really should withdraw from the cabinet.

Herr Blum war überzeugt, die Partei des Innenministers hätte einen Posten für ihn vorgesehen, wenn er wirklich aus dem Kabinett ausscheiden sollte.

14. The Minister insisted yesterday at an election rally he would work toward a further reduction of working hours.

Der Minister betonte gestern auf einer Wahlkundgebung, er würde für eine weitere Verkürzung der Arbeitszeit eintreten.

15. Therefore this morning's press had attacked him vehemently, said Mr. Klein.

Deshalb hätte ihn die Morgenpresse heftig angegriffen, meinte Herr Klein.

16. If the Minister had not been criticized he would have been surprised.

Wäre der Minister nicht kritisiert worden, hätte es ihn erstaunt.

17. Mr. Klein believed that neither management nor labor were exactly overjoyed by the Minister's proposal.

Herr Klein glaubte, dass weder die Arbeitgeber noch die Arbeitnehmer von dem Vorschlag des Ministers entzückt wären.

18. The Minister had always emphasized that constructive cooperation of both partners would have to come about.

Der Minister hatte schon immer betont, dass es zu einer konstruktiven Zusammenarbeit beider Sozialpartner kommen müsste.

19. Mr. Klein wanted to know whether the carrying out of his proposals would not lead to loss of income and therefore a drop in the standard of living would have to be contended with.

Herr Klein wollte wissen, ob die Durchführung seiner Vorschläge nicht zu Lohnausfällen führen würde und dadurch mit einem Absinken der Lebenshaltung der Arbeitnehmer zu rechnen wäre.

20. The Minister said in that regard that if the reduction of working hours already put into practice in various countries of the EEC had effected serious damage, he would be the last one to make such suggestions.

Der Minister sagte dazu, dass - wenn die in verschiedenen Ländern der EWG bereits durchgeführten Arbeitsverkürzungen ernste Schäden gezeitigt hätten, - er der Letzte wäre, der solche Vorschläge machen würde.

21. He also insisted he had not been speaking as the Minister at the election rally but as the representative of his party for the coming election.

Er betonte auch, er hätte auf der Wahlkundgebung nicht als Minister sondern als der Vertreter seiner Partei für die kommende Wahl gesprochen.

RESPONSE DRILL

1. Was fragte Herr Adams Frl. Färber?

   Er fragte sie, ob sie das Sekretariat des Bundesaussenministers angerufen hätte.

2. Was antwortete sie ihm?

   Sie antwortete ihm, man hätte ihr gesagt, dass der Herr Bundesminister des Auswärtigen von seiner Reise noch nicht zurück wäre.

3. Was wollte Herr Adams dann von seiner Sekretärin wissen?

   Er wollte wissen, ob Frl. Färber die Fraktionsvorsitzenden der C D U und der S P D erreicht hätte.

4. Was hat man ihr an diesen Stellen gesagt?

   Man sagte ihr, dass die Herren noch nicht von ihren Fraktionssitzungen zurück wären.

5. Was vermutete Herr Adams?

   Er vermutete, dass sich beide Seiten auf die aussenpolitische Debatte vorbereiten würden.

6. Und was meinte er deshalb?

   Er meinte, dass sie mit dem Bericht bis nach der Debatte warten müssten.

7. Worüber sprach man im Bundestagsrestaurant?

   Man sprach darüber, dass der Innenminister sein Rücktrittsgesuch eingereicht hätte.

8. Warum vermutete man das?

   Weil er gestern eine zweistündige Unterredung mit dem Bundeskanzler hatte.

9. Was warfen ihm seine Kollegen vor?

   Sie warfen ihm vor, dass er sich in seiner Wahlrede zu stark vom Standpunkt der Regierung distanziert hätte.

10. Worüber stellte man schon Spekulationen an?

    Man stellte Spekulationen darüber an, wie sich der Rücktritt des Ministers auswirken würde.

11. Was wäre nach seinem Rücktritt möglich?

    1. Seine Partei könnte für ihn schon einen Posten vorgesehen haben.
    2. Er könnte sich überhaupt aus der Politik zurückziehen.

12. Warum griff die Morgenpresse den Minister heftig an?

    Weil er auf der Wahlkundgebung gesagt hatte, er würde für eine weitere Verkürzung der Arbeitszeit eintreten.

13. Was hätte den Minister erstaunt?

    Es hätte ihn erstaunt, wenn er nicht kritisiert worden wäre.

14. Sind die Arbeitgeber oder die Arbeitnehmer von seinem Vorschlag entzückt?

    Es scheint, als ob weder die Arbeitgeber noch die Arbeitnehmer von seinem Vorschlag entzückt wären.

15. Was hat der Minister immer betont?

    Er hat immer betont, dass es zu einer konstruktiven Zusammenarbeit beider Sozialpartner kommen müsste.

16. Wo, sagte der Minister, hätten die Arbeitszeitverkürzungen keine ernsten Schäden gezeitigt?

    In den verschiedenen Ländern der E W G, wo sie bereits durchgeführt worden sind.

17. Was betonte der Minister am Ende des Interviews?

    Er betonte, dass er auf dieser Wahlkundgebung nicht als Minister, sondern als Vertreter seiner Partei gesprochen hätte.

NARRATIVE

An

Herrn Kurt Neumann

bei Fam. Massenhausen

(69) Heidelberg

Hauptstrasse 108

Prof. Dr. Fritz Neumann   (6695) Tholey, den 21.12.64
Oberregierungsrat i. R.   Bahnhofstrasse 21

Lieber Kurt!

Du schriebst mir in Deinem letzten Brief, ob ich einige Minuten Zeit für Dich
hätte, um Dir einige Fragen über das Regierungssystem der Bundesrepublik zu
beantworten, weil Du einen Aufsatz über "Staatsoberhaupt, Parlament, Regierung und
Gesetzgebung in der Bundesrepublik" zu schreiben hättest, aber zu faul wärest, die
einschlägige Literatur zu studieren.
        Ich selbst würde ja so etwas meinem Onkel nicht so deutlich eingestanden haben,
wäre ich in Deiner Lage gewesen, und er hätte sich kaum Mühe gemacht, seinen Neffen
in dessen Faulheit zu unterstützen. Da aber das Weihnachtsfest vor der Tür steht,
möge meine Antwort das Weihnachtsgeschenk für Dich sein.
        An der Spitze der Bundesrepublik steht der Bundespräsident, der von einem be-
sonderen Gremium, der Bundesversammlung, auf fünf Jahre gewählt wird. Er vertritt
die Bundesrepublik völkerrechtlich. Im Namen des Bundes schliesst er die Verträge
mit ausländischen Staaten, beglaubigt und empfängt die Botschafter und Gesandten und
ernennt den auf seinen Vorschlag vom Bundestag gewählten Bundeskanzler. Auf Vorschlag des Bundeskanzlers ernennt und entlässt er die Bundesminister. Er ernennt
und entlässt auch die Bundesrichter und Beamten und Offiziere und er übt das Begna-
digungsrecht aus.
        Dem Bundeskanzler hat das Grundgesetz (die Verfassung) eine starke Stellung
eingeräumt. Er bestimmt die Richtlinien der Politik und trägt die Verantwortung
dafür. Der Bundestag kann ihn jederzeit mit absoluter Mehrheit abberufen; aber
nur, wenn vorher eine Mehrheit für einen Nachfolger zustandegekommen ist. Dieses
sogenannte "konstruktive Missbrauensvotum" ist ein wirksamer Schutz gegen
Regierungs krisen.
        Die Bundesregierung ist die Trägerin der wesentlich politischen Funktion, der
Leitung des Staates und der Zusammenordnung der obersten Organe mit der Aufgabe der
politischen Initiative. Sie repräsentiert die vollziehende Gewalt, d.h., sie hat
für die Durchführung der Gesetze zu sorgen. Ausserdem hat sie das Recht zur
Gesetzes initiative und ist insoweit an der Gesetzgebung massgeblich beteiligt.

(This Narrative is continued in Unit 23.)

bei Fam. Massenhausen	c/o the Massenhausen Family
Oberregierungsrat i.R. (= im Ruhestand)	Chief Government Counselor (Retired)
beantworten (w)	answer
der Aufsatz, -e	essay
das Staatsoberhaupt, "er	head of state
die Gesetzgebung, -en	legislation
faul	lazy
einschlägig	relative to, belonging to, pertinent
die einschlägige Literatur	the literature on the subject
deutlich	clear, obvious
eingestehen (a,a)	admit
die Lage, -n	position
in Deiner Lage	in your position
(continued on the next page.)	

289

der Neffe,-n	nephew
unterstützen (w)	support
das Weihnachtsfest,-e	Christmas
das Weihnachtsfest steht vor der Tür	Christmas is just around the corner
möge	may
die Antwort,-en	answer
das Geschenk,-e	present
an der Spitze	at the head (top)
das Gremium,-en	council, convocation
die Versammlung,-en	assembly
wählen (w)	elect
vertreten (i,a,e)	represent
völkerrechtlich	internationally
völkerrechtlich vertreten (i,a,e)	represent in international relations
einen Vertrag schliessen (o,o)	conclude a treaty
ausländisch	foreign
der Staat,-en	state
beglaubigen (w)	accredit
empfangen (ä,i,a)	receive
der Gesandte,-n	envoy
ernennen (a,a)	appoint
entlassen (ä,ie,a)	dismiss, discharge
der Richter,-	judge
ausüben (w)	exercise
das Begnadigungsrecht	prerogative of mercy, right to pardon
das Grundgesetz,-e	statute, fundamental law
die Verfassung,-en	constitution
die Stellung	position
einräumen (w)	allow, grant
bestimmen (w)	determine, decide
die Richtlinie,-n	course
die Verantwortung,-en	responsibility
jederzeit	anytime
die Mehrheit	majority
abberufen (ie,u)	recall, remove
der Nachfolger,-	successor
zustandekommen (a,o)	come to pass, materialize, be secured
das Misstrauensvotum	vote of censure, vote of no confidence
wirksam	effective
der Schutz	protection
die Krise,-n	crisis
wesentlich	essential, real
die Leitung	control, guidance
die Zusammenordnung	coordination
die Aufgabe,-n	duty, (responsibility)
die vollziehende Gewalt	executive
die Durchführung	execution, carrying out
sorgen für (+ acc) (w)	take care of, (be responsible for)
massgeblich	decisive

FINDER LIST

das	Absinken	drop
	allerdings	of course, to be sure
	als wenn, als ob	as if, as though
	angreifen (i,i)	attack, make an attack on
die	Ansicht,-en	view, opinion
der	Arbeitgeber,-	employer, (pl) management
der	Arbeitnehmer,-	employee, worker, (pl) labor
der	Ausfall,-̈e	loss
	ausscheiden (ie,ie) ist	drop out of, withdraw from
der	Aussenminister,-	the foreign minister, secretary of state
	aussenpolitisch	(concerning) foreign policy
	auswärtig	foreign
sich	auswirken (w) (auf + acc)	have an effect (on)
	betonen (w)	emphasize, insist
der	Bund,-̈e	confederation, league, alliance
der	Bundesminister des Auswärtigen	(German Federal) foreign minister
der	Bundestag	(German) Lower House, Chamber of Deputies
die	CDU (Christlich-Demokratische Union)	Christian Democratic Union
die	Debatte,-n	debate
	derzeitig	present, incumbent
sich	distanzieren von (w)	take a position at odds with, divorce oneself from
der	Druck,-̈e	pressure
unter	Druck setzen (w)	put pressure on, put the heat on
	durchführen (w)	carry out, put into practice
die	Durchführung	carrying out
	einreichen (w)	submit, hand in
	eintreten (i,a,e) (ist) für	stand up for, work toward, in behalf of
	entzückt	overjoyed, delighted, charmed
	erstaunen (w)	astonish, surprise
meines	Erachtens (abb: m.E.)	in my opinion
die	Europäische Wirtschaftsgemein-schaft (EWG)	European Economic Community (EEC)
	falls	in case, if
die	Fraktion,-en	the (parliamentary) party
der	Fraktionsvorsitzende,-n,-n	parliamentary party leader, "whip"
	ganz schön	certainly, all right
das	Gesuch,-e	application, request
	heftig	violent, severe, vehement
der	Innenminister,-	Minister of the Interior
das	Interview,-s	(journalistic) interview
	irgendwo	anywhere at all
das	Kabinett,-e	cabinet
der	Kanzler,-	chancellor
es	kommt zu (a,o) ist	things go as far as
	konstruktiv	constructive
der	Kreis,-e	circle
	kritisieren (w)	criticize
die	Kundgebung,-en	rally
die	Lebenshaltung	standard of living
der	Lohn,-̈e	wage(s), income
der	Minister,-	minister, secretary
	nun	well
der	Partner,-	partner
die	Presse	press
die	Rede,-n	speech
die	Regierung,-en	government
der	Rücktritt	retirement, resignation
das	Rücktrittsgesuch,-e	letter of resignation
der	Schaden,-̈	harm, damage
	scheinen (ie,ie)	seem, appear
die	Seite,-n	side

das	Sekretariat	secretariat, office of the secretary
die	Sitzung,-en	meeting
	sozial	social
die	SPD (Sozial-Demokratische Partei Deutschlands)	Social Democratic Party
die	Spekulation,-en	speculation
	Spekulationen über etwas an-stellen (w) (+ acc)	speculate, wonder about something
der	Standpunkt	point of view, position
	überhaupt	altogether, entirely, at all
	überzeugt	convinced, positive
die	Unterredung,-en	conversation, (private) conference
die	Verkürzung,-en	shortening, reduction
der	Vertreter,-	representative
sich	vorbereiten (w) auf (+ acc)	prepare for
	vorsehen (ie,a,e)	make provisions for
der	Vorsitzende,-n	chairman
	vorwerfen (i,a,o)	accuse, blame
die	Wahl,-en	election
	weder ... noch	neither ... nor
	zeitigen (w)	effect, produce
	zuletzt	last, least
sich	zurückziehen (o,o)	withdraw, retire
die	Zusammenarbeit	cooperation
	zweistündig-	two-hour

AUTOFAHREN IN DEUTSCHLAND

Basic Sentences

I

the semaphore

MR. ALLEN

I was told that the cars in Germany
had semaphores.

the directional light
everywhere

MR. BECKER

That's right. But you also see cars
with directional lights everywhere.

to put on

MR. ALLEN

So if I took my car along, I wouldn't
have to have semaphores put on?

by no means

MR. BECKER

By no means.

the hand signal

MR. ALLEN

And how is it with hand signals?

the direction indicator,
turn signal
to function, work

MR. BECKER

I'd only give them if the turn signals
didn't work.

those people
the motorcyclist
the bicyclist
in the country
tractor

And naturally all those people should
give hand signals who drive without
turn signals, like motorcyclists, bicyclists, and people in the country who
drive tractors etc.

I

der Winker,-

HERR ALLEN

Man sagte mir, dass die Wagen in Deutschland Winker hätten.

der Blinker,-
überall

HERR BECKER

Das stimmt. Aber Wagen mit Blinkern
sieht man auch überall.

anbringen (a,a)

HERR ALLEN

Wenn ich also meinen Wagen mitnähme,
müsste ich keine Winker anbringen lassen?

keineswegs

HERR BECKER

Keineswegs.

das Handzeichen,-

HERR ALLEN

Und wie ist es mit den Handzeichen?

der Richtungsanzeiger,-

funktionieren (w)

HERR BECKER

Ich gäbe sie nur, wenn die Richtungsanzeiger nicht funktionierten.

diejenigen
der Motorradfahrer,-
der Radfahrer,-
auf dem Land
der Traktor,-en

Und natürlich sollten auch diejenigen
Handzeichen geben, die ohne Richtungsanzeiger fahren, wie Motorradfahrer,
Radfahrer und Leute auf dem Land, die
mit Traktoren fahren usw.

the traffic policeman	der Verkehrspolizist,-en

MR. ALLEN

HERR ALLEN

And what do the traffic policemen do?

Und was tun die Verkehrspolizisten?

the same	dasselbe
to write out, issue	ausschreiben (ie,ie)
the ticket, punishment slip	der Strafzettel,-

MR. BECKER

HERR BECKER

The same as everywhere, they like to issue tickets.

Dasselbe wie überall, sie schreiben gern Strafzettel aus.

to regulate, direct	regeln (w)

MR. ALLEN

HERR ALLEN

I meant, whether they direct traffic.

Ich meinte, ob sie den Verkehr regeln.

the traffic light	die Verkehrsampel,-n

MR. BECKER

HERR BECKER

Naturally. Sometimes even where there are traffic lights.

Natürlich. Manchmal auch dort, wo es Verkehrsampeln gibt.

II

II

the traffic sign, signal	das Verkehrszeichen,-
the traffic sign	das Verkehrsschild,-er
different	anders

MR. ALLEN

HERR ALLEN

I also heard the traffic signals and signs were different than ours.

Ich hörte auch, die Verkehrszeichen und -schilder wären anders als unsere.

the Federal Republic	die Bundesrepublik
to be valid, hold good	gelten (i,a,o)

MR. BECKER

HERR BECKER

Yes, very. The International Traffic Signs hold good in the Federal Republic as in all of Europe.

Ja, sehr. In der Bundesrepublik wie in ganz Europa gelten die Internationalen Verkehrszeichen.

the driver	der Fahrer,-
to be difficult	schwer fallen (ä,ie, ist schwer gefallen)
would be difficult	schwer fiele
the knowledge	die Kenntnis,-se

MR. ALLEN

HERR ALLEN

Do you believe that it would be difficult for a driver to drive without a knowledge of these signs?

Glauben Sie, dass es einem Fahrer schwer fiele, ohne Kenntnis dieser Schilder zu fahren?

in any case	in jedem Fall
advisable	ratsam

MR. BECKER	HERR BECKER

It wouldn't be advisable in any case.　　Es wäre in jedem Fall nicht ratsam.

the traffic regulation	die Strassenverkehrsordnung,-en
to become conversant with	sich vertraut machen mit (w)
the one-way street	die Einbahnstrasse,-n
the right of way	das Vorfahrtsrecht
the speed limit	die Höchstgeschwindigkeit,-en
no parking	das Parkverbot,-e
the bicycle path	der Radfahrweg,-e

MR. BECKER (continues)	HERR BECKER (fährt fort ...)

You ought to become conversant with the traffic regulations and with the most important traffic signs like: one-way street, right of way, speed limit, no parking, bicycle path ...

Sie sollten sich mit der Strassenverkehrs-ordnung vertraut machen und mit den wich-tigsten Verkehrszeichen, wie: Einbahn-strasse, Vorfahrtsrecht, Höchstgeschwin-digkeit, Parkverbot, Radfahrweg ...

to interrupt	unterbrechen (i,a,o)
interrupts	unterbricht
that would let itself be learned (could be ...)	das liesse sich lernen
the instruction sheet	das Merkblatt,-̈er
the sign	das Zeichen,-

MR. ALLEN	HERR ALLEN

(interrupts ...) Oh well, that could certainly be easily learned if one got an instruction sheet with all the signs.

(unterbricht ...) Na ja, das liesse sich ja sicher leicht lernen, wenn man ein Merkblatt mit all den Zeichen bekäme.

MR. BECKER	HERR BECKER

That shouldn't be any problem.　　Das sollte kein Problem sein.

on the basis	auf Grund
the driver's licence	der Führerschein,-e
the International Driver's Licence	der Internationale Führerschein,-e

MR. ALLEN	HERR ALLEN

Another question. I could get, they told me, on the basis of my American driver's licence an International Driver's Licence.

Noch eine Frage. Ich bekäme, sagte man mir, auf Grund meines amerikanischen Führerscheins den Internationalen Führer-schein.

MR. BECKER	HERR BECKER

Yes, and you would be permitted to drive everywhere in Europe with it.

Ja, und mit dem dürften Sie überall in Europa fahren.

to teach	beibringen (a,a)

MR. ALLEN	HERR ALLEN

How is it, however, with my wife, who can't drive? Would I be allowed to teach her to drive?

Wie ist es aber mit meiner Frau, die nicht fahren kann? Dürfte ich ihr das Fahren beibringen?

295

to acquire	erwerben (i,a,o)
the driving school	die Fahrschule,-n
theoretical	theoretisch
the instruction	der Unterricht

MR. BECKER

Not in Germany. In order to get a
driver's licence there, she would have
to go to driving school where she would
also get theoretical instruction.

HERR BECKER

In Deutschland nicht; Um dort einen
Führerschein zu erwerben, müsste sie
eine Fahrschule besuchen, wo sie auch
theoretischen Unterricht bekäme.

the driving instructor	der Fahrlehrer,-
the traffic rules	die Verkehrsregel,-n
the brochure	die Broschüre,-n
or something similar	oder ähnliches (abbr.: o.ä.)

MR. ALLEN

Well, the traffic signs she could learn
as well as I without a driving instruc-
tor and for the traffic rules there
would probably be a brochure or something similar.

HERR ALLEN

Na, die Verkehrszeichen könnte sie so
gut wie ich ohne Fahrlehrer lernen und
für die Verkehrsregeln dürfte es ja
wohl eine Broschüre o.ä. geben.

the operation, workings	der Arbeitsvorgang,-̈e
the motor	der Motor,-en
to explain	erklären (w)
the function	die Funktion,-en
the spark plug	die Zündkerze,-n
the carburetor	der Vergaser,-
the generator	die Lichtmaschine,-n
and more of the same	und ähnliches mehr (abbr.: u.ä.m.)

MR. BECKER

No doubt. But in driving school one
would also explain the workings in the
motor to her, the function of the spark
plugs, of the carburetor, the generator
and more of the same.

HERR BECKER

Das schon. In der Fahrschule würde man
ihr aber auch die Arbeitsvorgänge im
Motor erklären, die Funktion der Zündkerzen, des Vergasers, der Lichtmaschine
u.ä.m.

insofar	sofern

MR. ALLEN

What would that be needed for, insofar
as you didn't want to repair your car
yourself?

HERR ALLEN

Wozu wäre das nötig, sofern man sein
Auto nicht selbst reparieren wollte?

the driving test	die Fahrprüfung,-en
to assume	voraussetzen (w)

MR. BECKER

In the German driving test such knowledge is assumed.

HERR BECKER

In der deutschen Fahrprüfung werden
solche Kenntnisse vorausgesetzt.

III   III

the pump attendant
to fill up the tank

der Tankwart,-e
volltanken (w)

PUMP ATTENDANT

TANKWART

Fill it up?

Volltanken?

to test, check
the oil level
the battery

prüfen (w)
der Ölstand
die Batterie,-n

MR. ALLEN

HERR ALLEN

Yes, please, and also check the oil
(level) and the battery.

Ja, bitte und prüfen Sie auch den Ölstand und die Batterie.

the radiator
to add (water)
the anti-freeze

der Kühler,-
nachfüllen (w)
das Frostschutzmittel,-

PUMP ATTENDANT

TANKWART

I'll have to add some water to the
radiator. Do you have enough anti-freeze
in it?

Ich muss etwas Wasser im Kühler nachfüllen. Haben Sie genug Frostschutzmittel drin?

MR. ALLEN

HERR ALLEN

I don't know. Could you check that
too?

Ich weiss nicht. Könnten Sie das
auch prüfen?

the degree
below zero
to announce

der Grad
unter Null
ansagen (w)

PUMP ATTENDANT

TANKWART

Gladly. The radio said we could reckon
with ten degrees below zero tonight.

Gern. Im Radio wurde angesagt, wir
könnten heute nacht mit zehn Grad
unter Null rechnen.

Fahrenheit
to convert
to sound

Fahrenheit
umrechnen (w)
klingen (a,u)

MR. ALLEN

HERR ALLEN

I have no idea how you convert that into
Fahrenheit, but it sounds right cold.

Ich habe keine Ahnung, wie man das in
Fahrenheit umrechnet - aber es klingt
recht kalt.

doesn't matter
the anti-freeze
the temperature

macht nichts
der Frostschutz
die Temperatur,-en

PUMP ATTENDANT

TANKWART

Doesn't matter. I've checked it already. The anti-freeze ought to suf-
fice for this temperature.

Macht nichts. Ich habe es schon ge-
prüft. Der Frostschutz sollte für
diese Temperatur ausreichen.

the rear tire

der Hinterreifen,-

MR. ALLEN

It looks as if the left rear tire needs some more air.

the air pump
the tire pressure

PUMP ATTENDANT

Drive over there, please. The air pump is there. How much (tire) pressure do you want?

the pound
the air pressure
the kilogram, kilo

MR. ALLEN

In America I would take twenty pounds, but perhaps you measure the air pressure in kilos.

atü

PUMP ATTENDANT

Our pumps are in atü. I think you want 1.2.

the windshield

MR. ALLEN

Good that you know that. I would also be grateful if you cleaned the windshield.

PUMP ATTENDANT

Glad to do it.

HERR ALLEN

Es sieht so aus, als ob der linke Hinterreifen etwas mehr Luft braucht.

die Luftpumpe, -n
der Reifendruck

TANKWART

Fahren Sie bitte dort drüben hin. Dort ist die Luftpumpe. Wieviel Reifendruck wollen Sie?

das Pfund
der Luftdruck
das Kilo

HERR ALLEN

In Amerika nähme ich zwanzig Pfund, aber vielleicht messen Sie den Luftdruck in Kilos.

atü[1]

TANKWART

Unsere Luftpumpen sind in atü. Ich glaube Sie wollen 1,2.

die Windschutzscheibe, -n

HERR ALLEN

Gut, dass Sie es wissen. Ich wäre auch dankbar, wenn Sie noch die Windschutzscheibe putzten.

TANKWART

Tu' ich gern.

Notes to the Basic Sentences

[1]   atü - Atmosphärenüberdruck is the pressure expressed in decimal fraccions of 1 atmosphere by which a given body of gas or air exceeds the pressure of the atmosphere. Since at sea level the pressure of the atmosphere is approximately 14.7 psi, atü always equals 14.7 psi plus the given decimal fraction. 1,5 atü thus is equal to 14.7 plus 1.5 times 14.7 or 36.75 psi. Normal automobile tire pressures today run from about 0,6 atü or 23.5 psi to about 1,2 atü or 32.3 psi. A conversion formula: N atü = 14.7 times (1 + N). To convert psi to atü: (N psi - 14.7) divided by 14.7 = atü.

Notes on Grammar
(For Home Study)

A.   CONDITIONAL CLAUSES

I. In Units 18 ff. we encountered conditional clauses introduced or conditioned by <u>als ob</u> or <u>wenn</u> and special conditional clauses standing without these:

> Es wäre kein Problem, das neue Auto zu kaufen, wenn wir mehr Geld hätten.

> Hätten wir mehr Geld, wäre es kein Problem, das neue Auto zu kaufen.

Most of the examples of unreal conditions in the present and future have been formed with subjunctives of <u>haben</u>, <u>sein</u>, the modals and <u>würden</u> with the infinitive:

> Es wäre gut, wenn er eine Tetanusspritze bekommen würde.

> Wenn er nicht schon ein Wörterbuch hätte, würde er dieses kaufen.

> Wenn Sie mir den Brief jetzt diktieren würden, könnte ich ihn nachher zur Post mitnehmen.

II. There is another possibility for expressing unreal conditions or possibilities in the present and future. For this one uses a subjunctive form of the main verb instead of <u>würden</u> plus the infinitive:

> Es <u>wäre</u> gut, wenn er eine Tetanusspritze <u>bekäme</u>.

> Wenn er nicht schon ein Wörterbuch <u>hätte</u>, <u>kaufte</u> er dieses.

> Wenn Sie mir den Brief jetzt <u>diktierten</u>, <u>könnte</u> ich ihn nachher zur Post mitnehmen.

This subjunctive is obviously based on the past form of the verb. A representative summary of forms is given below. As in the Past Tense, <u>ich</u> - and <u>er</u> - forms are identical, likewise <u>wir</u> - and <u>sie</u> - forms.

	Strong Verbs				Weak Verbs
<u>er</u> - form	käme	zöge	führe	liesse	sagte
<u>wir</u> - form	kämen	zögen	führen	liessen	sagten
<u>du</u> - form	kämest	zögest	führest	liessest	sagtest
<u>ihr</u> - form	kämet	zöget	führet	liesset	sagtet

Note that the strong verbs with vowel stems a,o,u take ä,ö,ü in the subjunctive. However, certain strong verbs that one would expect to have an umlaut for the past stem vowel in the subjunctive do not or have variant forms which are preferred usage:

Infinitive	Subjunctive
beginnen	begönne
empfehlen	empföhle
helfen	hülfe
kennen	kennte
nennen	nennte
schwimmen	schwömme
vorwerfen	vorwürfe

There are also some verbs which have two equally acceptable forms:

Infinitive	Subjunctive
stehen	stände, stünde
gelten	gälte, gölte

The weak verbs being identical with their indicative counterparts in the Past Tense achieve their subjunctive identity through their environment or context:

Ich gäbe sie nur, wenn die Richtungsanzeiger nicht funktionierten.

An important fact to remember is that one cannot always use these forms. Usage determines what is usable. You will learn usage by exposure to the spoken language.

B.   INDIRECT DISCOURSE

I. The forms of the subjunctive based on the Past Tense are often used in Indirect Discourse situations.

Er sagte, ich bekäme den Führerschein.

Ich hörte, es liesse sich leicht machen.

In Indirect Discourse one can state the content of another's words, thoughts or wishes with the subjunctive and thus underline the fact that those are the views of another. It may be evident from the statement that one wishes to divorce himself from the views:

Er glaubt, der Mond bestünde aus grünem Käse.

Or one may simply be reporting a fact:

Er sagt, der Konsul käme morgen zurück.

If one wishes to endorse the views or words of another, one uses the indicative:

Der Arzt glaubt, dass ich krank bin.

One may mark the subjective nature of his own views by the use of the subjunctive or simply use the subjunctive in stating his own views because one wishes to state them indirectly.

Ich dachte, er ginge.

Ich habe immer gedacht, dass er es wüsste.·

SUBSTITUTION DRILL

1. Man sagte mir, dass <u>die Wagen in
   Deutschland Winker hätten</u>.

   ... Motorradfahrer Handzeichen gäben.
   ... die Richtungsanzeiger nicht
       funktionierten.
   ... dieser Polizist oft Strafzettel
       ausschriebe.
   ... er noch länger hier bliebe.
   ... er nicht gern Traktoren führe.

2. Wenn ich meinen Wagen mitnähme,
   <u>müsste ich keine Winker anbringen
   lassen</u>.

   ... möchte ich mir vorher den Interna-
       tionalen Führerschein besorgen.
   ... brauchte ich nicht mit dem Zug
       zu fahren.
   ... könnte meine Frau auch damit
       fahren.
   ... brauchte ich in Deutschland keinen
       Wagen zu kaufen.
   ... liesse ich vorher den Motor repa-
       rieren.
   ... kaufte ich hier noch neue Reifen.

3. Er sagte mir, <u>die Winker funktio-
   nierten</u> nicht.

   ... einer der Blinker ...
   ... diese Verkehrsampel ...
   ... meine Richtungsanzeiger ...
   ... der neue Traktor ...
   ... die Lichtmaschine ...
   ... der Motor ...
   ... die Luftpumpe ...

4. Ich dachte, der Tankwart prüfte
   <u>den Reifendruck</u>.

   ... die Batterie.
   ... den Ölstand.
   ... den Luftdruck.
   ... die Zündkerzen.

5. Er schrieb uns, es gäbe dort <u>viele
   Radfahrwege</u>.

   ... keine Einbahnstrassen.
   ... kein Parkverbot.
   ... wenige Verkehrsampeln.
   ... gute Fahrschulen.
   ... andere Richtungsanzeiger.
   ... zu viele Verkehrszeichen.
   ... zu viele Motorradfahrer.

6. Der Polizist erklärte ihr, <u>sie hätte
   kein Vorfahrtsrecht</u>.

   ... sie brauchte einen Internationalen
       Führerschein.
   ... sie dürfte mit dem Fahrrad nur auf
       dem Radfahrweg fahren.
   ... sie sollte die Lichtmaschine reparie-
       ren lassen.
   ... sie müsste sich mit den Verkehrs-
       regeln vertraut machen.
   ... ihr amerikanischer Führerschein
       gälte hier nicht.
   ... sie führe zu schnell.
   ... er müsste ihr einen Strafzettel
       ausschreiben.

7. Bliebe sie hier, <u>führen wir in den</u>   ... liehe ich ihr meinen Wagen.
   <u>Schwarzwald</u>.   ... lüde ich sie zu einer Reise ein.
                                                      ... brächte ich ihr das Autofahren bei.
                                                      ... ginge ich mit ihr zum Spezialisten.
                                                      ... schwömme ich jeden Tag mit ihr.
                                                      ... gäbe ich ihr meine Tonbänder.
                                                      ... riefe ich sie jeden Tag an.
                                                      ... bearbeitete ich den Antrag gleich.
                                                      ... behielte ich ihr Buch noch eine
                                                          Woche.

8. Wenn ich nach Amerika führe, <u>könnte</u>   ... würde ich dort ein Auto kaufen.
   <u>ich bei Verwandten wohnen</u>.   ... würde ich mir leichte Sommeran-
                                                          züge kaufen.
                                                      ... nähme ich meinen Wagen mit.
                                                      ... besuchte ich Familie Massenhausen.

VARIATION DRILL

1. <u>Man sagte mir, die Wagen in Deutsch-</u>   <u>They told me, the cars in Germany</u>
   <u>land hätten Winker.</u>   <u>had semaphores.</u>

   a. Didn't you say that is in the   Sagten Sie nicht, das stünde heute
      paper today?   in der Zeitung?
   b. They told me, it would be easy   Man hat mir gesagt, es liesse sich
      to learn.   leicht lernen.
   c. They told her, she would get the   Man sagte ihr, sie bekäme den Führer-
      driver's licence in a few days.   schein in ein paar Tagen.
   d. They informed him, he doesn't   Man richtete ihm aus, er brauchte sich
      need to bother about it anymore.   nicht mehr darum zu kümmern.
   e. The doctor told him, he looks   Der Arzt sagte ihm, er sähe jetzt viel
      much better now.   besser aus.
   f. The policeman told me, I drive   Der Polizist sagte mir, ich führe zu
      too fast.   schnell.

2. <u>Ich hörte, die Deutschen arbeiteten</u>   <u>I heard the Germans work very hard.</u>
   <u>sehr fleissig.</u>

   a. I also heard they do not drink   Ich hörte auch, sie tränken nicht so
      as much beer as one often thinks.   viel Bier wie man oft denkt.
   b. But then they told me they like   Aber dann sagte man mir, sie ässen
      to eat a lot.   gern und viel.
   c. I heard later their heart trouble   Ich hörte später, ihre Herzbeschwerden
      comes from that.   kämen davon.
   d. The doctor said he recommends   Der Arzt sagte, er empfähle Frucht-
      fruit juices.   säfte.
   e. You said, I heard, I am getting   Sie sagten, hörte ich, ich würde zu
      too fat!   dick!

3. <u>Die Sekretärin sagte, der Botschafter</u>   <u>The secretary said, the Ambassador</u>
   <u>dächte ganz anders darüber.</u>   <u>thinks quite differently about it.</u>

   a. Mr. Allen declared he is sorry   Herr Allen erklärte, es täte ihm leid,
      it is his last evening in Berlin.   es wäre sein letzter Abend in Berlin.
   b. In the newspaper it said the   In der Zeitung stand, der Minister
      Minister is participating in the   nähme an der Konferenz in Finnland teil.
      conference in Finland.
   c. The President asserted his col-   Der Präsident behauptete, sein Kollege
      league kept his opinion.   bliebe bei seinem Standpunkt.
   d. The secretary informed us the   Die Sekretärin teilte uns mit, der Kon-
      Consul will read the applications   sul läse morgen die Anträge.
      tomorrow.
   e. Dr. Huber told me he is meeting   Dr. Huber erzählte mir, er träfe heute
      his old friend in the city today.   seinen alten Freund in der Stadt.

4. Wenn ich meinen Wagen nicht mit-   If I don't take my car along, I will
   nähme, müsste ich drüben einen   have to buy a new one over there.
   neuen kaufen.

   a. If Mr. Allen didn't buy new   Wenn Herr Allen keine neuen Reifen
      tires, he would be stuck with   kaufte, bliebe er eines Tages mit einer
      a flat tire one day.   Reifenpanne liegen.
   b. If the traffic policeman didn't   Wenn der Verkehrspolizist den Verkehr
      direct the traffic, one would   nicht regelte, käme man hier nicht
      not be able to move here.   weiter.
   c. If he didn't learn the traffic   Wenn er die Verkehrszeichen nicht lern-
      signs I would be sorry.   te, täte es mir leid.
   d. If I didn't give hand signals,   Wenn ich keine Handzeichen gäbe, schrie-
      the policeman would write me   be mir der Polizist einen Strafzettel
      a ticket.   aus.
   e. If Mrs. Allen didn't go to the   Wenn Frau Allen die Fahrschule nicht
      driving school, she wouldn't get   besuchte, bekäme sie keinen Führerschein.
      a driver's licence.

5. Glauben Sie, dass es einem Fahrer   Do you think that it would be difficult
   schwer fiele, ohne Kenntnis der   for a driver to drive without knowing
   Schilder zu fahren?   the signs?

   a. Do you think that it would be   Glauben Sie, dass es ginge, ohne Rich-
      possible to drive without di-   tungsanzeiger zu fahren?
      rectional signs?
   b. Don't you think that I could   Glauben Sie nicht, dass auch ich meiner
      also teach my wife to drive?   Frau das Fahren beibringen könnte?
   c. Do you think that the attendant   Glauben Sie, dass der Tankwart den
      would check the water in the   Wasserstand in der Batterie prüfte?
      battery?
   d. He doesn't believe that the Inter-   Er glaubt nicht, dass die Internationalen
      national Traffic Signs are valid   Verkehrszeichen überall in Europa gälten.
      everywhere in Europe.
   e. Don't you believe that the   Glauben Sie nicht, dass sich die Strassen-
      traffic regulations are easy   verkehrsordnung leicht lernen liesse?
      to learn?

6. Herr Allen glaubt, dass Schmidts   Mr. Allen believes that Schmidt's party
   Partei schon einen Posten für ihn   is already planning a post for him.
   vorsähe.

   a. Mr. Becker believes that motor-   Herr Becker glaubt, dass Motorradfahrer
      cyclists give hand signals.   Handzeichen gäben.
   b. Mr. Meyer believes that the   Herr Meyer glaubt, dass der Kanzler
      Chancellor will make a statement   heute eine Erklärung abgäbe.
      today.
   c. The Consul believes that the   Der Konsul glaubt, dass der Minister
      Minister will withdraw from   sich überhaupt aus der Politik zurück-
      politics completely.   zöge.
   d. Mr. Allen believes that his   Herr Allen glaubt, dass seine Kollegen
      colleagues will reproach him   ihm seinen Standpunkt vorwürfen.
      for his point of view.
   e. The Mayor said that Mr. Allen   Der Bürgermeister sagte, dass Herr Allen
      talks too much about politics.   zuviel über Politik spräche.

7. <u>Der Minister sagte gestern abend,</u>
   <u>er träte für eine Verkürzung der</u>
   <u>Arbeitszeit ein.</u>

<u>The Minister said yesterday evening</u>
<u>he would work toward a reduction of</u>
<u>working hours.</u>

a. The Foreign Minister declared
   yesterday in an interview he is
   not resigning.

Der Aussenminister erklärte gestern
in einem Interview, er reichte kein
Rücktrittsgesuch ein.

b. Professor Albers said in his
   lecture he also considered that
   possible.

Professor Albers sagte in seinem Vortrag, er hielte das auch für möglich.

c. Mrs. Schmidt said to Mrs. Allen
   she doesn't understand anything
   about politics.

Frau Schmidt sagte zu Frau Allen, sie
verstünde nichts von der Politik.

d. The Mayor said many people would
   certainly come to his campaign
   speech.

Der Bürgermeister sagte, es kämen bestimmt viele Leute zu seiner Wahlrede.

e. The reporter said the Federal
   Chancellor will already go to
   England next week.

Der Berichterstatter sagte, der Bundesminister führe schon nächste Woche
nach England.

8. <u>Er rechnete damit, dass Frau Meyer</u>
   <u>auch nach Berlin mitkäme.</u>

<u>He counted on it that Mrs. Meyer would</u>
<u>also come along to Berlin.</u>

a. He counted on it that there
   would be time enough for a trip
   to the Rhine too.

Er rechnete damit, dass die Zeit auch
noch für eine Reise an den Rhein ausreichte.

b. She counted on it that he would
   call her up the same evening.

Sie rechnete damit, dass er sie gleich
am selben Abend anriefe.

c. Didn't you say that it would
   come to a shortening of working
   hours?

Sagten Sie nicht, dass es zu einer
Verkürzung der Arbeitszeit käme?

d. He did not count on the fact
   that she would write him so soon
   again.

Er rechnete nicht damit, dass sie ihm
so bald wieder schriebe.

e. He wrote that difficulties would
   soon start.

Er schrieb, dass bald Schwierigkeiten
einträten.

9. <u>Ich gäbe nur Handzeichen, wenn die</u>
   <u>Richtungsanzeiger nicht funktio-</u>
   <u>nierten.</u>

<u>I would only give hand signals if the</u>
<u>directional signals did not function.</u>

a. I would only have him come here
   if he stayed in a hotel.

Ich liesse ihn nur herkommen, wenn er
in einem Hotel wohnte.

b. I would only send her money if
   she asked me for it.

Ich schickte ihr nur dann Geld, wenn
sie mich darum bäte.

c. He would surely write her if she
   gave him her address.

Er schriebe ihr sicher, wenn sie ihm
ihre Adresse gäbe.

d. I would stop directly in front
   of your house if a car did not
   stand there.

Ich hielte direkt vor Ihrem Haus, wenn
nicht dort ein Wagen stünde.

e. We would come with you if you
   were already driving next week.

Wir kämen mit euch mit, wenn ihr schon
nächste Woche führet.

10. <u>Käme er morgen, holte ich ihn vom</u>
    <u>Bahnhof ab.</u>

<u>If he came tomorrow, I would fetch him</u>
<u>from the station.</u>

a. If he didn't talk so long, we
   could still get the train.

Spräche er nicht so lange, bekämen wir
noch den Zug.

b. If we took this paper, they would
   deliver to the house every day.

Hielten wir diese Zeitung, brächten
sie sie jeden Tag ins Haus.

c. If he would call me on time, I
   would take him along to the
   theater.

Riefe er mich rechtzeitig an, nähme ich
ihn mit ins Theater.

d. If I left the car standing at
   the corner, I would get a ticket.

Liesse ich den Wagen an der Ecke stehen,
bekäme ich einen Strafzettel.

e. If he wouldn't interrupt me so
   often, he would understand the
   problem better.

Unterbräche er mich nicht so oft, verstünde er das Problem besser.

11. <u>Bekäme ich den Internationalen</u>
<u>Führerschein, dürfte ich überall</u>
<u>in Europa fahren.</u>

<u>If I got the International Driver's</u>
<u>Licence, I would be permitted to drive</u>
<u>everywhere in Europe.</u>

   a. If the International Traffic
      Signs were also valid in America,
      it would not be hard for me to
      drive here.
   b. If you spoke German, you would
      like it here better.
   c. If you thought about it, you
      wouldn't do it.
   d. If the press did not attack him
      so vehemently, he wouldn't divorce
      himself from his earlier point of
      view.
   e. If he understood my question, he
      wouldn't answer so stupidly.

Gälten die Internationalen Verkehrszeichen auch in Amerika, fiele es mir
nicht schwer, hier zu fahren.

Sprächen Sie deutsch, so gefiele es
Ihnen hier sicher besser.
Dächten Sie darüber nach, täten Sie
es nicht.
Griffe ihn die Presse nicht so heftig
an, distanzierte er sich nicht von
seinem früheren Standpunkt.

Verstünde er meine Frage, antwortete
er nicht so dumm.

12. <u>Kennte ich ihn, bäte ich ihn um eine</u>
<u>Zigarette.</u>

<u>If I knew him, I'd ask him for a</u>
<u>cigarette.</u>

   a. If I didn't know him, I wouldn't
      read his books.
   b. If I were ten years younger, I'd
      still go in for sports.
   c. If she weren't so beautiful, I
      wouldn't talk with her.
   d. If it weren't in the paper, I
      wouldn't believe it.
   e. If I weren't wearing my heavy
      coat, I'd freeze for sure.

Kennte ich ihn nicht, läse ich seine
Bücher nicht.
Wäre ich zehn Jahre jünger, triebe ich
noch Sport.
Wäre sie nicht so schön, unterhielte
ich mich nicht mit ihr.
Stünde es nicht in der Zeitung, glaubte
ich es nicht.
Trüge ich nicht meinen dicken Mantel,
fröre ich sicher.

VOCABULARY DRILL

1. <u>anbringen</u> - "put on"

   a. Es wäre besser, wenn Sie Winker
      anbringen liessen.
   b. Er liess die Winker vorige Woche
      anbringen.
   c. Hier müssten neue Verkehrsschil-
      der angebracht werden.
   d. Der Schlosser kann den Spiegel
      an Ihrem Wagen anbringen.
   e. Wenn er Blinker gehabt hätte,
      hätte er die Winker nicht ange-
      bracht.

It would be better if you had semaphores put on.
He had the semaphores put on last week.

New traffic signs ought to be put up
here.
The mechanic can put the mirror on
your car.
If he had had directional lights, he
wouldn't have had the semaphores put
on.

2. <u>funktionieren</u> - "function, work"

   a. Ich habe das Programm nicht sehen
      können, da mein Fernsehapparat
      nicht funktionierte.
   b. Schade! Mein Füller funktioniert
      im Augenblick nicht.
   c. Eine der Zündkerzen hat nicht
      richtig funktioniert.
   d. Die Batterie funktioniert immer
      noch gut.
   e. Er sagte, die Lichtmaschine hätte
      immer funktioniert.

I wasn't able to see the program
because my television wasn't working.

Too bad! My pen isn't working at the
moment.
One of the spark plugs wasn't working
properly.
The battery is still functioning well.

He said the generator had always
functioned.

3. <u>regeln</u> - "direct, regulate, put in order, take care of"

a. Wo ist der Verkehrspolizist, der
   hier den Verkehr regeln sollte?
   Where is the traffic policeman who is
   supposed to direct traffic here?
b. Das werden wir schon regeln!
   We'll put that in order right away!
c. Wer hat die Angelegenheit für
   Sie geregelt?
   Who took care of the matter for you?
d. Der Verkehr sollte an dieser
   Ecke besser geregelt werden.
   The traffic ought to be better regulated
   at this corner.
e. Er hat die Sache schlecht geregelt.
   He has taken care of the thing badly.

4. <u>gelten</u> - "be valid, count"

a. Er denkt, sein amerikanischer
   Führerschein gälte auch in Deutschland.
   He thinks his American driver's licence
   is also valid in Germany.
b. Der Prophet gilt nichts in seinem Vaterlande.
   The prophet counts for nothing in his
   homeland.
c. Das lasse ich nicht gelten.
   I don't count that.
d. Wenn es gilt, ist er immer da.
   When it counts, he is always there.
e. Die Theaterkarten gelten für
   die Abendvorstellung.
   The theater tickets are only valid
   for the evening performance.

5. <u>schwer fallen</u> - "be difficult, be hard"

a. Es fiel mir schwer, Deutschland
   zu verlassen.
   It was difficult for me to leave
   Germany.
b. Frau Schmidt sagte, es fiel ihr
   schwer, ihre Diät einzuhalten.
   Mrs. Schmidt said it was difficult
   for her to keep to her diet.
c. Es ist ihm schwer gefallen, den
   Artikel zu übersetzen.
   It was hard for him to translate
   the article.
d. Heute fiel es ihm schwer, beide
   Konferenzen zu besuchen.
   Today it was hard for him to visit
   both conferences.
e. Fällt es Ihnen schwer, diesen
   Brief zu schreiben?
   Is it hard for you to write this
   letter?
f. Es wird ihnen schwer fallen, das
   zu versuchen.
   It will be difficult for them to try
   that.

6. <u>beibringen</u> - "teach"

a. Können Sie mir das Fahren beibringen?
   Can you teach me to drive?
b. Er hat mir das Motorradfahren
   beigebracht.
   He taught me to drive a motorcycle.
c. Niemand konnte mir das beibringen.
   No one could teach me that.
d. Das werde ich dir beibringen!
   I'll teach you!
e. Herr Schmidt bringt mir das
   Tennisspielen bei.
   Mr. Schmidt is teaching me to play
   tennis.

7. <u>erklären</u> - "explain"

a. Sie müssen mir die Verkehrszeichen
   erklären.
   You'll have to explain the traffic
   signs to me.
b. Sie erklärte dem Antragsteller,
   wie er das Formular ausfüllen
   sollte.
   She explained to the applicant how
   he should fill out the form.
c. Wir haben diese Sache ausführlich
   erklärt.
   We have explained this matter
   thoroughly.
d. Erklären Sie mir, warum Sie zu
   spät gekommen sind.
   Explain to me why you were late.
e. Erklärte sie Ihnen, wie es zu
   dem Unfall kam?
   Did she explain to you how the accident
   happened?

8. <u>voraussetzen</u> - "presuppose, expect"

   a. Solche Kenntnisse werden von der
      Polizei vorausgesetzt.

      The police expect such knowledge.

   b. Herr Allen setzte voraus, dass
      Fräulein Bruce eine Schreibma-
      schine hätte.

      Mr. Allen presupposed that Miss Bruce
      had a typewriter.

   c. Herr Becker sagte mir, die Poli-
      zei setzte das bei der Fahrprü-
      fung voraus.

      Mr. Becker told me the police expected
      that in the driving test.

   d. Das können wir kaum voraussetzen.

      We can scarcely presuppose that.

   e. Wir setzten voraus, dass Sie Auto-
      fahren könnten.

      We presupposed that you would be able
      to drive.

9. <u>umrechnen</u> - "convert"

   a. In Fahrenheit umgerechnet sind
      das mehr als 90 Grad.

      Converted into Fahrenheit that is more
      than 90 degrees.

   b. Wie rechnen wir das von atü in
      Pfund um?

      How do we convert from atü into pounds?

   c. Das ist zu kompliziert um es umzu-
      rechnen.

      That is too complicated to convert it.

   d. Das Umrechnen ist immer schwierig
      für Ausländer.

      Converting is always difficult for
      foreigners.

   e. Wenn man Kilometer in amerikani-
      sche Meilen umrechnet, sind 1,6
      Kilometer eine Meile.

      If one converts kilometers into American
      miles, 1.6 kilometers are one mile.

10. <u>überall</u> - "everywhere"

   a. Überall in Europa gelten die
      Internationalen Verkehrszeichen.

      The International Traffic Signs are
      valid everywhere in Europe.

   b. Ich hörte, ich dürfte überall in
      Europa mit diesem Führerschein
      fahren.

      I heard that I was permitted to drive
      everywhere in Europe with this driver's
      licence.

   c. Das stimmt nicht ganz, überall
      ist das nicht der Fall.

      That is not quite so; that is not the
      case everywhere.

   d. Ich suchte überall im Haus und
      habe das Merkblatt nicht gefunden.

      I looked everywhere in the house and
      did not find the leaflet.

   e. Wo sind Sie überall in Europa ge-
      wesen?

      Where have you been all over Europe?

11. <u>prüfen</u> - "examine, check"

   a. Bitte prüfen Sie, ob genug Frost-
      schutz im Kühler ist.

      Please check whether there is enough
      anti-freeze in the radiator.

   b. Ich prüfte nicht nur Öl- und
      Wasserstand, sondern auch die
      Batterie und die Reifen.

      I checked not only the oil and the
      water, but also the battery and the
      tires.

   c. Herr Allen wollte den Reifendruck
      prüfen lassen.

      Mr. Allen wanted the tire pressure
      checked.

   d. Ich dachte, der Tankwart prüfte
      alles.

      I thought the attendant checked every-
      thing.

   e. Die Studenten werden am Ende des
      Jahres geprüft.

      The students are examined at the end
      of the year.

   f. In Deutschland prüft man bei der
      Fahrprüfung auch die theoretischen
      Kenntnisse des Fahrers.

      In Germany in the driving test the
      theoretical knowledge of the driver
      is also examined.

TRANSLATION DRILL

1. Mr. Allen asked whether it was so that all cars in Germany had semaphores.

    Allen fragte, ob es stimmte, dass alle Wagen in Deutschland Winker hätten.

2. Mr. Becker explained to him that one also saw many cars with directional lights there.

    Becker erklärte ihm, dass man dort auch viele Wagen mit Blinkern sähe.

3. If Mr. Allen took his car along, he wouldn't have to have semaphores put on.

    Wenn Allen seinen Wagen mitnähme, müsste er keine Winker anbringen lassen.

4. Most German drivers, according to Mr. Becker, give hand signals only when the directionals don't function.

    Handzeichen, meinte Becker, gäben die meisten deutschen Autofahrer nur dann, wenn die Richtungsanzeiger nicht funktionierten.

5. People who drive tractors or bicyclists and motorcyclists ought always to give hand signals.

    Leute, die Traktoren fahren, oder Radfahrer und Motorradfahrer sollten immer Handzeichen geben.

6. Traffic policemen direct traffic and also issue tickets.

    Verkehrspolizisten regeln den Verkehr und schreiben auch Strafzettel aus.

7. Traffic lights, traffic signs and symbols are different in Europe than the American ones, one told Mr. Allen.

    Verkehrsampeln, Verkehrsschilder und Verkehrszeichen in Europa wären anders als die amerikanischen, sagte man Herrn Allen.

8. The International Traffic Signs are valid in all of Europe.

    Die Internationalen Verkehrszeichen gelten in ganz Europa.

9. To drive without knowledge of these signs would not be advisable.

    Ohne Kenntnis dieser Schilder zu fahren wäre nicht ratsam.

10. Allen was supposed to get acquainted with the traffic regulations and with the most important traffic signs such as, one way street, right of way, maximum speed, no parking, bicycle path.

    Allen sollte sich mit der Strassenverkehrsordnung und mit den wichtigsten Verkehrszeichen, wie: Einbahnstrasse, Vorfahrtsrecht, Höchstgeschwindigkeit, Parkverbot, Radfahrweg, vertraut machen.

11. He asked then whether he could get a leaflet with these traffic signs.

    Er fragte dann, ob er ein Merkblatt mit diesen Verkehrszeichen bekäme.

12. Then he wanted to know whether he could get the International Driver's Licence, with which he could drive everywhere in Europe, on the basis of his American driver's licence.

    Dann wollte er wissen, ob er den Internationalen Führerschein, mit dem er überall in Europa fahren dürfte, auf Grund seines amerikanischen Führerscheins bekäme.

13. He would not be permitted to teach his wife to drive in Germany.

    Er dürfte seiner Frau in Deutschland das Fahren nicht beibringen.

14. She would have to visit a driving school to get a driver's licence.

    Sie müsste eine Fahrschule besuchen um einen Führerschein zu erwerben.

15. There she would also receive theoretical instruction.

    Dort bekäme sie auch theoretischen Unterricht.

16. Afterward she would be able to do what her husband certainly never does himself, as for example repair the generator and clean the spark plugs.

    Danach könnte sie das tun, was ihr Mann sicher nie selbst tut, wie zum Beispiel die Lichtmaschine reparieren und die Zündkerzen reinigen.

17. Such knowledge is also expected from a woman in the German driving examination.

    Solche Kenntnisse werden auch bei einer Frau in einer deutschen Fahrprüfung vorausgesetzt.

18. Therefore send your wife to a German driving school.

    Schicken Sie Ihre Frau also auf eine deutsche Fahrschule.

19. Then she will always check the oil and the battery.

    Sie wird dann immer den Ölstand und die Batterie prüfen.

20. Mr. Allen had unfortunately no idea how one converted Fahrenheit into Centigrade and how much air pressure he needed in atü.

    Herr Allen hatte leider keine Ahnung, wie man Fahrenheit in Celsius umrechnet, und wieviel atü Reifendruck er brauchte.

21. He also didn't know whether his antifreeze sufficed.

    Er wusste auch nicht, ob sein Frostschutzmittel ausreichte.

22. But he noticed that the left rear tire needed somewhat more air.

Aber er bemerkte, dass der linke Hinterreifen etwas mehr Luft brauchte.

23. The attendant told him he should drive to the air pump.

Der Tankwart sagte ihm, er sollte an die Luftpumpe fahren.

24. He drove so fast to the air pump that he broke it.

Er fuhr so schnell an die Luftpumpe, dass diese kaputt ging.

25. Then the attendant cleaned the windshield.

Dann putzte der Tankwart die Windschutzscheibe.

RESPONSE DRILL

1. Was sagte man Herrn Allen über die Wagen in Deutschland?

Man sagte ihm, dass sie Winker hätten.

2. Haben wirklich alle Wagen Winker?

Nein, man sieht auch überall Wagen mit Blinkern.

3. Geben Autofahrer in Deutschland Handzeichen?

Ja, wenn ihre Richtungsanzeiger nicht funktionieren.

4. Wer sollte aber immer Handzeichen geben?

Alle Radfahrer, Motorradfahrer und Leute auf dem Land, die mit Traktoren fahren, sollten Handzeichen geben.

5. Regeln Polizisten den Verkehr und was tun sie noch?

Sie regeln den Verkehr, manchmal auch dort, wo es Verkehrsampeln gibt und sie schreiben gern Strafzettel aus.

6. Was hörte Allen über Verkehrsschilder und -zeichen?

Er hörte, dass sie anders als die amerikanischen wären.

7. Was sagte Becker über die Verkehrszeichen drüben?

Er sagte, dass in der Bundesrepublik wie in ganz Europa die Internationalen Verkehrszeichen gelten.

8. Glaubte Becker, dass man ohne Kenntnis dieser Schilder fahren könnte?

Er meinte, es wäre nicht ratsam.

9. Womit sollte Allen sich vertraut machen?

Er sollte sich mit der Strassenverkehrsordnung und mit den wichtigsten Verkehrszeichen vertraut machen.

10. Welche wären das zum Beispiel?

Das wären zum Beispiel die Verkehrszeichen für Einbahnstrassen, Radfahrwege, Vorfahrtsrecht und Höchstgeschwindigkeiten.

11. Wie meint Herr Allen, könnte er das leicht lernen?

Er meint, er könnte das sicher leicht lernen, wenn er ein Merkblatt mit all diesen Zeichen bekäme.

12. Was hat man ihm über den Internationalen Führerschein gesagt?

Man sagte ihm, er bekäme ihn auf Grund seines amerikanischen Führerscheins.

13. Wo dürfte er damit fahren?

Er dürfte damit überall in Europa fahren.

14. Was müsste man tun, um in Deutschland einen Führerschein zu erwerben?

Man müsste eine Fahrschule besuchen, wo man auch theoretischen Unterricht bekäme.

15. Was müsste man im theoretischen Unterricht lernen?

Man müsste lernen, wie die Arbeitsvorgänge im Motor sind, wie die Zündkerzen arbeiten, wozu der Vergaser und die Lichtmaschine da sind.

16. Wie oft lassen Sie in Ihrem Wagen den Ölstand prüfen?

17. Prüfen Sie die Batterie selbst oder wie oft lassen Sie sie prüfen?

18. Lassen Sie das Frostschutzmittel auch im Sommer drin oder was tun Sie damit?

19. Wieviel Grad Fahrenheit entsprechen Null Grad Celsius?

NARRATIVE

Ein Betrunkener wurde wegen eines Verkehrsunfalls, den er verursacht hatte,
von der Polizei vernommen. Auf die Frage, ob er denn nicht wüsste, dass ein
Betrunkener nicht fahren dürfte, antwortete er:
"Da ich nicht nüchtern war, kam mir nicht der Gedanke, dass ich ein Betrunkener wäre, also nicht fahren dürfte. Wäre ich nüchtern gewesen, hätte ich natürlich gewusst, dass ich als Betrunkener nicht fahren durfte."

der Betrunkene,-n,-n	drunk
der Verkehrsunfall,-̈e	traffic accident
verursachen (w)	cause
vernehmen (i,a,o)	question, cross examine
nüchtern	sober

sie: Wären Sie mein Mann, gäbe ich Ihnen Gift.

er: Hätte ich Sie zur Frau, nähme ich es.

das Gift,-e	poison

FINDER LIST

oder	ähnliches (abbr. o.ä.)	or something similar
und	ähnliches mehr (abbr. u.ä.m.)	and more of the same
	anbringen (a,a)	put on
	anders	different
	ansagen (w)	announce
der	Arbeitsvorgang,-̈e	operation, workings
	atü	atü
	auf dem Land	in the country
	auf Grund	on the basis
	ausschreiben (ie,ie)	write out, issue
die	Batterie,-n	battery
	beibringen (a,a)	teach
der	Blinker,-	directional light
die	Broschüre,-n	brochure
die	Bundesrepublik	Federal Republic
	das liesse sich lernen	that would let itself be learned (could be ...)
	dasselbe	same
	diejenigen	those people
die	Einbahnstrasse,-n	one-way street
	erklären (w)	explain
	erwerben (i,a,o)	acquire
	Fahrenheit	Fahrenheit
der	Fahrer,-	driver
der	Fahrlehrer,-	driving instructor
die	Fahrprüfung,-en	driving test
die	Fahrschule,-n	driving school
der	Frostschutz	anti-freeze
das	Frostschutzmittel,-	anti-freeze
der	Führerschein,-e	driver's licence
die	Funktion,-en	function
	funktionieren (w)	function, work
	gelten (i,a,o)	be valid, hold good
der	Grad	degree
das	Handzeichen,-	hand signal
der	Hinterreifen,-	rear tire
die	Höchstgeschwindigkeit,-en	speed limit
	in jedem Fall	in any case
der	Internationale Führerschein	International driver's licence

	keineswegs	by no means
die	Kenntnis, -se	knowledge
das	Kilo, -s	kilogram, kilo
	klingen (a,u)	sound
der	Kühler, -	radiator
die	Lichtmaschine, -	generator
der	Luftdruck	air pressure
die	Luftpumpe, -n	air pump
	macht nichts	doesn't matter
das	Merkblatt, ̈-er	instruction sheet
	der Motor, -en	motor
der	Motorradfahrer, -	motorcyclist
	nachfüllen (w)	add (water)
der	Ölstand	oil level
das	Parkverbot, -e	no parking
das	Pfund, -e	pound
	prüfen (w)	test, check
der	Radfahrer, -	bicyclist
der	Radfahrweg, -e	bicycle path
	ratsam	advisable
	regeln (w)	regulate, direct
der	Reifendruck	tire pressure
der	Richtungsanzeiger, -	direction indicator, turn signal
	schwer fallen (ä,ie,a) ist	be difficult
	schwer fiele	would be difficult
	sofern	insofar
der	Strafzettel, -	ticket, punishment slip
die	Strassenverkehrsordnung, -en	traffic regulation
der	Tankwart, -e	pump attendant
die	Temperatur, -en	temperature
	theoretisch	theoretical
der	Traktor, -en	tractor
	überall	everywhere
	umrechnen (w)	convert
	unterbrechen (i,a,o)	interrupt
	unterbricht	interrupts
	unter Null	below zero
der	Unterricht	instruction
der	Vergaser, -	carburetor
die	Verkehrsampel, -n	traffic light
der	Verkehrspolizist, -en	traffic policeman
die	Verkehrsregel, -n	traffic rules
das	Verkehrsschild, -er	traffic sign
das	Verkehrszeichen, -	traffic sign, signal
sich	vertraut machen mit (w)	become conversant with
	volltanken (w)	fill up the tank
	voraussetzen (w)	assume
das	Vorfahrtsrecht, -e	right of way
die	Windschutzscheibe, -n	windshield
der	Winker, -	semaphore
das	Zeichen, -	sign
die	Zündkerze, -n	spark plug

INTERNATIONALE STRASSENVERKEHRSZEICHEN
INTERNATIONAL SIGNS

Unebene Fahrbahn

uneven road

Gefährliche Kurve

dangerous curve

Rechtskurve

right curve

Doppelkurve, erste rechts

double curve, first to right

Kreuzung

road intersection

Kreisverkehr rechts

traffic circle

Beschrankter Bahnübergang

level crossing with gates

Unbeschrankter Bahnübergang

level crossing without gates

Unbeschrankter Bahnübergang

level crossing without gates

Gefährliches Gefälle

dangerous hill

Engpass

road narrows

Bewegliche Brücke

opening bridge

Baustelle

road works

Schleudergefahr

slippery road

Fussgänger Überweg

pedestrian crossing

Kinder

watch out for children

Tiere

cattle crossing

Kreuzung mit Strasse ohne Vorfahrtsrecht

intersection with a non-priority road

Wildwechsel

deer crossing

Allgem. Gefahrenstelle

unspecified danger

Vorfahrt achten
priority road ahead

Gegenverkehr
two-way traffic on narrow road

IM AMERIKANISCHEN HANDELSZENTRUM

Basic Sentences

I

the Trade Center

In the American Trade Center, Frankfurt am Main.

the visitor

Consul Becker is just talking to a visitor, Mr. Knagge.

to own, possess
the export
the import
you are
silent partner

CONSUL BECKER

Didn't you tell me yesterday on the telephone your brother owns an export and import firm in Lübeck and you are just a silent partner?

the factory
mechanical
the toy

MR. KNAGGE

That's right, Mr. Becker. Besides that my brother has a small factory for mechanical toys.

the firm

CONSUL BECKER

And your brother wants to get in touch with American firms?

the business connection
he plans

MR. KNAGGE

Exactly. We have up to now no business connections at all with American firms.

But my brother wrote me, he plans a business trip to the USA.

the most reasonable thing

CONSUL BECKER

That would be the most reasonable thing.

I

das Handelszentrum,-en

Im Amerikanischen Handelszentrum, Frankfurt a/M.

der Besucher,-

Konsul Becker spricht gerade mit einem Besucher, Herrn Knagge.

besitzen (a,e)
der Export,-e
der Import,-e
Sie seien
Stiller Teilhaber

KONSUL BECKER

Sagten Sie mir nicht gestern am Telephon, Ihr Bruder besitze eine Export- und Importfirma in Lübeck und Sie seien nur Stiller Teilhaber?

die Fabrik,-en
mechanisch
das Spielzeug,-e

HERR KNAGGE

Stimmt, Herr Konsul. Ausserdem hat mein Bruder eine kleine Fabrik für mechanische Spielzeuge.

die Firma,-en

KONSUL BECKER

Und Ihr Herr Bruder will sich mit amerikanischen Firmen in Verbindung setzen?

die Geschäftsverbindung,-en
er plane

HERR KNAGGE

Genau. Wir haben bis jetzt gar keine Geschäftsverbindungen mit amerikanischen Firmen.

Aber mein Bruder schrieb mir, er plane eine Geschäftsreise nach den USA.

das Vernünftigste

KONSUL BECKER

Das wäre das Vernünftigste.

continuing
he plans
the connection
to take up, make (a connection)
I should, shall

fortfahrend
er habe vor
die Beziehung,-en
aufnehmen (i,a,o)
ich solle

MR. KNAGGE

HERR KNAGGE

(continuing ...) He plans to make connections on the spot with American firms and I shall go along and look at the land and the people.

(fortfahrend ...) Er habe vor, an Ort und Stelle Beziehungen zu amerikanischen Firmen aufzunehmen und ich solle mitfahren und mir Land und Leute ansehen.

helps, will help
the working out
the travel plan

helfe
die Ausarbeitung,-en
der Reiseplan,-e

CONSUL BECKER

KONSUL BECKER

Not a bad idea of your brother. Write him that the Trade Center will be glad to help you with working out your travel plans.

Keine schlechte Idee von Ihrem Herrn Bruder. Schreiben Sie ihm, das Handelszentrum helfe Ihnen gern bei der Ausarbeitung Ihrer Reisepläne.

friendly, kind

freundlich

MR. KNAGGE

HERR KNAGGE

That's very kind of you.

Das ist sehr freundlich von Ihnen.

responsible

zuständig

CONSUL BECKER

KONSUL BECKER

May I introduce you to one of our men responsible (for this sort of thing)?

Darf ich Sie mit einem unserer zuständigen Herren bekannt machen?

take trouble, bother about

bemühen (w)

MR. KNAGGE

HERR KNAGGE

I would like to write my brother first before I bother you with that.

Ich möchte meinem Bruder erst schreiben, ehe ich Sie damit bemühe.

the exporter
the register
possibly
the contact
to get into contact, touch

der Exporteur,-e
das Register,-
eventuell
der Kontakt,-e
Kontakt aufnehmen

CONSUL BECKER

KONSUL BECKER

But we're really glad to do it. We'll give you also the addresses of American exporters and a register of firms with whom you can possibly get in touch.

Aber das tun wir doch gern. Wir geben Ihnen auch die Adressen von amerikanischen Exporteuren und ein Register von Firmen, mit denen Sie eventuell Kontakt aufnehmen können.

II

in this regard
he wants

MR. KNAGGE

My brother wrote me that in this
regard he wants to inquire at the
American Consulate General in Hamburg.

he should, ought to
personally
the commercial section
by letter, mail

CONSUL BECKER

Write him he ought rather to go to
the Commercial Section of the Consulate
General personally.
It's rather complicated by mail.

MR. KNAGGE

That I can understand. I'll write him
this evening.

they will
in every regard, way
he may ... have himself
taken up, placed
the trade list

CONSUL BECKER

Tell him, they will help him in every
way. He may, if he wants, also be
placed in our trade lists there so
that your firm will be known in the
USA too.

MR. KNAGGE

I'll do that. - How about the Trade
Center here? My brother wrote he has
read about it and I ought to inquire
(about it).

a kind, sort of
the industrial product

CONSUL BECKER

It's a sort of show window of American
industry in the Federal Republic.
There are shows here in which you can
see the latest American industrial
products.

II

diesbezüglich
er wolle

HERR KNAGGE

Mein Bruder schrieb mir schon, dass
er sich diesbezüglich beim amerikanischen Generalkonsulat in Hamburg erkundigen wolle.

er solle
persönlich
die Handelsabteilung,-en
brieflich

KONSUL BECKER

Schreiben Sie ihm, er solle lieber
persönlich zur Handelsabteilung im
Generalkonsulat gehen.
Brieflich sei das ziemlich umständlich.

HERR KNAGGE

Das kann ich verstehen. Ich werde es
ihm heute abend schreiben.

man werde
in jeder Beziehung
er möge sich ... auf-
nehmen lassen
die Handelsliste,-n

KONSUL BECKER

Sagen Sie ihm, man werde ihm in jeder
Beziehung behilflich sein. Er möge
sich, wenn er wolle, dort auch in
unsere Handelslisten aufnehmen lassen,
damit Ihre Firma auch in den USA bekannt werde.

HERR KNAGGE

Das werde ich tun. - Wie ist das hier
mit dem Handelszentrum? Mein Bruder
schrieb, er habe davon gelesen und ich
solle mich danach erkundigen.

eine Art
das Industrieerzeugnis,-se

KONSUL BECKER

Es ist eine Art Schaufenster der amerikanischen Industrie in der Bundesrepublik. Es gibt hier Ausstellungen, in
denen man sich die neuesten amerikanischen Industrieerzeugnisse ansehen
kann.

315

the heavy industry	die Schwerindustrie,-n
the mining	der Bergbau
the iron industry	die Eisenindustrie,-n

MR. KNAGGE

HERR KNAGGE

Is that only for heavy industry like, for example, the mining and iron industries?

Ist das nur für die Schwerindustrie wie z.B. Bergbau und Eisenindustrie?

the consumer goods industry	die Konsumindustrie,-n
the groceries	die Lebensmittel
the household ware	die Haushaltsware,-n
the area, sphere	das Gebiet,-e
in the sphere	auf dem Gebiet
the auto repair	die Wagenreparatur,-en

CONSUL BECKER

KONSUL BECKER

No, the consumer goods industry also participates: groceries, household wares, the newest equipment in the sphere of auto repair.

Nein, auch die Konsumindustrie ist daran beteiligt: Lebensmittel, Haushaltswaren, die neuesten Geräte auf dem Gebiet der Wagenreparatur.

MR. KNAGGE

HERR KNAGGE

But you've probably never shown toys. Or have you?

Aber Spielzeuge haben Sie wohl nie gezeigt. Oder?

the Christmas	das/die Weihnachten
the teaching machine	das Unterrichtsgerät,-e

CONSUL BECKER

KONSUL BECKER

Yes, last year before Christmas, right after a show of teaching machines from America.

Doch, letztes Jahr vor Weihnachten, gleich nach einer Ausstellung von Unterrichtsgeräten aus Amerika.

on hand

vorhanden

MR. KNAGGE

HERR KNAGGE

If my brother had only known that! Are there still any folders about it on hand?

Wenn mein Bruder das nur gewusst hätte! Sind davon noch Prospekte vorhanden?

CONSUL BECKER

KONSUL BECKER

Yes. I think we could even find a catalogue for you.

Ja. Ich glaube, man könnte sogar einen Katalog für Sie finden.

MR. KNAGGE

HERR KNAGGE

Thanks a lot. How often do these shows take place?

Vielen Dank. Wie oft finden diese Ausstellungen statt?

the precision tool, instrument	die Feinmechanik

CONSUL BECKER

KONSUL BECKER

Every few months. At the moment we are preparing a precision instrument show.

Alle paar Monate. Im Moment bereiten wir eine Ausstellung der Feinmechanik vor.

316

MR. KNAGGE

If you give me the dates, I'll pass
them on to my brother.

HERR KNAGGE

Wenn Sie mir die Daten geben, gebe
ich sie meinem Bruder weiter.

III

Thank God
day after tomorrow

Dear Hans,

Today I spoke with the director of
the Trade Center, Consul Becker.
He said that in Hamburg they would
do everything to be of help to us.
They would place our firm in the
American trade lists and would help
us with our travel plans. He also
said, here in the Trade Center between
the 17tn of June and the 3rd of July
there will be (take place) a precision
instrument show. Perhaps you ought to
take a little trip to Frankfurt to
visit this show. I have, thank God,
been able to finish everything quickly
and will come to Lübeck day after
tomorrow. Then I can tell you everything in more detail.

All the best

Your Klaus

III

Gott sei Dank
übermorgen

Lieber Hans,

Heute sprach ich mit dem Leiter des
Handelszentrums, Konsul Becker. Er
sagte, in Hamburg werde man alles tun,
um uns behilflich zu sein. Man werde
dort unsere Firma in die amerikanischen
Handelslisten aufnehmen und werde uns
bei unseren Reiseplänen helfen. Er sagte auch, hier im Handelszentrum finde
zwischen dem 17.6. und dem 3.7. eine
Ausstellung der Feinmechanik statt.
Vielleicht solltest Du eine kleine Reise nach Frankfurt machen um diese Ausstellung zu besuchen. Ich habe, Gott
sei Dank, alles schnell erledigen können und komme übermorgen nach Lübeck.
Dann kann ich Dir alles ausführlicher
erklären.

Mit herzlichen Grüssen

Dein Klaus

Notes on Grammar
(For Home Study)

A.   PRESENT   FORM OF THE SUBJUNCTIVE

I.   FORMATION

In addition to the forms of the subjunctive based on the Past Tense, there
are forms based on the Present Tense:

Gott sei Dank!

Er schrieb, dass er sich beim Konsulat erkundigen wolle.

The forms of this subjunctive are based on the infinitive stem of the verb.
A summary of representative forms are given below. The personal endings are
the same as those for the Past form given in Unit 22.

er – form	sei	habe	solle	wisse
wir – form	seien	haben	sollen	wissen
du – form	sei(e)st	habest	sollest	wissest
ihr – form	seiet	habet	sollet	wisset

II. Use in Indirect Speech.

There is no definite rule of when one uses a Present Tense subjunctive based
on the Past stem and when one uses the Present Tense subjunctive based on the
Present or Infinitive stem. In spoken usage the Past form is more frequent
since the Present form can sound stiff and bookish. In writing however, the

Present form occurs frequently and, as a rule, when relating what another
has said:

"Augenblicklich <u>sei</u> eine Verständigung die erste Notwendigkeit. Dass
dies erkannt <u>werde</u>, <u>zeige</u> die Tatsache, dass die Englische Regierung
auf die scharfe Zurückweisung kaum reagiert <u>habe</u>.

(At the moment an understanding is the first necessity. That this is
recognized is shown by the fact that the English Government has scarcely
reacted to the sharp rejection.)

B. FREE INTERCHANGE OF PAST AND PRESENT TENSE SUBJUNCTIVE

The Past form is often used instead of the Present form and vice versa in
both speaking and writing where it is felt that when subjunctive and indicative forms are identical the meaning might be obscured:

Er sagte, alles, was er wisse, sei, dass er nichts wisse; viele
<u>wüssten</u> aber auch dieses nicht.

<u>Wüssten</u> is used here because the Present form would be identical with the
indicative <u>wissen</u>. Note, that there is not a trace of past meaning to the
Past form. It fits in quite naturally with the Present forms.

C. TIME AND TENSES

To review the ways of expressing time in the subjunctive, the following
table is presented:

	Er sagte, er sei krank.
	Er sagte, er wäre krank.
Present Time:	
	Er sagte, sie habe das Buch.
	Er sagte, sie hätte das Buch.
	Er sagte, er sei krank gewesen.
	Er sagte, er wäre krank gewesen.
Past Time:	
	Er sagte, sie habe das Buch gehabt.
	Er sagte, sie hätte das Buch gehabt.
	Er sagte, er werde krank sein.
	Er sagte, er würde krank sein.
Future Time:	
	Er sagte, sie werde das Buch haben.
	Er sagte, sie würde das Buch haben.

D. SPECIAL USES OF THE PRESENT FORM

Besides the use of the Present Form in indirect speech there are a number
of special uses:

1. Exhortations and pious formulas.

Gott sei Dank!	Thank God.
Er lebe hoch!	Long may he live.
So sei es!	So be it.

2. Recipes and directions.

Man nehme 200 Gramm Mehl,	Take 200 grams of flour, two eggs ...
zwei Eier ...	
Man denke dabei, dass ...	Keep in mind that ...

3. Introductory phrases with the meaning of "let it (or us)" followed by the verb.

Es sei noch einmal erwähnt, dass ...	Let it be mentioned once more that ...
Es seien nur ein paar Tat-sachen erwähnt.	Let us mention only a few facts.

4. Mathematical and other formulas.

Das Dreieck A - B - C sei dem Dreieck D - E - F gleich.	Let the triangle A - B - C be equal to the triangle D - E - F.

SUBSTITUTION DRILL

1. Sagten Sie mir nicht gestern, ihr Bruder besitze eine Export- und Importfirma?

... eine Fabrik?
... einen Traktor?
... ein Fahrrad?
... eine Apotheke?
... ein Lebensmittelgeschäft?
... eine Eisenwarenhandlung?
... einen Fernsehapparat?
... einen Internationalen Führerschein?
... ein Motorrad?

2. Mein Bruder schrieb mir, er plane eine Geschäftsreise.

... eine Konferenz.
... einen Ausflug.
... eine Ausstellung.
... eine Geschäftsreise nach Amerika.
... eine Fahrt in die Berge.
... zu heiraten.
... seine Reise aufzuschieben.
... eine Erklärung abzugeben.
... sich von einem Spezialisten unter-suchen zu lassen.

3. Das wäre das Vernünftigste.

... Beste.
... Schönste.
... Passendste.
... Neuste.
... Teuerste.
... Billigste.
... Natürlichste.
... Idealste.
... Einfachste.

4. Man sagte mir, er habe vor, in Amerika Beziehungen aufzunehmen.

... Kontakte ...
... Verbindungen ...
... Verhandlungen ...

5. Schreiben Sie ihm, das Handelszen-trum helfe ihm gern.

... der Herr von der Spielzeugfabrik komme nächsten Dienstag.
... unsere Firma setze sich bald mit ihm in Verbindung.
... Herr Keller plane eine Reise nach Italien.
... er wolle persönlich kommen.
... die Wagenreparatur nehme viel Zeit in Anspruch.
... diese Lebensmittel bekomme er hier auch.
... die Haushaltswaren kaufe seine Sekretärin.
... die Konsumindustrie beteilige sich an der Ausstellung.

6. Ich möchte meinem Bruder schreiben, ehe ich Sie bemühe.

   ... bevor ich mich um den Posten bemühe.
   ... dass er sich nicht meinetwegen bemühen solle.
   ... dass ich mich um die geschäftlichen Aufträge bemühen werde.
   ... dass Konsul Wilson sich um diese Angelegenheit bemüht habe.

7. Hier ist ein Register von Firmen, mit denen Sie Kontakt aufnehmen können.

   ... die Namen der schwedischen Architekten ...
   ... ein Herr von der Handelsabteilung ...
   ... die Adressen der Fabriken ...
   ... die Telephonnummern der Herren ...

8. Schreiben Sie ihm, er solle lieber persönlich zur Handelsabteilung gehen.

   ... es könne einige Zeit vergehen, bis es zu dieser Verhandlung komme.
   ... man müsse mit einem Absinken der Preise rechnen.
   ... er dürfe nicht darüber sprechen.
   ... sie wolle sich von einem Spezialisten untersuchen lassen.
   ... es lasse sich nicht anders machen.

9. Sagen Sie ihm, man werde ihm in jeder Beziehung behilflich sein.

   ... sie werde ihm Geld schicken.
   ... sie habe keine Lust zu dieser Reise.
   ... wir seien nächste Woche in Paris.
   ... er habe noch ein paar Bücher von uns.
   ... Sie seien zu weit von Berlin entfernt, um übers Wochenende dorthin zu fahren.
   ... er werde rechtzeitig Bescheid bekommen.

10. Teilen Sie ihm mit, er könne sich in unsere Handelslisten aufnehmen lassen.

   ... er müsse sich noch untersuchen lassen.
   ... er solle seinen Pass mitbringen.
   ... er möge die Unterlagen per Post schicken.
   ... man dürfe sie jetzt im Krankenhaus besuchen.

11. Sagten Sie nicht gestern, er besitze eine Apotheke?

   ... Ihre Firma mache Spielzeuge?
   ... ein deutscher Arzt behandele Ihre Frau?
   ... ein Verwandter von Ihnen bürge für Sie?
   ... er bekleide diesen Posten schon lange?
   ... sie beabsichtige, nach Amerika zu fahren?
   ... man benachrichtige ihn, sobald man Bescheid habe?

12. Sagten Sie nicht, Sie seien Stiller Teilhaber?

   ... Ostzonenflüchtling?
   ... er sei Amerikaner?
   ... es sei Ihnen hier zu kalt?
   ... das seien Austauschstudenten?
   ... er sei Autoschlosser?
   ... diese Gegend sei Ihnen zu teuer?

CONVERSION DRILL

1. Sein Bruder ist stiller Teilhaber
   der Firma.
   (Er sagte uns, ...)

   Er sagte uns, sein Bruder sei stiller
   Teilhaber der Firma.

   Er sagte uns, dass sein Bruder stiller
   Teilhaber der Firma sei.

2. Ihr Onkel besitzt eine Fabrik für
   mechanische Spielzeuge.
   (Er sagte uns, ...)

   Er sagte uns, ihr Onkel besitze eine
   Fabrik für mechanische Spielzeuge.

   Er sagte uns, dass ihr Onkel eine
   Fabrik für mechanische Spielzeuge besitze.

3. Konsul Becker spricht gerade mit
   einem Besucher.
   (Er sagte uns, ...)

   Er sagte uns, Konsul Becker spreche gerade mit einem Besucher.

   Er sagte uns, dass Konsul Becker gerade
   mit einem Besucher spreche.

4. Er will sich mit amerikanischen
   Firmen in Verbindung setzen.
   (Er sagte uns, ...)

   Er sagte uns, er wolle sich mit amerikanischen Firmen in Verbindung setzen.

   Er sagte uns, dass er sich mit amerikanischen Firmen in Verbindung setzen
   wolle.

5. Der Minister wird für eine Verkürzung der Arbeitszeit eintreten.
   (Er sagte uns, ...)

   Er sagte uns, der Minister werde für
   eine Verkürzung der Arbeitszeit eintreten.

   Er sagte uns, dass der Minister für
   eine Verkürzung der Arbeitszeit eintreten werde.

6. Die Partei bereitet sich auf die
   Tagung vor.
   (Ich hörte, ...)

   Ich hörte, die Partei bereite sich auf
   die Tagung vor.

   Ich hörte, dass die Partei sich auf die
   Tagung vorbereite.

7. Er fährt zur Segelregatta nach Kiel.
   (Ich hörte, ...)

   Ich hörte, er fahre zur Segelregatta
   nach Kiel.

   Ich hörte, dass er zur Segelregatta
   nach Kiel fahre.

8. Die Ausstellung der Feinmechanik
   findet dieses Jahr in Frankfurt
   statt.
   (Ich hörte, ...)

   Ich hörte, die Ausstellung der Feinmechanik finde dieses Jahr in Frankfurt statt.

   Ich hörte, dass die Ausstellung der
   Feinmechanik dieses Jahr in Frankfurt
   stattfinde.

9. Klaus hat sich das Knie verletzt.
   (Ich hörte, ...)

   Ich hörte, Klaus habe sich das Knie
   verletzt.

   Ich hörte, dass Klaus sich das Knie
   verletzt habe.

10. Sein Onkel bürgt für ihn.
    (Ich hörte, ...)

    Ich hörte, sein Onkel bürge für ihn.

    Ich hörte, dass sein Onkel für ihn
    bürge.

11. Ihr Vater macht eine Geschäftsreise
    nach den U.S.A.
    (Sie schrieb ihm, ...)

Sie schrieb ihm, ihr Vater mache eine
Geschäftsreise nach den U.S.A.

Sie schrieb ihm, dass ihr Vater eine
Geschäftsreise nach den U.S.A. mache.

12. Vizekonsul Jones gibt ihr die
    Adressen von amerikanischen Firmen.
    (Sie schrieb ihm, ...)

Sie schrieb ihm, Vizekonsul Jones gebe
ihr die Adressen von amerikanischen
Firmen.

Sie schrieb ihm, dass Vizekonsul Jones
ihr die Adressen von amerikanischen
Firmen gebe.

13. Sie kann mit dem Internationalen
    Führerschein überall in Europa
    fahren.
    (Sie schrieb ihm, ...)

Sie schrieb ihm, sie könne mit dem
Internationalen Führerschein überall
in Europa fahren.

Sie schrieb ihm, dass sie mit dem
Internationalen Führerschein überall
in Europa fahren könne.

14. Die Konsumindustrie beteiligt sich
    diesmal an der Ausstellung.
    (Sie schrieb ihm, ...)

Sie schrieb ihm, die Konsumindustrie
beteilige sich diesmal an der Ausstellung.

Sie schrieb ihm, dass die Konsumindustrie
sich diesmal an der Ausstellung beteilige.

15. Sie schickte ihm die Listen der
    amerikanischen Firmen.
    (Sie schrieb ihm, ...)

Sie schrieb ihm, sie schicke ihm die
Listen der amerikanischen Firmen.

Sie schrieb ihm, dass sie ihm die
Listen der amerikanischen Firmen schicke.

VARIATION DRILL

1. Sagten Sie mir nicht gestern, Ihr
   Bruder besitze eine Export - Importfirma?

   Didn't you tell me yesterday your
   brother owns an export - import firm?

   a. It sounded as if he intended to
      hand his resignation in soon.
      Es hörte sich so an, als beabsichtige er,
      sein Rücktrittsgesuch bald einzureichen.
   b. Didn't you say that a relative
      is sponsoring him?
      Sagten Sie nicht, ein Verwandter von ihm
      bürge für ihn?
   c. They asked him whether he had
      held this post for a long time.
      Man fragte ihn, ob er diesen Posten schon
      lange bekleide.
   d. Didn't he write he was in the
      know in the field of precision
      instruments?
      Schrieb er nicht, er wisse auf dem Gebiet
      der Feinmechanik Bescheid?
   e. He mentioned he would gladly
      accompany me to the train.
      Er erwähnte, er begleite mich gern zum
      Zug.
   f. Didn't you say you are an East
      Zone refugee?
      Sagten Sie nicht, Sie seien Ostzonen-
      flüchtling?
   g. He told me it's worthwhile
      visiting the show of American
      industry products.
      Er sagte mir, es lohne sich, die Aus-
      stellung amerikanischer Industrieerzeug-
      nisse zu besuchen.

2. Sagten Sie nicht, Sie seien Stiller
   Teilhaber in der Firma Ihres Bruders?

   Didn't you say you are a silent partner
   in your brother's firm?

   a. I heard he is in Bad Pyrmont for
      a follow-up treatment.

      Ich hörte, er sei zur Nachkur in Bad
      Pyrmont.

   b. He thought they would be back
      from their trip by the end of
      the month.

      Er meinte, sie seien bis Ende des Monats
      von ihrer Reise zurück.

   c. She informed me that the man
      who wants to introduce himself
      is a precision machinist.

      Sie teilte mir mit, dass der Herr, der
      sich vorstellen will, Feinmechaniker
      sei.

   d. He thinks it is too late for a
      visit to Kellers.

      Er denkt, es sei für einen Besuch bei
      Kellers zu spät.

   e. I heard she is now being treated
      by a German doctor.

      Ich hörte, sie sei jetzt bei einem
      deutschen Arzt in Behandlung.

   f. She said she doesn't have enough
      money with her.

      Sie sagte, sie habe nicht genug Geld
      bei sich.

3. Mein Bruder schrieb mir, er plane
   eine Geschäftsreise nach den USA.

   My brother wrote me he is planning a
   business trip to the USA.

   a. She thinks there is nothing
      inexpensive in this store.

      Sie meinte, es gebe in diesem Geschäft
      nichts Preiswertes.

   b. He sent me word his mother is
      coming later.

      Er liess mir ausrichten, seine Frau
      Mutter komme später.

   c. He informed me that he intends
      to have his firm entered in the
      trade register.

      Er teilte mir mit, dass er beabsichtige,
      seine Firma ins Handelsregister auf-
      nehmen zu lassen.

   d. He wrote me he buys the toys
      from a German export firm.

      Er schrieb mir, er kaufe die Spielzeuge
      bei einer deutschen Exportfirma.

   e. She left a message she is staying
      another week in Switzerland.

      Sie hat bestellen lassen, sie bleibe
      noch eine Woche in der Schweiz.

4. Er sagte, ich solle mitfahren.

   He said I am supposed to go along.

   a. She repeated she cannot reach
      Mrs. Gisela Wiegand.

      Sie wiederholte, sie könne Frau Gisela
      Wiegand nicht erreichen.

   b. He wrote me he wants to get in
      touch with American exporters.

      Er schrieb mir, er wolle mit amerikani-
      schen Exporteuren Kontakt aufnehmen.

   c. He explained to me on the tele-
      phone that he cannot set an
      interview with me at the moment.

      Er erklärte mir telephonisch, dass er
      im Augenblick kein Interview mit mir
      vereinbaren könne.

   d. He found one may not speak about
      these business connections yet.

      Er fand, man dürfe noch nicht über diese
      Geschäftsverbindungen sprechen.

   e. She called up to ask whether she
      also has to go to this discussion.

      Sie rief an, um zu fragen, ob sie auch
      zu dieser Besprechung gehen müsse.

5. Schreiben Sie ihm, man helfe ihm
   gern bei der Ausarbeitung seiner
   Reisepläne.

   Write him they will be glad to help him
   in working out his itinerary.

   a. Ask him whether they intend to
      build the toy factory in a
      suburb.

      Fragen Sie ihn, ob man vorhabe, die
      Spielzeugfabrik in einem Vorort zu
      bauen.

   b. I was informed they are planning
      a new Tannhäuser performance.

      Mir wurde mitgeteilt, man plane wieder
      eine neue Tannhäuser-Aufführung.

   c. I heard the program changes every
      few weeks.

      Ich hörte, der Spielplan wechsele alle
      paar Wochen.

   d. The secretary told me they are
      just collecting reports about
      Mr. Jemgung.

      Die Sekretärin sagte mir, man ziehe ge-
      rade Ermittlungen über Herrn Jemgung
      ein.

   e. We heard they are speculating
      about what kind of post his
      party is planning for him.

      Wir hörten, man stelle Spekulationen
      darüber an, was für einen Posten seine
      Partei für ihn vorgesehen habe .

   f. Didn't you say they are counting
      on a drop in the standard of
      living there?

      Sagten Sie nicht, man rechne dort mit
      dem Absinken der Lebenshaltung?

6. Mein Bruder schrieb mir, dass er sich beim amerikanischen General-konsulat erkundigen wolle.

My brother wrote me that he wants to inquire at the American Consulate General.

  a. She left a message for me that she had to go to the dentist.

Sie hat mir bestellen lassen, dass sie zum Zahnarzt gehen müsse.

  b. It occurred to him that they can only reach her by telephone at her office.

Es fiel ihm ein, dass man sie nur in ihrem Büro telephonisch erreichen könne.

  c. It looks as if he wants to get out of politics.

Es sieht so aus, als wolle er sich aus der Politik zurückziehen.

  d. He acted as if he is not per-mitted to drink coffee any more.

Er tat so, als dürfe er keinen Kaffee mehr trinken.

  e. He declared that he is not letting himself be put under pressure by the press.

Er erklärte, dass er sich nicht von der Presse unter Druck setzen lasse.

7. Teilen Sie ihm mit, er solle per-sönlich zur Handelsabteilung kommen.

Inform him he should come to the commercial section in person.

  a. I heard he has to keep to his diet exactly.

Ich hörte, er müsse seine Diät genau einhalten.

  b. They told me he cannot carry out his plans at the moment.

Man erzählte mir, er könne seine Pläne im Augenblick nicht ausführen.

  c. I thought he is not permitted to work again until after the treatment.

Ich dachte, er dürfe erst nach der Behandlung wieder arbeiten.

  d. The policeman told him he is not permitted to drive there with an International Driver's Licence.

Der Polizist sagte ihm, er dürfe dort nicht mit Internationalem Führerschein fahren.

  e. They left a message for me I am supposed to fetch him from the station in the afternoon.

Man liess mir bestellen, ich solle ihn nachmittags vom Bahnhof abholen.

8. Man sagte mir, es werde einige Tage dauern.

They told me it will last several days.

  a. I heard it will not mean a shortening of working hours.

Ich hörte, es werde nicht zur Verkür-zung der Arbeitszeit kommen.

  b. He informed me he is going to have himself treated by an American doctor.

Er teilte mir mit, er werde sich von einem amerikanischen Arzt behandeln lassen.

  c. It looks as though his party is going to give him a new post.

Es scheint, als werde seine Partei ihm einen neuen Posten geben.

  d. She wrote me she is still going to travel to Europe this month.

Sie schrieb mir, sie werde noch in die-sem Monat nach Europa fahren.

  e. He emphasized he is going to work toward a further reduction of working hours.

Er betonte, er werde für eine weitere Verkürzung der Arbeitszeit eintreten.

9. Sagen Sie ihm, er möge sich, wenn er wolle, in unsere Handelslisten aufnehmen lassen.

Tell him he may, if he wants to, be entered in our trade lists.

  a. Suggest to him he ought to go see the building exhibition.

Schlagen Sie ihm vor, er solle sich die Bauausstellung ansehen.

  b. Tell him he may, if he has time, call me at the office.

Sagen Sie ihm, er möge mich, wenn er Zeit habe, im Büro anrufen.

  c. We informed him, it can take awhile until we have collected all the reports.

Wir teilten ihm mit, es könne eine Weile dauern, bis wir alle Ermittlungen eingezogen haben.

  d. He wrote her she can find some-thing here better in her pro-fession.

Er schrieb ihr, sie könne in ihrem Beruf hier etwas Besseres finden.

  e. He asked her why she doesn't want to go along.

Er fragte sie, warum sie nicht mitfahren wolle.

10. Mein Bruder schrieb mir, er habe   My brother wrote me he has read about
    davon gelesen.   it.

   a. She told us that the Trade   Sie erzählte uns, dass ihr das Handels-
      Center helped her in working   zentrum bei der Ausarbeitung der Reise-
      out the travel plans.   pläne geholfen habe.
   b. She said she called up often   Sie sagte, sie habe öfter angerufen,
      but no one answered.   aber es hätte sich niemand gemeldet.
   c. He mentioned he has also made   Er erwähnte, er habe auch Beziehungen
      contacts with American firms.   zu amerikanischen Firmen aufgenommen.
   d. We heard the firm has bought house-   Wir hörten, die Firma habe trotz der
      hold goods from American export-   hohen Preise Haushaltswaren von ameri-
      ers in spite of the high prices.   kanischen Exporteuren gekauft.
   e. He emphasized he had to postpone   Er betonte, er habe seine Reise wegen
      his trip on account of the bad   des schlechten Wetters aufschieben
      weather.   müssen.

TRANSLATION DRILL

1. In the American Trade Center in   Im Amerikanischen Handelszentrum in
   Frankfurt am Main, Consul Becker   Frankfurt a/M. spricht Konsul Becker
   is talking with a visitor.   mit einem Besucher.
2. That is Mr. Knagge who had already   Das ist Herr Knagge, der Konsul Becker
   told Consul Becker on the phone   schon am Telephon gesagt hatte, dass
   that his brother has an export and   sein Bruder eine Export- und Importfir-
   import firm in Lubeck in which he   ma in Lübeck besitze, in der er Stiller
   is a silent partner.   Teilhaber sei.
3. Mr. Knagge tells the Consul that   Knagge sagt dem Konsul, dass sein Bruder
   his brother also has a small facto-   auch eine kleine Fabrik für mechanische
   ry for mechanical toys.   Spielzeuge habe.
4. He says that up to now he has no   Er sagt, er habe bis jetzt keine Ge-
   business contacts with American   schäftsverbindungen mit amerikanischen
   firms but he is planning a business   Firmen, er plane aber eine Geschäfts-
   trip to America.   reise nach Amerika.
5. Consul Becker thinks that that   Konsul Becker meint, dass das das Ver-
   would be the most reasonable thing   nünftigste sei.
   to do.
6. Continuing, Mr. Knagge says his   Knagge fährt fort, sein Bruder habe ihm
   brother has written him he should   geschrieben, er solle mitfahren und sich
   go along and see the country and   Land und Leute ansehen.
   the people.
7. His brother intends to make con-   Sein Bruder habe vor, an Ort und Stelle
   tacts with American firms on the   zu amerikanischen Firmen Beziehungen
   spot.   aufzunehmen.
8. Mr. Becker says to Mr. Knagge the   Das Handelszentrum helfe ihm gern bei
   Trade Center will be glad to help   der Ausarbeitung seiner Reisepläne, sagt
   him in working out his itinerary.   Becker zu Knagge.
9. Then, he continues, he wants to   Dann fährt er fort, er wolle Knagge mit
   introduce Mr. Knagge to one of   einem der zuständigen Herren bekannt
   the responsible gentlemen.   machen.
10. He wants to write his brother first   Er wolle erst seinem Bruder schreiben,
    before he bothers Mr. Becker about   ehe er Becker damit bemühe, sagt Knagge.
    it, says Knagge.
11. Consul Becker will be glad to give   Adressen amerikanischer Exporteure und
    them the addresses of American   ein Register von Firmen, mit denen die
    exporters and a register of firms   Brüder Knagge Geschäftsbeziehungen auf-
    with whom the Knagge brothers could   nehmen könnten, gebe ihnen Konsul Becker
    make business contacts.   gern.
12. The visitor says his brother wants   Danach wolle sich sein Bruder beim Ameri-
    to inquire about that at the Ameri-   kanischen Generalkonsulat in Hamburg
    can Consulate General in Hamburg   brieflich erkundigen, sagt der Besucher.
    by letter.
13. The Consul answers him that it is   Der Konsul antwortet ihm, das sei brief-
    rather complicated by mail, he   lich ziemlich umständlich; er solle es
    ought rather to do it in person.   lieber persönlich tun.

14. Mr. Knagge states he can understand that and he will write to his brother still today.

Knagge meint, das könne er verstehen und er werde es seinem Bruder heute noch schreiben.

15. Consul Becker also tells him, the Knagge firm ought to have itself placed in the trade lists in order to become known in the USA.

Konsul Becker sagt ihm auch, die Firma Knagge solle sich in die Handelslisten aufnehmen lassen, um in den USA bekannt zu werden.

16. Then the Consul tells the visitor that the Trade Center is a sort of show window for American industry.

Dann erklärt der Konsul dem Besucher, dass das Handelszentrum eine Art Schaufenster der amerikanischen Industrie sei.

17. He says further these exhibitions are not only for heavy industry but also for the consumer goods industry.

Er sagt weiter, diese Ausstellungen seien nicht nur für die Schwerindustrie, sondern auch für die Konsumindustrie.

18. They are showing, for example, the latest appliances in the realm of automobile repair, but also household goods and foodstuffs.

Man zeigt z.B. auch die neuesten Geräte auf dem Gebiet der Wagenreparatur, aber auch Haushaltsartikel und Lebensmittel.

19. A toy industry show already took place.

Eine Ausstellung der Spielzeugindustrie fand schon statt.

20. In addition there was an exhibition of equipment which are used in instruction.

Ferner eine Ausstellung von Geräten, die man für den Unterricht braucht.

21. If Knagge's brother had known that, he would surely have gone to see the exhibition of the toy industry.

Wenn Knagges Bruder das gewusst hätte, hätte er sich die Ausstellung der Spielzeugindustrie bestimmt angesehen.

22. Consul Becker believes that they can still find a catalogue of it in the Trade Center.

Konsul Becker glaubt, dass man davon noch einen Katalog im Handelszentrum finden könne.

23. He mentiones also, that they are preparing an exhibition of precision instruments.

Er erwähnt auch, dass man eine Ausstellung der Feinmechanik vorbereite.

RESPONSE DRILL

1. Mit wem sprach Konsul Becker?

Mit einem Besucher, Herrn Knagge.

2. Was hat Knagge bereits am Telephon gesagt?

Dass sein Bruder eine Export- und Importfirma in Lübeck besitze und dass er selbst Stiller Teilhaber dieser Firma sei.

3. Was, sagte er, dass sein Bruder noch habe?

Er sagte, er habe eine kleine Fabrik für mechanische Spielzeuge.

4. Was, sagte er, dass sein Bruder tun wolle?

Er sagte, er wolle sich mit amerikanischen Firmen in Verbindung setzen.

5. Hat er schon Geschäftsverbindungen mit amerikanischen Firmen?

Nein, bis jetzt hat er keine Geschäftsverbindungen mit amerikanischen Firmen.

6. Was schrieb Knagges Bruder über eine Reise?

Er schrieb, er plane eine Geschäftsreise nach den USA.

7. Schrieb er, was er dort tun wolle?

Er schrieb, er habe vor, an Ort und Stelle Beziehungen zu amerikanischen Firmen aufzunehmen und sein Bruder solle mitfahren und sich Land und Leute ansehen.

8. Was sagte Konsul Becker dazu?

Er sagte, das sei keine schlechte Idee und das Handelszentrum werde ihm gern bei der Ausarbeitung seiner Pläne helfen.

9. Mit wem wollte der Konsul Herrn Knagge bekannt machen?

Er wollte ihn mit einem der zuständigen Herren bekannt machen.

10. Was sagte Knagge dazu?

Er sagte, er möchte seinem Bruder erst schreiben, ehe er den Herrn Konsul damit bemühe.

11. Was wollte Konsul Becker Herrn Knagge geben?

Er sagte, er wolle ihm die Adressen amerikanischer Exporteure und ein Register von Firmen geben, mit denen Knagge eventuell Kontakt aufnehmen könne.

12. Was wollte Knagges Bruder diesbe-
    züglich schon tun?

13. Was sagte Konsul Becker dazu?

14. Warum sagte er das?

15. Was soll Herr Knagge im General-
    konsulat tun?

16. Was sagte Konsul Becker über das
    amerikanische Handelszentrum?

17. Was sagte er über die Ausstellun-
    gen im Handelszentrum?

18. Welche Arten der Inustrie sind
    daran beteiligt?

19. Was gibt es zum Beispiel dort zu
    sehen?

20. Was wurde letztes Jahr, kurz vor
    Weihnachten gezeigt?

21. Was für eine Ausstellung bereitet
    man im Augenblick vor?

Er schrieb, er wolle sich beim Amerikanischen Generalkonsulat in Hamburg
erkundigen.

Er sagte, Herr Knagge solle seinem
Bruder schreiben, er möge lieber persönlich zur Handelsabteilung des Ge-
neralkonsulats gehen.

Weil, wie er sagte, das brieflich ziemlich umständlich sei.

Er solle sich, sagte Becker, dort auch
in die Handelslisten aufnehmen lassen,
damit seine Firma auch in den USA bekannt werde.

Er sagte, dass das eine Art Schaufenster
der amerikanischen Industrie in der Bundesrepublik sei.

Dort gebe es Ausstellungen, in denen
man sich die neuesten amerikanischen
Industrieerzeugnisse ansehen könne,
sagte er.

Die Schwerindustrie und die Konsumindustrie.

Die neuesten Geräte auf dem Gebiet
der Wagenreparatur, Haushaltswaren
und auch Lebensmittel.

Man zeigte zuerst eine Ausstellung
von Unterrichtsgeräten aus Amerika
und danach Spielzeuge.

Konsul Becker sagte, man bereite eine
Ausstellung der Feinmechanik vor.

22. Wissen Sie noch, was Herr Knagge seinem Bruder
    schrieb, nachdem er bei Konsul Becker war?
23. Für welche Industrie interessieren Sie sich?
24. Was wissen Sie über das amerikanische Handels-
    zentrum?
25. Welche Arten von Spielzeugen hatten Sie als
    Kind?
26. Welche Gebiete der Feinmechanik interessieren Sie?

(Turn page for Narrative please.)

NARRATIVE

(Continued from Unit 21)

Das bedeutendste Bundesorgan ist der Bundestag, der vom gesamten Volk in allgemeiner, unmittelbarer, freier, gleicher und geheimer Wahl mit vierjähriger Amtszeit gewählt wird. Der Bundestag beschliesst die Gesetze und stellt somit die Legislative dar. Zugleich hat er die Aufsicht über die Exekutive. Gesetze werden im Plenum nach dreimaliger Lesung (Beratung und Abstimmung) mit einfacher Mehrheit angenommen. Gesetze zur Änderung oder Ergänzung des Grundgesetzes bedürfen jedoch der Zustimmung von zwei Dritteln der Mitglieder des Bundestages und des Bundesrates. Die Grundrechte, das Prinzip der Gewaltenteilung und der föderative Aufbau des Bundes können aber durch kein Gesetz geändert werden.

Als Vertretung der Länder ist der Bundesrat geschaffen worden. Er hat die Aufgabe, die Mitwirkung der Länder bei der Gesetzgebung und der Verwaltung des Bundes sicherzustellen und er stellt insoweit eine Zweite Kammer dar. Die Mitglieder des Bundesrates (dazu die Vertreter von Berlin (West), die nur beratende Stimme haben) werden nicht vom Volk gewählt, sondern von den Länderregierungen, denen sie angehören, ernannt und sind an deren Weisungen gebunden. Die Ländervertreter im Bundesrat haben also nicht das Recht der persönlichen Entscheidung, wie beispielsweise die Mitglieder des amerikanischen Senats. Da zum Zustandekommen eines Gesetzesbeschlusses Übereinstimmung von Bundesrat und Bundestag erforderlich ist, kann man jedenfalls in dieser Hinsicht von einem "Zweikammersystem" sprechen.

Vom Bundestag beschlossene Gesetze gehen an den Bundesrat. Dieser kann den Entwürfen zustimmen, er kann aber auch, um Änderungen zu erreichen, den "Vermittlungsausschuss" zwischen Bundestag und Bundesrat anrufen, der aus je zehn Mitgliedern beider Parlamente besteht. Ändert der Vermittlungsausschuss den Entwurf, so treten beide an der Gesetzgebung beteiligten Körperschaften in eine neue Beratung ein.

Ist ein Gesetz von Bundestag und Bundesrat beschlossen, so wird es vom Bundespräsidenten ausgefertigt, vom Bundeskanzler oder dem zuständigen Fachminister gegengezeichnet und im Bundesgesetzblatt verkündet.

Die Kompetenz, über Verfassungsstreitigkeiten zu entscheiden und die Gesetze auf ihre Verfassungsmässigkeit zu überprüfen, obliegt dem Bundesverfassungsgericht, das seinen Sitz in Karlsruhe hat. In ihm hat die dritte Gewalt, die Rechtsprechung, ihre höchste Form gefunden.

Damit, lieber Kurt, hättest Du die gewünschten Angaben. M.E. wäre es ratsam, dass Du sie für Deinen Aufsatz in Deinem eigenen Stil verwenden würdest.

Grüsse bitte Deine lieben Eltern von mir, wenn Du sie besuchst. Mit den besten Wünschen für ein frohes Weihnachtsfest und ein glückliches und gesundes neues Jahr

Dein Onkel Fritz.

	bedeutend	significant
das	Bundesorgan,-e	Federal instrument
	gesamt	all
	unmittelbar	direct
	frei	free
	gleich	equal
	geheim	secret
die	Amtszeit	term of office
	beschliessen (o,o)	pass a law
das	Gesetz,-e	law
	darstellen (w)	represent
	somit	thus
die	Legislative	legislative
die	Aufsicht	surveillance
die	Exekutive	executive
das	Plenum	plenary session
	dreimalig	triple
die	Lesung,-en	reading
die	Beratung,-en	deliberation
die	Abstimmung,-en	voting

mit einfacher Mehrheit	by a simple majority
annehmen (i,a,o)	accept, pass
die Änderung, -en	change
die Ergänzung, -en	supplement
bedürfen (ir w)	require
jedoch	on the other hand
die Zustimmung	acceptance
das Drittel, -	third, one-third
der Bundesrat	Federal Council
die Grundrechte (pl)	constitution
das Prinzip	principle
die Gewaltenteilung	division of powers
föderativ	federative
der Aufbau	construction
die Vertretung	representation
ist geschaffen worden	has been created
die Aufgabe, -n	task
die Mitwirkung	collaboration
die Verwaltung, -en	administration
der Bund	federation
sicherstellen (w)	insure
eine Zweite Kammer	second chamber
beratende Stimme	in an advisory capacity
das Volk	people, nation
die Länderregierung	state government
angehören (w)	belong to
die Weisung, -en	instruction
an etwas gebunden sein	be bound by something
das Recht, -e	right
die Entscheidung, -en	decision
beispielsweise	for example
der Senat	Senate
das Zustandekommen	coming about
der Beschluss, ¨-e	passing of a resolution
die Übereinstimmung	agreement
erforderlich	necessary
in dieser Hinsicht	in this regard
das Zweikammersystem	bicameral system
beschlossen	passed
der Entwurf, ¨-e	bill
zustimmen (w)	pass
der Vermittlungsausschuss, ¨-e	mediation committee
das Parlament, -e	parliament
ändern (w)	change
die Körperschaft, -en	body
ausfertigen (w)	put in legal form
zuständig	appropriate
der Fachminister	minister to whose area the law applies
gegenzeichnen (w)	countersign
das Blatt, ¨-er	paper
verkünden (w)	proclaim
die Kompetenz	competence
die Streitigkeit, -en	disagreement
entscheiden (ie,ie)	decide
die Verfassungsmässigkeit	constitutionality
überprüfen (w)	examine
obliegen (a,e)	is the concern of
das Gericht	court
der Sitz, -e	seat
die Gewalt, -en	power
die Rechtsprechung	judiciary
die Form, -en	form
die Angabe, -n	particulars (in plural)
m.E. (meines Erachtens)	in my opinion
ratsam	advisable
der Stil	style
verwenden	utilize
glücklich	happy
gesund	healthy

329

FINDER LIST

eine	Art	a kind, sort of
	aufnehmen (i,a,o)	take up, make (a connection)
	er möge sich ... auf-	he may have himself taken up,
	nehmen lassen	placed ...
die	Ausarbeitung,-en	working out
	bemühen (w)	take trouble, bother about
der	Bergbau	mining
	besitzen (a,e)	own, possess
der	Besucher,-	visitor
die	Beziehung,-en	connection
	Beziehungen aufnehmen	take up, make (a connection)
in jeder Beziehung		in every regard, way
	brieflich	by letter, mail
	diesbezüglich	in this regard
die	Eisenindustrie,-n	iron industry
	eventuell	possibly
der	Export,-e	export
der	Exporteur,-e	exporter
die	Fabrik,-en	factory
die	Feinmechanik	precision tool, instrument
die	Firma,-en	firm
	fortfahrend	continuing
	freundlich	friendly, kindly
das	Gebiet,-e	area, sphere
	auf dem Gebiet	in the sphere
die	Geschäftsverbindung,-en	business connection
	Gott sei Dank	Thank God
er	habe vor	he plans
die	Handelsabteilung,-en	commercial section
die	Handelsliste,-n	trade list
das	Handelszentrum,-en	Trade Center
die	Haushaltsware,-n	household ware
	helfe	helps, will help
der	Import,-e	import
das	Industrieerzeugnis,-se	industrial product
die	Konsumindustrie,-n	consumer goods industry
der	Kontakt,-e	contact
	Kontakt aufnehmen	get into contact, touch
die	Lebensmittel (pl)	groceries
	mechanisch	mechanical
	persönlich	personally
er	plane	he plans
das	Register,-	register
der	Reiseplan,-e	travel plan
die	Schwerindustrie,-n	heavy industry
Sie	seien	you are
er	solle	he should, ought to
ich	solle	I should, shall
das	Spielzeug,-e	toy
	Stiller Teilhaber	silent partner
	übermorgen	day after tomorrow
das	Unterrichtsgerät,-e	teaching machine
das	Vernünftigste	most reasonable thing
	vorhanden	on hand
die	Wagenreparatur,-en	auto repair
das/die	Weihnachten	Christmas
man	werde	they will
er	wolle	he wants
	zuständig	responsible

EXTENDED ADJECTIVE CONSTRUCTIONS

This unit deals with written forms of the language. They may also be heard as speeches or lectures being read aloud, but never in normal conversation. Thus you will not be expected to learn the material in the same way you learned the Basic Sentences in the previous units. But you will be expected to be able to cope with the extended adjective constructions by comprehending them visually and aurally and being able to convert the examples into main and subordinate clauses.

1. PRESENT PARTICIPLES

In Unit 13 you learned to use PAST PARTICIPLES as ADJECTIVES in the attributive position:

Es war eine geschlossene Vor-	It was a closed performance.
stellung.	
Seine verheiratete Tochter	His married daughter lives
wohnt in Berlin.	in Berlin.

There are also in German PRESENT PARTICIPLES formed by adding the suffix -end to the INFINITIVE STEM of the VERB:

stehen - stehend	standing
kommen - kommend	coming

These can also be used as ATTRIBUTIVE ADJECTIVES:

Die kommenden Wahlen	The coming elections
Eine dringende Sache	A pressing matter

2. EXTENDED ADJECTIVE CONSTRUCTIONS

Both English and German use ADVERBS to modify ADJECTIVES:

Ein sehr grosser Wagen	A very large car
Der vorbestrafte Mann	the previously convicted man

There is, theoretically at least, almost no limit to the number of modifiers that can precede a noun in German. Modifiers of time, manner and place may be joined together into seemingly formidable structures. For the American, the task is simply to recognize these structures and to sort them out. The first sign of an extended adjective construction is a sequence of specifier and another specifier or modifier which clash with normal spoken sequences:

Der gestern von Konsul Becker diktierte Brief.

Where we would have expected in normal speech:

Der Brief, der gestern von Konsul Becker diktiert wurde.

or: Der Brief, den Konsul Becker gestern diktierte.

It can be seen at once that the listener should catch all the data and apply it to the noun at the end. The reader should find the noun to which all preceding modifiers apply:

Der gestern von Konsul Becker diktierte Brief.

The next element to locate is the participle. It can usually be found just before the noun. Once these elements are identified, it is no problem to fit the others into place, and, if necessary, to translate.

3. TYPES of EXTENDED ADJECTIVE CONSTRUCTIONS

The examples are taken from German diplomatic notes and telegrams of the 1930s.

A. PRESENT PARTICIPLE

1)   the Ambassador   der Botschafter,-
        received   eingegangen
        content   der Inhalt
        Czech   tschechisch
        crisis   die Krise,-n
        effect   die Wirkung,-en
        positive   positiv
        utterance   die Äusserung,-en
        in particular   insbesondere
        to be noted   zu verzeichnen
        letter   die Zuschrift,-en
        Labor Party   die Arbeiterpartei
        belonging to   angehörend

     Der Botschafter in London an das Auswärtige Amt
        Politischer Bericht
                                                London, den 10. Juni 1938
                                                Eingegangen: 18. Juni
                                                Pol. II 1875

     Inhalt: Die tschechische Krise, ihre Wirkung auf England.

     ... An positiven Äusserungen sind insbesondere zu verzeichnen die Zu-
     schriften des der Arbeiterpartei angehörenden betont deutschfreundlichen
     Lord Noel-Buxton ...

     The Ambassador in London to the Foreign Office
        Political Report
                                                London, June 10 1938
                                                Received: June 18
                                                Pol. II 1875

     Contents: The Czech Crisis, its effect on England

     ... Among positive utterances are to be noted in particular the letters of
     the emphatically pro-German Lord Noel-Buxton, who belongs to the Labor
     Party ...

                          - - - - - -

2)   such a   derartig
        panic   die Panik
        excitement   die Erregung

     ... Es bleibt die Frage zu untersuchen, wie es überhaupt zu einer der-
     artigen an Panik grenzenden Erregung in England kommen konnte ...

     ... The question remains to be investigated how it could possibly have
     come to such a degree of excitement in England, that it borders on panic.

                          - - - - - -

3)   memorandum   das Memorandum
        from hour to hour   von Stunde zu Stunde
        increasing   sich mehrend
        incident   der Zwischenfall,-̈e
        Sudetenland   das Sudetenland
        prove   beweisen (ie,ie)
        situation   die Lage,-n
        Sudeten Germans   das Sudetendeutschtum
        completely   völlig
        unbearable   unerträglich
        danger   die Gefahr,-en
        European   europäisch
        peace   der Friede

Godesberg, 23 September 1938

Memorandum

<u>Die von Stunde zu Stunde sich mehrenden Nachrichten</u> über Zwischenfälle im
Sudetenlande beweisen, dass die Lage für das Sudetendeutschtum völlig unerträglich
und damit zu einer Gefahr für den europäischen Frieden geworden ist.

(Presented to Chamberlain by Hitler)

Godesberg, September 23, 1938

Memorandum

The reports, increasing from hour to hour, concerning incidents in the
Sudetenland prove that the situation is completely unbearable for the Sudeten
Germans and thus has become a danger to European peace.

- - - - - -

B.   PRESENT PARTICIPLE WITH <u>zu</u>.

  1)   designated   bezeichnenden
           plebiscite   die Volksabstimmung, -en

Memorandum

Die Deutsche Regierung ist einverstanden <u>in den näher zu bezeichnenden</u>
<u>Gebieten</u> bis spätestens 25. November eine Volksabstimmung stattfinden zu lassen.

Memorandum

The German Government is agreed to permit a plebiscite to take place at the
latest November 25th in the areas to be designated more exactly. (At some time
in the future.)

- - - - - -

  2)   note , description   die Aufzeichnung, -en
           Prime Minister   der Premierminister, -
           the Duce   der Duce
           the Führer   der Führer

Aufzeichnung über die erste Besprechung zwischen den britischen und französischen Premierministern, dem Duce und dem Führer in München, am 29. September 1938.

Notes concerning the first discussion between the British and French Prime
Ministers, the Duce and the Führer in Munich on September 29th, 1938.

strictly secret	streng geheim
Under Secretary of State	der Unterstaatssekretär
deliver	abtragen (ä,u,a)
confirmation of receipt	die Empfangsbestätigung,-en
answer	erwidern (w)
cede	abtreten (i,a,e)
law	das Gesetz,-e
application	die Anwendung,-en

Sofort! Sofort!   München, den 29. September 1938   19 Uhr
Streng geheim!   Pol IV

Für Unterstaatssekretär Auswärtiges Amt, Berlin

Durch besonderen Boten abtragen!
Empfangsbestätigung des Unterstaatssekretärs hierher.

... Der Führer erwiderte, dass in dem an Deutschland abzutretenden Gebiet selbstverständlich die deutschen Gesetze Anwendung finden würden.

Angenommen: Heinisch

Immediately! Immediately!   Munich September 29, 1938   7 PM
Strictly secret!   Pol IV

For the Under Secretary of State, Foreign Office, Berlin

Deliver by special messenger!
Confirmation of receipt by the Under Secretary of State to sender.

... The Führer answered, that in the territory to be ceded to Germany, German
laws would, of course, be applicable ...

Received: Heinisch

- - - - -

3) Aufzeichnung des Leiters der Wirtschaftspolitischen Abteilung

Minister	der Gesandte,-n
stopping	die Einstellung
steel production	die Stahlerzeugung
neutrality	die Neutralität
measure	die Massnahme,-n
signed	gezeichnet (abbr. gez.)

Berlin, den 28. August 1939

... 5) In Luxemburg soll, falls nötig, die Erklärung unseres Gesandten wieder-
holt werden, dass wir die Einstellung der Eisen- und Stahlerzeugung als eine mit
der Neutralität Luxemburgs schwer zu vereinbarende Massnahme ansehen würden ...

gez. Wiehl

Notes of the Head of the Economic-Political Section

Berlin, August 28, 1939

... 5) In Luxembourg the declaration of our Minister should if necessary be
repeated, that we would regard the stopping of iron and steel production as
a measure difficult to reconcile with Luxembourg's neutrality.

(signed) Wiehl

C.   PAST PARTICIPLE

The **PAST PARTICIPLE** can be translated as a passive or the **NOUN** as the **OBJECT** of the PAST PARTICIPLE:

1) Die Deutsche Botschaft in London an das Auswärtige Amt.

London, den 5. Januar 1938
A.A. eing. 6. Januar 1938 Nm.
(Pol II 51)

of this month	dieses Monats (abbr. d.M.)
reported	gemeldet
naming	die Ernennung, -en
local	hiesig
public	die Öffentlichkeit
notice	das Aufsehen
arouse	erregen (w)
in behalf	im Auftrag

<u>Die bereits mit Bericht vom 1. d.M. gemeldete Ernennung</u> von Sir Robert Vansittart zum Chief Diplomatic Adviser hat in der hiesigen Öffentlichkeit allgemeines Aufsehen erregt ...

Im Auftrag

E.v. Selzam

1) The German Embassy in London to the Foreign Office.

London, January 5, 1938
Arrived Foreign Office January 6., 1938 PM
(Pol II 51)

The naming of Sir Robert Vansittart to Chief Diplomatic Adviser which was already announced in the report of the first of this month has aroused general notice among the local public ...

In behalf (of the Ambassador)

E.v. Selzam

- - - - - -

2)

Secretary of State	der Staatssekretär, -e
Chief of Mission	der Behördenleiter, -
Classified	die Verschlußsache
decode	entziffern (w)
rumor	das Gerücht, -e
mediation action	die Vermittlungsaktion, -en
Far East conflict	der Fernost-Konflikt
speak to	ansprechen (i,a,o)
unfounded	unbegründet
describe	bezeichnen (w)

Staatssekretär von Mackensen an die Deutsche Botschaft in Rom

Telegramm

Strengst geheim!
Nr. 352 vom 6. November 1937

Berlin, ab 6. November 1937 20.41 Uhr
Rom, an   6. November 1937 20.45 Uhr
Botsch. an 6. November 1937 23.00 Uhr

(Continued on the next page)

Für Behördenleiter oder dessen Vertreter persönlich
Verschlussache
Selbst zu entziffern

Wenn Sie auf <u>auch durch die Presse gegangenen Gerüchte</u> wegen Deutscher Vermittlungsaktion im Fernost-Konflikt angesprochen werden, bitte ich Sie, Gerüchte
als ganz unbegründet zu bezeichnen.

Mackensen

2) Secretary of State von Mackensen to the German Embassy in Rome

Telegram

Most secret!   Berlin, sent November 6, 1937 8:41 PM
No. 352 of November 6, 1937   Rome, arrived November 6, 1937 8:45 PM
                                    Ambassador, arrived November 6, 1937
                                                11:00 PM

For the Chief of Mission or his representative personally
Classified
To be decoded in person

If you are spoken to regarding rumors of German mediation action in the
Far East conflict, which also were circulated by the press, I request you to
describe the rumors as completely unfounded.

Mackensen

- - - - -

Foreign Minister	der Reichsaussenminister,-
telegram	das Telegramm,-e
most urgent	citissime
arrival	die Ankunft
supplementary protocol	das Zusatz-Protokoll
opinion	die Überzeugung (nach meiner Überzeugung)
substantial	substantiell
clarify	klären (w)
responsible	verantwortlich
statesman	der Staatsmann
negotiate	verhandeln (w)

3) Der Reichsaussenminister an die Botschaft Moskau

Telegramm

Citissime!   Berlin, den 20. August 1939 16.35 Uhr
Nr. 189 vom 20.8.   Ankunft: 21. August   0.45 Uhr

Für den Herrn Botschafter persönlich.

<u>Das von der Regierung der Sowjetunion gewünschte Zusatz-Protokoll</u> kann nach
meiner Überzeugung in kürzester Zeit substantiell geklärt werden, wenn ein ver-
antwortlicher deutscher Staatsmann in Moskau hierüber selbst verhandeln kann ...

Ribbentrop

3) The Foreign Minister to the Embassy, Moscow

Telegram

Most urgent!	Berlin, August 20, 1939 4:35 PM
No. 189 of Aug 20	Arrived August 21, 12:45 AM

For the Ambassador personally

The supplementary protocol desired by the Government of the Soviet Union can be clarified substantially in the shortest time in my opinion, if a responsible German statesman in Moscow can negotiate this himself.

Ribbentrop

- - - - -

D.   ADJECTIVE and ADVERB

The clause consisting of adjectives and adverbs alone can be translated by forming a relative clause with the verb <u>to be</u>:

1)

Chancellor	der Reichskanzler,-
balance	die Bilanz,-en
outlook	der Ausblick
regard	betrachten (w)
conversation	die Unterhaltung,-en
standpoint	der Gesichtspunkt,-e
post-war creation	das Nachkriegsgebilde,-
unleashing	die Entfesselung
development	die Entwicklung,-en
reduce	reduzieren (w)

Der Deutsche Botschafter in Wien an den Führer und Reichskanzler.

> Wien, den 12. Januar 1937
> A.A. eing. 15. Januar 1937 Nm
> (Pol IV 229)

Inhalt: Bilanz 1936 und Ausblick

... In Warschau betrachtet man, wie ich aus vielen Unterhaltungen mit meinen hiesigen Kollegen feststellen konnte, die tschechische Frage nur unter dem Gesichtspunkte, wie man dieses Nachkriegsgebilde ohne die Entfesselung eines europäischen Krieges auf einen <u>für die mitteleuropäische Entwicklung möglichen</u> Zustand reduzieren könnte.

Papen

The German Ambassador in Vienna to the Führer and Chancellor.

> Vienna, January 12, 1937
> Foreign Office, arrived January 15, 1937 PM
> (Pol IV 229)

Subject: Balance for 1936 and Outlook

... In Warsaw, as I was able to ascertain from many conversations with my colleagues, the Czech Question is regarded only from the standpoint of how one could reduce this post-war creation to a state possible for Central European development without unleashing a European war.

Papen

- - - - -

2) Aufzeichnung des Gesandten von Bülow-Schwante, Auswärtiges Amt

visit	der Aufenthalt
pacifistic	pazifistisch
oriented	eingestellt
air force	die Luftwaffe
destroy, smash	zerschlagen (ä,u,a)
assumption of power	die Machtübernahme
be	befindlich
receive, take over	übernehmen (i,a,o)

(Unterhaltung während des Berliner Aufenthalts Mussolinis)

... Der pazifistisch eingestellte Ministerpräsident Nitti habe die ganze Luftwaffe zerschlagen, und bei seiner Machtübernahme hätte er nur einige hundert <u>in schlechtem Zustand befindliche</u> Flugzeuge übernommen ...

2) Notes of Minister von Bülow-Schwante, Foreign Office

(Conversation during Mussolinis Berlin Visit)

... The pacifistically oriented Minister President Nitti destroyed the entire air force, and at the time of his assumption of power he (Mussolini) had received only several hundred airplanes in bad condition ...

- - - - -

Command Business	die Kommandosache,-n
Commander, Chief	der Chef,-s
officer	der Offizier,-e
draft	der Entwurf,-̈e
instruction	die Weisung,·en
precede	vorausgehen (i,a) ist
period of tension	die Spannungszeit
sudden	plötzlich
time	der Zeitpunkt
extent	der Umfang
surprise	überraschen (w)
military	militärisch
action	das Handeln
by our side	unsererseits
conclusion	der Abschluss

3) Geheime Kommandosache   Berlin, den 20. Mai 1938
Chef Sache   Nur durch Offizier
Von Offizier geschrieben

Entwurf für die neue Weisung "Grün".

... Aber auch eine solche, dem Krieg vorausgehende Spannungszeit wird durch plötzliches, <u>dem Zeitpunkt und dem Umfang nach möglichst</u> überraschendes militärisches Handeln unsererseits ihren Abschluss finden.

3) Secret Command Business

For the Commander only   Transmitted by officer only
Written by officer

Draft for the new instruction "Green".

... But also such a period of tension preceding the war will be concluded by sudden military action by our side with the greatest possible surprise as regards the time and extent.

In sorting out the pieces of these constructions be sure you can differentiate an adverb from an adjective. The same word may be an adjective or an adverb depending on its use. In 1) <u>möglichen</u> is an adjective while in 3) <u>möglichst</u> (the superlative) is an adverb.

CONVERSION DRILL

Cover up one column at a time converting from relative clause to extended adjective construction and vice - versa, a page at a time.

1. Seine Partei hat schon einen Posten für den Minister, der wahrscheinlich zurücktritt, vorgesehen.

Seine Partei hat für den wahrscheinlich zurücktretenden Minister schon einen Posten vorgesehen.

2. Der Herr Staatssekretär bezeichnete die Gerüchte über einen eventuellen Rücktritt des Ministers, die durch die Presse gingen, als unbegründet.

Der Herr Staatssekretär bezeichnete die durch die Presse gegangenen Gerüchte über einen eventuellen Rücktritt des Ministers als unbegründet.

3. Die Zwischenfälle, die sich von Stunde zu Stunde mehren, werden zu einer Gefahr für den Frieden.

Die sich von Stunde zu Stunde mehrenden Zwischenfälle werden zu einer Gefahr für den Frieden.

4. Durch das militärische Handeln, das nach Zeitpunkt und Umfang überraschend war, wurde die Gefahr einer Panik reduziert.

Durch das dem Zeitpunkt und Umfang nach überraschende militärische Handeln wurde die Gefahr einer Panik reduziert.

5. Mehrere der Staatsmänner, die für den Abschluss des Vertrages verantwortlich sind, sind schon in der Hauptstadt eingetroffen.

Mehrere der für den Abschluss des Vertrages verantwortlichen Staatsmänner sind schon in der Hauptstadt eingetroffen.

6. Der Herr Botschafter verhandelt heute über das Zusatzprotokoll, das von seiner Regierung gewünscht wird.

Der Herr Botschafter verhandelt heute über das von seiner Regierung gewünschte Zusatzprotokoll.

7. Die Nationen, die an der Vermittlungsaktion im neusten Fernostkonflikt beteiligt sind, verhandeln noch immer.

Die an der Vermittlungsaktion im neusten Fernostkonflikt beteiligten Nationen verhandeln noch immer.

8. Die Verschlussache, die nur vom Behördenleiter oder seinem Stellvertreter zu entziffern ist, betrifft Massnahmen gegen Erregung von Panik.

Die nur vom Behördenleiter oder seinem Stellvertreter zu entziffernde Verschlussache betrifft Massnahmen gegen Erregung von Panik.

9. Dass das Memorandum, das von der Luftwaffe als Geheime Kommandosache behandelt wird, pazifistische Gesichtspunkte enthalte, glaubt Ihnen keiner.

Dass das von der Luftwaffe als Geheime Kommandosache behandelte Memorandum pazifistische Gesichtspunkte enthalte, glaubt Ihnen keiner.

10. Die Äusserungen eines Parteiführers über einen neuen Fernost-Konflikt, der vor der Tür stehe, die in der Öffentlichkeit Aufsehen erregten, werden von der Regierung als unbegründet bezeichnet.

Die in der Öffentlichkeit Aufsehen erregenden Äusserungen eines Parteiführers über einen vor der Tür stehenden neuen Fernost-Konflikt werden von der Regierung als unbegründet bezeichnet.

11. Der Unterstaatssekretär bat um die Papiere, die sich in Washington befinden, damit er verhandeln könnte.

Der Unterstaatssekretär bat um die sich in Washington befindlichen Papiere, damit er verhandeln könnte.

12. Der Ausblick, der für die Entwicklung unserer Politik in Mitteleuropa positiv ist, wird die Gefahr der Entfesselung eines neuen Krieges noch weiter reduzieren.

Der für die Entwicklung unserer Politik in Mitteleuropa positive Ausblick wird die Gefahr der Entfesselung eines neuen Krieges noch weiter reduzieren.

13. Der Staatsmann versuchte die Zu-
    stände, die für sein Land uner-
    träglich waren, zu beseitigen.

    Der Staatsmann versuchte die für sein
    Land unerträglichen Zustände zu be-
    seitigen.

14. Der Bericht der Botschaft, der am
    Freitag einging, bezog sich auf eine
    Äusserung des Premierministers.

    Der am Freitag von der Botschaft einge-
    gangene Bericht bezog sich auf eine
    Äusserung des Premierministers.

15. Der Inhalt der Zuschrift, die an
    die Arbeiterpartei geschickt wurde,
    erregte viel Aufsehen.

    Der Inhalt der an die Arbeiterpartei
    geschickten Zuschrift erregte viel
    Aufsehen.

16. Wie wird sich die Erklärung, die
    der Minister gestern abgab, auf die
    Wahlen auswirken?

    Wie wird sich die gestern vom Minister
    abgegebene Erklärung auf die Wahlen
    auswirken?

17. Die Arbeitszeitverkürzung, die von
    verschiedenen Ländern der EWG durch-
    geführt wurde, hat keine Schäden ge-
    zeitigt.

    Die von verschiedenen Ländern der EWG
    durchgeführte Arbeitszeitverkürzung
    hat keine Schäden gezeitigt.

18. Die Aufzeichnungen, die der Unter-
    staatssekretär geheim hält, sollen
    mit dem Fernost-Konflikt zu tun
    haben.

    Die vom Unterstaatssekretär geheim ge-
    haltenen Aufzeichnungen sollen mit dem
    Fernost-Konflikt zu tun haben.

19. Der Auftrag, den der neue Chef über-
    nahm, musste zu einem bestimmten
    Zeitpunkt erledigt werden.

    Der von dem neuen Chef übernommene Auf-
    trag musste zu einem bestimmten Zeit-
    punkt erledigt werden.

20. Die militärischen Massnahmen der
    neuen Regierung, die auch für die
    hiesige Öffentlichkeit überraschend
    sind, sind zu einer Gefahr für den
    Frieden geworden.

    Die auch für die hiesige Öffentlichkeit
    überraschenden militärischen Massnahmen
    der neuen Regierung sind zu einer Gefahr
    für den Frieden geworden.

21. Die Massnahmen, die die Vermittlungs-
    aktion vorsah, wurden in überraschen-
    dem Umfang durchgeführt.

    Die von der Vermittlungsaktion vorgesehe-
    nen Massnahmen wurden in überraschendem
    Umfang durchgeführt.

22. Die Entwicklung, die die Regierung
    erwartete, ist durch die letzte
    Wahl zerschlagen worden.

    Die von der Regierung erwartete Ent-
    wicklung ist durch die letzte Wahl zer-
    schlagen worden.

23. Der Kanzler erklärte, dass auch die
    neuen Gesetze in den Gebieten, die
    noch näher zu bezeichnen sind, An-
    wendung finden würden.

    Der Kanzler erklärte, dass auch die neu-
    en Gesetze in den noch näher zu bezeich-
    nenden Gebieten Anwendung finden würden.

24. Die Papiere, die von uns angefordert
    wurden, sind noch nicht eingetroffen.

    Die von uns angeforderten Papiere sind
    noch nicht eingetroffen.

25. Der Fragebogen, den Herr Schuster
    ausgefüllt hat, wird gerade bear-
    beitet.

    Der von Herrn Schuster ausgefüllte Frage-
    bogen wird gerade bearbeitet.

26. Der Pass, den meine Schwester bean-
    tragt hat, ist heute per Post ge-
    schickt worden.

    Der von meiner Schwester beantragte Pass
    ist heute per Post geschickt worden.

27. Die Volksabstimmung, die in diesem
    Jahr stattfinden wird, wird für die
    Zukunft des Landes wichtig sein.

    Die in diesem Jahr stattfindende Volks-
    abstimmung wird für die Zukunft des
    Landes wichtig sein.

28. Die Länder, die der EWG angehören,
    hatten auf ihrer letzten Tagung eine
    Debatte über neue Probleme der Wirt-
    schaft.

    Die der EWG angehörenden Länder hatten
    auf ihrer letzten Tagung eine Debatte
    über neue Probleme der Wirtschaft.

29. Die Erklärung, die von unserem Ge-
    sandten zu wiederholen ist, wird
    von unserer Regierung als eine
    Massnahme angesehen, die notwendig
    ist.

    Die von unserem Gesandten zu wieder-
    holende Erklärung wird von unserer Re-
    gierung als eine notwendige Massnahme
    angesehen.

30. Es bleibt nur noch die Frage, die
    von der Regierung zu untersuchen
    ist, wie es zu solch einer Krise
    in der Industrie kommen konnte.

    Es bleibt nur noch die von der Regierung
    zu untersuchende Frage, wie es zu solch
    einer Krise in der Industrie kommen
    konnte.

31. Der Behördenleiter wurde gebeten,
    das Gerücht eines neuen Fernost-
    Konflikts, das auch durch die Presse
    gegangen ist, als unbegründet zu be-
    zeichnen.

    Der Behördenleiter wurde gebeten, das
    auch durch die Presse gegangene Gerücht
    eines neuen Fernost-Konflikts als unbe-
    gründet zu bezeichnen.

32. Die Frage eines Zusatz-Protokolls,
    das vom Auswärtigen Amt gewünscht
    wurde, kann in kurzer Zeit geklärt
    werden, wenn ein verantwortlicher
    Vertreter der Regierung in London
    selbst darüber verhandeln kann.

    Die Frage eines vom Auswärtigen Amt ge-
    wünschten Zusatz-Protokolls kann in
    kurzer Zeit geklärt werden, wenn ein
    verantwortlicher Vertreter der Regierung
    in London selbst darüber verhandeln kann.

FINDER LIST

der	Abschluss, ̈-e	conclusion
	abtragen (ä,u,a)	deliver
	abtreten (i,a,e)	cede
die	Äusserung, -en	utterance
	angehörend	belonging to
die	Ankunft, ̈-e	arrival
	ansprechen (i,a,o)	speak to
die	Anwendung, -en	application, use
die	Arbeiterpartei, -en	Labor Party
der	Aufenthalt, -e	visit
das	Aufsehen	notice
im	Auftrag	in behalf
die	Aufzeichnung, -en	note, description
der	Ausblick	outlook
	befindlich	existing, being
der	Behördenleiter, -	Chief of Mission
	betrachten (w)	regard
	beweisen (ie,ie)	prove
	bezeichnen (w)	describe
	bezeichnenden	designated
die	Bilanz, -en	balance
der	Botschafter, -	Ambassador
der	Chef, -s	Commander, Chief
	citissime	most urgent
	derartig	such a
der	Duce	the Duce
	eingegangen	received
	eingestellt	oriented
die	Einstellung	stopping
die	Empfangsbestätigung, -en	confirmation of receipt
die	Entfesselung	unleashing
die	Entwicklung, -en	development
der	Entwurf, ̈-e	draft
	entziffern (w)	decode
die	Ernennung, -en	naming
	erregen (w)	arouse
die	Erregung, -en	excitement
	erwidern (w)	answer
	europäisch	European
der	Fernost-Konflikt, -e	Far East conflict
der	Friede	peace
der	Führer	the Führer
die	Gefahr, -en	danger
	geheim	secret
	gemeldet	reported
das	Gerücht, -e	rumor
der	Gesandte, -n	Minister
das	Gesetz, -e	law
der	Gesichtspunkt, -e	standpoint
	gezeichnet (abbr. gez.)	signed
das	Handeln	action
	hiesig	local
der	Inhalt	contents
	insbesondere	in particular
	klären (w)	clarify
die	Kommandosache, -n	command business
die	Krise	crisis
die	Lage, -n	situation
die	Luftwaffe	air force
die	Machtübernahme, -n	assumption of power
die	Massnahme, -n	measure
sich	mehrend	increasing
das	Memorandum, -en	memorandum
	militärisch	military

dieses	Monats (abbr. d.M.)	of this month
das	Nachkriegsgebilde,-	post-war creation
die	Neutralität	neutrality
die	Öffentlichkeit	public
der	Offizier,-e	officer
die	Panik,-en	panic
	pazifistisch	pacifistic
	plötzlich	sudden
	positiv	positive
der	Premierminister,-	Prime Minister
	reduzieren (w)	reduce
der	Reichskanzler,-	Chancellor
der	Reichsaussenminister,-	Foreign Minister
die	Spannungszeit,-en	period of tension
der	Staatsmann,-̈er	statesman
der	Staatssekretär,-e	Secretary of State
die	Stahlerzeugung	steel production
	streng	strict
von	Stunde zu Stunde	from hour to hour
	substantiell	substantial
das	Sudetendeutschtum	Sudeten Germans
das	Sudetenland	Sudetenland
das	Telegramm,-e	telegram
	tschechisch	Czech
	übernehmen (i,a,o)	receive, take over
	überraschen (w)	surprise
die	Überzeugung,-en	opinion
der	Umfang,-̈e	extent
	unbegründet	unfounded
	unerträglich	unbearable
	unsererseits	by our side
die	Unterhaltung,-en	conversation
der	Unterstaatssekretär,-e	Under Secretary of State
	verantwortlich	responsible
	verhandeln (w)	negotiate
die	Vermittlungsaktion,-en	mediation action
die	Verschlussache,-n	classified
zu	verzeichnen	to be noted
	völlig	completely
die	Volksabstimmung,-en	plebiscite
	vorausgehen (i,a) ist	precede
die	Weisung,-en	instruction
die	Wirkung,-en	effect
der	Zeitpunkt,-e	time
	zerschlagen (ä,u,a)	destroy, smash
das	Zusatz-Protokoll	supplementary protocol
die	Zuschrift,-en	letter
der	Zwischenfall,-̈e	incident

GLOSSARY

The following is an alphabetical listing of the words occurring in the
Basic Sentences in their basic form, their meaning and where they first occur.
The Roman numerals refer to volume, the Arabic to page.

A

der	Abend,-e	evening	I	1
heute	abend	this evening	I	285
	abends	in the evening	I	260
das	Abenteuer,-	adventure	II	62
	aber	but	I	5
	abfahren (ä,u,a) ist	leave	I	262
die	Abfahrt,-en	departure	II	36
	abgeben (i,a,e)	give out with	II	5
		hand in, check (a coat, hat)	II	245
	abgesehen von	except for, apart from	I	285
	abhängen von (i,a)	depend on	I	259
	abheben (o,o)	withdraw	I	49
	abholen (w)	pick up	I	111
	abnehmen (i,a,o)	take off	I	137
das	Abonnement,-s	subscription	I	311
die	Abreise,-n	departure	II	95
der	Abschluss,-̈e	conclusion	II	338
das	Absinken	drop	II	272
der	Abstecher,-	side trip	II	3
das	Abteil,-e	compartment	II	36
die	Abteilung,-en	department, section	I	82
	abtragen (ä,u,a)	deliver	II	334
	abtreten (i,a,e)	cede	II	334
der	Abzug,-̈e	print	II	130
	ach	oh	II	173
	acht	eight	I	5
	achtjährig-	eight year-old	II	171
	achtzig	eighty	I	141
die	Adresse,-n	address	I	28
	adressieren (w)	address	II	214
	ahnen (w)	suspect, have an inkling	II	243
	ähnlich	similar	I	199
oder	ähnliches (o.ä.)	or something similar	II	296
und	ähnliches mehr (u.ä.m.)	and more of the same	II	296
die	Ahnung,-en	suspicion, idea	II	131
die	Aktenmappe,-n	briefcase	I	233
	alle paar Monate	every few months	I	313
	allerdings	of course, to be sure	II	270
	alles	everything	I	30
	allgemein	general	II	95
im	allgemeinen	in general	II	95
die	Alpen	Alps	I	229
	als	than	I	85
		when	II	2
		in the capacity of	I	312
	als ob	as if, as though	II	215
	als wenn, als ob	as if, as though	II	270
	also	well	I	29
	alt	old	I	81
	am besten	best	I	51
	Amerika	America	I	29
der	Amerikaner,-	American	I	23
die	Amerikanerin,-nen	American woman	I	26
	amerikanisch	American	I	51

das	Amt, ̈-er	office	I	140
	an	at, on	I	50
	anbieten (o,o)	offer	I	86
	anbringen (a,a)	put on	II	293
	ander-	other	I	163
sich	ändern (w)	change	II	65
	anders	different	II	294
	anderthalb	one and a half	I	311
der	Andrang	crowd, press, rush	II	244
	anerkennen (ir w)	acknowledge, recognize	II	212
der	Anfang, ̈-e	beginning	II	62
	anfangen (ä,i,a)	begin	I	163
	anfordern (w)	request, send for	II	213
	angehörend	belonging to	II	332
der	Angehörige, -n	member of a family or nation	I	83
die	Angelegenheit, -en	matter	I	138
	angenehm	pleasant, agreeable	I	309
	angreifen (i,i)	attack, make an attack on	II	272
	anhaben (ir w)	have on	I	232
sich	anhören etwas (w)	listen to, go to a performance of (an opera)	II	247
	ankommen (a,o) ist	arrive	I	166
		depend on	II	132
die	Ankunft, ̈-e	arrival	II	336
	anmelden (w)	apply, place a call	I	140
die	Anmeldung, -en	placing of a call	I	140
		hotel desk	II	41
	anprobieren (w)	try on	I	200
der	Anruf, -e	call	I	140
	anrufen (ie,u)	call up	I	138
	ansagen (w)	announce	II	297
der	Anschlag, ̈-e	poster, placard	II	247
	ansehen (ie,a,e)	look at	I	169
die	Ansicht, -en	view, opinion	II	273
die	Ansichtskarte, -n	picture postcard	I	261
	ansprechen (i,a,o)	speak to	II	335
der	Anspruch, ̈-e	claim	II	134
in	Anspruch nehmen	claim, lay claim to, take up	II	134
	anstehen (a,a)	stand in line	I	311
	anstellen (w)	turn on	I	234
		employ, hire	II	210
	anstrengen (w)	cause exertion, fatigue	II	173
die	Anstrengung, -en	effort, exertion	II	175
der	Antrag, ̈-e	application	I	83
der	Antragsteller, -	applicant	II	209
die	Anwendung, -en	application, use	II	334
	anwesend	present	II	4
	anziehen (o,o)	put on	I	232
der	Anzug, ̈-e	suit	I	195
der	Apparat, -e	telephone set	I	141
		apparatus, set	II	131
das	Apfelmus	apple sauce	I	258
der	Apfelsaft	apple juice	I	258
der	Appetit	appetite	I	260
	Appetit haben (auf)	be hungry (for)	I	260
die	Apotheke, -n	pharmacy	I	283
der	April	April	I	239
	arbeiten (w)	work	I	27
die	Arbeiterpartei, -en	labor party	II	332
der	Arbeitgeber, -	employer, (pl)management	II	272
der	Arbeitnehmer, -	employee, worker, (pl) labor	II	272
das	Arbeitsamt, ̈-er	employment office	I	285
der	Arbeitsvorgang, ̈-e	operation, workings	II	296
die	Arbeitszeit, -en	working hours	I	259
der	Architekt, -en	architect	II	67

der	Ärmel,-	sleeve	I	197
eine	Art	a kind, sort of	II	315
der	Artikel,-	article	I	285
der	Arzt,-̈e	doctor	II	169
	ärztlich	medical (from a doctor)	II	169
	atü	atü	II	298
	auch	also, too	I	1
	auch nicht	not ... either	I	1
	auf	on	I	50
		open	I	109
		for	II	95
	auf Deutsch	in German	I	6
	auf Grund	on the basis	II	295
	auf dem Land	in the country	II	293
	auf Wiedersehen!	good-bye	I	6
	aufbauen (w)	build (up)	II	209
	aufbügeln (w)	press	II	40
der	Aufenthalt,-e	visit	II	338
	auffällig	bright, loud	I	198
die	Aufführung,-en	performance	I	311
	auflegen (w)	hang up	I	141
	aufmachen (w)	open	I	109
die	Aufnahme,-n	photograph	I	233
	aufnehmen (i,a,o)	record, note down	II	210
		take up, make (a connection)	II	314
	aufschieben (o,o)	put off, delay	II	95
	aufschlagen (ä,u,a)	bang, break open	II	171
der	Aufschnitt	cold cuts	I	260
das	Aufsehen	notice	II	335
der	Auftrag,-̈e	commission, order, obligation	II	95
im	Auftrag	in behalf	II	335
die	Aufzeichnung,-en	note, description	II	333
der	Augenblick,-e	minute, moment	I	110
alle	Augenblicke	any minute, all the time	II	169
	augenblicklich	at the moment	I	196
der	August	August	I	239
	aus	out of, from	I	29
die	Ausarbeitung,-en	working out	II	314
der	Ausblick	outlook	II	337
der	Ausfall,-̈e	loss	II	272
der	Ausflug,-̈e	excursion	II	96
	ausführen (w)	execute, carry out	II	96
	ausführlich	detailed, complete	II	4
die	Ausführung,-en	type, style, finish, model	II	132
	ausfüllen (w)	fill out	I	83
	ausgeben (i,a,e)	spend	I	196
	ausgerechnet	it would have to be ... !	I	233
		of all (people, places, things, etc.)	II	243
	ausgesprochen	extraordinarily, extremely	II	1
	ausgezeichnet	excellent	I	50
die	Auskunft,-̈e	information	I	139
das	Ausland	foreign countries	I	312
	ausländisch	foreign	II	68
	auspacken (w)	unpack	I	165
	ausreichen (w)	be sufficient	II	4
	ausrichten (w)	tell, give a message	I	137
	ausscheiden (ie,ie) ist	drop out of, withdraw from	II	271
	ausschreiben (ie,ie)	write out, issue	II	294
	aussehen (ie,a,e)	look, appear	I	167
der	Aussenminister,-	foreign minister, secretary of state	II	269
	aussenpolitisch	(concerning) foreign policy	II	269
	ausser	besides	II	176
	ausserdem	besides (that)	II	97
die	Äusserung,-en	utterance	II	332

die	Aussicht, -en	view	I	233
die	Ausstellung, -en	exhibition	II	1
der	Austauschstudent, -en	exchange student	I	312
die	Auster, -n	oyster	II	97
die	Auswahl	selection	I	196
	auswandern (w)	emigrate	I	82
	auswärtig	foreign	II	269
das	Auswärtige Amt	Ministry of Foreign Affairs	II	3
die	Autofahrt, -en	drive	II	61
der	Autoschlosser, -	automobile mechanic	II	210
der	Ausweis, -e	identification card or paper	I	83
sich	auswirken (w) (auf + acc)	have an effect (on)	II	271
der	Auszug, "e	extract, summary	II	213
das	Auto, -s	car	I	50
die	Autobahn, -en	parkway	I	229
der	Autobus, -se	bus	I	51
die	Autokarte, -n	road map	II	99

B

das	Bad, "er	bath, bathing place	I	314
das	Badezimmer, -	bathroom	II	133
der	Bahnhof, "e	station	I	2
	bald	soon	I	138
das	Band, "er	ribbon, tape	II	132
die	Bank, -en	bank	I	3
die	Batterie, -n	battery	II	297
der	Bau, -ten	building	II	65
die	Bauausstellung, -en	architectural exhibition	II	67
der	Baum, "e	tree	II	66
	Bayern	Bavaria	I	84
	beabsichtigen (w)	intend	II	39
der	Beamte, -n	official	I	28
	beantragen (w)	apply for	I	81
	bearbeiten (w)	process	I	83
sich	bedanken (w)	express one's thanks	II	5
die	Bedeutung, -en	meaning, significance	II	99
die	Bedienung	service	II	38
sich	beeilen (w)	hurry	I	234
	befindlich	existing, being	II	338
die	Begegnung, -en	encounter, meeting	II	97
der	Beginn	beginning, start	II	245
	beginnen (a, o)	begin	II	65
	begleiten (w)	accompany	II	35
	begrüssen (w)	welcome, say hello to	II	95
	behalten (a, ie, a)	keep	I	52
	behandeln (w)	treat	II	171
die	Behandlung, -en	treatment, care	II	170
	behilflich sein	be helpful	II	41
der	Behördenleiter, -	Chief of Mission	II	335
	bei	at	I	28
		at someone's home	I	109
		with, in view of	II	95
		in the process of, while (doing)	II	133
	beibringen (ir w)	teach	II	295
	beide	both	I	164
	beisammen	(collected) together	II	214
der	Beitrag, "e	contribution	II	67
	bekannt	acquainted, known	I	82
der/die	Bekannte	acquaintance	I	81
	bekannt machen	introduce	I	82
	bekleiden (w)	occupy (a position), have (an office)	II	212

	bekommen (a,o)	get	I	199
	belegt	spread, coated, covered	II	245
	bemühen (w)	take trouble, bother about	II	314
	benachrichtigen (w)	inform, notify	II	214
	beraten (ä,ie,a)	advise	II	131
	bereits	already	II	4
der	Berg,-e	mountain	I	230
der	Bergbau	mining	II	316
die	Bergtour,-en	hike in the mountains	II	2
der	Bericht,-e	report	II	4
	Berliner	Berliner (as adjective)	II	62
die	Berliner Philharmoniker (pl)	Berlin Philharmonic	I	311
	berüchtigt	infamous, notorious	II	66
der	Beruf,-e	job, profession	I	259
	berühmt	famous	I	52
	beschädigen (w)	damage	II	63
der	Bescheid	information, answer	II	41
	Bescheid haben	have information	II	41
die	Beschwerde,-n	complaint, trouble	II	174
	besichtigen (w)	inspect, go through	II	67
	besitzen (a,e)	own, possess	II	313
	besohlen (w)	sole	I	281
	besonders	especially	I	169
	besorgen (w)	attend to, take care of	I	282
	die Besorgung,-en	errand, purchase	I	195
die	Besprechung,-en	conference	I	284
	besser	better	I	86
die	Besserung,-en	improvement	II	174
gute	Besserung!	get well soon	II	174
	bestellen (w)	order	I	258
	bestellen lassen	leave a message	I	284
	bestellt sein	have a doctor's appointment	II	172
die	Bestellung,-en	reservation	II	37
	bestimmt	particular, certain	I	199
der	Besuch,-e	visit	I	81
	besuchen (w)	visit	I	27
	besuchen (w)	visit, attend	I	310
der	Besucher,-	visitor	II	313
das	Besuchsvisum,-visen	visitor's visa	I	81
	beteiligt sein an etwas	participate in something	II	68
	betonen (w)	emphasize, insist	II	272
	betrachten (w)	regard	II	337
der	Betrieb,-e	(industrial) plant	II	4
		business, enterprise	II	212
		activity, comings and goings	II	62
der	Betriebsleiter,-	plant manager	II	4
das	Bett,-en	bed	I	165
	bevor	before	I	282
	beweisen (ie,ie)	prove	II	332
	bezahlen (w)	pay	I	198
	bezeichnen (w)	describe	II	335
	bezeichnend-	designated	II	333
die	Beziehung,-en	connection	II	314
in jeder	Beziehung	in every regard, way	II	315
	beziehungsweise, bzw.	or, as the case may be	II	133
der	Bezirk,-e	district, section of town	II	169
die	Bibliothek,-en	library	I	111
das	Bier,-e	beer	I	5
die	Bilanz,-en	balance	II	337
das	Bild,-er	picture	I	165
die	Bilderkiste,-n	crate with pictures	I	165
der	Bildschirm,-e	screen, picture	II	132
die	Bildung,-en	formation	II	4
	billig	cheap	I	197
	bis	to, up to, until	I	83
	bisher	up to now	II	1

	bitte	please	I	2
	bitten um (a,e)	ask for, request	II	5
	bleiben (ie,ie) ist	stay, remain	I	24
der	Bleistift,-e	pencil	I	114
	blicken (w)	look, glance	II	64
der	Blinker,-	directional light	II	293
	bloss	just, only	II	129
	blühen (w)	bloom, be in bloom	II	98
der	Blutdruck	blood pressure	II	175
der	Boden,-	attic	I	168
der	Bodensee	Lake Constance	II	99
die	Botschaft,-en	embassy	I	3
der	Botschafter,-	ambassador	II	332
der	Brand,-e	fire	II	66
	Brandenburger	Brandenburg (as adjective)	II	65
	brasilianisch	Brazilian	II	68
	Brasilien	Brazil	II	68
	Bratwurst mit Sauerkraut	sausage and sauerkraut	I	5
	brauchen (w)	need	I	114
	braun	brown	I	200
der	Bremer,-	man from Bremen	I	84
der	Brief,-e	letter	I	112
	brieflich	by letter, mail	II	315
die	Briefmarke,-n	postage stamp	I	110
das	Briefpapier	stationery	I	114
	bringen (ir w)	bring, take somewhere	I	168
	britisch	British	II	68
die	Broschüre,-n	brochure	II	296
das	Brot,-e	bread	I	5
das	Brötchen,-	roll	II	245
das be-				
legte	Brötchen	(open-face) sandwich roll	II	245
der	Bruder,-	brother	I	114
das	Buch,-er	book	I	111
der	Bücherschrank,-e	bookcase	I	164
der	Buchhändler,-	bookseller, dealer	II	131
	buchstabieren (w)	spell	I	140
der	Bund,-e	confederation, league, alliance	II	269
der	Bundesminister des Aus-wärtigen	(German Federal) for-eign minister	II	269
die	Bundesrepublik	Federal Republic	II	294
der	Bundestag	(German) Lower House, Chamber of Deputies	II	270
der	Bürge,-n,-n	sponsor	II	209
	bürgen (w)	provide security, act as sponsor	II	209
die	Bürgschaft,-en	sponsorship	II	214
das	Büro,-s	office	I	137
die	Butter	butter	I	258

C

das	Café,-s	café	I	3
die	CDU (Christlich-Demokra-tische Union)	Christian Democratic Union	II	269
die	Certina G.m.b.H.	The Certina Company	I	137
der	Chef,-s	commander, chief	II	338
	citissime	most urgent	II	336

D

	da	there	I	3
		then	I	87
		since	I	259
	da sein	be present, be there	I	314
	dabei	with them, among them	I	166
	dahin	to there	I	53
	damit	so that	I	282
		therewith, by doing that	II	35
	daneben	next to it	I	55
	damals	then, at that time	II	211
die	Dame, -n	lady	I	26
der	Damm, -̈e	roadway	II	61
der	Dampfer, -	steamer	II	96
	danach	after that	I	168
	Dänemark	Denmark	II	68
	dänisch	Danish	II	68
	danke	thanks	I	1
	danke schön	many thanks	I	2
	danke sehr	thanks very much	I	30
	danken (w)	thank	I	140
	dann	then	I	27
	darüber	about it, them	I	139
	das	that	I	2
	dass	that	I	81
	dasselbe	same	II	294
das	Datum, -en	date	II	210
	dauern (w)	last, take (time)	II	133
	davon	of it, from	I	54
	dazu	in addition	I	198
die	Debatte, -n	debate	II	269
die	Decke, -n	blanket, cover	I	165
	dein	your (familiar sg)	I	282
	denen	which	II	95
	denken (ir w)	think	I	260
	denn	particle expressing interest	I	23
		for	II	169
	der	that one	I	30
		who	II	4
		which, that	II	64
	derartig	such a	II	332
	derzeitig	present, incumbent	II	273
	deshalb	therefore, that's why	II	97
	dessen	whose, of which	II	99
	deutsch	German	I	26
der	Deutsche	German man	I	83
die	Deutsche	German woman	I	26
	Deutschland	Germany	I	28
der	Dezember	December	I	239
die	Diät, -en	diet	II	175
	dick	thick, heavy	I	232
	die	which	II	95
		which, that	II	66
	diejenigen	those people	II	293
der	Dienstag	Tuesday	I	86
	diesbezüglich	in this regard	II	315
	diesseits (plus genitive)	on this side of	II	66
	diktieren (w)	dictate	I	285
der	Diplomat, -en	diplomat	I	23
	dir (dat)	to you, for you (fam sg)	I	282
	direkt	directly, right	I	114
die	Diskussion, -en	discussion	II	4
sich	distanzieren von (w)	take a position at odds with, divorce oneself from	II	271

	doch	particle expressing an		
		obvious fact	I	23
		yes (in response to a negative		
		statement or question)	I	51
		but	II	37
der	Doktor, -en	doctor	II	171
Herr	Doktor	doctor (address)	I	284
der	Dom, -e	cathedral	I	53
der	Donnerstag	Thursday	I	86
das	Doppelzimmer, -	double room	II	38
	dort	there	I	2
	dorthin	to there	I	52
	draussen	outside, out here or there	I	170
	drei	three	I	5
	dreiviertel	three quarters	I	261
	dringend	urgent	I	138
	drüben	over there	I	2
der	Druck, ̈-e	pressure	II	270
unter	Druck setzen (w)	put pressure on, put the	II	270
		heat on		
der	Duce	the Duce (Mussolini)	II	333
	dumm	stupid	I	311
zu	dumm	too bad	I	311
	durch	through	I	53
		by, as a result of	II	66
	durchführen (w)	carry out, put into practice	II	273
die	Durchführung	carrying out	II	272
	durchaus nicht	not at all	I	109
	dürfen (ir w)	be allowed	I	28
der	Durst	thirst	I	54

E

	eben	just, simply	I	233
die	Ecke, -n	corner	I	52
	ehe	before	II	36
das	Ehepaar, -e	married couple	I	229
	eher	sooner, rather	II	212
	eigentlich	actually, really	I	26
die	Einbahnstrasse, -n	one-way street	II	295
der	Eindruck, ̈-e	impression	I	257
	einfach	easy, simple	I	168
am	einfachsten	easiest, simplest	I	168
	einfallen (ä, ie, a) ist	occur to	II	36
	einfarbig	solid colored	I	198
die	Einfuhrbestimmung, -en	import regulation	I	139
	eingebaut	built-in	I	169
	eingegangen	received	II	332
	eingestellt	oriented	II	338
	einhalten (ä, ie, a)	keep, stick to	II	175
	einige	a few	I	112
	einiges	some things	II	35
der	Einkauf, ̈-e	purchase	II	97
die	Einladung, -en	invitation	II	95
	einlaufen (äu, ie, au) ist	arrive	II	36
sich	einleben (w)	get settled	I	310
	einmal	once, ever	I	28
	einnehmen (i, a, o)	take (medicine)	II	174
	einpacken (w)	wrap up	I	201
	einreichen (w)	submit, hand in	II	270
	einrichten (w)	arrange (the furniture)	I	163
das	Einrichten	arranging (of the furniture)	I	163
	eins	one	I	5
	einstecken (w)	put in one's pocket or purse	II	246

die	Einstellung,-en	stopping	II	334
	eintreten (i,a,e) ist	occur, arise	II	95
	eintreten für	stand up for, work toward, in behalf of	II	271
	eintreten in	enter, join	II	211
	einverstanden	in agreement, willing	II	213
	einwenden gegen (ir w)	object, make objections to	II	129
das	Einzelzimmer,-	single room	II	37
	einziehen (o,o) ist	move in	I	163
		collect (information)	II	215
das	Eisen,-	iron	II	132
die	Eisenindustrie,-n	iron industry	II	316
die	Eisenwaren (pl)	hardware	II	132
der	Elektroherd,-e	electric range	I	168
	elf	eleven	I	5
die	Eltern	parents	I	27
der	Empfang,-̈e	reception	I	314
die	Empfangsbestätigung,-en	confirmation of receipt	II	334
der	Empfangschef,-s	desk clerk	II	40
	empfehlen (ie,a,o)	remember	I	87
		recommend	II	170
die	Empfehlung	commendation, regards	II	5
das	Ende,-n	end	II	63
	endlich	at last	I	167
der	Engländer,-	monkey wrench	II	133
	englisch	English	I	26
der	Enkel,-	grandson, grandchild	II	246
	entfernen (w)	remove	II	66
	entfernt	distant, away	II	170
die	Entfesselung,-en	unleashing	II	337
	entgehen (i,a) ist	escape, elude	II	97
	entschuldigen (w)	excuse	I	109
	entwerfen (i,a,o)	design	II	67
	entwickeln (w)	develop, process	II	130
die	Entwicklung,-en	development	II	337
der	Entwurf,-̈e	draft	II	338
	entziffern (w)	decode	II	335
	entzückt	overjoyed, delighted, charmed	II	272
die	Entzündung,-en	inflammation, irritation	II	176
	er (nom)	he, it	I	3
das	Erachten	opinion, judgement	II	214
Ihres	Erachtens	in your opinion	II	214
meines	Erachtens (abbr. m.E.)	in my opinion	II	271
das	Ergebnis,-se	result, outcome	II	95
die	Erholung,-en	recovery, recuperation	I	309
	erklären (w)	explain	II	291
die	Erklärung,-en	explanatory statement	II	5
die	Erkrankung,-en	illness (i.e., becoming ill)	II	247
sich	erkundigen (w)	inquire, ask	I	312
	erleben (w)	experience, observe	II	246
	erledigen (w)	take care of	II	35
die	Ermittlung,-en	investigation	II	215
die	Ernennung,-en	naming	II	335
	ernst	serious	II	176
	erregen (w)	arouse	II	335
die	Erregung,-en	excitement	II	332
	erreichen (w)	reach	I	138
	erst	only	I	30
		first	I	167
		not until	II	66
	erstaunen (w)	astonish, surprise	II	272
	erst mal	for the moment	I	165
	erwähnen (w)	mention	II	97
	erwarten (w)	expect	I	284
	erwerben (i,a,o)	acquire	II	296
	erwidern (w)	answer	II	334

	erzählen (w)	tell	II	65
	es (nom)	it	I	3
	essen (i,a,e)	eat	I	5
das	Essen, -	food	I	25
die	Etage, -n	story, floor	I	113
das	Etagenhaus, ̈-er	apartment house	I	109
	etwa	approximately, around	I	196
	etwas	some	I	5
	euch	to you, for you (fam pl)	I	286
	euer	your (fam pl)	I	286
	europäisch	European	II	332
die	Europäische Wirtschafts-gemeinschaft (EWG)	European Economic Community (EEC)	II	276
	eventuell	possibly	II	314
die	Existenz, -en	existence, livelihood, life	II	209
der	Export, -e	export	II	313
der	Exporteur, -e	exporter	II	314

F

die	Fabrik, -en	factory	II	313
das	Fach, ̈-er	specialty, subject (of study)	II	170
	fahren (ä,u,a) ist	go, ride in a vehicle	I	27
	Fahrenheit	Fahrenheit	II	297
der	Fahrer, -	driver	II	294
die	Fahrkarte, -n	ticket	II	35
der	Fahrlehrer, -	driving instructor	II	296
die	Fahrprüfung, -en	driving test	II	296
das	Fahrrad, ̈-er	bicycle	II	173
die	Fahrschule, -n	driving school	II	296
der	Fahrstuhl, ̈-e	elevator	I	199
die	Fahrt, -en	drive, trip	II	98
in je-dem	Fall	in any case	II	294
	falls	in case, if	II	271
die	Familie, -n	family	I	310
der	Familienangehörige, -n, -n	member of the family, immediate relative	II	213
der	Familienname, -ns, -n	surname	II	210
der	Familienstand	family status	II	210
die	Farbe, -n	color	I	200
der	Farbfilm, -e	color film	II	130
	farbig	colored	I	197
	fast	almost	I	230
	faszinierend	fascinating	II	61
der	Februar	February	I	239
	fehlen (w)	need, miss	I	232
die	Feinmechanik	precision tool, instrument	II	316
das	Fenster, -	window	I	164
das	Fernamt, ̈-er	long distance office	I	140
	ferner	furthermore	II	213
das	Ferngespräch, -e	long distance call	I	140
der	Fernost-Konflikt, -e	Far East conflict	II	335
der	Fernsehapparat, -e	television set	II	131
	fertig	ready, done finished	II	130
	festlegen (w)	set, fix	II	95
	feststellen (w)	ascertain, determine, find out	II	133
	feucht	moist, humid	I	231
der	Film, -e	film	II	130
	finden (a,u)	find	I	53
		think (that something is thus and so)	I	167
	finnisch	Finish	II	68
	Finnland	Finland	II	68

die	Firma,-en	firm	II	313
die	Fischerei,-en	fishery, fishing industry	II	97
	fliehen (o,o) ist	flee, run away	II	212
die	Flöte,-n	Flute	II	41
der	Flüchtling,-e	refugee	II	299
der	Flughafen,-	airport	I	2
	folgend	following	I	170
die	Forelle,-n	trout	I	258
das	Formular,-e	form	I	83
	fortgehen (i,a) ist	go out	II	129
	fortfahrend	continuing	II	314
das	Foyer,-s	lobby, foyer	II	244
das	Frachtgut,-er	freight	I	166
die	Frage,-n	question, problem	II	131
der	Fragebogen,-	questionnaire	I	83
	fragen (w)	ask	I	50
die	Fraktion,-en	(parliamentary) party	II	269
der	Fraktionsvorsitzende,-n,-e	parliamentary party leader, "whip"	II	269
	Frankreich	France	II	68
	französisch	French	I	112
	Frau	Mrs.	I	1
	Frau Gemahlin	respectful reference to another's wife	I	87
	Fräulein	Miss	I	1
	frei	free, available	II	38
die	FDJ (Freie Deutsche Jugend)	the Free German Youth	II	211
der	Freitag	Friday	I	86
sich	freuen (auf) (w)	be happy, look forward to	I	229
der	Freund,-e	friend	I	229
	freundlich	friendly, kind	II	314
der	Friede	peace	II	332
	Friedrich der Grosse	Frederick the Great	II	64
	frieren (o,o)	freeze	I	232
	frisch	fresh	II	97
der	Frisör,-e	hairdresser	I	283
	froh	glad, happy	I	311
der	Frostschutz	anti-freeze	II	297
das	Frostschutzmittel,-	anti-freeze	II	297
die	Frucht,-e	fruit	II	175
	früh	early	I	139
	morgen früh	tomorrow morning	I	139
	früher	previously, formerly, before	II	99
der	Frühling,-e	spring	I	231
das	Frühstücksbrot,-e	snack, lunch	I	282
der	Frühstückstisch,-e	breakfast table	I	281
	führen (w)	lead, take, bring	II	174
der	Führer,-	the Führer, leader	II	333
der	Führerschein,-e	driver's licence	II	295
das	Führungszeugnis,-se	record of behavior	II	123
der	Füller,-	pen	I	114
	fünf	five	I	4
die	Funktion,-en	function	II	296
der	Funktionär,-e	party official	II	122
	funktionieren (w)	function, work	II	293
	für	for	I	82
	fürchten (w)	fear	I	139

G

	ganz	quite	I	27
		whole, entire	I	138
	ganz schön	certainly, all right	II	270
die	Garderobe, -n	checkroom, cloakroom	II	244
	garnicht	not at all	I	170
der	Garten, ¨	garden	I	169
der	Gasherd, -e	gas range	I	168
die	Gastgeberin, -nen	hostess	I	313
der	Gasthof, ¨-e	inn	I	257
das	Gastzimmer, -	dining room (of an inn)	I	257
das	Gebäude, -	building	II	66
	geben (i,a,e)	give	I	28
das	Gebiet, -e	area	II	64
		sphere	II	316
das	Gebirge, -	mountains	I	230
	geboren	born	II	210
die	Geburt, -en	birth	II	210
der	Geburtstag, -e	birthday	II	130
das	Gedächtnis	memorial, memory	II	63
der	Gedanke, -ns, -n	thought, idea	II	129
sich	gedulden (w)	be patient, wait	II	172
die	Gefahr, -en	danger	II	332
	gefallen (ä,ie,a)	please	I	24
	gegen (plus acc)	against	II	129
die	Gegend, -en	region	I	51
	gegenüber	opposite, across from	I	51
	gehen (i,a) ist	go	I	1
	geheim	secret	II	334
es	geht	it's possible	I	283
	gehören (w)	belong	I	30
der	Geist	spirit	II	62
das	Geld, -er	money	I	49
die	Gelegenheit, -en	opportunity	I	260
		occasion	II	96
der/die	Geliebte	beloved, ladylove	II	62
	gelten (i,a,o)	be valid, hold good	II	294
	gemeldet	reported	II	335
	gemustert	figured	I	198
	gemütlich	cozy, comfortable, inviting	I	167
	genau	exact	I	139
der	Generalkonsul, -n	consul general	I	314
das	Generalkonsulat, -e	consulate general	I	87
die	Generalvertretung, -en	regional distributor, agency	II	210
	genug	enough	I	261
	geöffnet	open	II	1
das	Gepäck	baggage, luggage	I	30
die	Gepäckaufgabe	baggage checkroom	II	35
der	Gepäckträger, -	porter	II	36
	gerade	just	I	26
	geradeaus	straight ahead	I	3
das	Gerät, -e	appliance, set, tool	II	132
	gering	slight	II	175
	gern(e)	with pleasure	I	4
das	Gerücht, -e	rumor	II	335
der	Gesandte, -n	minister	II	334
das	Geschäft, -e	business, store	I	82
	geschäftlich	business	II	95
der	Geschäftsbrief, -e	business letter	I	112
die	Geschäftsreise, -n	business trip	I	82
die	Geschäftsstrasse, -n	street where the stores are located	II	129
die	Geschäftsverbindung, -en	business connection	II	313
die	Geschichte, -n	history, story	II	97

	geschieden	divorced	II	210
das	Geschirr	china, dishes	I	165
	geschlossen	closed	II	1
die	Gesellschaft,-en	social affair, party	II	5
das	Gesetz,-e	law	II	334
der	Gesichtspunkt,-e	standpoint	II	337
das	Gespräch,-e	conversation, call	I	140
	gestalten (w)	arrange, set up, make, mold, form	II	276
	gestern	yesterday	I	167
	gestern abend	yesterday evening	II	35
	gestreift	striped	I	197
das	Gesuch,-e	application, request	II	270
die	Gesundheit	health	II	169
das	Gesundheitsamt,-̈er	Board of Health	I	314
die	Gewerkschaft,-en	labor union	II	4
der	Gewerkschaftssekretär,-e	union official (secretary)	II	4
	gewiss	certain	II	95
das	Gewitter,-	thunder storm	I	234
sich	gewöhnen (w)	get used to	I	84
	gewöhnlich	usually	I	195
	gezeichnet (abbr. gez.)	signed	II	334
es	gibt	there is, are	I	81
das	Glas,-̈er	glass	I	54
	glauben (w)	believe	I	26
	gleich	right, just	I	49
	gleich mal	right	I	82
das	Glück	luck	I	229
^um	Glück	luckily	II	36
	glücklicherweise	fortunately	I	310
	gnädige Frau	polite address to married woman	I	24
	Gott sei Dank	thank God	II	317
der	Grad	degree	II	297
	grau	grey	I	199
die	Grenze,-n	boundary, border	II	212
	grenzen an etwas (w) (acc)	border on something	II	64
	gross	big	I	55
	Grossbritannien	Great Britain	II	68
im	Grossen und Ganzen	by and large, on the whole	I	309
	grün	green	I	198
der	Grunewald	'Grunewald'	II	62
	grüssen (w)	greet	I	87
	gültig	valid	II	214
	gut	good, well	I	1
		all right, O.K.	II	132

H

das	Haar,-e	hair	I	282
	haben (ir w)	have	I	4
der	Hahn,-̈e	faucet	II	133
	halb	half	I	111
die	Halle,-n	hall	II	67
der	Hals,-̈e	throat, neck	II	170
	halten (ä,ie,a)	stop, hold	I	51
		get by subscription	I	110
		keep going	II	211
	+ von	think of	II	132
die	Haltestelle,-n	stop	I	51
der	Hammer,-̈ or ,-	hammer	II	132
die	Hand,-̈e	hand	I	113
das	Handeln	action	II	338

sich	handeln um (w)	be about, concern	I	138
die	Handelsabteilung, -en	commercial section	II	315
die	Handelskammer, -n	Chamber of Commerce	I	285
die	Handelsliste, -n	trade list	II	315
das	Handelszentrum, -en	trade center	II	313
der	Handwerker, -	workman	I	167
das	Handzeichen, -	hand signal	II	293
	hängen (i, a)	hang	I	165
die	Hauptmahlzeit, -en	main meal	I	259
das	Haus, ̈-er	house	I	114
der	Hausarzt, ̈-e	family doctor	II	170
die	Haushaltsware, -n	household ware	II	316
die	Heide, -n	heath, moor	II	98
	Heidelberg	Heidelberg	II	99
die	Heimat	home, homeland	I	84
die	Heimatstadt	hometown	I	84
	heiss	hot	I	231
	heissen (ie, ei)	be called, named	I	28
die	Heizung, -en	radiator, heating	I	167
	heftig	violent, severe, vehement	II	272
	helfen (i, a, o)	help	I	163
	Helgoland	Helgoland	II	96
	hell	light	I	259
	hellgrau	light grey	I	199
das	Hemd, -en	shirt	I	195
	her	from that place	I	29
	heraufbringen (ir w)	bring up, in	I	166
	herausbekommen (a, o)	get out	II	36
der	Herbst, -e	fall	I	231
der	Herd, -e	range	I	168
	hereinkommen (a, o) ist	come in	I	109
der	Herr, -n, -en	gentleman, man	I	1
das	Herrenkonfektionsgeschäft, -e	men's ready-made clothing store	I	195
Ihr	Herr Gemahl	your husband, Mr. ...	II	5
die	Herrschaften	ladies and gentlemen	I	258
das	Herz, -ens, -en	heart	II	173
das	Herzklopfen	palpitations	II	175
	heute	today	I	27
	heutig-	today's, for today	II	246
	heutzutage	nowadays	II	133
	hiesig	local	II	335
die	Hilfe	help, aid	II	169
	hier	here	I	3
der	Himmel, -	heaven, sky	I	233
	hin	to that place	I	27
	hingehen (i, a) ist	go (there)	I	52
	hinkommen (a, o) ist	go, belong in a certain place	I	164
sich	hinsetzen (w)	sit down	I	167
	hinstellen (w)	put (down)	I	163
	hinter	behind	I	169
	hinterher	afterward	II	67
der	Hinterreifen, -	rear tire	II	297
der	Hirsch, -e	stag	I	257
zum		at the sign of the		
weissen	Hirsch	White Stag	I	257
	historisch	historic(al)	II	99
	hoch	high	I	170
die	Höchstgeschwindigkeit, -en	speed limit	II	295
das	Hofbräuhaus	Hofbräuhaus	I	55
	hoffen (w)	hope	I	167
	hoffentlich	I hope, hopefully	I	54
die	Hoffnung, -en	hope	II	212
	holen (w)	go and get, fetch	I	110
	hören (w)	hear	I	81

der	Hörer,-	receiver	I	137
das	Hotel,-s	hotel	I	3
der	Hummer,-n	lobster	II	97
	hundert	hundred	I	141
der	Hunger	hunger	I	55

I

	ich (nom)	I	I	2
	ideal	ideal	I	169
die	Idee,-n	idea	I	52
	ihm (dat)	him	I	28
	Ihnen (dat)	to you, with you	I	1
	ihr (dat)	her	I	26
der	Imbiss,-e	snack	II	129
die	Imbisstube,-n	snack bar	II	129
	immer	always	I	259
	impfen (w)	vaccinate	II	215
das	Impfen	vaccinating, vaccination	II	215
der	Import,-e	import	II	313
	in	in	I	23
	in dem	in which	II	64
die	Industrie,-n	industry	II	3
das	Industrieerzeugnis,-se	industrial product	II	315
die	Industriemesse,-n	industrial fair	II	3
der	Inhalt	contents	II	332
der	Innenminister	Minister of the Interior	II	270
die	Innenstadt	center of town	II	65
	insbesondere	in particular	II	332
die	Insel,-n	island	II	97
	insgesamt	all together, altogether	II	39
der	Installateur,-e	plumbing + heating + appliance man	II	133
die	Inszenierung,-en	staging, production	II	246
	interessant	interesting	II	4
das	Interesse,-n	interest	II	96
	interessieren (w)	interest	II	97
	international	international	II	67
der	Internationale Führerschein	international driver's licence	II	295
das	Interview,-s	(journalistic) interview	II	271
	inzwischen	in the meantime	I	165
	irgendwelcher, irgendwelche, irgendwelches	any kind of, any ... at all	II	212
	irgendwo	anywhere at all	II	273
der	Irrtum,-̈er	error, mistake	II	247
	Israel	Israel	II	68
	israelisch	Israeli	II	68
	Italien	Italy	II	68
	italienisch	Italian	II	68

J

	ja	yes	I	2
		unstressed particle calling attention to an obvious fact	I	53
		agreement with the statement assumed by speaker	I	314
die	Jacke,-n	coat, jacket	I	200
die	Jagd,-en	hunt, hunting	II	62
das	Jagdschloss,-̈er	hunting lodge	II	62
das	Jahr,-e	year	I	24

358

das	Jahrhundert, -e	century	II	62
die	Jahreszeit, -en	season	I	231
der	Januar	January	I	239
	jawohl	yes, that's right	II	39
	je	each, every time, in every case	II	176
	jedenfalls	at any rate, in any case	I	167
	jeder	every, each	I	230
	jemand(en)	somebody, someone	II	209
	jenseits	on the far side, beyond	II	65
	jetzt	now	I	25
der	Juli	July	I	229
der	Juni	June	I	239
	jung	young	II	97
der	Junge, -n	boy	I	310
	jüngst	most recent(ly)	II	97

K

das	Kabinett, -e	cabinet	II	271
der	Kaffee, -s	coffee	I	5
die	Kalbsleber	calf's liver	I	258
	kalt	cold	I	229
die	Kamera, -s (Camera)	camera	II	130
sich	kämmen (w)	comb one's hair	I	281
der	Kandidat, -en, -en	probational party member	II	211
der	Kanzler, -	chancellor	II	270
	kaputt	out of order	I	112
	kaputt gehen (i,a) ist	go on the blink, get out of order	II	133
die	Karte, -n	ticket	I	311
das	Kartell, -e	cartel	II	4
die	Kartellfrage, -n	cartel question	II	4
das	Kartoffelpüree	mashed potatoes	I	258
der	Käse, -	cheese	I	260
der	Kassenzettel, -	sales slip	I	198
der	Katalog, -e	catalogue	II	130
	kaufen (w)	buy	I	195
	kaum	hardly, scarcely	I	283
der	Kaviar	caviar	II	245
	kein	no, not a	I	51
	keineswegs	by no means	II	293
der	Keller, -	cellar, basement	I	168
	kennen (ir w)	know, be acquainted with	I	23
die	Kenntnis, -se	knowledge	II	294
	Kiel	Kiel	II	96
das	Kilo, -s	kilogram, kilo	II	298
das	Kind, -er	child	I	169
der	Kindergarten, ̈	kindergarten	I	310
das	Kino, -s	movie theater	I	26
der	Kiosk, -e	(news) stand	II	37
die	Kirche, -n	church	II	63
die	Kiste, -n	crate	I	166
	klappen (w)	work out	II	35
	klären (w)	clarify	II	336
	klein	little	I	163
die	Kleinbildkamera, -	35 mm camera	II	130
die	Kleine, -n	little girl	I	310
der	Klempner, -	plumber	II	133
das	Klima, -s	climate	I	84
	klingeln (w)	ring	I	109
	klingen (a,u)	sound	II	297
das	Knie, -e	knee	II	171
der	Koffer, -	suitcase	I	30

der	Kollege, -n	colleague	I	82
die	Kombination, -en	combination	II	132
	kombiniert	combined	I	168
die	Kommandosache, -n	command business	II	338
	kommen (a, o) ist	come	I	29
zu				
etwas	kommen	arise, develop	II	4
		things go as far as	II	270
die	Konferenz, -en	conference	I	137
der	Kongress, -e	congress	II	67
	können (ir w)	be able to	I	27
	konstruktiv	constructive	II	272
der	Konsul, -n	consul	I	82
das	Konsulat, -e	consulate	I	24
die	Konsumindustrie, -n	consumer goods industry	II	316
der	Kontakt, -e	contact	II	314
	Kontakt aufnehmen (i,a,o)	get into contact, touch	II	314
der	Konzern, -e	combine	II	4
die	Konzernbildung, -en	formation of a combine		
		or combines	II	4
das	Konzert, -e	concert	I	260
	kosten (w)	cost	I	4
	krank	sick	II	169
das	Krankenhaus, ̈er	hospital	II	169
die	Krawatte, -n	necktie	I	198
der	Kreis, -e	circle	II	271
der	Krieg, -e	war	II	63
die	Krise, -n	crisis	II	332
	kritisieren (w)	criticize	II	272
die	Küche, -n	kitchen	I	168
der	Kuchen, -	cake	I	260
der	Küchentisch, -e	kitchen table	I	168
	kühl	cool	I	232
der	Kühler, -	radiator	II	297
der	Kühlschrank, ̈e	refrigerator	I	168
	kühn	bold, daring	II	67
die	Kultur, -en	culture	II	246
von	Kultur	cultivated, cultured	II	246
sich	kümmern (um etwas) (w)	bother about or		
		take care of something	I	165
die	Kundgebung, -en	rally	II	271
die	Kur, -en	treatment, cure	II	3
zur	Kur fahren	go to a spa to take the waters	II	3
der	Kurfürst, -en	elector	II	62
das	Kurkonzert, -e	concert at a resort	I	261
der	Kurort, -e	resort	I	257
	kurz	short	I	197
		shortly	I	286

L

die	Lage, -n	situation	II	332
die	Lampe, -n	lamp	I	164
das	Land, ̈er	country	II	67
der	Landrat, ̈e	county administrator	I	313
	lang	long	I	197
	langatmig	long-winded	II	5
	lange	for a long time, long	I	23
	langsam	slow, slowly	I	2
	lassen (ä, ie, a)	leave	II	129
der	Lauf	course	II	243
im	Laufe (+ genitive)	in the course of, during	II	243
	laufen (äu, ie, au) ist	run	I	282

	leben (w)	live	I	111
die	Lebenshaltung	standard of living	II	272
die	Lebensmittel (pl)	groceries	II	16
	ledig	single	II	210
	leer	empty	I	167
	legen (w)	lay, put	I	163
die	Lehrerin, -nen	(woman) teacher	I	313
	leicht	light, light-weight	I	196
		easy, easily	II	175
	leider	unfortunately	I	50
	leihen (ie, ie)	lend	I	113
sich	leihen (ie, ie)	borrow	I	110
sich	leisten (w)	afford	I	196
der	Leiter, -	director	I	314
die	Lektüre	reading matter	II	36
	lesen (ie, a, e)	read	I	111
	letzt-	last	I	230
die	Leute	people	I	166
die	Lichtmaschine, -n	generator	II	296
	lieber	rather, preferably	I	84
mein	Lieber	my dear fellow, old boy	II	247
am	liebsten	best, most preferable	I	85
das	Lied, -er	song	I	285
	liegen (a, e)	lie	I	165
		be situated	II	98
die	Linde, -n	linden tree	II	65
	links	left, to the left	I	3
der	Lohn, ̈-e	wage(s), income	II	272
sich	lohnen (w)	be worthwhile	I	311
	lösen (w)	solve, settle	I	310
		buy a ticket	II	35
die	Luft	air	II	62
der	Luftdruck	air pressure	II	298
die	Luftfeuchtigkeit	humidity (of the air)	I	231
die	Luftpumpe, -n	air pump	II	298
die	Luftwaffe	air force	II	338
die	Lüneburger Heide	the 'Lüneburger Heide'	II	98
die	Lust	desire, joy	II	62

M

	machen (w)	make, do	I	52
	macht nichts	doesn't matter	II	297
die	Machtübernahme, -n	assumption of power	II	338
das	Mahnmal, -e	solemn reminder	II	63
der	Mai	May	I	239
	mal	just	I	50
das	Mal, -e	time	II	96
	man	one, you	I	6
	manchmal	sometimes, occasionally	I	260
der	Mann, ̈-er	man, husband	I	87
der	Mantel, ̈-	overcoat	I	232
die	Mark	mark	I	4
die	Marke, -n	(claim) check	II	246
der	Markt, ̈-e	market place	I	50
der	März	March	I	239
die	Massnahme, -n	measure	II	334
der	Mechaniker, -	mechanic	II	210
	mechanisch	mechanical	II	313
das	Medikament, -e	medicine	II	174
die	Medizin, -en	medicine	II	176
	medizinisch	medical	II	215
sich	mehrend	increasing	II	332
	mehrere	several	II	2

	meinen (w)	mean	I	199
		think, be of the opinion	II	243
	meinetwegen	on my account, as far		
		as I'm concerned	II	134
die	Meisten	most	I	259
	meistens	usually, mostly	I	259
der	Meister,-	maestro	II	246
sich	melden (w)	answer	I	137
der	Meldeschein,-e	registration blank	II	38
das	Memorandum,-en	memorandum	II	332
die	Menge,-n	number, mass	I	282
das	Merkblatt,-̈er	instruction sheet	II	295
die	Messe,-n	fair, exposition	II	3
	messen (i,a,e)	measure, take a measurement	II	175
das	Meter,-	meter	I	230
	mich (acc)	me (acc)	I	2
die	Miete,-n	rent	I	170
sich	mieten (w)	rent	I	170
die	Milch	milk	I	5
	militärisch	military	II	338
der	Minister,-	minister, secretary	II	269
das	Ministerium,-ien	ministry	II	3
die	Minute,-n	minute	I	53
	mir (dat)	me, to me	I	28
	mit	with	I	26
		by means of in transportation	I	51
	mitfahren (ä,u,a) ist	go (with someone)	I	282
das	Mitglied,-er	member	II	211
	mitkommen (a,o) ist	come along	I	25
	mitnehmen (i,a,o)	take along	I	112
zu	Mittag essen (i,a,e)	eat lunch	I	234
	mittags	at noon	I	234
die	Mitte	middle	I	163
	mitteilen (w)	inform, let ... know	II	214
die	Mittelohrentzündung,-en	inflammation or infection		
		of the middle ear	II	170
	mittlerweile	in the meantime, (i.e., in the		
		interval up to the present day)	II	246
der	Mittwoch	Wednesday	I	86
die	Möbel	furniture	I	164
	modern	modern	I	314
	mögen (ir w)	like	I	4
	möglich	possible	I	138
der	Monat,-e	month	I	24
dieses	Monats (abbr. d.M.)	of this month	II	335
der	Montag	Monday	I	86
	morgen	tomorrow	I	139
der	Morgen,-	morning	I	1
der	Moselwein,-e	Moselle wine	I	259
der	Motor,-en	motor	II	296
der	Motorradfahrer,-	motorcyclist	II	293
die	Mühe	effort, pains	I	166
	München	Munich	I	23
das	Museum,-een	museum	I	49
	müssen (ir w)	must	I	23
die	Mutter,-̈	mother	I	114

N

	na	well	I	167
	na also	well, that's a surprise	I	261
		well there you are; what-		
		are-you-worried-about?	II	244
	na ja	all right then	I	233

	nach	to, toward	I	27
		after	II	5
die	Nachbarschaft, -en	neighborhood	I	169
	n.Chr. (nach Christus)	A.D.	II	99
	nachdem	after	II	35
	nachfüllen (w)	add (water)	II	297
der	Nachhauseweg	way home	I	283
	nachher	afterward, in a little while	I	110
das	Nachkriegsgebilde,-	post-war creation	II	337
die	Nachkur,-en	follow-up treatment	II	173
der	Nachmittag,-e	afternoon	I	138
	heute nachmittag	this afternoon	I	281
	nachmittags	in the afternoon	I	138
die	Nachricht,-en	report, news	I	234
	nachsehen (ie,a,e)	look, check	II	38
	nächst-	next	I	86
die	Nacht,¨e	night	II	212
bei	Nacht und Nebel	in the black of the night	II	212
	nah	near, close	I	230
die	Nähe	vicinity, nearness	I	27
der	Name,-ns,-n	name	I	140
	nämlich	be specific	I	114
	nanu	well, well	II	172
die	Nase,-n	nose	II	170
	natürlich	naturally, of course	I	23
der	Nebel,-	fog, mist	II	212
	neben	next to, beside	I	49
		in addition to	II	68
	nebenan	next door	I	85
	nebeneinander	next to each other, side by side	II	243
das	Negativ,-e	negative	II	130
	nehmen (i,a,o)	take	I	51
	nein	no	I	2
	nennen (ir w)	call, name	II	64
	nett	nice	I	25
der	Neubau,-ten	new building	I	86
	Neues	something new	I	81
	neulich	recently, the other day	I	314
	neun	nine	I	5
	neunzig	ninety	I	141
die	Neutralität	neutrality	II	334
	nicht	not	I	2
	nichts	nothing	I	140
	nicht wahr?	isn't it (not true)?	I	3
die	Niederlande	the Netherlands	II	68
	niederländisch	Netherlands, Dutch	II	68
	niemand	nobody	II	130
	noch	still, yet	I	28
		in addition, too	I	283
	nochmal	again	I	6
	Norderney	Norderney	II	96
die	Nordsee	North Sea	II	96
	Norwegen	Norway	I	313
	nötig	necessary	II	133
der	November	November	I	239
	null	zero	I	5
die	Nummer,-n	number	I	138
	nun	now	II	63
		well	II	270
	nur	only	I	30

O

	ob	if, whether	I	261
	oben	up	I	232
das	Oberhemd,-en	shirt	I	283
der	Ober,-	waiter	I	26
	oder	or	I	26
die	Öffentlichkeit	public	II	335
der	Offizier,-e	officer	II	338
	oft	often	I	26
	öfter	frequently, often	II	99
	öfters	often	I	230
	ohne	without	I	258
	ohne weiteres	no problem, without more ado, certainly	II	130
das	Ohr,-en	ear	II	170
der	Ohrenarzt,-̈e	ear doctor	II	170
der	Oktober	October	I	239
der	Ölstand	oil level	II	297
der	Omnibus,-se	bus	I	51
der	Onkel,-	uncle	II	209
die	Oper,-n	opera	I	311
das	Opernhaus,-̈er	opera (house)	II	41
das	Opfer,-	victim, sacrifice	II	65
	ordentlich	neat, tidy	I	166
die	Ordnung,-en	order	I	30
die	Organisation,-en	organization	II	211
der	Ort,-e	place	I	229
an	Ort und Stelle	in place	I	163
	Österreich	Austria	II	68
	österreichisch	Austrian	II	68
die	Ostsee	Baltic Sea	I	230
die	Ostzone	Eastern Zone	II	209
die	Ouvertüre,-n	overture	II	245

P

ein	paar	a couple, a few	I	195
das	Paar,-e	pair	I	198
der	Packer,-	packer	I	166
der	Page,-n	bellhop	II	39
die	Panik,-en	panic	II	332
das	Papier,-e	paper	I	114
		official paper	II	214
das	Papiergeschäft,-e	stationery store	I	114
der	Papierkorb,-̈e	wastepaper basket	I	114
der	Park,-e or -s	park	I	53
	parken (w)	park	I	55
das	Parken	parking	II	130
das	Parkett	parquet (or orchestra)	II	41
der	Parkplatz,-̈e	parking lot or place	I	55
das	Parkverbot,-e	no parking	II	295
die	Partei,-en	party	II	211
der	Partner,-	partner	II	272
der	Pass,-̈e	passport, pass	I	28
	passen (w)	suit, fit	I	86
	passend	suitable	I	196
die	Passkontrolle,-n	passport inspection	I	28
der	Patient,-en,-en	patient	II	172
	pazifistisch	pacifistic	II	338
	per	by	II	214
die	Person,-en	person, character	I	195
die	Personalien (pl)	personal particulars	II	210

	persönlich	personally	II	315
die	Pfeife, -n	pipe	I	86
der	Pfennig, -e	penny	I	4
die	Pflicht, -en	obligation, duty	II	246
das	Pfund, -e	pound	II	298
das	Photo, -s	photograph	II	214
der	Photoapparat, -e	camera	I	233
das	Photogeschäft, -e (Foto-)	camera store	II	130
der	Plan, ‑e	plan	II	98
die	Platte, -n	disc, record	II	132
die	Plattform, -en	platform	II	64
der	Platz, ‑e	place, square	I	54
		seat, place to sit	II	243
	Platz nehmen (i,a,o)	sit down	I	110
	plötzlich	sudden	II	338
	politisch	political	II	211
die	Polizei	police	II	213
	polizeilich	police	II	213
der	Polizist, -en, -en	policeman	I	53
der	Portier, -s	hotel clerk	I	50
	positiv	positive	II	332
die	Post	post office	I	110
		mail	II	214
der	Posten, -	position, job	II	212
die	Praxis, die Praxen	practice, (doctor's) office	II	170
der	Preis, -e	price	II	131
die	Preislage, -n	price range	I	196
	preiswert	reasonable, inexpensive	I	195
der	Premierminister, -	prime minister	II	333
die	Presse	press	II	272
	privat	personal, non-business	II	96
	probieren (w)	try	II	97
das	Problem, -e	problem	I	310
das	Programm, -e	program	II	246
das	Projekt, -e	project	II	68
das	Prozent, -e	per cent	II	38
	prüfen (w)	test, check	II	297
der	Pullover, -	sweater, pullover	I	232
	putzen (w)	polish	II	40

Q

die	Qualität, -en	quality	I	197

R

der	Radfahrer, -	bicyclist	II	293
der	Radfahrweg, -e	bicycle path	II	295
das	Radio, -s	radio	I	234
der	Rand, ‑er	edge, border	I	86
der	Rang, ‑e	tier, circle, balcony	II	243
der				
erste	Rang	dress circle	II	243
das	Rathaus, ‑er	town hall, city hall	I	50
	ratsam	advisable	II	294
der	Ratskeller, -	Ratskeller	I	55
	rauchen (w)	smoke	I	86
der	Rauchtisch, -e	smoking table	I	164
	'raufsteigen (ie,ie) ist	climb up	II	65
der	Raum, ‑e	room	II	67
das	Realgymnasium, -en	a secondary school	I	310

	rechnen (mit) (w)	reckon with, count on	II	95
	recht	right, quite	I	166
einem	recht sein	be all right with someone	I	87
	rechts	to the right	I	3
der	Redakteur,-e	editor	I	313
die	Rede,-n	speech	II	270
	reduzieren (w)	reduce	II	337
die	Regatta,-en	regatta	II	96
	regelmässig	regularly	II	174
	regeln (w)	regulate, direct	II	294
der	Regen,-	rain	I	231
die	Regierung,-en	government	II	271
das	Register,-	register	II	314
	regnen (w)	rain	I	233
der	Reichsaussenminister,-	Foreign Minister	II	336
der	Reichskanzler,-	Chancellor	II	337
der	Reichstag	old German national parliament	II	66
der	Reifen,-	tire	I	232
der	Reifendruck	tire pressure	II	298
die	Reifenpanne,-n	flat tire	I	232
die	Reihe,-n	row	II	244
	rein	pure, all	I	200
	reinigen (w)	clean	I	283
die	Reinigung,-en	cleaners	I	282
die	Reise	trip	I	30
der	Reisescheck,-s	traveler's check	II	39
der	Reisepass,-̈e	passport	II	39
der	Reiseplan,-̈e	travel plan	II	314
	reiten (i,i) ist	ride	II	62
der	Reitweg,-e	bridle path	II	62
	reizvoll	attractive	II	98
	rennen (ir w) ist	run	II	37
die	Reparaturwerkstatt,-̈en	repair shop	I	286
	reparieren (w)	repair, fix	II	133
	reservieren (w)	reserve	II	37
der	Rest,-e	rest, remainder	II	2
das	Restaurant,-s	restaurant	I	3
das	Rezept,-e	prescription	II	176
der	Rhein	Rhine	II	99
	richtig	really	I	167
		correct, right	II	36
der	Richtungsanzeiger,-	direction indicator,		
		turn signal	II	293
das	Roastbeef	roast beef	II	245
das	Roggenbrot,-e	rye bread	I	260
der	Roman,-e	novel	I	112
	röntgen (w)	x-ray	II	215
die	Röstkartoffeln	fried potatoes	I	258
das	Rote Kreuz	Red Cross	I	313
die	Rückreise,-n	return trip	II	3
der	Rücktritt,-e	retirement, resignation	II	270
das	Rücktrittsgesuch,-e	letter of resignation	II	270
	rufen (ie,u)	call	I	138
	ruhig	quiet	I	169
		don't hesitate	II	131
die	Ruhr	Ruhr (river)	II	98
das	Ruhrgebiet	Ruhr (area)	II	98
die	Ruine,-n	ruin(s)	II	63
das	Rumpsteak,-s	steak	I	258

S

die	Sache, -n	thing	I	166
der	Saft, -̈e	juice	II	175
	sagen (w)	say	I	6
der	Samstag	Saturday	I	86
der	Sänger, -	singer	II	247
	sauber	clean	I	167
	saubermachen (w)	clean up	I	167
die	Säule, -n	column	II	11
	schade	bad, too bad	I	86
wie	schade	what a pity	I	257
	schaden (w)	injure, harm	II	175
der	Schaden, -̈	harm, damage	II	273
	schaffen (w)	manage, make	II	99
das	Schaufenster	show window	I	199
der	Scheck, -s	check	II	39
	scheinen (ie, ie)	shine	I	261
		seem, appear	II	272
	schicken (w) an	send to	II	214
	schief	crooked, awry	II	35
das	Schiff, -e	ship, boat	II	96
die	Schiffswerft, -en	shipyard	II	96
das	Schild, -er	sign	II	63
die	Schlacht, -en	battle	II	99
das	Schlafzimmer, -	bedroom	I	165
die	Schlange, -en	queue, line	II	244
	Schlange stehen	queue up, stand in line	II	244
	schlecht	bad, poor	I	197
	schliessen (o, o)	close	II	134
das	Schloss, -̈er	palace	I	53
	schmecken (w)	taste	II	97
der	Schmerz, -en	pain	II	104
der	Schnee	snow	I	231
	schneiden (i, i)	cut	I	282
	schnell	fast	I	232
der	Schnitt, -e	cut	I	200
	schon	already, before	I	28
	schön	beautiful	I	24
	schöner	nicer	I	169
der	Schrank, -̈e	cupboard	I	169
die	Schraube, -n	screw	II	132
der	Schraubenzieher, -	screwdriver	II	132
	schreiben (ie, ie)	write	I	112
der	Schreibtisch, -e	desk	I	164
die	Schreibmaschine, -n	typewriter	I	112
die	Schreibwaren	stationary supplies	I	114
das	Schreibwarengeschäft, -e	stationary store	I	114
der	Schriftsteller, -	author	I	112
der	Schuh, -e	shoe	I	281
der	Schulausflug, -̈e	school outing	I	281
das	Schulproblem, -e	school question	I	310
der	Schuster, -	shoemaker	I	281
der	Schwarzwald	Black Forest	I	230
der	Schwarzweissfilm, -e	black and white film	II	130
	Schweden	Sweden	II	68
	schwedisch	Swedish	II	68
die	Schweiz	Switzerland	II	68
	schwer	heavy, severe	I	234
	schwer fallen (ä, ie, a) ist	be difficult	II	294
die	Schwerindustrie	heavy industry	II	316
die	Schwester, -n	sister	I	114
		nurse	II	171
die	Schwierigkeit, -en	difficulty	II	61
das	Schwimmbad, -̈er	swimming pool	I	314

	schwimmen (a,o)	swim	II	129
das	Schwimmen	swim, swimming	II	129
	schwindlig	dizzy	II	175
	sechs	six	I	5
	sechzig	sixty	I	141
die	See, -n	sea	II	96
der	See, -n	lake	II	99
	seekrank	seasick	I	309
das	Segel, -	sail	II	96
	sehen (ie,a,e)	see	I	29
sich	sehen (ie,a,e)	see each other	I	313
zu	sehen	be seen	II	66
sich	sehnen nach etwas (w)	long for something	II	62
	sehr	very	I	1
	sein (ist, war, ist gewesen)	be	I	2
	seit kurzem	since a short time ago	I	314
	seit vierzehn Tagen	for two weeks	I	310
	seitdem	since	II	99
die	Seite, -n	side, page	I	54
das	Sekretariat, -e	secretariat, office of the secretary	II	269
die	Sekretärin, -nen	secretary	I	113
	selbst	myself, himself, ourselves etc.	I	233
	selbstverständlich	of course	II	39
der	September	September	I	239
der	Sessel, -	easy chair	I	164
sich	setzen (w)	sit down	I	168
	sicher	surely, certainly	I	113
die	Sicht	view	II	64
	Sie	you	I	2
	sie	she, it	I	3
	sie (acc)	her	I	26
	sieben	seven	I	5
	siebzig	seventy	I	141
die	Siedlung -en	colony, settlement	I	310
der	Sieg, -e	victory	II	64
	sitzen (a,e)	sit	I	168
		fit	I	200
die	Sitzung, -en	meeting	II	269
	Ski laufen (äu,ie,au) ist	ski	I	230
das	Skilaufen	skiing	I	230
	so	such	I	168
		that way, like that	I	229
	sobald	as soon as	II	214
die	Socke, -n	sock	I	198
das	Sofa, -s	sofa	I	164
	sofern	insofar	II	296
	sofort	immediately	II	41
	sogar	even, as a matter of fact	I	27
der	Sohn, ⸚e	son	I	84
	solange	for this length of time	II	134
	solange ... bis	up until	II	134
	solch	such	I	168
	sollen (ir w)	be supposed to	I	52
der	Sommer, -	summer	I	195
der	Sommeranzug, ⸚e	summer suit	I	195
der	Sommerschlussverkauf	summer clearance sale	I	200
	sondern	but (rather)	II	130
der	Sonnabend	Saturday	I	86
die	Sonne, -n	sun	I	261
	sonnig	sunny, fair	I	234
der	Sonntag	Sunday	I	86
	sonntags	on Sundays	II	1
	sonst	or else, otherwise	I	113
	sonst noch etwas	something else in addition	I	197

	soviel ich weiss (ir w)	as far as I know	II	1
	sowieso	anyway	I	114
	sozial	social	II	272
die	SPD (Sozial-Demokratische Partei Deutschlands)	Social Democratic Party	II	269
die	SED (Sozialistische Einheits- partei Deutschlands)	Socialist Unity Party	II	211
die	Spannungszeit, -en	period of tension	II	338
	spät	late	I	113
	später	later	I	234
	spätestens	at the latest	I	262
zu	spät kommen (a, o)	be late	I	282
der	Spaziergang, -̈e	walk	I	52
einen	Spaziergang machen (w)	take a walk	I	52
die	Speisekarte, -n	menu	I	258
die	Spekulation, -en	speculation	II	271
	Spekulationen anstellen (w)	speculate, wonder about something	II	271
der	Spiegel, -	mirror	I	200
	spielen (w)	play	II	41
das	Spielen	playing	I	169
der	Spieler, -	player	I	314
der	Spielplan, -̈e	program (i.e., the perform- ances scheduled over a period of time)	II	247
der	Spielplanwechsel, -	change of program	II	247
das	Spielzeug, -e	toy	II	313
die	Spirituosen (pl)	alcoholic beverages, (liquor)	II	97
das	Sporthemd, -en	soft-collar shirt	I	195
die	Sportlehrerin, -nen	(woman) physical education teacher	I	313
	Sport treiben	engage in athletic activities	I	314
	sprechen (i, a, o)	speak	I	2
jeman- den	sprechen (i, a, o)	speak to someone	I	284
die	Sprechstunde, -n	office (hours)	II	171
das	Sprechzimmer, -	consulting room	II	172
die	Spritze, -n	shot, injection	II	173
der	Staat, -en	state, nation	I	83
der	Staatsangehörige, -n	national, citizen	I	83
der	Staatsmann, -̈er	statesman	II	336
der	Staatssekretär, -e	Secretary of State	II	335
die	Stadt, -̈e	city	I	24
der	Stadtplan, -̈e	map of the city	I	50
das	Stadttheater, -	municipal theater	I	54
die	Stahlerzeugung	steel production	II	334
der	Standpunkt, -e	point of view	II	270
	stark	strong, violent, severe	II	63
	statt	instead of	II	173
	stattfinden (a, u)	take place	I	261
	stehen (a, a)	stand	I	163
es	steht in der Zeitung (a, a)	it's in the newspaper	II	4
	stehen bleiben (ie, ie) ist	remain standing, stop	II	63
die	Stehlampe, -n	floor lamp	I	164
die	Stelle, -n	place	II	209
	stellen (w)	put, place	I	164
die	Steppdecke, -n	quilt	I	165
	Stiller Teilhaber	silent partner	II	313
	stimmen (w)	be right	I	49
der	Stoff, -e	material	I	200
der	Stock	floor, story	I	109
	stören (w)	disturb	I	109
das	Strafregister, -	record of court convictions	II	213
der	Strafzettel, -	ticket, punishment slip	II	294
die	Strasse, -n	street	I	49
nach der	Strasse zu	facing the street	II	38

die	Strassenbahn,-en	streetcar	I	51
die	Strassenbahnhaltestelle,-n	streetcar stop		
die	Strassenverkehrsordnung,-en	traffic regulation	II	295
die	Strecke,-n	route	II	98
das	Streichholz,"-er	match	I	4
	streng	strict	II	334
die	Stube,-n	room	II	129
das	Stück,-e	piece	I	260
der	Student,-en	(university) student	I	312
	studieren (w)	study (at a university)	I	312
der	Stuhl,"-e	chair	I	165
die	Stuhllehne,-n	back of the chair	I	165
die	Stunde,-n	hour	I	111
	stürzen (w) ist	plunge, fall	II	173
	substantiell	substantial	II	336
	suchen (w)	look for	I	53
	Süddeutschland	South Germany	I	229
der	Süden	south	I	310
das	Sudetendeutschtum	Sudeten Germans	II	332
das	Sudetenland	Sudetenland	II	332
die	Suppe,-n	soup	I	258

T

der	Tabak,-e	tobacco	I	85
die	Tablette,-n	pill, tablet	II	175
der	Tag,-e	day	I	1
	tagelang	(for) days	II	133
in acht	Tagen	in a week	I	311
das	Tagesgericht,-e	special for today	I	258
	täglich	daily	I	261
die	Tagung,-en	meeting	II	67
das	Tal,"-er	valley	I	232
die	Tankstelle,-n	filling station	I	233
der	Tankwart,-e	pump attendant	II	297
die	Tante,-n	aunt	I	111
	tausend	thousand	I	170
die	Taxe,-n	taxi	I	51
der	Tee,-s	tea	I	5
der	Teil,-e	part	II	98
der	Teilnehmer,-	party	I	141
das	Telegramm,-e	telegram	II	336
	telegraphisch	by telegram	II	37
das	Telephon,-e	telephone	I	137
das	Telephonbuch,"-er	telephone book	I	167
	telephonisch	by telephone	I	139
die	Temperatur,-en	temperature	II	297
der	Tennisspieler,-	tennis player	I	314
der	Teppich,-e	carpet, rug	I	163
	teuer	expensive	I	201
der	Teutoburger Wald	the Teutoburger Wald	II	99
das	Theater,-	theater	I	54
das	Theater-Abonnement,-s	season theater ticket	I	311
das	Theaterbuffet,-s	refreshment bar (in the theater)	II	245
die	Theaterkasse,-n	box office	II	243
	theoretisch	theoretical	II	296
das	Tier,-e	animal	II	63
die	Tinte,-n	ink	I	114
der	Tisch,-e	table	I	163
das	Tischgerät,-e	table model	II	132
der	Tischler,-	carpenter, cabinet maker	II	133
	tja	mm, yes	II	175

die	Tochter, ̈	daughter	I	114
der	Ton, ̈e	tone, sound	II	132
das	Tonbandgerät, ̈e	tape recorder	II	132
das	Tor, -e	gate	II	65
die	Tour, -en	tour, trip	II	2
	tragen (ä,u,a)	carry	I	168
der	Traktor, -en	tractor	II	293
	träumen (w)	dream	II	246
	treffen (i,a,o)	meet	I	23
sich	treffen (i,a,o)	meet one another	II	61
	trinken (a,u)	drink	I	54
	tropfen (w)	drip	II	133
der	Tropfen, -	drop	II	176
	trotz	in spite of	II	174
	trotzdem	in spite of that, never-theless, just the same	II	169
	tschechisch	Czech	II	332
	tun (a,a)	do	I	82
einem leid	tun	be sorry	I	309
die	Tür, -en	door	I	109

U

	über	over, above	I	165
	überall	everywhere	II	293
die	Überfahrt, -en	crossing	I	309
	überhaupt	at all, anyhow	I	165
	überlastet	loaded down, overburdened	I	285
	überlegen (w)	consider, reflect on	II	131
	übermorgen	day after tomorrow	II	317
	übernehmen (i,a,o)	receive, take over	II	338
	überraschen (w)	surprise	II	338
	übersetzen (w)	translate	I	285
	überzeugt	convinced, positive	II	271
die	Überzeugung, -en	opinion	II	336
	übrigens	by the way	I	169
die	Uhr, -en	clock, o'clock	I	87
der	Uhrmacher, -	watchmaker	I	283
	um	about	I	139
	um ... zu	in order to	I	261
	umrechnen (w)	convert	II	297
	umschalten (w)	switch (from one line to another)	I	285
der	Umfang, ̈e	extent	II	338
sich	umsehen (ie,a,e)	look around	II	61
	umständlich	involved, complicated	I	139
der	Umweg, -e	circuitous route	I	113
	unbedingt	necessarily, definitely	I	259
	unbegründet	unfounded	II	335
	unbestimmt	indefinite	I	137
	und	and	I	1
	usw. (und so weiter)	etc.	I	88
	unerträglich	unbearable	II	332
der	Unfall, ̈e	accident	II	172
	ungefähr	approximately, about	I	83
die	Universität, -en	university	I	52
	uns (dat)	to us	I	24
	unsererseits	by our side	II	338
	unten	downstairs	I	199
		down	I	232
	unter	under	I	167
		under, at	I	138
	unterbrechen (i,a,o)	interrupt	II	295

sich	unterhalten (ä,ie,a)	converse	I	314
die	Unterhaltung, -en	conversation	II	337
die	Unterlage, -n	paper, document	I	284
die	Unternehmung, -en	undertaking, enterprise	II	62
unter	Null	below zero	II	297
die	Unterredung, -en	conversation, (private) conference	II	270
der	Unterricht	instruction	II	296
das	Unterrichtsgerät, -e	teaching machine	II	316
	unterschreiben (ie,ie)	sign	II	213
der	Unterstaatssekretär, -e	Under Secretary of State	II	334
	untersuchen (w)	examine	II	170
die	Untersuchung, -en	examination	II	215
die	Unterwäsche	underwear	I	197
	unterwegs	en route	I	111
die	Urkunde, -n	document, certificate	II	214
der	Urlaub, -e	leave, vacation	II	2
im	Urlaub	on leave	II	2
	ursprünglich	original(ly)	II	247

V

der	Vater, ⸚	father	I	114
die	Verabredung, -en	engagement	I	86
	verantwortlich	responsible	II	336
	verbindlichen Dank	much obliged	I	140
	verbinden (a,u)	connect	I	138
	verbindlich	obliged	I	140
die	Verbindung, -en	connection, contact	II	40
in	Verbindung stehen (a,a)	be in contact, be in touch	II	213
	verbringen (ir w)	spend (time)	II	3
	vereinbaren (w)	reconcile, make compatible	II	98
die	Vereinigten Staaten	the United States	II	68
die	Verfügung, -en	disposition, disposal	II	96
einem zur	Verfügung stehen (a,a)	be at one's disposal	II	96
	vergehen (i,a) ist	elapse, pass	II	215
	verhandeln (w)	negotiate	II	336
die	Verhandlung, -en	negotiation(s), talks	II	95
der	Vergaser, -	carburetor	II	296
	vergessen (i,a,e)	forget	I	282
die	Vergrösserung, -en	enlargement	II	130
	verheiratet	married	I	313
der	Verkäufer, -	salesclerk	I	195
der	Verkehr	traffic	I	232
die	Verkehrsampel, -n	traffic light	II	294
der	Verkehrspolizist, -en	traffic policeman	II	294
die	Verkehrsregel, -n	traffic rules	II	296
das	Verkehrsschild, -er	traffic sign	II	294
das	Verkehrszeichen, -	traffic sign, signal	II	294
die	Verkürzung, -en	shortening, reduction	II	271
	verletzen (w)	injure, hurt	II	173
	vermieten (w)	rent (to someone)	I	170
die	Vermittlungsaktion, -en	mediation action	II	335
	vermuten (w)	suspect	II	63
das	Vernünftigste	most reasonable thing	II	313
die	Verpackung, -en	packing	I	166
	verpassen (w)	miss	I	281
	verschieden	various, different	II	67
sich	verschlafen (ä,ie,a)	oversleep	I	281
die	Verschlussache, -n	classified	II	335
	verschreiben (ie,ie)	prescribe	II	175
	verstehen (a,a)	understand	I	2
	versuchen (w)	try	II	41

sich	vertraut machen mit (w)	become conversant with	II	295
der	Vertreter, -	representative	II	273
die	Vertretung, -en	representation, agency, post	II	210
der	Verwandte, -n	relative	I	111
	verwechseln (w)	confuse, mix up	II	63
	verwitwet	widowed	II	210
zu	verzeichnen	be noted	II	332
	verzeihen (ie, ie)	excuse	I	109
	Verzeihung	excuse me	I	3
	verzollen (w)	declare	I	29
	vielleicht	perhaps, maybe	I	50
	vier	four	I	5
	viert-	fourth	I	257
	viertel	quarter	I	259
das	Viertel	section (of town)	II	67
die	Visa-Abteilung, -en	visa section	I	82
das	Visum, die Visen	visa	I	81
der	Vizekonsul, -n	vice consul	I	82
die	Volksabstimmung, -en	plebiscite	II	333
	volkseigen	state-controlled (lit: 'belonging to the people')	II	212
der	VEB (der volkseigene Betrieb)	state- controlled enterprise)	II	212
der	Volkswagen, -	Volkswagen	I	229
	völlig	completely	II	332
	volltanken (w)	fill up the tank	II	297
	von	of	I	27
		from	I	50
		by	II	67
	von diesem Tisch aus	from this table	I	258
	vor	in front of	I	164
		before (in time)	II	36
	vor zwei Wochen	two weeks ago	II	96
die	Voralpen	Lower Alps, foothills	I	234
die	Voranmeldung, -en	person to person call	I	140
	vorausgehen (i, a) ist	precede	II	332
	voraussetzen (w)	assume	II	296
	vorbei	by, past	I	110
	vorbeikommen (a, o) ist	come by	I	286
	vorbeikommen an (dat) ist	come by or past something	II	132
sich	vorbereiten (w) auf (acc)	prepare for	II	269
	vorbestraft	previously convicted	II	210
das	Vorfahrtsrecht, -e	right of way	II	295
	vorführen (w)	demonstrate	II	132
	vorhaben (ir w)	plan to do	I	25
	vorhanden	on hand	II	316
	vorher	before, first	I	49
	vorhin	a little while ago	I	139
	vorig-	last, previous	I	229
	vorläufig	temporarily, for the time being	I	164
	vorliegen (a, e)	be here, be on hand	II	37
der	Vorname, -ns, -n	given name	II	210
der	Vorort, -e	suburb	I	169
der	Vorschlag, ̈-e	suggestion, proposal	II	98
	vorschlagen (ä, u, a)	suggest, propose	II	170
	vorsehen (ie, a, e)	make provisions for	II	271
der	Vorsitzende, -n	chairman	II	269
	vorstellen (w)	introduce	I	82
sich	vorstellen (w)	imagine	II	62
der	Vortrag, ̈-e	lecture	I	285
einen	Vortrag halten	give a lecture	I	285
	vorwerfen (i, a, o)	accuse, blame	II	270

W

der	Wachtmeister,-	police sergeant	I	53
der	Wagen,-	car	I	50
die	Wagenreparatur,-en	auto repair	II	316
die	Wahl,-en	election	II	270
	wählen (w)	dial	I	140
	während	during	I	257
		while	II	173
	wahrscheinlich	probably	I	24
der	Wald,-er	forest, woods	II	64
die	Wand,-e	wall	I	164
	wann	when	I	113
	warm	warm	I	229
	warten auf (w)	wait for	II	133
auf				
sich	warten lassen (ä,ie,a)	keep a person waiting	II	133
das	Wartezimmer,-	waiting room	II	172
	warum	why	I	54
	was	what	I	3
	was (= etwas)	something	II	133
	was für	what, what kind of	I	200
die	Wäsche	linen	I	165
	waschen (ä,u,a)	wash	I	281
die	Wäscherei,-en	laundry	I	283
das	Wasser,- or -	water	I	5
der	Wechsel,-	change	II	247
	wechseln (w)	change	I	49
	weder ... noch	neither ... nor	II	272
	wegen	on account of	II	173
	wegschaffen (w)	clear away	I	167
	weh tun (ir w)	be painful, sore	II	173
das/die	Weihnachten	Christmas	II	316
	weil	because	II	47
eine	Weile	a while	II	133
der	Wein,-e	wine	I	5
	weiss	white	I	197
die	Weisung,-en	instruction	II	338
	weit	far	I	50
	weiterfahren (ä,u,a) ist	continue, drive on	II	65
	welcher	which	I	55
	wem (dat)	to whom	I	30
	wen (acc)	whom	I	27
sich	wenden an (a,a) (+acc)	turn, apply, go to	II	131
	wenig	little, not much	I	231
	wenn	when	I	233
		if, whenever	I	257
	wer (nom)	who	I	26
	werden (i,u,o) ist	become	I	83
die	Werft,-en	shipyard	II	96
das	Werk,-e	work, opus	II	246
das	Werkzeug,-e	tool(s)	II	133
die	Weser	Weser River	II	98
das	Weserbergland	'Weserbergland' (a region of mountains and hills)	II	98
	weshalb	for what reason	II	173
das	Wetter,-	weather	I	52
der	Wetterbericht,-e	weather report	I	234
	wichtig	important	I	137
	wie	how	I	1
		as	I	111
	wie bitte?	I beg your pardon	I	2
	wieviel	how much	I	4
der	Wiederaufbau	reconstruction, rebuilding	II	97

	wiederaufbauen (w)	rebuild	II	66
	wiederholen (w)	repeat	I	141
	wiedersehen (w)	see again	II	61
	wieviele	how many	I	4
	wieviel Uhr	what time	I	259
das	Wild	game	II	64
die	Windschutzscheibe, -n	windshield	II	298
der	Winker, -	semaphore	II	293
der	Winter, -	winter	I	230
	wir	we	I	23
	wirklich	really	I	52
die	Wirkung, -en	effect	II	332
die	Wirtschaft	economy	II	4
die	Wirtschaftsabteilung, -en	Economic Section	I	137
das	Wirtschaftsministerium	Ministry of Economic Affairs	II	4
	wissen (ir w)	know	I	50
	wo	where	I	2
die	Woche, -n	week	I	83
das	Wochenende, -n	week-end	I	229
	wochentags	on weekdays	II	1
	wohl	I suppose, you suppose	I	196
		probably	II	98
sich	wohl fühlen (w)	feel well	I	309
	wohnen (w)	live	I	24
das	Wohnhaus, -er	dwelling, apartment house	II	67
der	Wohnort, -e	place of residence	II	169
die	Wohnung, -en	apartment	I	109
das	Wohnzimmer, -	living room	I	163
die	Wolke, -n	cloud	I	233
die	Wolldecke, -n	wool blanket	I	165
die	Wolle, -n	wool	I	200
	wollen (ir w)	want to, intend to	I	25
das	Wörterbuch, -er	dictionary	II	131
	worum	about what	I	139
die	Wunde, -n	wound	II	171
	wunderbar	wonderful	I	233
der	Wunsch, -e	wish	I	199
	wünschen (w)	wish	II	39

Z

die	Zahl, -en	number	I	55
	zahlen (w)	pay	I	261
	zählen (w)	count	I	88
	zahlreich	numerous	II	68
der	Zahnarzt, -e	dentist	I	283
die	Zange, -n	pair of pliers	II	132
der	Zauber	magic	II	41
	zehn	ten	I	4
das	Zeichen, -	sign	II	295
	zeigen (w)	show	I	30
die	Zeit, -en	time	I	229
	zeitigen (w)	effect, produce	II	273
	zeitlich	with regard to time	II	99
der	Zeitpunkt, -e	time	II	338
die	Zeitung, -en	newspaper	I	110
der/das	Zentimeter, - ; cm	centimeter	II	132
die	Zentrale	(switchboard) operator	II	40
	zerlassene Butter	melted butter	I	258
	zerschlagen (ä, u, a)	destroy, smash	II	338
	zerstören (w)	destroy	II	66
der	Zettel, -	slip of paper	I	198
die	Zigarette, -n	cigarette	I	4
die	Zigarre, -n	cigar	I	4
das	Zigarrengeschäft, -e	cigar store	I	85

	ziehen (o,o) ist	move	I	169
	ziemlich	rather, pretty	I	196
das	Zimmer, -	room	I	163
das	Zimmermädchen, -	maid	II	40
der	Zoll, ⸚e	customs office	I	28
die	Zollbestimmung, -en	customs regulations	I	284
	zollfrei	duty-free	II	97
die	Zone	(Eastern Occupation) Zone	II	212
der	Zoo, -s	zoo	II	63
	zoologisch	zoological	II	63
	zu	to	I	29
		closed, shut	I	113
	zu spät	too late	I	113
	zuerst	first	I	282
der	Zufall, ⸚e	happenstance, coincidence	II	172
	zufällig	by chance	I	112
	zufrieden	satisfied	I	166
	zu Fuss	on foot	I	52
der	Zug, ⸚e	train	II	35
	zuletzt	last, least	II	270
nicht	zuletzt	last but not least	II	97
	zumachen (w)	close	I	113
	zum Beispiel, z.B.	for instance, e.g.	I	112
	zunächst	first of all	II	210
die	Zündkerze, -n	spark plug	II	296
	zurückbringen (ir w)	bring back	II	244
	zurückfahren (ä,u,a)	drive back	II	67
	zurückgeben (i,a,e)	give back, turn in, return	II	243
	zurückgehen (auf etwas)	go back to,		
	(i,a) ist	be traced back to	II	99
	zurückkommen (a,o) ist	come back	I	137
sich	zurückziehen (o,o)	withdraw, retire	II	271
	zur Zeit (abbr: z.Zt.)	at present	II	210
	zusammen	together	I	49
die	Zusammenarbeit	cooperation	II	272
das	Zusatz-Protokoll	supplementary protocol	II	336
der	Zuschauer, -	member of the audience,		
		spectator	II	245
der	Zuschauerraum, ⸚e	auditorium, house, inside		
		part of the theater	II	245
die	Zuschrift, -en	letter	II	332
der	Zustand, ⸚e	condition, circumstance	II	212
	zuständig	responsible	II	314
	zu uns	to us, our house	I	86
	zu viel	too much	I	285
	zuzüglich	in addition	II	38
	zwar	be sure	II	2
	zwei	two	I	4
das	Zweifamilienhaus, ⸚er	two-family house	I	310
	zweimal	twice	II	1
	zweistündig-	two-hour	II	270
	zwischen	between	I	139
der	Zwischenfall, ⸚e	incident	II	332
	zwölf	twelve	I	5